MEIKE FREI

FUCK the FÖHNfrisur

MEIKE FREI

FUCK the FÖHN frisur

EINE LEHRERIN SCHULT UM

blanvalet

Der Verlag weist ausdrücklich darauf hin, dass im Text enthaltene externe Links vom Verlag nur bis zum Zeitpunkt der Buchveröffentlichung eingesehen werden konnten. Auf spätere Veränderungen hat der Verlag keinerlei Einfluss. Eine Haftung des Verlags ist daher ausgeschlossen.

MIX
Papier aus verantwortungsvollen Quellen
FSC® C014496
FSC
www.fsc.org

Verlagsgruppe Random House FSC® N001967

Besuchen Sie uns auch auf www.facebook.com/blanvalet und www.twitter.com/BlanvaletVerlag.

1. Auflage
Originalausgabe Mai 2016 im Blanvalet Verlag, einem Unternehmen der Verlagsgruppe Random House GmbH, Neumarkter Str. 28, 81673 München

Redaktion: Henriette Schimanski
Umschlaggestaltung: semper smile, München
Satz: Uhl + Massopust, Aalen
Druck und Bindung: GGP Media GmbH, Pößneck
Printed in Germany
ISBN 978-3-7341-0233-2

www.blanvalet-verlag.de

Für Dirk, der an mich geglaubt hat,
obwohl er nie etwas von mir gelesen hatte.

Für Daniel, der noch immer an mich glaubt,
obwohl er schon einiges von mir gelesen hat.

Für Dennis, Marina und alle Friseure,
die ihren Beruf mit Leidenschaft ausüben,
weil ohne euch die Welt weit weniger »hairlich« wäre.

Für alle Lehrer und die, die es werden wollen,
möge die Bildung mit euch sein!

Nach einer ziemlich wahren Begebenheit

Zuerst ein paar ehrliche Worte.

Es heißt, das Leben schreibt die besten Geschichten. Dem stimme ich zwar voll und ganz zu, das schließt jedoch für mich nicht aus, dass man an der einen oder anderen Stelle nicht noch ein wenig nachbessern kann. Aus diesem Grund habe ich meine persönliche Lebensgeschichte ganz *FREI* interpretiert und mit einer ordentlichen Portion Ironie und Sarkasmus gewürzt. Um dabei niemandem die Suppe zu versalzen, sind alle beteiligten Personen so verändert worden, dass ich sie letztendlich selbst nicht mehr wiedererkennen könnte. Sollte dennoch eine Ähnlichkeit zu einer Ihnen oder mir bekannten Person bestehen, so hat der Zufall hier seine Hände im Spiel, und ich wasche meine in Unschuld.

1

Der ganz normale Wahnsinn

Kennen Sie dieses schmerzhafte Pochen im Kopf, das Ihnen bei jedem noch so leisen Geräusch die Sinne raubt, Sie aggressiv und depressiv zugleich macht, obwohl Sie eigentlich der harmoniesüchtigste Mensch der Welt sind? Ich kenne dieses bohrende Hämmern nur zu gut und würde mich in solchen Momenten, zu meinem eigenen und dem Schutz meiner Mitmenschen, am liebsten in einen dunklen Raum legen und jedwede Art von Kommunikation vermeiden. Aber das geht nicht, denn ich bin Hauptschullehrerin und vor mir sitzen jeden Tag neunzehn Freaks, die meine Migräne eine feuchte Diddl-Maus interessiert.

»Auaaaa, Frau Freiiiiiii! Das Arsch piekst mich immer in den Arm!«

»Es heißt *der* Arsch, Sandy«, korrigiere ich schnell, schließlich kann ich diesen grammatikalischen Fauxpas nicht einfach so stehen lassen.

»Boah, isch schwör, war nich so! Diiiieee hat angefangen! Die blöde Tussi hat gesagt, isch wär ein Asi!«, dröhnt Alex in leicht aggressivem Tonfall, sodass meine Ohrmuschel vibriert.

»Und weißt du auch, was das Wort bedeutet?«, frage ich meinen aufgebrachten Fünftklässler.

»Klar, weiß isch! Meint die, isch bin ihr Asi, aber bin isch Chef… und Opfa von der!«

»Is klar, du und Chef?! Du bist voll Opfa deiner Blödheit! Asi heißt Asozialer«, erklärt meine soziale Schülerin ihm netterweise.

»Sehr gut, Sandy«, lobe ich sie, »Asi bedeutet Asozialer.«

»Also bin isch doch Chef und du has gar nich so gemeint?«

Alex wittert Morgenluft. Sandy schüttelt ungläubig ihren wildgelockten Rotschopf und will gerade etwas erwidern – ihrem Gesichtsausdruck nach zu urteilen nichts besonders Nettes –, als aus der hinteren Bankreihe ein mark- beziehungsweise kopferschütternder Schrei ertönt.

Ooohhmmmmmmmm! denke ich und massiere mir in kreisförmigen Bewegungen die pochenden Schläfen, in der Hoffnung, dass der Schmerz etwas nachlässt.

Leider lässt jedoch weder der Schmerz im Kopf noch in den Ohren nach, denn jetzt fordern Leon und Leila meine ungeteilte Aufmerksamkeit.

»Frau Freiiiii, die Leila schaut immer bei mir ab! Die soll ihre Aufgaben gefälligst alleine machen«, insistiert mein stets bemühter Schlaumeier.

Leon würde nur allzu gern in der ersten Reihe sitzen, was ich aus sicherheitstechnischen Gründen jedoch nicht verantworten kann. Schließlich möchte ich nicht immer mit der Angst leben, seinen ständig emporschnellenden Finger im Auge zu haben.

»Petze! Hab ich gar nicht nötig. Das ist doch alles Kinderkram, kann ich selbst!«, kreischt Leila im Brustton der Überzeugung, und erste Tränchen kullern meiner äußerst sensiblen Schülerin über ihre geröteten Wangen.

»Das bezweifle ich bei deinem Halbwissen aber stark, Miss Galileo. Ich erinnere mich noch sehr genau daran, dass du in der letzten Grammatikprüfung nicht dazu imstande warst, ein Nomen in den korrekten Kasus zu deklinieren«, gibt ihr der für sein Alter überdurchschnittlich kluge Leon zu bedenken.

Weil mein Kopfweh sich langsam aber sicher in eine für mich ungünstige Richtung dekliniert, beschließe ich spontan, dem ganzen Strebergezicke ein Ende zu bereiten, und wende meine fachlichen Fähigkeiten als Streitschlichterin an. Diese habe ich unter Aufbringung all meiner Aufmerksamkeit im Seminar *Mediation in der Schule* erworben, das ich auf Anraten meines Direktors Herrn Lehmann freiwillig absolvieren musste.

»Immer mit der Ruhe«, schlage ich meditativ, äh, mediativ vor.

»Aber die Schnipsstreberin hat doch …«, meckert Leon.

Er ist ja wirklich ein cleveres Kerlchen, aber eben auch eine furchtbare Petze.

»Leon, noch so ein Zwischenruf und du bekommst eine Sechs!«, schreie ich und bin meinem Bildungsauftrag damit mal wieder zu hundert Prozent gerecht geworden …

Meine Schüler starren mich irritiert an, scheinen aber an meinem leicht genervten Gesichtsausdruck zu erkennen, dass es im Moment besser ist, einfach mal zu schweigen. Vor sich hin grummelnd, wenden sie sich wieder ihren Aufgaben zu.

Ha, geht doch!, denke ich zufrieden. *War doch nicht für die Katz, dieses Seminar. Sollen die ihre Streitigkeiten in der kommenden Pause unter sich ausmachen.*

Dank der nun einkehrenden Stille scheint auch der Kopfschmerz etwas nachzulassen, bis mir plötzlich einfällt, dass ich heute selbst Pausenaufsicht machen muss.

Verdammt, heute bleibt mir aber auch nichts erspart!

Dieser Tag ist schon von Anfang an falsch gelaufen – obwohl er mit zwei Freistunden hätte beginnen sollen.

Um 7 Uhr 30 erschreckt mich das penetrante Klingeln meines Telefons, das auch trotz anfänglichen Ignorierens nicht aufhört. Als ich schlaftrunken den Hörer an meine noch jungfräuliche Ohrmuschel halte, teilt mir mein bereits gestresster Direktor ohne Begrüßungsschnörkel mit, dass ich die Vertretung einer Kollegin übernehmen müsse – und das auch noch bei den verhaltensoriginellen Schülern der 8a.

Dahin sind meine Freistunden, und auch Frühstück und Dusche fallen aus. Stattdessen darf ich schlaftrunken und ungewaschen in der Sporthalle antanzen. Und als ob das der Demütigung nicht genug wäre, erwarten mich dort bereits lautstark die hardcore-pubertierenden Mädchen und Jungen aus der Achten.

Beim Aufsperren der Mehrzweckhalle werde ich nicht mit einem »Guten Morgen«, sondern mit »Ey Frau Frei, isch kann heut nicht Sport, ich hab Tage!«, und einem »Mann, isch schwör, eben war Sportzeug noch da!« begrüßt. Vier weitere schriftliche Entschuldigungen werden mir auf verknitterten, zum Teil zerfetzten Papierschnipseln fast ins Gesicht gepresst. Ich darf mich glücklich schätzen, dass es wenigstens noch Block- und keine Klopapierblätter sind, auf denen die präzise formulierten Entschuldigungen stehen, die eine Nichtteilnahme am Sportunterricht rechtfertigen sollen. Auch freue ich mich darüber, dass rechtschreiblich nur wenig zu beanstanden ist.

Meine Tochta kan heute Schport nicht mietmachen, oder *Hassan hat fiel Schmertzen* heißt es da, was mir natürlich direkt einleuchtet, als ich in die eben noch leidenden Gesichter der sechs betroffenen Achtklässler blicke, die sich nun über ihre Mitschüler in deren Sportsachen lustig machen.

»Voll schwul, die Shorts!«, kommentiert Cheyenne-Kimberly die neue Beinbekleidung von Jakob, während dieser mit einem »Text mich nicht voll, Fettgondel« kontert, was die Gesichtszüge meiner figurbewussten Schülerin sofort entgleisen lässt. Auch die anderen Mädchen sind bei dieser schlimmsten aller Beschimpfungen – Schlampe, Hure und Bitch scheinen in der Rangliste weit hinter Fettleibigkeit zu kommen – so entsetzt, dass ihnen zuerst einmal die Luft wegbleibt.

»Ey Jojo, sei ehrlich, macht die Leggins dick?«, fragt daraufhin meine spindeldürre Schülerin, die ich ab Windstärke fünf nicht mehr ruhigen Gewissens auf den Schulhof schicken würde.

»Halloho, Erde an Kimi! Wenn du fett bist, was bin ich dann? Du bist voll schlank«, stellt die selbst vollschlanke Jojo oder kurz und cool JJ genannt, die figurtechnisch nur zu gerne mit ihrer Freundin tauschen würde, klar. Eigentlich wurde sie von ihren Eltern auf den Namen Johanna getauft. Da sich das frühreife Mädchen aber schnell darüber im Klaren war, dass sie wenig mit der Jungfrau von Orleans, dafür aber umso mehr mit den freizügigen Teenies amerikanischer Sitcoms gemein hat, wurde kurzerhand JJ daraus.

»Jakob, du Vollspacko, nimm das sofort zurück, oder ich…«, verteidigt Johanna dann lautstark ihre beste Freundin Kimberly, die im letzten Schuljahr noch Cheyenne gerufen werden wollte.

»Was ist denn los hier?«, gehe ich schnell dazwischen, um zu vermeiden, dass meine aufgebrachte Schülerin ihre künstlichen Fingernägel als Nahkampfwaffe einsetzt und ihrem Mitschüler die Augen auskratzt.

»Der hat gesagt, ich sei FETT!«, kreischt Kimberly nun durch die ganze Halle, und dicke Tränen kullern über ihre make-up-beschichteten Wangen. Anscheinend lässt das auch den coolen Hassan nicht kalt.

»Ey Chika, chillax ma. Hat mein Buddy bestimmt nich so gemeint, bistu voll Bulemikerin!«

Während ich noch versuche, Hassans Beschwichtigung – soweit ich das als solche bezeichnen kann, »Bulemikerin«? – zu entschlüsseln, scheint Kimberlys Stimmung plötzlich wieder ins Positive zu kippen.

»Ächt jetzt?! Boah, voll süß von dir, Bruda«, haucht sie ihm zuckersüß entgegen, und ich komme bei dem Hormonkarussell überhaupt nicht mehr mit.

Da jetzt aber wenigstens Ruhe herrscht – was per se Grund genug zum Jubeln ist –, bohre ich nicht weiter nach und widme mich meiner eigentlichen Aufgabe, dem Sportunterricht.

»Die Schüler, die ihrer Gesundheit oder aber überraschenderweise ihrer Sportsachen beraubt wurden, nehmen bitte Stift und Block heraus, setzen sich auf die Tribüne und fertigen ein Stundenprotokoll an. Ihr anderen teilt euch in zwei Mannschaften auf. Ich würde gerne mit einem Ballspiel anfangen«, erkläre ich der Klasse. Und schon werde ich Zeuge der wundersamen Heilung, von der ich zuvor nur in der Bibel gehört habe.

»Ähm, Frau Freiii, meine Schmerzen sind nich mehr so krass. Geht misch irgendwie schon viel bessa«, versichert mir Hassan, der sich vor Sekunden noch mit schmerzverzerrtem Gesicht den Bauch gehalten hat.

»Ups, meine Tage sind grad vorbei!«, stellt Kimberly urplötzlich fest.

»Guck isch Rucksack, da is Sportzeug drin!«, stimmt der Nächste in den Chor der Bekehrten mit ein.

»Hmm, darüber muss ich kurz nachdenken …«, brumme ich vor mich hin, setze mein knallhartes Pokerface auf und muss krampfhaft ein Lachen unterdrücken. Ich kann durchaus nachvollziehen, warum die Jugendlichen den militärischen Sportunterricht meiner Kollegin Kühn scheuen, und die eine oder andere lieber sechs Wochen Dauerperiode vortäuscht. Aber Strafe muss sein, und so lasse ich die Pseudoerkrankten noch eine Weile schmoren. Lange halte ich das allerdings nicht durch und erlaube den verlorenen Söhnen und Töchtern schließlich doch noch mitzuspielen.

Großer Fehler, denn die Mannschaften haben sich in der Zwischenzeit wider Erwarten schon ohne große Diskussionen formiert, was sich jetzt durch die zusätzlichen Mitspieler schlagartig zu ändern scheint.

»Boah Digga, die Bewegungslegasthenikerin müsst ihr nehmen!«, stellt Jakob mit einem abfälligen Blick auf Johanna klar, die ihn ihrerseits mit Blicken zu töten versucht.

»Minus Alder, die kann nix mit das Ball!«, entgegnet Hassan ruhig.

»Haha du Auswechselspieler, als ob das bei dir anders wär. Hast doch auch keine Ahnung von Bällen und wie man damit umgeht«, kontert Johanna und rückt selbstbewusst ihren Push-up zurecht.

Touché, der hat gesessen!, denke ich, verkneife mir aber als Unparteiische den Kommentar und manage die Konfliktsituation, indem ich ein Machtwort spreche. Schließlich bin ich hier nicht nur die Schiedsrichterin, sondern auch die Chefin. Diese Ansicht teilen meine hormongesteuerten Vierzehnjährigen jedoch nicht immer mit mir, und so muss ich sie mehr als einmal darauf hinweisen, dass Spielregeln beim Spieleregeln wirklich ihre Berechtigung haben.

Zwei Kräfte raubende Sportstunden später, in denen ich nicht nur eine Menge Schweiß, sondern vor allem meine

Stimme verloren habe, freue ich mich nach dem Unterricht bei den hyperaktiven Fünfern, dass mich die Klingel endlich erlöst. Mein Körper lechzt nach meinem koffeinhaltigen Lieblingsgetränk, das ich mir aus dem Lehrerzimmer schnell mit in die Pausenaufsicht nehmen will.

Dumm nur, dass mir, wie so oft, jemand einen Strich durch die Rechnung gemacht hat. Denn gerade, als ich mir meinen heißgeliebten Kaffee in eine halbwegs saubere Tasse einschenken will, klopft es nicht gerade dezent an der Lehrerzimmertür. Da das anscheinend keiner meiner Kollegen mitbekommen hat – Schwerhörigkeit ist in Lehrerzimmern ein weit verbreitetes Phänomen – und ich mich leichtsinnigerweise in Türnähe befinde, walte ich schweren Herzens meines Amtes. Als ich öffne, steht eine wimmernde Schülerin vor mir, die von einem ganzen Pulk aufgebrachter Mädchen umringt wird. Noch bevor ich fragen kann, was passiert ist, werde ich von einem Wortschwall übergossen.

»Guck, Frau Frei, wir wollten grad aufs Klo und dann kam der Alex …«

»Schnief, schluchz, heul …«

»… und dann hat der Alex …«

»… näääähh, der war das nicht, zuerst kam der Freund von dem und …«

»Quatsch, das ist der Couseng vom Alex …«

»Buah, der war so gemein …«

Bis zu diesem Zeitpunkt habe ich mir eingebildet, dass ich gute Ohren besitze. Doch es gelingt meinem Hörorgan beim besten Willen nicht, das Gesagte so zu filtern, dass ich den Inhalt verstehe. Ich höre nur ein gleichmäßig hohes Schnattern ohne semantische Entsprechung.

»Was ist denn das für ein furchtbarer Krach?!«, wettert plötzlich die Kühn von Weitem und marschiert mit strammen

Schritten durch den Flur in Richtung Lehrerzimmer auf die kleine Mädchenversammlung zu. Ihrem Namen wird meine kühne Kollegin mehr als gerecht, denn sie kann nicht nur forsch, sondern vor allem angsteinflößend auftreten. In Lehrerkreisen munkelt man, dass bei ihrem strengen Blick sogar Direktor Lehmann den Kopf – und nicht nur den – einzieht.

Da sie es nicht einsieht, in ihrer wohlverdienten Kaffeepause gestört zu werden, stemmt sie jetzt ihre wohldefinierten Arme kampfbereit in die Hüften, blickt streng in die mit einem Mal eingeschüchterte Mädchenrunde und stellt die alles entscheidende Frage: »Ist irgendjemand am Verbluten?«

Irritiert schütteln die Mädchen die Köpfe, was meine Kollegin zufrieden zur Kenntnis nimmt, an ihnen vorbeimarschiert und die Tür enthusiastisch hinter sich und vor den verdutzten Schülerinnen zuschlägt. Ohne weitere Worte begibt sie sich dann zu ihrem Platz.

Wow, das *Konfliktmanagement-Seminar hätte ich besuchen sollen,* denke ich voller Anerkennung.

»Frau Kühn, ich dachte du bist krank, weil ich Vertretung für dich machen musste. Hattest du nur einen Arzttermin?«, frage ich meine Kollegin, deren Vorname weder mir noch irgendeinem anderen Kollegen bekannt ist. Gerüchte kursieren, dass sogar Lord Voldemort sie mit »Du-weißt-schon-wer« benennt.

»Arzttermin? Ist was für Weicheier! Meine Schrottkarre hat mir den Dienst versagt, und da musste ich ihr zuerst einmal zeigen, was Sache ist!«

»Du hast dein Auto selbst repariert?«, frage ich ungläubig, weil ich schon beim Reifenwechseln überfordert bin.

»Selbst ist die Frau!«

Anerkennend nicke ich ihr zu und schlendere zur Kaffeemaschine, um mir doch noch meine Alltagsdroge einverleiben zu können. Unglücklicherweise war mein Lieblingskollege Wohlfahrt jedoch schneller, sodass ich in das triste Antlitz einer leeren Kaffeekanne starren darf.

»Och nee, Sascha, manno!«, entfährt es mir.

»Ach, sorry Meike, wusste nicht, dass du auch noch was wolltest. Ich hab gedacht, der wär übrig, und da hab ich mich erbarmt, den letzten Rest zu trinken. Wenn du willst, koche ich dir schnell neuen?«, entgegnet er schuldbewusst.

»Nein, schon okay. Ich muss jetzt sowieso auf den Schulhof, hab Aufsicht. Aber wenn du sooo ein schlechtes Gewissen hast, könntest du ja …«, seufze ich und schaue ihn mitleiderregend an, was seine Wirkung nicht verfehlen kann, weil Sascha das exakte Gegenteil von Frau Kühn darstellt. Wüsste ich es nicht besser, würde ich denken, Gott hat Jesus zum zweiten Mal auf die Welt geschickt, um die Menschheit zu erlösen – nötig wär's ja. Mit seiner gütigen, hilfsbereiten und überaus sozialen Ader ist Sascha Wohlfahrt, ganz wie sein biblischer Vorgänger, zu gut für die Welt und vor allem für die Schule. Umso überraschter bin ich, als ich seine Antwort höre.

»Vergiss es! Lieber kaufe ich dir eine Kaffeeplantage, als dass ich zusätzlich noch deine Pausenaufsicht übernehme. Nichts für ungut.«

Mist, an meinem Opferblick muss ich wohl noch feilen, denke ich mir und schleppe mich erschöpft durch die Gänge in Richtung Schulhof.

Plötzlich schießt etwas derartig schnell an mir vorbei, dass die nachfolgende Windböe meine Haare hochflattern lässt. Erst einige Sekunden später registriere ich, dass Sandy aus der Fünften der Grund dafür ist. Mit einem kurzen Pfiff, den ich mir für derartige Gelegenheiten im autodidaktischem Studium beigebracht habe, gebe ich ihr zu verstehen, dass sie anhalten soll.

»Sandy, du weißt doch, dass das Rennen auf dem Flur verboten ist, oder?!«

Betroffen schaut mich meine Schülerin an und nickt.

»Dann ist ja gut«, erwidere ich und gehe weiter, um keine drei Sekunden darauf erneut Zeugin von Sandys elegantem Sprintstil zu werden.

Fassungslos blicke ich ihr hinterher, und das Einzige, was mir dazu noch einfällt, ist »Nicht rennen!« zu brüllen.

Auf dem Schulhof angekommen, stürzen gleich mehrere Fünftklässlerinnen auf mich zu, um mir Löcher über mein Privatleben in den Bauch zu fragen.

»Frau Freiiiii, haben Sie einen Freund?«

»Wie heißt Ihr Freund?«

»Wie alt ist Ihr Freund?«

»Sind Sie verheiratet?«

»Machen Sie es miteinander?«, und so weiter und so fort.

Ich versuche meine Intimsphäre auch intim bleiben zu lassen, in dem ich meiner Aufsichtspflicht nachkomme und ein paar der älteren Jungs darauf hinweise, dass die Springseile nicht zum Schlagen ihrer jüngeren Mitschüler gedacht sind. Darüberhinaus erkläre ich ihnen geduldig, dass auch die neu angeschafften Softbälle nicht zweckentfremdet werden sollen.

»Hassan, lass die beiden Bälle aus deiner Hose. Nein, die sind auch nicht dazu gedacht, dir Frauenbrüste zu bescheren. Nimm dir einen Schläger, oder leg sie zurück in die Spielekiste!«

In Gedanken drehe ich die Uhr schon ein paar Stunden nach vorne und stelle mir vor, wie ich entspannt in meinem

Bett liege. Meine Kopfschmerzen sind mittlerweile so stark, dass ich das Gefühl habe, Hannibal Lecter persönlich würde mir die Kopfhaut abziehen. Zudem scheinen mir meine Augen den Dienst zu verweigern, denn mir ist, als würde ich den Schulhof nur noch schemenhaft, wie durch einen Nebelschleier, sehen. Als meine Geruchsnerven im nächsten Moment einen mir bekannten Duft wahrnehmen, wird mir allerdings schlagartig klar, dass das überhaupt kein Nebel ist, der da um die Ecke weht, sondern Zigarettenrauch. Auf leisen Sohlen schleiche ich mich an die vermeintliche Ursache der Rauchentwicklung heran, lege die böseste meiner Mimikvariationen auf und stürze ganz Pädagogin um die Ecke.

»Was macht ihr hier?!«, kläffe ich die Schuldigen an.

»Na was schon, die Lunge bräunen, sehen Sie doch!«, schnauzt Johanna wenig eingeschüchtert zurück.

»Eben nicht, ihr vernebelt mir die Sicht! Macht mal die Glimmstängel aus, sodass ich euch wieder sehen kann. Außerdem wisst ihr doch, dass Rauchen ungesund und vor allem verboten ist.«

»Boah, therapieren Sie mich nicht auch noch mit dem Scheiß! Das tun meine Alten schon genug«, entgegnet Johanna genervt.

Da mir in diesem Moment wieder einmal deutlich bewusst wird, dass eine vernünftige Belehrung bei meiner Oberzicke Verschwendung von Wort und Zeit ist, wechsele ich die Taktik.

»Lungenkrebs wird als Krankheit auch überbewertet, hätte mich wahrscheinlich als Jugendliche genauso wenig abgeschreckt.«

»Ächt jetzt, Sie haben auch geraucht, als Sie noch jung waren?«, fragt Kimberly erstaunt.

Die Bemerkung trifft mich direkt in mein altes Herz, denn sooo lange ist meine Jugend nun auch nicht her.

»So sehen Sie aber nicht aus«, stellt Johanna fachmännisch klar.

»Korrekt, und weißt du auch warum?! Weil ich früh genug damit aufgehört habe. Sonst würde ich heute zwanzig Jahre älter aussehen.«

»Hä? Wiesooo?«, fragt Kimberly, deren Lichtlein immer etwas länger braucht, um aufzugehen.

»O ey, Kimi, du Dumpfbacke. Frau Frei will, dass wir glauben, rauchen macht alt«, klärt ihre Freundin sie freundschaftlich auf.

»Was ihr glaubt, bleibt euch überlassen, aber fragt doch einfach mal meine ehemalige Schulkameradin, eure jetzige Schulsekretärin, wie viel sie am Tag so raucht.«

»Ächt jetzt, Frau Kraushaar ist so alt als wie Sie?«, will Kimberly sichtlich geschockt wissen, während Johanna mich aus weit geöffneten Augen anstiert.

»Wir waren zusammen auf der Schule«, antworte ich wahrheitsgetreu, ohne dabei die Tatsache zu erwähnen, dass Frau Kraushaar ihren Realschulabschluss zwanzig Jahre früher gemacht hat.

»Boah ey, hätt ich nicht gedacht. Sie sehen vieeeel jünger aus!«, meint Kimi, und ich fühle mich schon gleich vieeeel besser, auch wenn der Vergleich etwas hinkt. Aber who cares, Hauptsache jünger und meine Taktik geht auf. Das tut sie tatsächlich, denn Johanna macht ihre Kippe aus und gibt ihrer Busenfreundin mehr als deutlich zu verstehen, ihr zu folgen.

»Los Kimi, lass Haare wehen!«

Als ich meinen Grazien hinterherblicke, freue ich mich doch sehr, dass sich die eine oder andere noch mit sachdienlichen Argumenten auf den richtigen Weg bringen lässt. Zufrieden mit mir und meinen pädagogischen Fähigkeiten, schlendere ich daraufhin gut gelaunt über den Schulhof bis…

»Frau Freiiiii, hastu schon Deutscharbeit gecheckt?«, nervt mich Hassan, den ich nach der Pause auch in Deutsch unterrichten darf – und angesichts seiner Wortwahl offensichtlich auch muss. Da ich diese Frage schon gefühlte fünfzigmal in den letzten drei Tagen beantworten durfte, ist meine gute Stimmung dahin, und ich reagiere etwas ungehalten.

»Lass Haare wehen!«, bringe ich genervt heraus und lasse meinen verdutzten Schüler stehen, weil an der nächsten besser gesagt letzten Ecke eine bereits bekannte Baustelle auf mich wartet. Wutentbrannt marschiere ich in dieselbe Richtung, aus der mir keine fünf Minuten zuvor schon einmal Rauchschwaden entgegengeschlagen sind. In Erwartung der gleichen Missetäterinnen brülle ich ihnen bereits zehn Meter vor Erreichen des Tatorts meine Meinung entgegen.

»Boah ey, geht's noch? Ihr könnt euch doch nicht schon wieder diesen Mist reinziehen! Ich habe euch doch gerade erst erklärt, dass…«, verstumme ich urplötzlich, als ich durch die Rauchwolke in das überraschte Gesicht meiner Kollegin blicke.

»Du solltest deine Ausdrucksweise überdenken«, meint die Kühn nur und nimmt seelenruhig einen tiefen Zug an ihrer Zigarette.

»Entschuldige, ich dachte, dass Johanna und Kimberly schon wieder hier rauchen würden, obwohl ich es ihnen eben erst verboten habe«, erkläre ich und bin erleichtert, dass dem nicht so ist.

»Nö, die habe ich gerade verscheucht. Wäre ja noch schöner, wenn die kleinen Quälgeister mir noch meinen Raucherplatz wegnehmen. Reicht, dass die großen Spielverderber das Rauchen im Lehrerzimmer verboten haben«, entgegnet die Kollegin und nimmt mir das letzte Fünkchen Hoffnung, meinem pädagogischen Auftrag gerecht geworden zu sein.

Gott sei Dank ertönt in diesem Moment die erlösende Klingel, und sämtliche Schüler stürmen wie eine wildgewordene Büffelherde ins Schulgebäude.

Unbeteiligte Beobachter könnten dabei wohl tatsächlich denken, dass sie sich auf den Unterricht freuen. Nun, dem ist natürlich nicht so, denn als ich den Klassensaal der 8a betrete, schlägt mir alles entgegen, nur kein Wissensdurst.

»Boah, schon mal was von Wasser und Duschgel gehört?«, entfährt es mir bei diesem deutlichen Angriff auf meine Geruchsnerven.

Zum Selbstschutz reiße ich umgehend sämtliche Fenster auf.

»Ey Frau Frei, Sie rieschen pures Test-ost-hormon!«, erklärt mir Hassan, der mit seinem Polyestertrainingsanzug besonders viele männliche Botenstoffe aussendet.

»Bist du bescheuert, Hassan, das heißt Testos-tron!«, blökt Johanna ihren Banknachbarn an. »Außerdem stinkt's hier wie im Puff. Hab ich dir eben schon gesteckt. Da hilft auch ein Kilo Deo nicht!«

»Hastu Arbeit gecheckt, Frau Frei?«, will Hassan erneut wissen.

Würde er nur seinen Hausaufgaben so hartnäckig nachgehen, denke ich und seufze.

»Wir sollen die Frei das nicht fragen, weil die dann voll abgenervt ist«, bemerkt Jakob zurecht.

»Jahaaa, ich habe eure Deutscharbeit fertig korrigiert.«

Deshalb kann ich noch weniger verstehen, warum sie begierig darauf sind, diese zurückzubekommen. Der Durchschnitt ist, wie so häufig, mehr als bescheiden.

»Is sie gut ausgefallen?«, kommt auch prompt die Frage danach.

»Na ja, gut ist relativ. Wohl eher gerade ausreichend.«

»Ey Frau Frei, ausreichend is doch nich übelst«, wirft Hassan ein.

»Es *ist* übelst, wenn man die Tatsache berücksichtigt, dass wir seit fünf Wochen die Inhaltsangabe üben. Eigentlich wollte ich schon längst beim nächsten Thema sein«, gebe ich meinen Schülern zu bedenken.

»Das dürfen Sie nicht so eng sehen, Frau Frei. Alles braucht seine Zeit«, entgegnet Jakob seelenruhig.

Da muss ich ihm zwar insgeheim Recht geben, gleichzeitig bin ich mir aber nicht so sicher, ob bei einigen die Zeit des Verstehens überhaupt noch kommen wird beziehungsweise nicht schon lange abgelaufen ist.

»So, ich schreibe euch jetzt den Notenspiegel an, den ihr euch bitte ins Klassenarbeitsheft abschreibt. Danach fertigt ihr die Korrektur eurer Arbeit ebenfalls ins Klassenarbeitsheft an«, erkläre ich für alle.

»Sollen wir Berichtigung auch in Klassenarbeitsheft machen?«, ruft Hassan keine Sekunde später in die Klasse.

»Hassaaan, nicht in die Klasse rufen. Du musst dich melden!«, rüge ich ihn.

Blitzschnell hebt Hassan seinen Arm und ruft im gleichen Moment: »Sollen wir Berichtigung auch in Klassenarbeitsheft machen?«

»Hassaaaan, du musst dich melden …«, ermahne ich ihn.

»Hab isch doch!«

»… und warten bis ich dich aufrufe!«, seufze ich kopfschüttelnd.

»Was is jetzt mit Berichtigung?«, ruft Hassan zum dritten Mal in die Klasse.

»Hassaaaaan, das habe ich doch vor einer Minute bereits erklärt. Die Korrektur kommt in dein Klassenarbeitsheft«, erkläre ich geduldig noch einmal.

»Also kommt die in Heft, das sie mich jetzt zurückgeben. Wo Arbeit drinsteht?«

»Genau, Hassan. Du hast es erfasst«, seufze ich.

Nachdem auch das geklärt ist, schreibe ich den Notenspiegel an die Tafel und teile die Arbeit aus. Und gerade als ich fertig bin, beginnt die erste Schülerin zu weinen. Es folgen noch zwei weitere.

»Hei, macht euch mal locker, eine schlechte Note ist doch kein Weltuntergang. Wenn ihr für die nächste Arbeit fleißig übt und eine gute Note schreibt, könnt ihr euch wieder verbessern. Und eure Mitarbeit zählt ja auch mit«, versuche ich die aufgebrachten Gemüter zu beruhigen.

»Sie checken das nich, Frau Frei. Wenn ich mit ’ner Fünf heimkomme, rasten meine Alten aus. Dann krieg ich Fernseh- und Computerverbot! Die wollen, dass ich Ärztin werde«, schluchzt Johanna.

Ärztin? Ich bin mir nicht sicher, woher ihre Eltern das Vertrauen in die Fähigkeiten ihrer Tochter nehmen. Da muss ich wohl irgendwas übersehen haben. Bisher jedenfalls hat Johanna ihre Talente vor mir geheim gehalten. Gut, normalerweise schreibt sie keine Fünf, ihre Deutschnoten schwanken zwischen einer Vier und einer schwachen Vier. Ich komme ins Grübeln. Manche Menschen entwickeln ihren Ehrgeiz erst im Laufe der Zeit. Trotzdem überlege ich, ob der Berufswunsch der Erziehungsberechtigten nicht doch fernab von Johannas Möglichkeiten liegt. Ein bisschen neidisch bin ich aber auch. Meine Eltern hatten mir das Gymnasium erst gar nicht zugetraut und mich sicherheitshalber in die Realschule gesteckt. Was wäre wohl aus mir geworden, wenn sie direkt an mich geglaubt hätten – Kernphysikerin, Nobelpreisträgerin oder gar Hollywoodschauspielerin?

»Dann nutzt du die Zeit, die du sonst vor dem Bildschirm verbringst, zum Üben. So schaffst du beim nächsten Mal auch eine bessere Note«, versuche ich sie zu ermuntern.

Johanna verzieht ihr Gesicht. Mein gut gemeinter Vorschlag scheint bei ihr nicht besonders gut anzukommen.

»Du hast doch What's-uuuup mit dem Smartphone«, mischt sich Jakob ein, »nur meine Omma benutzt heut noch 'nen Computer.«

O Gott, bin ich alt, denke ich.

»Ey korrekt, du bist ja gar nicht so hirntot, wie du aussiehst. Ärztin ist eh nicht meins, werde sowieso Superstar«, stellt Johanna klar, und ihre Miene hellt sich wieder auf.

Ich bin erleichtert, dass meine Schülerin mit beiden Beinen auf dem Boden steht und ihre berufliche Zukunft so realistisch einschätzt.

Während nun alle meine Schüler ihre Arbeiten korrigieren oder es zumindest versuchen – meist sind die Korrekturen noch fehlerhafter als die Arbeit selbst –, versuche ich mich kurz zu entspannen. Mein Kopfweh ist etwas besser geworden, seit ich zwei Schmerztabletten eingeworfen habe.

In Gedanken gehe ich diesen verkorksten Morgen noch einmal durch und stelle fest, dass es im Grunde ein ganz normaler Arbeitstag ist. Der tägliche Schulwahnsinn eben. Und da wird mir schlagartig bewusst, dass ich das noch gute dreißig Jahre mitmachen muss. Wie ich das schaffen soll, ist mir allerdings überhaupt nicht klar. Ich fühle mich jetzt schon so erschöpft und ausgelaugt, als würde bereits meine Pensionierung vor der Tür stehen. Langsam, aber sicher keimt in mir ein leichtes Panikgefühl auf, denn ich sehe mich vor meinem inneren Auge bereits als Bewohnerin einer Nervenklinik Plötzlich klopft es tatsächlich an der Tür, und ich hoffe schon, dass dreißig Jahre wie im Flug vergangen sind, aber es ist unglücklicherweise nicht meine Pensionierung – es sei denn diese hat Ähnlichkeit mit meinem Musterschüler aus der Fünften.

»Entschuldigen Sie bitte die Störung, Frau Frei, aber ich muss Sie darüber in Kenntnis setzen, dass Sie vergessen haben, das Thema unserer letzten Stunde ins Klassenbuch einzutragen«, weist mich der pflichtbewusste Leon auf meine unterlassene Pflicht hin.

»Ey JJ, is der Erdnuckel da nich kleiner Bruder von dich?«, plärrt Hassan seine freundlich formulierte Frage quer durch den Raum, was ihm von seiner Mitschülerin nur mit einem erhobenen Mittelfinger beantwortet wird.

»Für Familie kann man nichts, Freunde kann man sich aussuchen«, erwidert Leon mit einer Lässigkeit und Schlagfertigkeit, die ich ihm gar nicht zugetraut hätte. Es überrascht mich immer wieder wie verschieden doch Geschwister sein können und wie unterschiedlich die entsprechende Verteilung von Talenten ausfällt. Ob ich Johanna nicht Nachhilfe bei ihrem drei Jahre jüngeren Bruder empfehlen sollte? Besser nicht, schließlich will ich kein Familienmassaker auslösen. Als ich in die ratlosen Gesichter meiner Schüler blicke, die immer noch überlegen, was Leons Bemerkung zu bedeuten hat, muss ich mir ein Lachen verkneifen.

»Ey Jojo, ich glaub der Assizwerg hat dich beleidigt?!«, mischt sich Kimberly ein, der ein Licht oder zumindest Lichtlein aufgegangen zu sein scheint.

»Hastu meinen Bruder grad Assizwerg genannt, Kimi? Lassma schön bleiben oder es setzt was«, zischt Johanna ihrer Freundin zu.

Blut scheint doch dicker als Wasser zu sein …

»Ey Bruder, du Pissnelke, hastu misch grad beleidigt?«

… aber auch nur bedingt, und bevor ich Zeuge einer familieninternen Fehde werde, greife ich lieber sofort ein.

»Leon, leg mir das Klassenbuch doch einfach aufs Pult, und ich trage die fehlenden Angaben in der nächsten Pause nach.«

»Das geht nicht, Frau Frei! Frau Kühn hat gemeint, Sie sollen das direkt machen!«, widerspricht mir die kleine Pissnelke, ähm, der stets bemühte Fünftklässler doch tatsächlich. Ungefragt greift in diesem Moment seine große Schwester ein, was mir aber jetzt und hier mehr als gelegen kommt.

»Verpiss dich Assizwerg, aber zackig!«

»Das sag ich Mama und Papa, Johanna! Die werden dir schon die Leviten lesen.«

»Nenn mich nicht so, ich heiße JJ. Außerdem sind mir diese Leviten scheißegal, aber ich les dir gleich dein Testament vor, wenn du nicht die Kurve kratzt«, droht Johanna mit zusammengekniffenen Smoky Eyes, was Leon tatsächlich dazu veranlasst, den Rückzug anzutreten.

Geschwisterliebe, wie allerliebst! Wenn ich da an vergangene Auseinandersetzungen mit meinem Bruder zurückdenke – nicht, dass es bei unserem harmonischen Miteinander welche gegeben hätte –, stelle ich fest, dass wir ein Herz und eine Seele waren. Jedenfalls sehe ich das rückblickend so, denn es hatte durchaus Vorteile, einen älteren Bruder zu haben. Ich konnte mir Kleidungsstücke von ihm leihen, wenn er nicht da war, seine gut aussehenden älteren Freunde stalken …

»Sie sehen heut irgendwie witzig aus, Frau Frei!«, unterbricht Kimberly meine verklärten Erinnerungen.

Irritiert ziehe ich meine Augenbrauen hoch, denn ich bin mir nicht sicher, ob das ein Kompliment sein soll. Noch bevor ich nachfragen kann, wie das »witzig« gemeint war, mischen sich bereits ihre Mitschüler ein.

»Ja, voll die krasse Mähne«, meint Hassan.

»Ganz schön pornös, Frau Frei«, ergänzt nun auch Johanna, während Jakob im besten Englisch »*Wild thing, dededededa, you make my heart …*«, in die Klasse trällert.

Was auch immer heute Morgen auf meinem Kopf wuchert, nach diesen Kommentaren muss ich wissen, wie es aussieht, denn ein »pornös« aus Johannas Mund, die bei Kleidung weniger für mehr und bei Kosmetik und Haarvolumen mehr für mehr hält, verheißt nichts Gutes. Panisch machen sich meine Augen im Klassenraum auf die Suche nach einem Spiegel. Über dem Waschbecken neben der Tafel, wo dieser normalerweise hängen müsste, herrscht allerdings bis auf den Putz, der von der Wand abblättert, gähnende Leere. Verdammt!

»Hmm, irgendwie erinnern Sie mich an etwas, Frau Frei …«, meint Kimberly.

»An jemanden, heißt es korrekt«, verbessere ich, während ich weiterhin fieberhaft nach einer spiegelnden Fläche Ausschau halte.

»Ha, ich hab's. Sie sehen aus, also, ich mein … Sie gleichen der Loreley bis auf's Haar!«

»Also gleicht sie doch etwas und nicht jemandem«, insistiert Johanna, was ich in diesem Moment aber einfach unkommentiert stehen lasse, denn bei solch einem schönen Kompliment, das mir Kimberly gerade gemacht hat, ist mir die Grammatik schnuppe. Ich bin auch überrascht, dass meine Schülerin diese sagenhafte Nixe, die manch holden Rheinschiffer auf dem Gewissen hat, noch aus meinem Unterricht kennt. Und es lässt sich auch nicht bestreiten, dass sie mit ihrer wilden, wallenden Mähne einfach bildschön gewesen sein muss. Wie zur Bestätigung fasse ich in mein güldenes Haar und entgegne fröhlich: »Danke, Kimberly. Da hast du aber gut aufgepasst, als wir die Ballade durchgenommen haben.«

»Wieso Ballade? Hat das was mit Sport zu tun? Ich meine, Sie sehen genauso aus wie meine Haflingerstute Loreley. Bei der steht die Mähne momentan auch so ab als wie bei Ihnen.«

»Das Pony ist doch irgendwas und nicht irgendjemand, oder?«, hakt Johanna noch einmal nach, während mir nur die Kinnlade herunterklappt bei Kimberlys Ehrlichkeit und Johannas Gespür für Grammatik. Noch bevor ich etwas erwidern kann, läutet die Klingel das Ende der Stunde ein. Ich gebe der Klasse den Rest der Berichtigung als Hausaufgabe auf und stürme sofort auf die Lehrertoilette.

Tatsächlich muss ich mir beim Blick in den Spiegel eingestehen, dass meine Schülerin mit ihrem tierischen Vergleich nicht ganz Unrecht hat. Meine Haare sind dank der versäumten morgendlichen Dusche am Ansatz fettig, bringen es aber durchaus fertig, sich in den Längen und Spitzen immer weiter von meinem Gesicht zu entfernen. Ich bin mehr als schnittreif. Allerdings habe ich überhaupt keine Lust, zu einem Friseur zu gehen. Nur mit Widerwillen denke ich zurück an meinen letzten Besuch bei einem Friseurdiscounter, der ein wahres Fiasko gewesen ist …

In freudiger Erwartung auf die bevorstehende Typveränderung betrete ich den Friseursalon »NATÜRLICH blond« – nichtsahnend wie ich ihn wieder verlassen werde –, den mir eine Kollegin zuvor wärmstens empfohlen hat. Bis zum heutigen Tag sprechen wir nicht mehr miteinander!

Anders als bei den Salons, in denen ich bisher gewesen

bin, braucht man hier keinen Termin. Hier geht es zu wie beim Amt; man zieht eine Nummer und wartet, bis man aufgerufen wird. Also warte ich mit meiner gezogenen Nummer darauf, von einem Fachmann oder einer Fachfrau beraten und blondiert zu werden.

Als ich auf die Vierundvierzig auf dem kleinen Zettel in meiner Hand schaue und sie mit der rot leuchtenden Einundzwanzig auf dem Display der elektronischen Tafel über der Rezeption vergleiche, bin ich mir allerdings nicht sicher, ob meine Geduld für die angegebene Wartezeit ausreicht. Irritiert sehe ich mich im leeren Wartebereich des Friseurladens um, kann mir aber beim besten Willen nicht erklären, wo die restlichen dreiundzwanzig Kunden abgeblieben sind.

»Hi, ich bin Cindy! Was geht?«, reißt mich die junge Frau, die mit weit geöffnetem Mund kaugummikauend auf mich zukommt, aus meinen Überlegungen. Aufgrund ihres Alters und ihrer ungezwungenen Begrüßung gehe ich davon aus, dass diese Friseurin eine meiner ehemaligen Schülerinnen gewesen sein könnte. Krampfhaft überlege ich, in welcher Klasse ich sie unterrichtet habe, doch meine grauen Zellen können sich weder an ihr Gesicht noch an ihren vollen Namen erinnern.

»Entschuldigen Sie bitte, wie war noch Ihr Name?«, frage ich nach.

»Cindy! Kannst *du* sagen, mach ich ja auch. Was willst du?«

»Sind Sie etwa…, ähm, bist du etwa…«, stammele ich und brauche einen Moment, bevor mir klar wird, welchem Irrtum ich aufgesessen bin. Ich bin sichtlich irritiert, weil meine Friseurin eindeutig Verhaltensmerkmale meiner pubertierenden Schüler aufweist – von denen ich mir nicht unbedingt die Haare färben lassen würde –, vor allem dann nicht, wenn deren eigener Haarschopf so natürlich blondiert ist wie der von Cindy.

»Ähm …, also, ich hätte gerne blonde Strähnchen. Wenn's geht, so natürlich wie möglich«, trage ich schnell mein Anliegen vor.

Bestimmend zeigt Cindy auf einen Stuhl, dreht sich um und verschwindet wortlos. Ich setze mich hin und zerbreche mir meinen Kopf darüber, ob sie eventuell meine Gedanken gelesen hat, als sie auch schon zurückkommt, umgeben von einer wohlduftenden Nikotinwolke, die sich erst nach und nach lichtet. Nachdem sich die Sicht geklärt hat, erkenne ich zu meiner Erleichterung, dass sie ein großes Buch mit verschiedenfarbigen Haarsträhnen in der Hand hält. Ohne Worte, dafür aber umso resoluter, zeigt Cindy mit ihrem Zeigefinger auf die Farbpalette mit den Blondtönen. Und gerade als ich mir diese genauer ansehen will, deutet sie auf eine gräulich wirkende Strähne und klappt mir das Buch vor der Nase zu.

»Passt zu deinem Straßenköterblond!«, entscheidet sie doch sehr spontan.

Trotz ihrer persönlichen Anrede und der metaphorischen Beschreibung meiner Haarfarbe bin ich mir allerdings ganz und gar nicht sicher, was ihre blitzartig und selbstsicher getroffene Farbwahl betrifft.

»Könnte ich das Blond noch einmal sehen?«

»Wenn's sein muss!«, entgegnet die Friseurin, und ich meine eine leichte Gereiztheit bei der reizenden Cindy zu verspüren.

Ihr eindeutig genervter Gesichtsausdruck bestätigt meine Vermutung, was mich als konfliktscheuen Menschen ein wenig einschüchtert; will ich doch niemanden vor den Kopf stoßen und schon gar nicht diese professionelle Fachfrau, die mir gleich an den Hals, ähm, ans Haar gehen wird. Nur widerwillig öffnet die Friseurin das Buch mit den Strähnen, sodass ich den mir ans Haar gelegten Ton noch einmal genauer begutachten darf. Daraufhin fasse ich all meinen Mut zusammen und äußere mit eingezogenem Kopf schließlich meine Bedenken.

»Meinen Sie, äh, meinst du nicht, dass das irgendwie ein bisschen grau aussieht?«, frage ich vorsichtig.

Sofort zieht die liebe Cindy ihre Stirn kraus und stemmt beide Hände in ihre etwas breiteren Hüften, die in ihrer niedrig gehaltenen Hüftjeans äußerst gut zur Geltung kommen.

»Das ist nicht grau, das ist *Arsch*!«, erwidert sie barsch.

»Asch!«, entfährt es der Deutschlehrerin unwillkürlich.

»Ja, Arsch, sag ich doch. Glaub mir, das wird geil aussehen! Hab ich Erfahrung mit!«, gibt sie mir mehr als deutlich zu verstehen.

Da Cindy hier die Fachfrau ist und ich nicht noch einmal die Kraft besitze, ihre Beratung infrage zu stellen, stimme ich unterwürfig zu. Was bilde ich mir auch ein, schließlich bin ich hier *nur* die Kundin! Voller Elan geht die forsche Friseurin danach an die Arbeit, während sie sich über meinen Kopf hinweg, sehr dezent, mit einer ihrer ebenfalls erfahrenen Kolleginnen über deren durchaus interessantes Intimleben unterhält.

»Ey Jacky, dem sein Riesenteil war voll pervers, mindestens so fünfundvierzig Zentimeter.«

»Ächt jetzt? Du verarschst mich doch?! Das ist ja fast ein Meter groß.«

»Wenn ich's dir doch sage, aber der macht ja auch extrem Bodybuilding. So für den ganzen Körper.«

»Aso, ja dann is klar.«

Klar ist mir in diesem Augenblick nur, dass ich mich nach diesem kurzen mathematischen Exkurs zu Längen und Größen am liebsten aus dem Staub machen würde. Ich kann nur hoffen, dass die beiden nicht auch noch bei Prozentrechnung in Mathe geschlafen haben, die Cindy bei der Zusammensetzung der bevorstehenden Blondierung ganz dringend beherrschen sollte.

»Ey Jacky, du musst das Ganze mit zwölf Prozent anmachen«, bestätigt meine Friseurin umgehend meine schlimmsten Befürchtungen, was mir schon vor dem Auftrag Schweißperlen auf die Stirn treibt. Aus vergangenen Friseurbesuchen weiß ich, dass heutzutage nur noch mit vier oder sechs Prozent blondiert wird, aber auf keinen Fall stärker.

»Ähm, meinst du nicht, dass zwölf Prozent zu viel ist?«, wage ich daher meiner Friseurin zu Bedenken zu geben.

»Nö, find ich nicht. Dann haut's voll rein, oder Jacky?«, stellt Cindy klar.

»Klar, dann geht die Muddi ab.«

Ich glaube zwar eher, dass mir damit die Kopfhaut abgeht, aber ich will hier auch nicht die streberhafte Lehrerin raushängen lassen, und so ergebe ich mich meinem Schicksal.

»Susiiii, mach mir mal Blondierung an, mit vier Prozent!«, ruft Cindy kurz darauf einer weiteren Kollegin zu, und ich bin zuerst etwas verwirrt, wollte sie doch eben noch zwölf Prozent haben. Als Jacky wenig später mit einem alkoholischen Mixgetränk an mir vorbeigeht und Susi ein »Wird heute hochprozentig bei unserer Tussiparty!« zuruft, wird mir der Irrtum klar, und ich bin erleichtert.

In der Zeit, in der Strähne um Strähne mit viel Liebe und Präzision mit der vierprozentigen Blondierung eingeschmiert wird, darf ich dann anerkennend und zugleich überrascht erfahren, dass Frau auch schon mit achtzehn Jahren das komplette Kamasutra-Programm beherrschen kann. Eine halbe Stunde später, in der ich dem informativen Gespräch der Friseurinnen unglücklicherweise wegen der lauten Wärmeapparatur nicht mehr folgen konnte, wird die mittlerweile schon bröckelige Masse wieder von meinem Kopf abgeschrubbt. Nach dem liebevollen Waschgang rubbelt Cindy mir genauso zärtlich die Haare handtuchtrocken, zückt einen riesigen Föhn und frisiert mir mehr als leidenschaftlich die Haare.

»Das muss bestimmt so heiß sein«, denke ich mir jedes Mal, wenn die Friseurin den Föhn direkt auf meine Kopfhaut hält, und auch das extreme Ziepen am Haaransatz bei jedem Durchkämmen hat garantiert seine Berechtigung. Was jedoch danach geschieht, entzieht sich allerdings vollends meinem gesunden Menschenverstand. Während ich ungläubig, aber vor allem unzufrieden mein Spiegelbild anstarre, verhält sich meine Friseurin exponentiell gegensätzlich. Sie klatscht arrhythmisch in ihre Hände und begutachtet mit geschwollener Brust ihr Werk.

»Geiiiil, die Strähnen sind voll krass geworden.«

Ich ziehe verwundert die Stirn kraus.

»Also, ich weiß nicht so recht. Ich finde, die sehen gräulich aus.«

Da erstirbt Cindys Lächeln, und sie stemmt abermals beide Hände in die Hüften. »Susi, Jacky, kommt mal her!«, schreit sie durch den ganzen Raum.

Im nächsten Moment finde ich mich umringt von drei kaugummikauenden Friseurinnen, die sich nicht nur gegenseitig in der Anzahl ihrer Tattoos und Piercings übertreffen, sondern vor allem in ihren wohl formulierten Lobeshymnen.

»Krass Cindy! Voll geil, die Strähnchen!«, meint Susi.

»Find ich auch, megapervers!«, stimmt auch Jackie zu.

»Siehst du, hab ich dir doch gesagt«, wirft mir Cindy trotzig vor.

Das ist der Moment, in dem ich ernsthaft anfange, an meiner Sehkraft zu zweifeln. Spielen wir hier etwa *Ich sehe was, was du nicht siehst*?

Auch jetzt, zu Hause, vor dem Badezimmerspiegel, kann ich nicht erkennen, was ihre Begeisterung bezüglich meiner Strähnen ausgelöst hat. Da öffnet sich die Tür hinter mir, und mein Freund Julian betritt das Bad. Als er mich bemerkt, hält er schlagartig inne, reibt sich mehrmals seine Augen und fängt an, herzhaft zu lachen.

»Ach du Sch…! Wie siehst du denn aus? Hab ich irgendwas verpasst? Gehen wir heute zu einer Kostümparty, oder warum hast du so graue Haare?«

Ich drehe mich blitzartig zu ihm um und beginne hemmungslos zu weinen. Er bereut sogleich seine einfühlsame Erstreaktion und nimmt mich liebevoll in seine starken Arme. Dabei bräuchte er das gar nicht, denn meine Tränen sind Tränen der Erleichterung. Ich bin mehr als froh, dass er auch sieht, was ich die ganze Zeit schon gesehen habe und die Friseurinnen so gar nicht. Also genieße ich die liebevolle Umarmung noch eine ganze Weile und entgegne dann unglaublich erleichtert: »Danke, danke, danke, dass du diese gräulichen Strähnen auch siehst. Ich dachte schon, dass ich jetzt farbenblind geworden wäre.«

Trotz der Erleichterung, dass meine Farbwahrnehmung noch intakt gewesen war, habe ich mich damals mit den grauenhaften Strähnen mehr als unwohl gefühlt. Nachdem ich mir ganze zwei Wochen lang den Spott von Schülern wie Kollegen und Familienangehörigen anhören durfte, habe ich meine Haare schließlich mit einer Packung aus dem Drogeriemarkt selbst neu eingefärbt und beschlossen, so schnell keinen Friseursalon mehr zu betreten.

2

Nur eine kann Germanys Next Topmodel werden

Nachdem meine lieben Achter mich nun indirekt darauf hingewiesen haben, dass ich definitiv schnittreif bin, sehe ich mich dazu gezwungen, das Ganze erneut selbst in die Hand zu nehmen. Also packe ich meine Schultasche – meine letzte Stunde hat in diesem Fall Gott sei Dank gerade geschlagen – und begebe mich direkt auf den Nachhauseweg. Dort angekommen, mache ich mich zuerst einmal auf die Suche nach den entsprechenden Arbeitsmaterialien für mein haariges Vorhaben. Die Ausbeute ist allerdings mehr als bescheiden, denn meine Bastelschere habe ich zuletzt in den Händen meines Schülers Aggro-Alex gesehen, danach allerdings nie wieder. Ich hoffe inständig, dass sie nicht irgendwann im Körperteil eines Mitschülers wiedergefunden wird. Das bringt mich auf den Gedanken, dass die scharfen Küchenmesser aus sicherheitstechnischen Gründen für die bevorstehende Aufgabe ebenfalls ausscheiden. Glücklicherweise fällt mein Blick dann aber auf das kleine Nagelscherchen, das mein Freund Julian erst kürzlich angeschafft hat.

»Das ist es, Mut zur Improvisation!«, sage ich selbstbewusst zu meinem Spiegelbild, schlimmer kann's bei den langen Zotteln sowieso nicht werden. Enthusiastisch schneide ich daraufhin Strähne für Strähne in die richtige Form und stelle mich dabei so geschickt an, dass ich sicher bin, dass nichts mehr schiefgehen kann. Das tut es aber wider Erwarten, obwohl ich wirklich penibel darauf geachtet habe, kerzengerade zu schneiden. Ungünstigerweise habe ich jedoch nicht berücksichtigt, dass die Standard-Nagelschere eine abgerundete Klinge hat, die sich allenfalls für einen extravaganten Stufenschnitt eignet, den ich jetzt auch im Spiegel bewundern darf.

»Vielleicht hätte ich doch etwas gezielter vorgehen sollen«, geht es mir durch den Kopf, als ich meine exklusive Eigenkreation betrachte. Mir wird schlagartig klar, dass ich mehr Stufen in meinen Haaren habe als der Eiffelturm bis zur Spitze. Gar nicht spitze ist auch die unfreiwillig geschaffene Asymmetrie meines Deckhaars, aber vor allem die meines Ponys. Ich sehe aus wie eine Vogelscheuche und wünsche mir den Vergleich mit der Loreley zurück, selbst wenn damit nur Kimberlys Pony gemeint war.

»O je, wie soll ich das nur Julian erklären?«, frage ich mich besorgt.

Das imaginäre Engelchen, das plötzlich auf meiner Schulter erscheint, versucht mich sogleich zu beruhigen.

»Keine Bange, Julian wird das verstehen, er ist dein Freund. Er liebt dich so, wie du bist! Erklär's ihm einfach.«

Etwas erleichtert nicke ich dem Engelchen in meinem Spiegelbild zu und werde beim Gedanken an meinen verständnisvollen Freund von einem Gefühl der Wärme erfasst. Das hält allerdings nicht lange an, denn keine zwei Sekunden später vernehme ich ein lautes Rasseln an der Haustür, das meinen Liebsten ankündigt und mir einen eiskalten Schauer den Rücken hinunterjagt. Deutlich kann ich in diesem Moment das feuerrote Teufelchen auf meiner anderen Schulter sehen, das sich bei einem Blick auf meine Frisur – soweit man das so nennen kann – vor Lachen auf seinen

Dreizack stützt und ein »Ja, genau, erklär ihm ruhig, dass du mit der Frisur beschissen aussiehst!« herausgrölt.

»Meike, bist du schon zu Hause?«, ruft mein Freund aus der Küche, während sich die himmlischen Heerscharen auf meiner Schulter einen erbitterten Kampf gegen die Unterwelt liefern. Da mir aber keine Zeit mehr bleibt, um den Ausgang dieser imaginären Schlacht abzuwarten, konzentriere ich mich auf das Wesentliche: Schadensbegrenzung.

»Wie war das noch, Improvisation ist alles!«, spreche ich mir Mut zu und schleiche nach einem gezielten Lagecheck – Julian befindet sich jetzt im Wohnzimmer – auf leisen Sohlen ins Schlafzimmer. In Windeseile durchstöbere ich im Dunkeln meine Schubladen auf der Suche nach einer passenden Kopfbedeckung und werde Gott sei Dank fündig. Ich schaffe es gerade noch die Wintermütze, etwas Anderes dieser Art besitze ich nicht, auf den Kopf zu ziehen, als mein Freund hereinkommt und das Licht anknipst.

»Meike, du bist ja doch da! Was machst du denn hier?«, fragt er sichtlich erschrocken.

»Staub wischen?«, entwischt es mir, bevor ich eine bessere Antwort parat habe.

»Staub wischen? Im Dunkeln? Ich weiß nicht, was ungewöhnlicher ist. Die Tatsache, dass du Staub wischst oder dass du jetzt Staub im Dunkeln wischst. Muss ich mir Sorgen machen?«

Da mir darauf nichts wirklich Gescheites einfällt, lächele ich ihn senil an und schüttele meinen Kopf.

»Warum trägst du denn eine Wintermütze in der Wohnung?«, will Julian jetzt auch noch wissen.

»Ohrenschmerzen!«, lasse ich der Wahrheit etwas Spielraum und sehe im gleichen Moment das rote Teufelchen wieder, das mir zufrieden ein Petzauge macht und sich danach in Luft auflöst.

Au weia, ich hoffe nicht, dass wir uns in der Hölle wiedersehen!, denke ich noch, als Julian mir einen mitleidigen Blich zuwirft und mich mit einem »Du Ärmste!« in seine starken Arme nimmt.

In den nächsten Stunden darf ich dann bereits in der Hölle schmoren für meine klitzekleine Notlüge, denn besagte Wintermütze hält nicht nur die Frisur bedeckt, sondern vor allem die körpereigene Klimaanlage. Dabei ist die Hitze in dieser Wollsauna noch nicht das Schlimmste, sondern das Gefühl, als würde ein ganzer Ameisenhaufen über meine Kopfhaut marschieren. Es juckt auch noch wie die Hölle, in die ich mich gerade selbst hineinmanövriert habe. Dabei war mein Schultag doch schon schlimm genug. Als ich das Kribbeln und Brennen nicht mehr aushalte, lasse ich Julian unter dem Vorwand, dass ich dringend mit meiner Freundin Nele telefonieren müsse, allein vor dem Fernseher sitzen. Auf direktem Wege stürme ich ins Bad, wo ich mir als Erstes dieses Mützenmonstrum vom Kopf reiße, eine Kratzorgie hinlege und mich dann statt in der Wanne in Selbstmitleid bade. Der extreme Schulstress kombiniert mit dem selbst verschuldeten »Haarakiri« hat meine Nerven doch sehr beansprucht. Um nicht vollends den Boden unter den Füßen zu verlieren, greife ich zum Telefon und rufe meine bodenständige Freundin Nele an.

»Buuuaaaaahhhh…«, kreischt mir eine extrem helle, aber kräftige Stimme ins Ohr, sodass ich den Hörer blitzschnell von meinem sensiblen Hörorgan wegreiße und sicherheitshalber den Lautsprecher einschalte.

»Hallo, wer auch immer gerade in der Leitung ist, ich bin momentan verhindert und rufe in achtzehn Jahren wieder zurück, wenn mein kleiner Schreihals, so Gott will, aus der Pubertät und dem Haus ist«, erklärt Nele.

»Entschuldigen Sie bitte, aber sind Sie nicht die Frau, die mir vor kurzem weismachen wollte, wie toll es ist, Mutter zu sein?«, bohre ich nach.

Den sarkastischen Unterton kann ich mir in diesem Moment beim besten Willen nicht verkneifen.

»Ist es auch, jedenfalls die meiste Zeit. Nur momentan ist es etwas schwierig, wir versuchen gerade unseren ersten Puh auf der Toilette, aber Nils ist die Kloschüssel noch suspekt.«

»ZU VIEL INFORMATION, Nele!«, rufe ich angeekelt.

Doch zu spät, ich habe schon die entsprechenden Bilder im Kopf. Ich kann mich glücklich schätzen, dass es noch kein Geruchstelefon gibt.

»Also, ich will ja nicht drängeln, aber es kann jeden Moment losgehen. Also, was gibt's?«, will meine Freundin wissen.

So gut es mir möglich ist, fasse ich mich kurz und erzähle meiner Freundin von meinem äußerst anstrengenden Schultag.

»... und ich hab das Gefühl, dass ich bei meinen Schülern überhaupt nichts ausrichten kann, egal was ich mache. Jeden Tag sage und erkläre ich denselben Scheiß, und nichts bleibt hängen. Ich komme mir mittlerweile vor wie Bill Murray in *Und täglich grüßt das Murmeltier.*«

»Mensch Meike, stell dich nicht so an. Werd endlich schwanger, dann nimmst du dir eine Elternzeit, und nach dem Jahr ohne Schlaf und Privatleben bist du froh, wenn du wieder in die Schule gehen darfst«, stöhnt sie.

Obwohl meine Freundin es wahrscheinlich gut mit mir meint, kann ich mich mit ihrem Ratschlag nicht so ganz anfreunden, denn mein Lebensentwurf passt überhaupt nicht zu ihrem. Irgendwie scheint der liebe Gott oder mein Hormonhaushalt mich bei der Verteilung der Muttergefühle vergessen zu haben. Mir reicht es jedenfalls, Lehrerin und nebenbei Patin zu sein. Damit bin ich schon gefordert – besser gesagt überfordert – genug. Und gerade, als ich Nele davon in Kenntnis setzen möchte, höre ich ein mir bekanntes Ploppen und einen Jubelschrei.

»Ei toll hat er das gemacht…«, ertönt dic begeisterte Stimme meiner Freundin am anderen Ende.

»Wow, das müsstest du sehen, Meike. Nils ist stolz wie ein Spanier. Er hat ein richtig großes Geschäft gemacht. Das muss ich seinem Papa zeigen, wenn der nach Hause kommt.«

Ich kann Neles Begeisterung für das erfolgreich erledigte Geschäft meines kleinen Patensohnes nur bedingt teilen und hoffe inbrünstig, dass sie es nicht vakuumzieht und mir bei meinem nächsten Besuch unter die Nase hält.

»Sorry Meike, aber ich muss den kleinen Scheißer jetzt ins Bett bringen. Können wir ein anderes Mal weiterquatschen?«

»Kein Thema!«, antworte ich und höre im nächsten Moment schon ein Tuten in der Leitung.

Wirklich besser fühle ich mich jetzt auch nicht, und deswegen sehe ich keine andere Möglichkeit, als den Kopf in den Sand zu stecken, beziehungsweise unter die Bettdecke, denn die Wintermütze möchte ich auf keinen Fall mehr aufsetzen müssen. Ein vorsichtiger Blick ins Wohnzimmer verrät mir, dass Julian, wie so häufig, schon vor der Glotze eingeschlafen ist, sodass ich mich unauffällig ins Schlafzimmer davonstehlen kann. Nach einer unruhigen Nacht voller seltsamer Albträume, in denen ausnahmslos Schüler die Hauptrolle spielen, werde ich nicht von meinem Wecker, sondern von Julians wenig liebevollen Rüttelbewegungen geweckt.

»Aufstehen Meike, du hast verpennt!«, dringt es an meine Ohrmuschel.

»Hä, wie, was… Du spinnst, ich verschlafe nie!«, erwidere ich schlaftrunken und starre ungläubig auf meinen Wecker, der sich anscheinend auf Julians Seite geschlagen hat.

»Waaaass, schon 7 Uhr 45?! Verdammt, ich habe verpennt!«, kreische ich.

»Sagte ich doch! So kannst du aber auf gar keinen Fall los! Es sei denn, du willst deinen Teil zur allgemeinen Erheiterung deiner Schüler und Kollegen beitragen. Scheint eine wilde Nacht gewesen zu sein«, scherzt mein Freund und sieht mich amüsiert an.

»Was, was meinst du damit?«, stammele ich, springe auf und stürze ins Bad.

»Ach du Sch…!«, entfährt es mir, als ich mein Vogelnest im Spiegel sehe.

»So kann ich doch nicht in die Schule! Was mach ich nur!«

»Beruhige dich, ist doch sowieso besser, wenn du die Mütze wieder anziehst, damit dein Ohrweh nicht schlimmer wird«, schlägt mir mein Liebster mit einem süffisanten Grinsen vor, das offenlässt, ob er es nur gut mit mir meint oder meine gestrige Notlüge durchschaut hat.

Darüber kann ich mir jedoch keine weiteren Gedanken machen, denn die Zeit läuft mir weg. Schnell ziehe ich mir meine Kleider inklusive Wintermütze an und mache mich mit einem »Muss weg!« aus dem Haus, während mein Freund mir nur kopfschüttelnd hinterhersieht. Mit dem zweiten Klingeln erreiche ich die Schule und stürme mit ein paar verspäteten Schülern ins Gebäude hinein.

»Sie sind aber heute spät dran, Frau Frei! Verpennt?!«, meint Jakob, der ausnahmsweise gerade heute halbwegs pünktlich ist.

»Warum bist du denn schon da?«, platzt es auch prompt aus mir heraus.

»Mathearbeit! Frau Kühn hat mir angedroht, wenn ich nicht rechtzeitig komme, macht sie mich einen Kopf kürzer.«

»Habe ich euch auch schon öfter angekündigt«, stelle ich klar, »hat dir aber bisher nie was ausgemacht.«

»Ja, aber Frau Kühn kann sogar ein Happy Meal zum Weinen bringen!«, entgegnet Jakob trocken und flitzt davon.

Eins muss man ihm lassen, auf den Kopf gefallen ist der Junge nicht. Umso weniger verstehe ich, warum er nicht mehr davon profitiert. Seine Noten sind gerade noch im befriedigenden Bereich. Ich nehme mir fest vor, bei nächster Gelegenheit ein ernstes Wörtchen mit ihm zu reden. Jetzt bleibt jedoch keine Zeit dafür, denn ich muss umgehend in meine Fünferklasse.

»Sie sind exakt zwei Minuten und siebenunddreißig Sekunden zu spät, Frau Frei!«, wirft Leon mir auch direkt vorwurfsvoll an den Kopf, als ich den Klassensaal der 5b betrete.

»Super, da bin ich ja noch unter drei Minuten geblieben!«, entgegne ich lässig und setze mich ans Pult.

Leons Gesichtsausdruck nach zu urteilen will er gerade noch mehr der verbleibenden Unterrichtszeit mit Einwänden füllen. Um mir Raum zu verschaffen, plädiere ich daher schnell an seinen mathematischen Ehrgeiz.

»Wie viel Zeit bleibt uns dann noch bis zum Unterrichtsende?«, frage ich.

»Ich weiß es, ich weiß es!«, schreit Leila plötzlich und schnipst dabei energisch mit ihren Fingern. Doch Leon sieht nicht ein, sich seinen hart erkämpften Platz als Streber von einer Möchtegernintellektuellen streitig machen zu lassen.

»Zweiundvierzig Minuten und dreiundzwanzig Sekunden,

wenn der Zeitpunkt Ihres Eintritts in den Klassenraum als letzte Bezugsgröße genommen wird«, posaunt er neunmalklug heraus, während von Leila nur ein weinerliches »Das hätte ich auch gewusst« kommt.

»Ich wollte das Ergebnis in Sekunden haben!«, sage ich und bin mir sicher, bezüglich der beiden Nerds nun eine Weile Ruhe zu haben, um mich dem eigentlichen Unterrichtsstoff zu widmen.

»So ihr Lieben, heute wiederholen wir die vier Fälle«, versuche ich den Schülern zu vermitteln, die zum Teil in einem ganz anderen Fall zu ermitteln scheinen.

»Sandy, warum sitzt du auf dem Boden?«

»Na, sie übt den ersten Fall!«, meint Alex ungewohnt einfallsreich, der normalerweise nur dann schlagfertig ist, wenn er mit seinen Fäusten zuschlagen kann.

Wenn man es genau nimmt, müsste es im Grunde schon der hundertste Sturz meiner hyperaktiven Schülerin sein.

»Wieder zu viele Hummeln im Hintern, Sandy?«, frage ich deshalb.

»Das war nicht meine Schuld! Alex hat mir den Stuhl weggezogen!«

»Was laberst du für Müll, Bratze!«, blökt Alex aggressiv und zieht ganz unschuldig die Hand von Sandys zurückgezogenem Stuhl.

»Hilf deiner Mitschülerin beim Aufstehen«, fordere ich den selbst überführten Täter auf, der uneinsichtig sitzen bleibt. »Alex, entschuldige dich bei Sandy!«

»Scheiß mir egal, ob die sauer is. Isch schwör, war isch nischt!«

»Bleib ruhig sitzen. Das kannst du ja am besten«, entgegnet meine findige Schülerin mit einem ironischen Unterton, den glücklicherweise nur ich verstehe. Ich bin mir allerdings nicht ganz sicher, ob sie nur auf seine beachtlichen Körpermaße anspielt, die ihn als Bewegungsmuffel auszeichnen oder die Tatsache, dass Alex es fertiggebracht hat, bereits in der Grundschule zweimal sitzen zu bleiben.

»Zweitausendfünfhundertdreiundvierzig Sekunden!«, ruft Leon auf einmal triumphierend und schenkt der niedergeschlagenen Leila, die gerne schneller gewesen wäre, einen überheblichen Blick.

»Jetzt nicht mehr, aber macht nichts! Das nächste Mal kannst du's schneller«, entgegne ich nur und widme mich meiner Tafelanschrift, die meine Schüler eigentlich direkt ins Heft übertragen sollen. Eigentlich! Ein Blick über meine Schulter verrät mir, dass das nicht alle so verstanden haben.

»Leila, was machst du denn da? Du musst das nicht auf den Block abschreiben. Das kannst du direkt ins Heft eintragen.«

»Ich möchte es aber lieber zuerst auf dem Block vorschreiben und dann zu Hause fein säuberlich ins Heft übertragen.«

»Aber du schreibst doch schon wie ein Kalligraph!«, sage ich.

»Karli Graf? Was 'n das für 'n Saftsack«, mischt sich Alex ein.

»Das heißt Kalligraph und bezeichnet eine Person, die …«, setzt das klasseninterne Wikipedia zu einer Erklärung an, die Sandy sei Dank mittendrin unterbricht.

»Vielleicht sollten Sie auch mal zu dem Karli Graf gehen, Frau Frei. Ich kann den letzten Satz nicht lesen, den Sie da angeschrieben haben«, beschwert sie sich. Anscheinend zurecht, denn den zusammengekniffenen Augen ihrer Mitschüler nach zu urteilen haben auch sie Probleme mit der Entschlüsselung.

»Sehen Sie, Frau Frei. Es wäre besser gewesen, wenn Sie zuerst vorgeschrieben hätten«, gibt mir Leila den Rest, und ich beschließe demnächst alles mit dem Computer vorzuschreiben und auf Folie zu ziehen oder eventuell komplett zu Hause zu bleiben und ausschließlich über Skype mit den Schülern zu kommunizieren.

»Frau Frei, warum haben Sie eigentlich noch Ihre Mütze auf?«, fragt Sandy.

»Da hat ›Gulaschblond‹ Recht, die müssen Sie ausziehn! Müssen wir ja auch immer«, beschwert sich Alex sofort.

»Das ist so nicht ganz korrekt. Laut Knigge wird nur der maskuline Homo sapiens darauf hingewiesen, dass Kopfbedeckungen in Räumlichkeiten abzulegen sind, das weibliche Subjekt hingegen muss davon keinen Gebrauch machen«, interveniert Leon, was mir in diesem Moment sehr gelegen kommt, denn ich möchte meine »Frisur« und mich nicht unbedingt den Lästerattacken meiner Schüler aussetzen.

»Maul halten, du Senfautomat! Klugscheißer! Ich bin keine Homo-Sssccchhhhwuchtel!«, entgegnet Alex aufgebracht und macht Anstalten sich in Leons Richtung zu bewegen.

»Chill dich mal runter! Homo sapiens heißt einfach nur Mensch«, erklärt Sandy, was Aggro-Alex wieder einen Gang runterschalten lässt.

»Warum labert der dann immer so 'nen Müll. Lern endlich Deutsch, Spast!«

»Gutes Stichwort Alex, genau das werden wir jetzt gemeinsam tun, richtig Deutsch lernen, und zwar ohne weitere Unterbrechungen und Diskussionen«, beschließe ich und schaffe es genau drei Minuten, bevor mir die Klingel einen Strich durch die Rechnung macht. Und ich habe noch nicht einmal die Hälfte meines Unterrichtsstoffes geschafft. Ich nehme mir ernsthaft vor, beim nächsten Mal eiskalt meinen Unterricht durchzuziehen, ohne Rücksicht auf Verluste und zwischenmenschliche Konflikte. Schließlich bin ich hier nicht die Heilsarmee, sondern Lehrerin. Wenn ich es mir allerdings genau überlege, übernehme ich mittlerweile eher die Aufgaben einer:

1. Erzieherin
   »Hassan, wenn du schon spicken musst, dann wenigstens so, dass ich es nicht sehe, klar?!«
2. Psychologin
   »Also, wenn ihr mich fragt, lasst euch lieber das Hirn vergrößern und nicht die Brüste! Da habt ihr mehr davon, im wahrsten Sinne des Wortes, hahaha!«
3. Ersatzmutter und Supernanny
   »Leila, musst du mir immer so am Bein kleben wie 'ne Klette! Besorg dir 'n Leben!«
4. Ernährungsberaterin
   Ich: »Iss nicht immer so viel Süßes, Johanna!«
   Johanna: »Sie essen doch auch ständig Süßes, Frau Frei!«
   Ich: »Ja, aber mit gesundem Obst, wie z.B. Schwarzwälder-Kirschtorte, Bananensplit, Apfelstreusel ...«
5. Ärztin/Rettungssanitäterin
   Sandy: »Frau Freiiii, mein Schneidezahn tut weh!«
   Ich: »Geh zu Alex, der schlägt ihn dir raus!«

... und erst in letzter Linie bin ich Lehrerin.

Beruhigend ist nur, dass es den anderen Kollegen ähnlich ergeht – geteiltes Leid ist halbes Leid – und ich mich im Lehrerzimmer stets selbst davon überzeugen kann.

»Sag mir nicht, dass wir schon wieder Kopflausbefall haben. Dann flipp ich aus!«, empfängt mich die Kühn herzlich.

»Hä, nö, weiß von nichts. Wieso meinst du?«

»Na, weil du eine Mütze trägst und dich die ganze Zeit am Kopf kratzt.«

»Ach so, nein, damit hat das nichts zu tun. Die Wolle juckt nur höllisch.«

»Na, dann zieh das hässliche Ding doch einfach aus. Wie wäre das?«

»Ähm, also, ich hab aber Ohrenschmerzen!«, lüge ich und merke wie der durchdringende Blick meiner skeptischen Kollegin mich erröten lässt.

»Soso, Ohrenschmerzen! Dann würde ich an deiner Stelle auch die Mütze über die Ohren ziehen, sonst macht sie ja keinen Sinn. Oder soll ich dir gleich das Fell über die Ohren ziehen bei dieser Lüge?«

»Na gut, du hast mich durchschaut!«, seufze ich und ziehe die Mütze vom Kopf.

Ein kurzer Moment verstreicht, in dem meine Kollegin nur schweigend dasteht und mich betrachtet, ohne auch nur mit der Wimper zu zucken.

»Hahaha, wie siehst du denn aus? Also, bei mir fressen die Motten höchstens an meinen Kleidern, aber nicht an den Haaren!«, prustet Sascha los, der gerade ins Lehrerzimmer kommt und meine »Haarpracht« sieht.

»Da müssten die Motten ja auch Hunger leiden!«, ergänzt Kühn mit einem Blick auf die Halbglatze des Kollegen, der sich daraufhin niedergeschlagen zu seinem Platz begibt.

»Sei doch nicht immer so hart zu ihm. Er ist sensibel!«, nehme ich ihn in Schutz.

»Ich bin doch nicht die Wohlfahrt! Den Rang und Namen darf unser Mimöschen gerne für sich selbst in Anspruch nehmen. Außerdem, wer die Wahrheit nicht verträgt, ist hier definitiv falsch. Apropos falsch, was soll eigentlich diese kurzfristig anberaumte Dienstbesprechung nach der siebten Stunde?«

»Wieso Dienstbesprechung? Ich weiß nichts von einer Dienstbesprechung«, will ich aufgeregt wissen, denn normalerweise habe ich heute nur vier Schulstunden, und danach will ich direkt zum Friseur. Panisch renne ich zum schwarzen Brett, um entsetzt lesen zu müssen, dass tatsächlich um 14 Uhr 15 eine Konferenz stattfindet. Sehr ungünstig, denn ich muss mir auf jeden Fall noch heute die Haare ordentlich schneiden lassen. Mir ist nämlich eingefallen, dass Julian und ich am Abend zu einer Party eingeladen sind. Da wäre es doch von Vorteil, wenn die anderen Gäste mir keine Mottenkugeln umhängen würden. Nach zwei fabelhaften Deutschstunden, in denen ich doch tatsächlich einhundert Prozent meines Unterrichtsstoffes aufgrund fünfzig Prozent fehlender Schüler durchziehen kann – eine Magen-Darm-Grippe hat auch ihre gute Seiten, wenn die erkrankten Sechser da auch anderer Meinung sind –, mache ich mich direkt auf den Weg in die Stadt. Hier stelle ich nach einem kurzen Rundgang fest, dass es scheinbar mehr Friseursalons als Einwohner gibt. Bis dahin war mir gar nicht bewusst, dass die Nachfrage derart hoch ist. Ich bin immer davon ausgegangen, dass Haare im Monat circa einen Zentimeter wachsen. Dem Angebot nach zu urteilen war das wohl eine Fehlinformation. Um dieses Mal nicht wieder in die falschen Hände zu geraten – nämlich die einer Cindy –, schaue ich mir trotz meines Zeitmangels die Salons genauer an. Fasziniert offenbart sich mir die sprachliche Kreativität der Zunft schon bei der Namensgebung der Salons und ihren mehr oder weniger geistreichen Werbeslogans. Nomen est omen, denke ich bei mir. Die Entscheidung fällt mir sichtlich schwer bei dieser Fülle an exklusiven Läden. Hier nur eine kleine Auswahl:

- »United Hairtist«, der Salon für Cineasten,
  mit Interieur und Mobiliar wie auf dem Filmset, wo der Friseur zum Regisseur und der Kunde zum eigentlichen Star wird.

- »Haarshimoto«, Ihr Edelfriseur im Japanlook
  (Frisierplätze und Waschbecken sind streng nach Feng-Shui ausgerichtet), für den gestressten Kunden, wo Kopf UND Seele behandelt werden.

- »Haaribo«, Salon für die Kleinsten
  Menü Colourado: erste Begegnung mit Tönungen und Farben in kinderfreundlichem Ambiente mit Karussell und Zirkuselementen.

- »Haarem«, der Salon für den unersättlichen Kunden
  Fürsorgliche Rundumbetreuung in orientalischem Ambiente mit überwiegend weiblichem Fachpersonal.

- »Haarvard«, garantiert niveauvolle Unterhaltung und Behandlung
  Längs- und Querschnitt in akademisch ansprechender Umgebung
  für den Elitelook vom Proffriseur.

Und die Branche hat für den besonders mutigen Kunden noch Zusätzliches zu bieten. Da gibt es den Salon »Sweeney Todd«, bei dem ich den Friseur nicht aus den Augen und meine Gliedmaßen lieber dicht am Körper lassen würde. Ich gehe davon aus, dass bei einem Besuch in der »Haarvarie« mehr als ein Handtuch vonnöten sein wird. Und ich weiß nicht, ob man sich auf eine Behandlung im sterilen Ambiente des »Kaiserschnitt« wirklich freuen sollte. Weil ich weder »Durchschnitt« sein möchte noch einen »Schnit(t) zer« in meinem Kopf haben will, geschweige denn mich dazu zwingen lassen möchte, vor einem »Final Cut« meine testamentarischen Angelegenheiten zu regeln, überlege ich nicht weiter »Hin und Hair« und entscheide mich für den Salon, der am nächsten liegt. Mir tun nämlich mittlerweile Kopf und Füße weh.

Als ich durch die sich automatisch öffnenden Türen des modern anmutenden Friseursalons »EngelsHaar« trete und in einem großen, hell beleuchteten Raum stehe, meine ich mich in der Tür geirrt zu haben. Das exklusive Mobiliar mit den futuristisch designten Stühlen gleicht doch eher einer Zahnarztpraxis. Und da will ich ja nun überhaupt nicht hin! Nachdem ich mir meines vermeintlichen Irrtums bewusst geworden bin und gerade umkehren will, nehme ich im rechten Augenwinkel wahr, dass jemand auf mich zugestürmt kommt. Instinktiv zucke ich zusammen, ein großer, gut gebauter Mann mit gebleichten Haaren und Zähnen steht vor mir und begrüßt mich mit einem breiten Lächeln, das mich fast erblinden lässt.

»Guten Morgen und herzlich willkommen beim Coiffeurteam ›EngelsHaar‹. Mein Name ist Philipp. Wie kann ich Ihnen helfen, junge Frau?«

Ich brauche einen kurzen Moment, um die recht schnell vorgetragenen Informationen zu verarbeiten, fühle mich aber dank der »jungen Frau« doch gut aufgehoben und am richtigen Ort.

»Frei, Meike Frei! Wenn Sie noch einen Termin frei hätten, würde ich mir gerne die Haare schneiden lassen.«

»Aber natürlich haben wir Zeit für Sie«, erwidert der Friseur freundlich lächelnd und führt mich zu einem der Designerstühle. Bevor ich jedoch Platz nehmen kann, hat der zuvorkommende Angestellte mir blitzschnell meine

Jacke ausgezogen und fragt mich höflich: »Frau Frei, darf ich Ihnen etwas zu trinken anbieten?«

»Wie freundlich, sehr gerne!«

»Etwas Kaltes oder Warmes?«

Ich überlege einen kurzen Moment, was Philipp dazu veranlasst, mir das beachtliche Produktangebot zu unterbreiten.

»Frau Frei, wie wäre es mit einem Latte macchiato, einem Milchkaffee, einem Cappuccino, einem Espresso? Dazu eventuell ein Glas Wasser, einen frisch gepressten Orangensaft oder eine Apfelschorle? Außerdem führen wir Tees in verschiedenen Sorten, wie zum Beispiel Apfel, Birne, Früchtemix, Kräuter …«

Ich bin fasziniert, hatte ich von der Existenz dieser Getränkevielfalt in einem Friseursalon bisher nichts geahnt.

»Einen Latte macchiato und ein Glas Wasser, bitte«, erwidere ich erfreut.

Der Friseur nickt, lächelt und schwebt mit meiner Jacke um die Ecke.

Ich lasse gerade meinen Blick durch den Salon schweifen, als ich auf einmal das Gesicht einer jungen Frau, deren zweiunddreißig Zähne mich anstrahlen, direkt vor mir sehe.

»Guten Tag und herzlich willkommen beim Coiffeurteam ›EngelsHaar‹. Mein Name ist Sofie. Ich bin die Auszubildende hier. Darf ich Ihnen vielleicht etwas zu lesen bringen?«

Einen kurzen Moment zögere ich, und genau den nutzt die geschäftige Auszubildende, um die breite Produktpalette kundzutun.

»Wie wäre es mit einer Illustrierten, wie zum Beispiel der Bunten, der Gala oder lieber einer Frauenzeitschrift wie der Brigitte, der Freundin, der Woman oder einer Modezeitschrift, wie zum Beispiel der Instyle, der Cosmopolitan oder vielleicht gar etwas Politisches wie dem Spiegel oder dem Focus? Wir haben auch Tageszeitungen …«

Ich versuche ihr zu folgen, was bei der Masse an Angeboten gar nicht so leicht zu bewerkstelligen ist.

»Ja danke, ich möchte gerne die Gala«, entgegne ich überfordert.

Sofie nickt, lächelt und eilt davon.

Keine Sekunde später kommt die flotte Azubine mit einem kleinen Tablett zurück, auf dem mein Latte macchiato, ein Glas Wasser und ein Tellerchen mit verschiedenen Kekssorten stehen. Unter den Arm hat sie die Illustrierte geklemmt, die sie mir in die Hand reicht. Auf dem Arm trägt sie Handtücher und einen Umhang, die sie mir geschickt in Windeseile umlegt. Ich weiß gar nicht wie mir geschieht, denn noch bevor der geblähte Umhang sich gelegt hat, ist Sofie verschwunden, und Philipp steht grinsend hinter ihr.

»Frau Frei, wie soll ich Ihnen denn die Haare schneiden?«

Wieder überlege ich einen kurzen Moment, der aber lang genug ist, um dem Friseur die Möglichkeit zu geben, mir die diversen Möglichkeiten zu unterbreiten.

Mein Gott, sind die geschäftstüchtig!, denke ich mit Bewunderung.

»Mittellang vielleicht, zum Beispiel einen Bob, einen Crop, einen Shag oder …«, meint er noch enthusiastisch, bevor es ihm bei einem genauen Blick auf meinen exklusiven Stufenschnitt für einen kurzen Moment die Sprache verschlägt. Ganz Profi findet er jedoch schnell seine Fassung wieder. »Oder doch besser eine schnittige Kurzhaarfrisur, wie zum Beispiel einen Pixie, einen Bubi, einen …«

Mir war nicht ansatzweise klar, dass ich bei dem Gestrüpp auf meinem Kopf überhaupt noch eine Auswahl an Frisuren haben würde. Deshalb bin ich nun etwas überfordert von Philipps Angeboten.

»Einfach nur kürzer!«, sage ich deswegen nur.

Damit will sich dieser Meisterfriseur allerdings nicht zufriedengeben.

»Frau Frei, *kürzer* reicht leider nicht als Angabe. Was meinen Sie mit kürzer genau? Schulterlang, kinnlang, bis zum Ohr, gerade geschnitten, stufig …«

Ach herrje, denke ich, *ich will doch nur wieder wie ein Mensch aussehen und nicht wie eine struppige Haflingerstute.*

»Was würden Sie denn vorschlagen?«, frage ich unsicher.

Philipp sieht mich mit dem Blick eines Fachmanns an und erklärt kurz darauf: »Da Sie ein schmales, ovales Gesicht haben, können Sie fast alles tragen.«

Ich fühle mich geschmeichelt. Anders als bei meinem letzten Friseurbesuch lassen die Umgangsformen in diesem Salon wirklich nicht zu wünschen übrig, und ich bin mir fast sicher, mich dieses Mal in die richtigen Hände begeben zu haben. Gespannt lausche ich den Vorschlägen der professionellen Fachkraft.

»Ich würde Ihnen empfehlen, es mit einer Kurzhaarfrisur zu probieren. Das bringt Ihr hübsches Gesicht noch mehr zur Geltung.«

Dieser Mann findet anscheinend immer die richtigen Worte. Vertrauensvoll liefere ich mich nach diesem Kompliment seinen Händen vollends aus und stimme seinem Vorschlag zu. Philipp nickt zufrieden, lächelt und verschwindet. Im nächsten Moment taucht ein junger Mann mit nach hinten gegelten Haaren auf, der sich umgehend vorstellt.

»Guten Morgen und herzlich willkommen beim Coiffeurteam ›EngelsHaar‹. Mein Name ist Jean-Luca, und ich bin hier Azubi. Begleiten Sie mich bitte zum Waschbecken.«

Ich tue wie mir geheißen und lasse mich an einem der Waschbecken nieder. Kaum habe ich Platz genommen, werden meine Beine automatisch hochgefahren und in meinem Rücken bewegt sich etwas. Ich denke schon, dass ich den Stuhl demoliert habe, als Jean-Luca sich zu Wort meldet.

»Ich habe Ihnen den Massagestuhl aktiviert, sodass Sie die anstehende Behandlung besser genießen können.«

Anstehende Behandlung?, denke ich, und prompt schießen mir erneut etwaige Bilder von Zahnarztbesuchen durch den Kopf. Es ist nicht so, dass ich immer das Schlimmste annehmen würde, neiiiin! Trotzdem lege ich meinen Kopf etwas verkrampft zurück ins Waschbecken und erwarte nur in diesem Fall das Schlimmste. Was mir dann aber widerfährt, kann ich fast nicht mit Worten beschreiben. Jean-Luca muss in seinem vorherigen Leben Masseur gewesen sein, denn anders sind diese wundervollen Berührungen seiner Hände auf meiner Kopfhaut nicht zu erklären. Mit den ersten kreisenden Bewegungen falle ich sofort in eine Tiefenentspannung und will, dass dieser Zustand nie wieder aufhört. Nur die Nachfrage des Azubis nach Temperatur und Stärke des Wasserstrahls halten mich mit der Realität in Verbindung, denn ich fühle mich wie im siebten Himmel. Dementsprechend widerwillig muss ich nach nur zehn Minuten feststellen, dass alles ein Ende hat und begebe mich nach dieser Wellnessbehandlung wie in Trance zurück auf meinen Platz. Dort angekommen, will ich meinem Wohltäter gerade einen Heiratsantrag machen – solche Hände darf man nicht gehen lassen –, da ist er auch schon weg, und Philipp taucht aus dem Nichts wieder auf.

»Mögen die Spiele beginnen!«, spricht er mit hoch gezücktem Rasiermesser und einem seltsamen Leuchten in den Augen. Schlagartig ist die soeben gewonnene Tiefenentspannung dahin, und ich bin versucht, panisch aufzuspringen und aus dem Salon zu rennen. Dieser Fluchtinstinkt verstärkt sich noch, als Philipp in Windeseile seine Hände mit der Klinge durch mein Haar bewegt und Strähne um Strähne durch die Luft fliegt. Erst als der Meister nach nur zehn Minuten seinen letzten Schnitt vollführt und ich mein Spiegelbild ungläubig anstarre, kann ich meine verkrampften Hände wieder von der Stuhllehne lösen und erleichtert aufatmen.

»Gefällt es Ihnen?«, fragt mein Friseur mit hochgezogenen Wangen, die seine schneeweißen Zähne entblößen. Von Gefallen kann hier nicht mehr die Rede sein; unglaublich, was dieser Mann aus mir und meinen Haaren gemacht hat. Ich sehe aus wie ein Topmodel und frage mich, ob Heidi Klum mich für die nächste Staffel GNTM nehmen würde? Sprachlos, aber sichtlich begeistert, nicke ich Philipp zu. Daraufhin zückt dieser einen großen, runden Spiegel und zeigt mir sein Werk aus jedem erdenklichen Blickwinkel. Euphorisch betrachte ich mich nun von allen Seiten und blicke daraufhin in das erwartungsvolle Gesicht des Meisters, der ebenfalls hochzufrieden mit seiner Arbeit zu sein scheint. Nachdem ich meine Sprache wiedergefunden habe, lobe ich ihn für sein Wunderwerk.

»Das haben Sie so toll gemacht. Sie sind ja ein wahrer Künstler! Der *Da Vinci* unter den *Haarchitekten*.«

»Danke, danke. Da sind Sie nicht die Erste, die mich so nennt. Das liegt wohl daran, dass ich meinen Beruf leidenschaftlich gerne ausübe. Als Friseur hat man so viele Möglichkeiten, seine Kreativität auszuleben. Ich lebe sozusagen meinen Traum. Wer kann das schon von sich behaupten? Und das merken die Kunden und sind dementsprechend dankbar.«

Ich stimme ihm zu und beneide ihn insgeheim für seine Passion. Auch ich bin vor einigen Jahren mit einer leidenschaftlichen Einstellung in den Lehrerberuf eingestiegen und wollte mit meiner kreativen Unterrichtsgestaltung die Welt verändern. Allerdings kann ich mich nicht erinnern, wann ich das letzte Mal beziehungsweise wann ich überhaupt Anerkennung dafür erhalten hätte. Angestrengt überlege ich, ob nicht doch irgendwann ein Schüler meinen Unterricht mit einem »Klasse Frau Frei, Goethe hätte es nicht besser gekonnt. Was für eine berauschende und bereichernde Deutschstunde!« oder »Unglaublich Frau Frei, wie abwechslungsreich Sie die Satzglieder mit uns durchnehmen! Die Gebrüder Grimm wären entzückt gewesen« kommentiert hat. Aber sosehr ich auch in meinem Gedächtnis nachforsche, ich erinnere mich nur an Bemerkungen wie »Voll laaangweilig!«, »Boah, scheiß auf Rechtschreibung, macht doch Computer!« und »Nicht schon wieder Deutsch!«

Bevor ich diesen Gedanken mehr Aufmerksamkeit widmen kann, bemerke ich, dass Philipp verschwunden ist und Sofie mit einem Föhn vor mir steht und umgehend damit beginnt, mich final zu frisieren. Geschickt und ohne mir auch nur einmal an den Haaren zu ziepen, föhnt sie Strähne für Strähne in die richtige Form. Das Endresultat kann sich dementsprechend mehr als sehen lassen. Nachdem die talentierte Azubine meine neue Kurzhaarfrisur mit einem Hochglanzhaarspray fixiert hat und ich sie erneut von jeder Seite bewundern durfte, rauscht Sofie zufrieden ab, und Jean-Luca erscheint mit meiner Jacke. Während ich in die Ärmel schlüpfe, überlege ich, ob ein Heiratsantrag tatsächlich eine Garantie für eine fortwährende Kopfmassage wäre, lasse es aber schließlich, da dies sicher nicht im Interesse meines Freundes wäre. So folge ich dem jungen Azubi zur

Rezeption, wo mir nun drei Augenpaare und sechsundneunzig Zähne entgegenlächeln.

»Frau Frei, wir hoffen, dass Ihnen Ihr Besuch bei uns gefallen hat und Sie mit dem Coiffeurteam ›EngelsHaar‹ zufrieden sind.«

»Mehr als das! Ich fühle mich, als hätte ich einen Tag auf der Wellnessfarm verbracht. Sie leisten hier ganz tolle Arbeit!«

»Vielleicht möchten Sie sich noch eines unserer neuen Produkte, wie zum Beispiel das Schimmershampoo, den Glanzconditioner oder das Hochglanzhaarspray mitnehmen, mit denen wir Ihre schicke Kurzhaarfrisur veredelt haben. Damit Ihre Haare auch weiterhin so schön aussehen«, schlägt mir Jean-Luca vor, der in seiner Ausbildung garantiert das ein oder andere Verkaufsseminar besucht hat.

»Sehr gerne, packen Sie mir alles ein«, entgegne ich überzeugt, bezahle und gebe den Angestellten ein großzügiges Trinkgeld.

Diese begleiten mich noch bis zum Ausgang und verabschieden mich mit einem »Wir freuen uns auf Ihren nächsten Besuch! Beehren Sie uns bald wieder.«

»Das werde ich auf jeden Fall, bei Ihrem Angebot und Ihren Leistungen«, antworte ich glücklich und verlasse hochzufrieden den Laden.

Mit stolzerhobenem Kopf und neuem Selbstbewusstsein begebe ich mich auf den Nachhauseweg. Was eine Frisur nicht alles bewirken kann! Bereits am ersten Schaufenster muss ich stehen bleiben, um mich in der spiegelnden Fläche zu bewundern.

Nanu, war da nicht vor kurzem noch ein Drogeriemarkt?, wundere ich mich, konzentriere mich dann aber sofort wieder auf mein Spiegelbild.

Beim Weiterflanieren erinnere ich mich daran, dass ich dank Kollege Wohlfahrt mein Kaffeepensum noch nicht ganz erreicht habe. Dem will ich beim nächsten Café Abhilfe verschaffen, das ich jedoch partout nicht finden kann.

Nanu, ich bin mir sicher, dass hier an der Ecke eines gewesen ist. Scheint sich einiges getan zu haben in der letzten Zeit.

Auch der Wunsch nach der neucsten Ausgabe meiner Lieblings-Modezeitschrift bleibt mir verwehrt, da ich vor einem verschlossenen Kiosk stehe. Spätestens jetzt kommt mir die ganze Sache reichlich seltsam vor, und ich frage mich, ob die Gegend mittlerweile umsatzschädigend ist und die Läden deswegen Insolvenz anmelden mussten. Das kann ich mir aber beim besten Willen nicht vorstellen, wenn ich mir den nachmittäglichen Publikumsverkehr betrachte. Da dämmert es mir plötzlich, als ich an den gerade beendeten Salonbesuch mit Philipps Latte macchiato, Sofies Illustrierten und Jean-Lucas Massageleistung zurückdenke. Ich stelle fest, dass der moderne Friseursalon von heute durchaus eine Bedrohung anderer Berufszweige darstellt.

Des einen Freud ist des anderen Leid. Innovativ muss man eben sein!, geht es mir durch den Kopf. Der Friseur von heute ist der Großmarkt von gestern. In der näheren Zukunft sehe ich mich schon mit einem Einkaufswagen durch den Friseursalon von morgen bummeln.

3

Leerkörper 0.0

Während ich auf dem Rückweg zur Schule meinen Gedanken nachhänge, höre ich einen Pfiff, und mir wird klar, dass ich anscheinend nicht die Einzige bin, die mein neues Ich extrem attraktiv findet. Und nicht bloß dieser obligatorische Bauarbeiterpfiff ist mir sicher, sondern auch die Blicke des ein oder anderen gut gekleideten Typen, der meinen Weg kreuzt. So stolziere ich hoch erhobenen Hauptes und in bester Stimmung ins Lehrerzimmer, wovon sich jedoch nicht jeder anstecken lassen will.

»Verdirb mir bloß nicht meine schlechte Laune«, gibt mir Kollegin Kühn ohne Schnörkel zu verstehen, sodass ich mich direkt zu Sascha flüchte, der sich in die hinterste Ecke verzogen hat.

»Wow, siehst du klasse aus! Wie dieses kanadische Topmodel in den Neunzigern. Ach, wie hieß die nochmal …, ich hab's, Linda Evangelista«, schwärmt mein charmanter Kollege.

»Danke, das hört frau gern. Hat dich Du-weißt-schon-wer auch vertrieben, oder warum sitzt du hier so versteckt?«, frage ich ihn.

»Na, das ist der günstigste Platz, um ungesehen und in aller Ruhe meinen Unterricht für den nächsten Monat vorzubereiten.«

»Hast du *Monat* gesagt? Du Streber! Ich muss den für

morgen noch planen«, entgegne ich schockiert über sein gutes Zeitmanagement. Ich gehöre definitiv zu den Pädagogen, die mit spontaner Kreativität die fehlende Organisationsfähigkeit ausgleichen. Ein Blick auf Saschas Zeichenblock reicht allerdings, um mir eingestehen zu müssen, dass er mit beiden Talenten gesegnet ist.

»Willst du das etwa mit unseren Schülern in Kunst machen?«, frage ich und begutachte fasziniert die professionellen Portraits diverser Popikonen. »Das endet doch allenfalls in abstrakter Kunst.«

»Ich glaube, du unterschätzt die Jugendlichen. Da ist schon das eine oder andere Talent dabei«, meint mein optimistischer Kollege.

Meine Kunsterfahrungen sind da eher anderer, respektive dritter Art. Ich erinnere mich noch daran, als wäre es gestern gewesen, wie ich am Anfang meiner Schulkarriere in intensiver und langwieriger Feinarbeit eine Kunststunde zum Thema *Comic und Daumenkino* vorbereitet habe. Ich war mir absolut sicher, dass diese Einheit ein großer Erfolg werden würde und die Schüler mit Geschick, Elan und Eifer an die Sache herangehen würden. Umso deprimierter musste ich schon in der ersten Stunde feststellen, dass nach nur zehn Minuten ein Großteil der Klasse lieber Daumen gedreht hat, als sich der Herstellung eines Daumenkinos zu widmen.

Da ich den enthusiastischen Wohlfahrt aber nicht desillusionieren möchte – das werden die Schüler oder Kollegin Kühn schon früh genug tun –, lasse ich ihn einfach machen. Beim Blick auf die große Wanduhr fällt mir auf, dass es bereits 14 Uhr 20 und der Konferenzbeginn schon fünf Minuten überfällig ist.

»Komisch, Direktor Lehmann ist doch sonst immer

pünktlich«, sage ich zu Sascha, der sofort mit seinem rechten Zeigefinger nach vorne zeigt.

»Na, ist er doch auch!«

»Tatsächlich. Und warum fängt er dann nicht an? Sind doch alle da, soweit ich sehen und hören kann«, wundere ich mich.

»Ich denke, genau das ist sein Problem. Bei dem Lärm versteht man doch sein eigenes Wort kaum. Dagegen sind unsere Schüler ja noch harmlos, ist hier schlimmer als im Klassenraum. Was meinst du, warum ich die dabeihabe?«, entgegnet Sascha und steckt sich seine mitgebrachten Ohrstöpsel in die Muschel.

Als ich mir meinen herumzappelnden Direktor betrachte, beim Versuch Ruhe in die Klasse, ähm, das Kollegium zu bekommen, kann ich mir ein Grinsen nicht verkneifen, obwohl der Alt-Achtundsechziger mir auch ein bisschen leidtut. Mit seiner Laisser-faire-Erziehung war er schon als Lehrer zum Scheitern verurteilt. Und bei den werten Kollegen hier trifft diese auf eine noch geringere Zustimmung. Niemand scheint den stillen Fuchs, den Lehmann in diesem Moment als Ruhezeichen anzeigt, wahr- geschweige denn ernst zu nehmen. Fast niemand!

»ACHTUNG, Direktor Lehmann spricht jetzt mit Text!«, brüllt die Kühn in einem Ton, der keine Widerrede zulässt. Das führt dazu, dass sich auf einen Schlag keiner mehr muckst, außer Lehmann selbst.

»Ähem, danke Frau Kollegin!«, räuspert sich dieser und beginnt sofort damit, seine einzelnen Besprechungspunkte abzuarbeiten. Es folgt ein fünfundvierzigminütiger Frontalunterricht, der enorme Ähnlichkeit zu einer alltäglichen Unterrichtsstunde mit unseren Schülern hat. Zwar traut sich nach dem Kühnsch'en Befehl niemand mehr, den Direktor zu unterbrechen, vereinzelte Klatsch- und Tratschgrüppchen schnattern aber dennoch munter vor sich hin, denn neue Strick- und Häkelmuster müssen dringend untereinander ausgetauscht werden. Ein großer Teil der restlichen Zuhörer scheint oberflächlich betrachtet dem Geschehen zu folgen. Schaut man sich die Szenerie jedoch genauer an, erkennt der gewiefte Beobachter, dass sich fast jeder Zweite mit anderen schulischen Dingen beschäftigt. Da wären zum einen die Kollegen, zu denen ich mich auch zähle, welche die Zeit nutzen, um ihre Hausaufgaben zu erledigen, sprich die Korrekturen von Arbeiten oder die Unterrichtsplanung. Und zum anderen die Lehrer, die es nicht einsehen, dass man sie um ihr Mittagessen bringt, weshalb dieses nun in Gestalt eines warmen Schnitzelbrötchens Bissen für Bissen in ihren Mund wandert. Und dann gibt es da noch diejenigen, die den Anschein machen, jeden Punkt des Direktors abzunicken, die tatsächlich aber ihr alltägliches Nickerchen abhalten. Die Einzige, die wirklich zuhört, ist Frau Kühn – aber auch nur, weil sie das Protokoll schreiben muss, womit sie nach zehn Minuten jedoch nicht mehr einverstanden ist.

»Brauch 'ne Pause! Die Wohlfahrt kann das übernehmen«, stellt sie lautstark klar und wirft Sascha ihre Notizen hin.

»Warum wehrst du dich nicht?«, flüstere ich meinem Kollegen ins Ohr, der sich stumm in sein Schicksal ergibt und mit dem Protokoll fortfährt.

»Du kennst doch das Auge Saurons. Das ist nichts gegen den Blick von Du-weißt-schon-wer«, erklärt er mir.

»Meinst du nicht, du übertreibst ein wenig? Du musst hier nicht die Wohlfahrt spielen und dir einfach das Protokoll aufs Auge drücken lassen. Wehr dich, sonst macht sie das immer wieder. Bei anderen Kollegen hätte sie sich das bestimmt nicht getraut.«

»Da liegst du falsch. Sogar Direktor Lehmann ist nur so lange neutral, bis er weiß, auf welcher Seite die Kühn steht. Also bleibe ich auch lieber auf der sicheren Seite.«

Warum? Warum nur habe ich nicht diese Wirkung auf andere?, frage ich mich und bin nicht zum ersten Mal neidisch auf die Kühn(heit). Wahrscheinlich müsste ich dann zwar meinen Status als Vertrauenslehrerin abgeben, aber ich wäre auf jeden Fall der beliebteste, weil respekteinflößendste Lehrer.

»Was hat er gesagt, Meike? Hast du das mitbekommen?«, fragt Sascha mich auf einmal und pfriemelt hektisch seine Ohrstöpsel heraus.

»Nö, aber ich kann mich ja melden und für dich fragen«, sage ich in meinem »jugendlichen« Leichtsinn und bekomme sofort die Quittung dafür.

»Ach, Frau Frei, das ist aber schön, dass Sie sich direkt bereit erklären!«, interpretiert Direktor Lehmann meine Wortmeldung offensichtlich falsch.

»Wieso bereit erklären, ich wollte doch nur …«, versuche ich den vermeintlichen Irrtum noch aufzuklären, den die Kühn jedoch im Keim erstickt.

»Wusste immer, dass du Eier hast!«, meint sie anerkennend.

Oh Gott, jetzt werde ich erst recht unruhig. Was habe ich getan, dass mein Direktor sich derart freut und meine Kollegin mich für mutig hält?

»Dann übernehmen Sie also ab morgen Herrn Hartmanns Arbeitslehre-Unterricht in der 8a, und Ihre Deputatsstunden für den Vertrauenslehrer müssen eben vorerst ausfallen, bis der Kollege wieder vollends genesen ist.«

Das Schicksal ist ein mieser Verräter! Gerade jetzt, wo ich es zum ersten Mal geschafft habe, Vertrauenslehrerin zu werden. Und das schaffen nur die beliebtesten Lehrer oder die mit den besten Bestechungsmitteln, die ich dieses Schuljahr wohl hatte, nämlich Hausaufgabengutscheine und selbst gekauften Kuchen. Und diesen hart erkämpften und wohlverdienten Posten soll ich nun schon wieder aufgeben für die nervige Truppe der 8a, die ich bereits in Deutsch unterrichten darf, soll, muss. *Hmpf!*

Da ich mich unter keinen Umständen in dieses Schicksal ergeben will, gehe ich nach der Dienstbesprechung umgehend zu meinem Direktor, um ihm meine Meinung zu geigen. So schwer kann das doch nicht sein.

»Das ist doch nicht Ihr Ernst. Sie wollen ganz sicher nicht den Bock zum Gärtner machen. Ich bin voll die Null in Arbeitslehre. Zwei linke Hände und so. Da gibt's doch weitaus qualifiziertere Kollegen. Für mich ist das nichts! Bei mir gibt's Tote und Verletzte«, höre ich mich schon sagen, aus meinem Mund kommt allerdings nur Folgendes: »Ähm, Direktor Lehmann, also ich wollte noch einmal auf die Sache mit Arbeitslehre zurückkommen.«

»Ja, das war klasse von Ihnen, Frau Frei. Ich wusste, dass ich mich auf Sie verlassen kann. Ab morgen dann, siebte und achte Stunde, los geht's mit Berufskunde«, verkündet Hiob die »frohe« Botschaft, ist im nächsten Moment um die Ecke verschwunden und lässt mich sprachlos zurück.

Ich verweile zuerst einmal in einer Art Schockstarre, um herauszufinden, was schlimmer ist – die pubertierenden Monster der 8a oder die Tatsache, dass ich nicht den blassesten Schimmer habe, wie ich bis zum nächsten Tag eine Unterrichtseinheit in Berufskunde vorbereiten soll.

Erst nach einer kurzen Tai-Chi-Einlage für sichtlich Gestresste und geschätzten hundert Kraftausdrücken für emotional Erregte fließt mein Chi wieder so weit durchs Yin und Yang, dass ich mich im Lehrerzimmer an einen der Computer begeben und auf die neue Aufgabe einlassen kann.

Mit neu gewonnener Zuversicht – schließlich habe ich schon ganz andere Probleme gemeistert und Gehilfe Google lässt einen verzweifelten Lehrer auch nicht im Stich – rufe ich die Website des Berufsinformationsinstituts auf. Nachdem ich die Startseite im Schnelldurchlauf überflogen habe, werde ich auf ein penetrant blinkendes Piktogramm mit einem hochgestreckten Daumen aufmerksam, neben dem in fetten Lettern *Profession Adventure – Check it out!* steht.

»Das wird doch nicht das sein, wofür ich's halte!«

Als ich auf das Symbol klicke, öffnet sich das Programm.

»Ach du scheiße, ich glaub ich steh im Wald!«

Dschungel wäre wahrscheinlich die treffendere Bezeichnung für diese virtuelle Landschaftsdarstellung. Ich bin überrascht, denn tatsächlich handelt es sich um ein hoch modernisiertes Berufsauswahlverfahren, wie ich es in stark vereinfachter Version aus meiner Zeit als Schülerin noch kenne. Auch wenn das noch gar nicht sooo lange her ist, hat sich dieses Hilfsprogramm zum Finden des richtigen Berufs doch sehr verändert. Während damals ein schmuckloses Textdokument durch ankreuzen ausgefüllt werden musste, um letztendlich eine engere Auswahl an passenden Berufen auszuspucken, befinde ich mich jetzt in einem komplexen Computerspiel, das weder mit optischen noch akustischen Reizen geizt. Nachdem ich ein paar mehr oder weniger wahrheitsgemäße Angaben zu meiner Person gemacht habe (vierzehnjährige Schülerin einer Hauptschule in Berlin) erscheint ein Textfeld, in dem *Wähle deinen Avatar* steht.

»Ächt jetzt? Wie cool ist das denn?!«, jauchzt der Teenie in mir.

Fasziniert betrachte ich die vorgeschlagenen Möglichkeiten und kann nicht anders, als in Lachen auszubrechen. Unglaublich, aber wahr, ich stehe, besser gesagt sitze der Elite der Actionszene gegenüber. Zum einen wären da die *Retrohelden*, mit denen ich quasi aufgewachsen bin, wie zum Beispiel Indiana Jones mit obligatorischem Hut und Peitsche bewaffnet, Bruce Willis, als ewig blutender John McClane in zerrissener Klamotte oder Chuck Norris, ehemaliger Texas Ranger und in den letzten Jahren mit einem grandiosen Comeback zum MacGyver der Neuzeit aufgestiegen.

Zum anderen hat der User die Auswahl, einen Helden aus der jungen Garde der Actiongeneration auszusuchen, von denen ich nur Harry Potter mit seiner markanten Nickelbrille und dem Zauberstab erkenne. Die restlichen leicht bekleideten Superheros kann ich aufgrund ihrer perfekten Körpermaße und Gesichtszüge nicht voneinander unterscheiden und erst recht nicht zuordnen, da ich, so wie es aussieht, selbst retro bin.

Ich brauche nur einen kurzen Moment, um mir darüber klar zu werden, welcher Avatar mich zielsicher durch das unübersichtliche Dickicht des Berufsdschungels zu meinem Traumberuf führen wird. Niemand anders als Chuck Norris – dessen bisher unangefochtene Stellung im Schüleruniversum allmählich von Kollegin Kühn bedroht wird, die hier allerdings nicht zur Auswahl steht – kommt für die nachfolgenden Aufgaben infrage. Als ich auf den Startbutton klicke, schreitet Chuck in seinem äußerst maskulinen Gang auf mich zu, greift sich ganz Texas Ranger an seine Hutkrempe und spricht: »Bevor ich mich ins Adventure stürze und für dich die Lage checke, brauche ich so viel Power wie möglich. Gib also deine Stärken an!«

Dann wird mein Avatar für jede angegebene Stärke mit

entsprechender Ausrüstung ausgestattet. Ungefähr fünf Minuten später – alles braucht seine Zeit, vor allem das Zwei-Finger-Suchsystem – trägt mein virtuelles Ich eine ökologisch hergestellte Leinenhose (erster angekreuzter positiver Charakterzug war *Verantwortungsbewusstsein*), die von einem goldenen Gliedergürtel (Symbol für *Zusammenhänge erkennen können*) festgehalten wird, in dem eine Schere (steht für *Kreativität*) steckt. Mr. Norris' Gesicht nach zu urteilen scheint er nicht wirklich zufrieden mit der Ausbeute zu sein. Da mir aber auf die Schnelle keine weiteren Vorzüge mehr einfallen und ich wegen der anstehenden abendlichen Party nicht ewig Zeit habe, muss er sich damit begnügen. Ich will meinen Avatar gerade in den Berufsdschungel schicken, da erscheint auch schon das nächste Dialogfeld.

»Gib nun deine Interessen ein, damit ich dir den richtigen Weg freischneiden kann!«, befiehlt mir Chuck, die Schere im Anschlag.

»Och menno, wann geht's denn endlich los!«

Mit entsprechendem Enthusiasmus klicke ich zwei Piktogramme an, die für *Gestaltung* und *Kommunikation* stehen und warte, dass sich Chuck für eine Wegrichtung entscheiden wird, in die er in die Wildnis eindringen will, was jedoch nicht passiert. Stattdessen beschwert sich dieser lautstark bei mir, dass ihn noch mindestens zwei weitere Dinge zu interessieren haben.

»Boah, man ey, muss das denn sein …«

Mein anfänglicher Enthusiasmus, was diese gepimpte Version einer Berufsberatung angeht, scheint sich langsam aber sicher im virtuellen Dschungel zu verlieren. Als ich die verlangten Interessen angegeben habe, schlägt sich mein aufsässiger Avatar auf leisen und vor allem ökologisch abbaubaren Sohlen durch den dicht bewachsenen Dschungelweg, bis er an eine Lichtung kommt, auf der verschiedenfarbige Pflänzchen wachsen, deren Namen weder mir noch Chuck bekannt sind. Auch wenn ich mich äußerst gerne in der Natur aufhalte, gehört ein grüner Daumen weder zu meinen Stärken noch Interessen. Das scheint aber auch in diesem Fall nicht weiter von Belang zu sein, denn in einem Textfeld am Rande wird erklärt, dass es sich bei den Gewächsen um eine erste Auswahl von Berufsvorschlägen handelt. Je größer die Pflanze, desto höher die Wahrscheinlichkeit, dass der Beruf passt. Zielstrebig lasse ich Chuck mittels Maus auf die größte aller Blumen zugehen und sie mit der Schere abtrennen, was eine gewisse Zeit in Anspruch nimmt. Ich bereue, nicht Schlagfertigkeit als Stärke angegeben zu haben, dann hätte der *Roundhouse-Kick* für schnelle Abhilfe gesorgt. Die abgetrennte Pflanze verwandelt sich schließlich in Chucks Händen zu einem Kamm, und ich starre ungläubig auf seinen grinsenden Mund, aus dem für mich unverständliche Worte kommen. Ich verstehe nur: »Du gibst die neuesten Trends an.«

Woher weiß Chuck, dass ich erst heute bei einem Friseur war, der mich zu einem Topmodel umgestylt hat?

»Kann der mich etwa sehen?«, frage ich mich nervös umschauend.

Ich fühle mich vom Röntgenblick meines virtuellen Ichs durchleuchtet und gleichzeitig bestätigt, denn mit meinem neuen Haarschnitt könnte ich wahrhaftig das neue It-Girl werden. Mit seiner abermaligen Ansage reißt Chuck mich aus meinen Gedanken, und dieses Mal verstehe ich zwar den ganzen Kontext, dafür aber die Welt nicht mehr.

»Als Hairstylistin gehst du mit Schere und Kamm an die neusten Trends heran!«, schmettert Mr. Norris mir neunmalklug entgegen.

Ich zweifele zwar des Öfteren an meinem Verstand, aber hier gehe ich davon aus, dass die Programmierer nicht mehr ganz bei Sinnen waren.

»Friseurin, dass ich nicht lache! Da ist der Inhalt dem Unterhaltungswert zum Opfer gefallen«, brumme ich missmutig, versuche mich aber damit zu beruhigen, dass die Software vielleicht auch nur in meinem Fall versagt hat und dem ein oder anderen jugendlichen User einen sinnvolleren Vorschlag machen wird. Ein idealer, weil unterhaltsamer und damit motivierender Einstieg, um meine Schüler für die Einheit *Berufskunde* zu begeistern, ist das Profession-Game auf jeden Fall.

Mir jedenfalls reicht es jetzt, und deswegen ist für mich und Chuck das Game over. Mit einem »Hasta La Vista« verabschiede ich mich von meinem Avatar und mache mich schnell auf den Heimweg, denn ich kann es nicht erwarten, Julian meine neue stylische Frisur vorzuführen.

In freudiger Erwartung des bevorstehenden Komplimentehagels meines Freundes sperre ich die Haustür auf und stürme zuerst ins Badezimmer. Dort überprüfe ich noch einmal den ohnehin perfekten Sitz meiner Haarpracht und öffne gespannt die Wohnzimmertür, um mich meinem holden Gatten, der bereits auf mich wartet, zu präsentieren.

»Wo warst du denn? Normalerweise hast du heute doch nicht so lange Schule. Ich habe mir schon Gedanken gemacht«, äußert Julian vorwurfsvoll.

Wie süß, denke ich, *er hat sich Sorgen gemacht.*

Feierlich schreite ich mit einem breiten Lächeln auf ihn zu.

Sein Gesicht, das zuerst Erleichterung über meine unversehrte Anwesenheit ausdrückt, erstarrt plötzlich zu einer entsetzlichen Fratze. Ich hingegen blicke ihn aus weit geöffneten erwartungsvollen Augen an. Es verstreicht eine gefühlte Ewigkeit, bevor mein sichtlich sprachloser Freund seine Worte wiederfindet.

»Oh mein Gott, was hat man dir denn angetan? Wer war das?«, japst er.

Fragend sehe ich an mir herunter und kann ihm nicht so recht folgen.

»Wie ist das denn passiert? Sag schon, den Verantwortlichen verklage ich!«

Da geht mir schlagartig ein Licht auf, und mein Lächeln sowie meine gute Laune verpuffen, von meinem neu errungenen Selbstbewusstsein ganz zu schweigen.

»Dir gefällt es nicht? Aber die Frisur steht mir doch gut! Und sie kommt auch bei anderen sehr gut an«, winsele ich, und Flüssigkeit sammelt sich in meinem Tränenkanal.

»Aber deine schönen langen Haare!«, jammert er.

»Was heißt hier schön lang, wohl eher lang*weilig*«, insistiere ich lautstark und lasse die Folgen meines »Haarakiris« unerwähnt.

»Aber lang!«, argumentiert der Freund.

Da er jetzt aber bemerkt, dass die Grenze zu einem erstklassigen Heulkrampf gleich überschritten wird, betrachtet er mich von allen Seiten und sagt etwas milder: »Na ja, ist mal was Neues.«

In diesem Moment läuft das Fass über, und ich breche in Tränen aus, denn wenn frau eins nicht hören will als Kommentar zu ihrer neuen Frisur, dann ist es:

A) »NETT.«
B) »DU KANNST JA ALLES TRAGEN!«
C) »TRÄGT MAN DIE HAARE HEUTE SO?«
D) »PASST IRGENDWIE ZU DIR.«

E) »DU SIEHST SO ANDERS AUS?!« und eben

F) »IST MAL WAS NEUES!«

Nachdem ich die eine Hälfte des frühen Abends damit zugebracht habe, meinen Tränen freien Lauf zu lassen und die andere Hälfte dazu verwendet habe, die Spuren davon mit mehreren Schichten Make-up wieder zu beseitigen, befinde ich mich nun gestylt und getröstet im Auto meines Freundes. Dieser schmiert mir schon den ganzen Weg zur Party Honig um den kirschrot geschminkten Mund, denn sein schlechtes Gewissen lässt ihn nicht mehr los. Gut so, schließlich heißt das, seine ganze Aufmerksamkeit gilt mir, und das kann ruhig noch eine ganze Weile so bleiben. Buße hat noch niemandem geschadet und einem Langhaarfetischisten schon gar nicht.

Als wir auf der Party ankommen, merke ich direkt, wie meine neue Frisur Blicke auf sich zieht. Na ja, es könnte auch das schwarze, knallenge Cocktailkleid sein, aber who cares?!

Meine gute Laune ist auf jeden Fall wiederhergestellt, und so geselle ich mich zu einer kleinen Gruppe von Leuten, die sich sehr angeregt über ihre jeweiligen Berufe unterhalten. Fasziniert höre ich zu, welch interessanten und kreativen Tätigkeiten diese Menschen nachgehen und wie begeistert sie diese ausüben.

»Gerade erst gestern durfte ich die Villa einer berühmten Persönlichkeit einrichten. Ihr versteht sicherlich, dass ich aus Gründen der Verschwiegenheit ihren Namen nicht nennen kann. Lasst mich nur so viel sagen, sie spielte die Geliebte von … in …! Stellt euch vor, sie hat mir völlig freie Hand gelassen, sowohl, was das Budget als auch die Gestaltung anbelangt. Ich kann euch sagen, das war eine wahre Freude. Da konnte ich mich kreativ so richtig austoben«, schwärmt die Innenarchitektin, während ihre beiden Gesprächspartner und ich anerkennend nicken.

»Hätte ich nicht selbst einen interessanten und erfüllenden Beruf, würde ich dich beneiden«, neckt der Anzugträger sie.

»Darf ich fragen, was Sie beruflich machen?«, möchte ich, neugierig geworden, wissen.

»Ich bin Eventmanager und organisiere diverse Veranstaltungen im Sport- und Lifestylebereich.«

»Spannend, aber doch bestimmt stressig, oder?«, hake ich nach.

»Ein Vierzehnstundentag ist keine Seltenheit. Trotzdem würde ich mit niemandem tauschen wollen. Ich liebe meine Arbeit.«

Dem stimmt auch die anwesende Zahnärztin zu, die daraufhin einige witzige Anekdoten aus ihrer eigenen Praxis wiedergibt.

Obwohl ich es nicht will, beneide ich die drei insgeheim, denn jeder von ihnen scheint nicht nur seine Profession, sondern auch Passion gefunden zu haben.

In Gedanken versunken bemerke ich nicht, dass auf einmal alle Augen auf mich gerichtet sind.

»Oh Entschuldigung, ich habe Sie akustisch nicht verstanden«, versuche ich meinen kleinen träumerischen Ausrutscher zu vertuschen.

»Wir haben uns gefragt, welchen Beruf Sie ausüben?«, erläutert der Eventmanager.

»Mit Sicherheit ist sie in der Modebranche tätig, so stilvoll wie sie gekleidet ist!«, vermutet die Zahnarztfrau, die mit ihren strahlend weißen Zähnen die beste Werbung für ihre Praxis macht.

»Nein, da liegst du völlig falsch, meine Liebe. Ich bin der

festen Überzeugung, dass die Gute eine Kollegin von mir ist«, mutmaßt die adrett gekleidete Promiausstatterin.

Nacheinander blicke ich in die lächelnden Gesichter der Umstehenden, schüttele den Kopf und stelle richtig: »Sie liegen alle falsch. Ich bin Hauptschullehrerin.«

»Oooh!«, entfährt es dem Eventmanager sofort.

Beunruhigt bemerke ich daraufhin, wie sich das Lächeln aus allen Gesichtern im Nu verflüchtigt hat und eine unangenehme Stille eintritt.

»Da haben Sie ja bestimmt viel Zeit?!«, bricht die Innenarchitektin das Schweigen.

»Wieso?«, frage ich, obwohl ich bereits erahne, was Sie damit andeuten will.

»Mein Nachbar ist Lehrer, und den trifft man nachmittags im Anschluss an sein Mittagsschläfchen immer wahlweise auf dem Tennis- oder Golfplatz. Seien Sie mir nicht böse, aber dass Lehrer einen gut bezahlten Halbtagsjob haben, weiß ja wohl jeder!«

Umgehend frage ich mich, woher die Gute weiß, was ihr Nachbar mittags treibt, wenn Sie doch, wie zuvor erwähnt, selbst einen Zehnstundenarbeitstag zu absolvieren hat. Ich frage mich zudem, an welcher Schule besagter Nachbar unterrichtet, denn heutzutage hat bundesweit fast überall der Nachmittagsunterricht Einzug gehalten, sodass man in den seltensten Fällen in den frühen Mittagsstunden zu Hause ist. Wie dem auch sei. Wenn ich an diesen und die vielen anderen stressigen Schultage zurückdenke, kann ich die Ansicht, ich würde einen geruhsamen »Halbtagsjob« machen, nicht teilen. Im Gegenteil, wer heutzutage Lehrer sein will, muss entweder Nerven aus Stahl haben oder verrückt sein, wobei ich mich mittlerweile zu Letzterem dazuzählen würde.

Testen Sie doch selbst einmal mit vorliegendem Fragebogen, ob der Lehrberuf eine Option für Sie wäre. Bei mehr als drei Kreuzchen können Sie sich umgehend für das Lehramtsstudium eintragen.

○ Mein Geduldsfaden kennt kein Ende. Gerne wiederhole ich mich mehrfach und erkläre wieder und wieder den gleichen Sachverhalt, auch wenn mir niemand zuhört

Ich: »Unterstreicht alle Nomen rot.«
Hassan: »Sollen wir *alle* Nomen unterstreichen?«
Ich: »Ja, *alle* Nomen unterstreichen.«
Hassan: »Sollen wir mit *Rot* unterstreichen?«
Ich: »Ja, alle Nomen mit *Rot* unterstreichen.«
Hassan: »Was war nochmal ein Nomen?«
Ich: »HMPF!«

○ Eine hohe Misserfolgsrate trotz intensiver Vorbereitung lässt mich kalt

Kimi: »Ey Frau Frei, guckstu traurig!«
Ich: »Ein Durchschnitt von 4,3! Wie soll ich da anders gucken?«
Kimi: »Ha, dann bin ich mit ’ner 5 ja über Durchschnitt!«
Ich: »HMPF!«

○ Ich freue mich darüber, Intimitäten aus dem Leben pubertierender Jugendlicher zu erfahren

Ich: »Was habt ihr über’s Wochenende getrieben?«
Jakob: »Mit wem wäre die bessere Frage, stimmt’s Jojo?«
Jojo: »Ach, leck mich doch!«

Jakob: »Ne, das überlass ich …«
Ich: »Blablabla, ich hör nix!«

- ○ Mangelnde Motivation unterlegt mit wiederkehrenden Floskeln stachelt meinen Ehrgeiz erst richtig an

Ich: »Hassan, pass auf!«
Hassan: »Isch schwör, isch hab's versucht, aber bin isch unterfordert!«

- ○ Besonders spannend finde ich das ständige Lösen von Konflikten der Jugendlichen untereinander

Sandy: »Frau Freiii, Alex kritzelt schon wieder mit meinem Kugelschreiber auf der Bank rum!«
Ich: »Alex, lass das gefälligst und nimm deinen eigenen Stift!«

- ○ Schon in der Diskothek stand ich mit Vorliebe direkt vor den Boxen, sodass ich heute ohne Schwierigkeiten den Lärmpegel in der Schule genießen kann

Jojo: »Waaas haben Sie gesagt?«
Ich: »Das weiß ich selbst nicht. Bei eurem Geschrei kann ich mein eigenes Wort nicht verstehen!«

- ○ Ich freue mich, wenn meine Schüler ernsthaft um meinen Gesundheitszustand besorgt sind

Jakob: »Frau Frei, Sie sehen aber noch krank aus! Besser Sie erholen sich weiter ein paar Tage zu Hause!«
Ich: »Das ist aber nett, dass du dir Sorgen um mich machst.«
Jojo: »Macht der gar nicht. Die Vertretungsstunden bei der Wohlfahrt waren nur grad so chillig.«

Gerne würde ich den Ruf meines Berufsstandes in der kleinen vorurteilsfreien Gesprächsrunde ins rechte Licht rücken, komme aber nicht dazu, da die Anwesenden jetzt erst richtig loslegen.

»Ich kenne auch einen Lehrer. Der stöhnt immer, dass die Arbeit mit den lieben Kleinen so anstrengend sei. Aber mal im Vertrauen, sooo schwer kann das ja nicht sein!«, behauptet Frau Zahnärztin.

»Da bin ich ganz Ihrer Ansicht, meine Liebe. Mein kleiner Ludger-Ferdinand ist doch das beste Beispiel dafür, wie leicht man mit Kindern klarkommen kann. Seine Nanny berichtet mir nur Gutes über ihn«, erklärt die Innenarchitektin allen Ernstes.

Das unangenehme Pochen beginnt sich wieder in meinen Schläfen zu melden. Deshalb überlege ich, wie ich mich dieser Unterhaltung schnellstmöglich entziehen kann. Aus Erfahrung weiß ich mittlerweile, dass es wenig bis gar keinen Sinn macht, meinen Berufsstand in Schutz zu nehmen. Egal welche Verteidigungsstrategie ich wählen würde, die Vorurteile gegen die Lehrer sitzen tief.

»Warum haben Sie den Lehrberuf eigentlich nicht ergriffen, wenn es ein gut bezahlter Halbtagsjob ohne große Unannehmlichkeiten ist?«, will ich aber dann doch noch wissen.

Meine drei Gesprächspartner starren mich ungläubig an und stimmen der Zahnärztin einvernehmlich zu, als diese antwortet: »Um Gottes willen! Niemals würde ich diesen Job machen wollen. Die ganzen schrecklichen Kinder und dieser ohrenbetäubende Lärm, den sie veranstalten!«

Genervt über den Widerspruch des ganzen Gesprächs, entschuldige ich mich bei den Anwesenden und eile zu Julian. Ich muss dringend nach Hause, für heute reicht es mir eindeutig. Mittlerweile fühle ich mich weniger als berufener Lehrer, dafür aber umso leerer als je zuvor.

Zu Hause angekommen, lasse ich mich niedergeschlagen auf die Couch fallen, kuschele mich an meinen Liebsten, der es sich bereits bequem gemacht hat, und schaue mir die hundertste Wiederholung von *Pretty Woman* an. Die vertraute Abendunterhaltung lenkt mich sehr gut von meinem beruflichen Gedankenchaos ab, bis mir in der Werbepause das grinsende Gesicht von Thomas Gottschalk vor die Linse kommt.

»Der war doch auch zuerst Lehrer, bevor er Fernsehkarriere gemacht hat, oder? Vielleicht erging es dem ähnlich wie mir. Wetten, dass der seinen Berufswechsel nicht bereut hat?«, entwischt es mir, und ich überlege kurz, ob das nicht auch eine Option für mich wäre.

Charmant wie immer hält mir mein Freund aber direkt den Spiegel vor und meint, dass ich als »mittelalter Gouda« ohnehin schon zu alt für die Besetzungscouch sei. Zugegeben, mit meinen sechsunddreißig Jahren bin ich nicht mehr die Jüngste, abgesehen davon, will ich auch gar nicht ins Showbusiness, denn mich würde der ganze Hype um meine Person eher stören. Wer will denn ständig einen Paparazzo um sich haben, der jede noch so peinliche Situation im Bild festhält – und da gäbe es bei meiner Tollpatschigkeit weiß Gott genug zu fotografieren. Unweigerlich muss ich an mein erstes Date mit Julian denken, das unglücklicherweise in der Notaufnahme endete. Was kann ich aber auch dafür, dass dieses blöde Weinglas im Weg war, als mein Kopf während eines Lachkrampfs etwas zu dynamisch nach unten geschnellt ist. Dem Glas und Julians Interesse an mir hat es jedenfalls keinen Abbruch getan. Die Beule konnte man allerdings noch Wochen später bewundern – genauso wie den Fleck auf Julians Hemd. Na ja, wie dem auch sei … Auf dem Arbeitsmarkt könnte mein Alter auch durchaus von Vorteil sein, gehöre ich doch zu denjenigen, die mitten in ihrem Berufsleben stehen und entsprechende Erfahrungen vorzuweisen haben. Nur habe ich momentan das dumpfe Gefühl, dass ich mit beiden Beinen im falschen stehe. Aber vierzig ist ja das neue Dreißig, wie ich gelesen habe. Warum sollte sich das nur auf das Aussehen und nicht auch auf die berufliche Zukunft beziehen?

Optimistisch gehe ich also davon aus, dass ich als erfahrene, verantwortungsvolle Mittdreißigerin auf dem Arbeitsmarkt durchaus gute Chancen hätte, wenn ich wollen würde?!

4

TGIF – Thank God It's Friday

Das frühe Aufstehen am nächsten Morgen fällt mir nicht besonders leicht, obwohl ich normalerweise ein Stehaufmännchen bin. So wie es aussieht, scheint es aber nicht nur mir so zu ergehen, denn als ich müde ins Lehrerzimmer schlurfe, gewährt mir Sascha einen freizügigen Einblick in sein Innerstes.

»Wusste gar nicht, dass du hinten links ’nen Goldzahn hast«, kommentiere ich seine geräuschvolle Gähneinlage.

»Ups, Tschuldigung, hab nicht gedacht, dass ich so laut war.«

»Hast du etwa schon wieder die Ohrstöpsel drin?«

»Damit kann ich mich einfach besser konzentrieren! Gleich geht doch hier wieder das große allmorgendliche Wettlamentieren los«, erklärt er mir.

»Du meinst wohl eher laminieren«, verbessere ich schnell.

»Nein, ich meine lamentieren wie beschweren, jammern, wehklagen, und so weiter …«

»Wer macht denn so etwas?«, frage ich und erhalte dafür einen ungläubigen Blick meines Kollegen.

»Frag lieber, wer's nicht macht!«

»Ich etwa auch?«, frage ich überrascht.

»Sagen wir's mal so, in der letzten Zeit hast du Ähnlichkeit mit der maulenden …!«

»Pass auf, was du jetzt sagst, Wohlfahrt!«, zischt Kühn,

die niemand von uns hat kommen hören, den erschrockenen Sascha plötzlich von der Seite an.

»Die Maulende Myrte, Meike gleicht der Maulenden Myrte, meine ich«, stammelt der Eingeschüchterte mit blassem Gesicht.

»Maulende Wer?«, hakt die Kühn nach.

»Die Maulende Myrte aus Harry Potter!«

»Harry Wer? Wer soll denn das jetzt schon wieder sein?«

»Na, der kleine Zauberer …«

»Sehe ich aus, als würde ich mich für kleine Zauberer interessieren?«, unterbricht Kühn vehement Saschas Erklärungsversuch.

»Nö, aber für die großen wie Lord Voldemort«, sprudelt es aus mir heraus, bevor ich es verhindern kann.

»Wer ist das jetzt schon wieder?«, fragt die Kollegin genervt.

»Du-weißt-schon-wer!«, antworte ich hinter vorgehaltener Hand.

»Nein, weiß ich nicht, sonst würd ich ja nicht fragen. Aber lassen wir das, auf so was hab ich eh keinen Bock!«, schnaubt sie.

»Aber die Schüler, die mögen diese Geschichten!«, äußert Wohlfahrt äußerst wagemutig.

»Worauf die Bock haben, müssen die schon mir überlassen«, entgegnet die Kühn und marschiert strammen Schrittes in den Kopierraum, sodass sogar ihr Schatten Probleme hat, hinter ihr herzukommen.

»Hast du das eben ernst gemeint?«, wende ich mich wieder Wohlfahrt zu.

»Was?«

»Na, dass ich Ähnlichkeit mit der Maulenden Myrte habe.«

»Also, wenn du es wirklich wissen willst, in der letzten

Zeit bist du schon ziemlich häufig am Schimpfen und Jammern«, gesteht mir Sascha mit einem mitleidigen Blick.

»Verdammt, dabei wollte ich nie eine von den Kollegen sein, die sich über alles und jeden beschweren. Aber irgendwie ist gerade der Wurm drin. Weiß ja auch nicht. Warum jammerst du eigentlich nicht?«

»Warum sollte ich?«, fragt Wohlfahrt erstaunt.

Gute Frage, auf die ich an seiner Stelle auch direkt die passende Antwort hätte. Da muss ich mir nur sein tägliches Schulszenario vor Augen führen. Was Disziplinierung und Durchsetzungsvermögen anbelangt, hat mein zarter Kollege, der eine ausgeprägt feminine Seite hat, eindeutig so seine Probleme. Nicht umsonst rufen die Schüler »*Die* Wohlfahrt kommt!«, wenn er sich einer Klasse nähert. Mittlerweile färbt dieser Trend, sich über Wohlfahrts weibliche Seite lustig zu machen, sogar auf das Kollegium ab. Dass Sascha keine Freundin hat, lässt die Gerüchteküche natürlich zusätzlich brodeln. Auch wenn mir bisher nicht ganz klar ist, ob er zu Hause wirklich nur Hosen trägt – bisher habe ich mich an dieses heikle und doch sehr persönliche Thema nicht herangewagt –, im Unterricht hat er sie auf jeden Fall nicht an. Ständig tanzen ihm die Schüler auf der Nase herum. Was mich ebenfalls erstaunt, ist die Tatsache, dass mein ambitionierter Kollege sich nach wie vor ein Bein ausreißt, um seinen Unterricht so abwechslungsreich wie möglich zu gestalten. Wenn er nicht gerade schon wieder vorzeichnet, malt oder bastelt, beschäftigt er sich mit den Vorbereitungen für irgendein neues Kunst- oder Musikprojekt. Wüsste ich es nicht besser, würde ich denken, er lebt nicht nur für die Schule, sondern darin. Da er aber erst kürzlich von zu Hause aus- und in eine Singlewohnung in der Stadt eingezogen ist, weiß ich, dass er nicht in der

Schule nächtigt, auch wenn er morgens der Erste und mittags der Letzte ist, der das Schulgebäude verlässt.

»Sag mal, kommst du dir bei der Arbeit nicht manchmal vor, als würdest du einen riesigen Stein den Berg hinaufrollen, der im besten Fall an dir vorbei zurückrollt und dich im schlechtesten Fall dabei überrollt?«, will ich neugierig wissen.

»Nö, warum fragst du?«

»Na, tagtäglich versuchen wir den Schülern etwas beizubringen, nur um danach festzustellen, dass bei fünfundneunzig Prozent von ihnen nach dem Unterricht vor dem Unterricht ist. Das macht doch keinen Sinn. Deprimiert dich das nicht auch?«

»Eine fünfprozentige Erfolgsquote ist doch gar nicht so schlecht, im Schlussverkauf bekommst du oft weniger«, witzelt Sascha zuerst, bevor er etwas ernster fortfährt, »Spaß beiseite, wenn du dich als Lehrer nicht so ernst nimmst, den Lehrplan mal Lehrplan sein lässt und dafür mehr auf die Bedürfnisse der Schüler eingehst, macht das schon Sinn. Ich bin gern Lehrer und gar nicht so schlecht darin, auch wenn ich vielleicht nicht *die* Respektsperson bin.«

»Wenn du mir jetzt noch gestehst, dass dein zweiter Vorname Jesus ist und du Lahme wieder zum Gehen bringst, bin ich ganz deiner Meinung.«

Wie gerne würde ich die optimistische Haltung der Wohlfahrt teilen, aber momentan fällt es mir außerordentlich schwer, an pädagogische Wunder zu glauben. Zudem haben mich der gestrige Wellnesstag beim Friseur, Chucks fragwürdiger Berufsvorschlag und das abendliche Partygespräch stutzig gemacht. Obwohl ich weder die Innenarchitektin noch die Zahnärztin geschweige denn den aufgeblasenen Eventmanager sympathisch fand, frage ich mich, ob ich nicht doch beruflich gerne mit ihnen oder dem motivierten Friseur Philipp tauschen würde. Sie alle haben es geschafft, aus ihrem Beruf eine Berufung zu machen, während ich mich immer häufiger berufen fühle, mich aus dem Staub zu machen.

Die Chance habe ich heute Morgen allerdings verpasst, denn gerade ertönt die Klingel zur ersten Stunde. Nach einer Doppelstunde Deutsch und Kunst in der Fünften und zwei anstrengenden Vertretungsstunden in der Neunten, schleppe ich mich schließlich in der siebten Stunde abgekämpft und ausgepowert in die 8a. Schon von Weitem kann ich einen dunkelblauen Trainingsanzug auf dem Flur herumturnen sehen, der sich bei meinem Anblick ungeahnt flink in den Klassensaal zurückzieht und dort »Frei kommt!« brüllt. Beim Betreten des Klassenraums erhalte ich dann zur Abwechslung als Begrüßung einen Papierknäuel gegen den Kopf.

»Ups, sorry, Frau Free! War für Jakob!«, rechtfertigt sich Hassan.

»Doofbacke, die heißt Frei!«, schnauzt Johanna ihn an.

»Selber doof, Free heißt Frei auf englisch und is Spitzname für Frau Frei, weil die konkret krass korreckt is«, entgegnet Hassan und schenkt mir sein schönstes Lächeln.

Ich fühle mich fast geehrt, lasse mich aber durch Komplimente nicht bestechen.

»Hassan, du weißt doch, dass du nicht auf dem Gang rumturnen sollst.«

»Isch schwör, war ich nich!«

»Hassaaan, ich bin doch nicht blind und vor allem nicht taub«, erkläre ich ihm mit einem vorwurfsvollen Blick.

»Isch schwör, war so. Guck, das war Jakob, der Penner«, ändert mein Unschuldslamm seine Taktik.

Tatsächlich schlummert dieser aber in aller Seelenruhe

und trotzdem geräuschvoll mit dem Kopf auf der Bank vor sich hin.

»Jakob, aufwachen!«, rufe ich ihm zu, was nur dazu führt, dass er noch beherzter schnarcht.

»Lehrerrazzia!«, brülle ich daraufhin direkt in sein Ohr, was deutlich mehr Wirkung zeigt, denn im Nu sitzt mein entspannungsorientierter Schüler kerzengerade und mit weit aufgerissenen Augen vor mir.

»Was hast du zu deiner Verteidigung zu sagen?«, frage ich ihn sogleich.

»Ich war nur im Stand-by-Modus, um die ganzen Informationen zu verarbeiten, sodass ich Ihnen jetzt exklusiv zur Verfügung stehe. Schließlich bin ich ein aufgewecktes Kerlchen!«

»Ja, aber nur, weil ich dich gerade aufgeweckt habe, Monsieur!«, entgegne ich in strengstem Tonfall und verkneife mir ein Lächeln, um endlich mit meinem Unterricht – der ersten Stunde zur Unterrichtseinheit *Berufsberatung* – beginnen zu können.

»So, ihr Lieben, Spaß beiseite, jetzt beginnt der Ernst des Lebens. Heute geht's los mit Berufskunde. Wie ihr ja wisst, müsst ihr dieses Halbjahr ein Betriebspraktikum machen. Damit ihr dabei nicht die falsche Wahl trefft, und weinend in die Schule zurückkehren wollt, werden wir …«

»Niemand kommt weinend in die Schule zurück! Ist doch jeder froh, wenn er aus dieser Irrenanstalt rauskommt«, unterbricht Johanna meine Ansage.

»Also, isch geh gern Schule! Is bessa als wie imma Fernseh gucke oda so. Voll witzisches Programm hier«, wirft Hassan ein.

»Laber doch nicht so 'nen Müll, Hassan. Wir wissen alle, dass deine Mama dir deinen dicken Arsch versohlen würde, wenn du hier nicht auftauchst«, stellt Johanna klar und wendet sich ihrem nächsten Opfer zu, Jakob. »Und der da sickt eh dauernd, und wenn er mal da ist, pennt er.«

»Und was ist mit dir und Kimberly?«, bohre ich jetzt nach.

»Was soll mit uns schon sein. Wir zählen die Stunden, bis wir hier raus sind!«

Ob ich wohl auch mal zählen sollte, überlege ich, verwerfe den Gedanken aber gleich wieder, weil das Ergebnis mich sicherlich deprimieren würde.

»Wie dem auch sei, die Arbeitswelt da draußen ist härter, als ihr es euch vorstellt. Da ist die Schule echt ein Ponyhof gegen.«

»Woher wollen Sie das denn wissen? Sie haben die Schule doch nie verlassen«, mischt sich nun Jakob ein und bringt mich damit ein wenig aus dem Konzept.

»Ähm, also, ich habe in meiner Schulzeit natürlich auch ein Praktikum machen müssen. Und das war alles andere als Zuckerschlecken. Da war ich wirklich heilfroh, wieder in die Schule gehen zu dürfen.«

»Wo haben Sie das Praktikum denn gemacht?«, fragt Kimberly interessiert.

»In einem Reitstall«, antworte ich wahrheitsgemäß.

»Also doch Ponyhof?«, fragt Jakob amüsiert nach.

»Nein, das war er nicht. Dort ging's körperlich knallhart zur Sache. Jeden Tag dreißig Ställe ausmisten ist alles andere als lustig, das sag ich euch. Auf jeden Fall möchte ich es euch ersparen, dass ihr genauso unüberlegt im falschen Betrieb endet. Deshalb wird sich heute jeder mit seinen Stärken und Interessen auseinandersetzen, um herauszufinden, in welche berufliche Richtung er oder sie tendiert.«

»Och nö, nicht schon wieder diese Mutti-Bell-Joyce-

Kopien. Die haben wir doch erst mit dem Hartmann gemacht«, stöhnt Johanna direkt.

»Nein, kein Multiple-Choice und auch keine Kopien. Heute dürft ihr Computer spielen!«, verkünde ich die frohe Botschaft und ernte statt des erwarteten Ansturms der Begeisterung ratlos dreinblickende Gesichter.

»Hä? Was hat denn Computerspielen mit unserem Praktikum zu tun?«, stellt Kimberly erneut eine Frage. Ihre rege Beteiligung am Unterrichtsgeschehen freut mich sehr.

»Das habe ich mich zuerst auch gefragt«, sage ich und denke beim gestrigen Testresultat *Friseurin* daran, dass mir das Spiel die richtige Antwort noch immer schuldig ist. Das verschweige ich jedoch lieber, weil ich mittlerweile der Meinung bin, dass mir bei der Eingabe ein Fehler unterlaufen sein muss.

»Probiert es einfach selbst aus. Es wird euch auf alle Fälle Spaß machen, da bin ich mir sicher. Dann lasst uns mal leise in den Computersaal gehen.«

Diesen Hinweis hätte ich mir auch sparen können, denn »leise« existiert in Hassans und Johannas Wortschatz nicht. Bereits kurz nach dem Verlassen des Klassenraums öffnet sich die gegenüberliegende Tür, und Wohlfahrts Kopf lugt heraus.

»Wollte nur mal sehen, wer da so 'nen Krach macht«, meint er an mich gewandt.

»Und dann?«, muss ich nachhaken, weil ich gespannt bin, welchen disziplinarischen Hinweis mein Kollege auf Lager hat.

»Ohrstöpsel anbieten. Willste welche?«

Ich überlege mir, ob Wohlfahrts Strategie mit den Ohrstöpseln nicht doch eine Alternative zur bevorstehenden Schwerhörigkeit wäre.

»Nein danke, vielleicht für die nächste Lehrerkonferenz«, lehne ich grinsend ab und begebe mich mit der Meute in den Computersaal.

Während sich die Schüler mit ihrem Passwort anmelden, aktiviere ich Lehrerlaptop und Beamer, um die Jugendlichen Schritt für Schritt durch die bevorstehenden Aufgaben führen zu können. Als die Computer alle hochgefahren sind und die imposante Startseite des *Profession Adventure* auf der Leinwand erscheint, gehört mir die ausnahmslose Aufmerksamkeit meiner Schüler. Ich bin begeistert. Ein Hoch auf die moderne Technik, die sogar Johanna für einen Moment ihre frisch lackierten Fingernägel vergessen lässt.

»So, dann wollen wir mal! Als Erstes ruft ihr die Startseite des Berufsinformationsinstitutes auf und klickt mit der Maus auf den blinkenden Button am oberen rechten Bildrand. Wenn ihr das befolgt habt, müsste diese Seite erscheinen, die ihr jetzt vor euch seht«, erkläre ich mit Hilfe der Leinwand und stelle kurze Zeit später zufrieden fest, dass auf allen Monitoren das gleiche Bild erscheint.

»Sehr schön! Jetzt müsst ihr einfach die Anweisungen des Programms beachten und euch an die Hinweise halten. Denkt aber bitte daran, dass es wichtig ist, dass ihr ehrliche Angaben macht, damit auch wirklich ein passendes Ergebnis herauskommt. Noch irgendwelche Fragen?«

Anscheinend nicht, denn das Spiel scheint meine Schüler schon in seinen Bann gezogen zu haben.

»Hei Dude, wie krass ist das denn. Chuck Norris!«, ruft Jakob fasziniert.

»Boah Alder, gönn dir, isch nehm lieba Lara Croft, hat bessere Argumente!«, stimmt Hassan mit Blick auf die realistische Körperdarstellung seines äußerst weiblichen Avatars in die Begeisterung mit ein.

Alle tippen wie wild auf ihren Tastaturen herum und scheinen, dem amüsierten Gesichtsausdruck nach zu urteilen, ihren Spaß dabei zu haben. Ich hoffe nur, dass die Thematik dabei nicht auf der Strecke bleibt. Vorsichtshalber schlendere ich durch die Reihen, um beratend zur Seite stehen zu können, sollte einer meiner Schützlinge Schwierigkeiten haben.

»Frau Freiii, ich weiß nicht, was meine Stärken sind?«, kreischt Kimberly da auch schon los.

»Guck disch an, Zahnseide! Hastu nischd Stärke! Musstu Mc Fit gehen, so wie isch! Dann hastu starken Bizeps und Trizeps«, entgegnet Hassan.

»Boah Kimi, hör bloß nicht auf den Vollpfosten! Du hast Stärken, bist voll kreativ. Guck doch, was du aus meinen Fingernägeln gemacht hast. Mega pervers!«, lobt Johanna ihre Freundin, die damit mehr als zufrieden scheint.

»Kommunikativ könnt ihr beiden auf jeden Fall anklicken«, mische ich mich ein und denke an die vielen Deutschstunden zurück, in denen ich die gesprächigen Quasselstrippen auseinandersetzen musste.

»Jojo, da muss man noch eine Stärke anklicken. Isch weiß nix mehr.«

»Hmm«, überlegt Johanna, während mir auf Anhieb auch nur Eigenschaften von Kimberly einfallen, die nur bedingt als Stärken durchgehen würden. Zum Beispiel besitzt sie die Fähigkeit, mich auch nach drei gemeinsamen Schuljahren immer wieder neu zu überraschen. Hier eine passende Beispielsituation, die erst kürzlich eingetreten ist:

»Kimberly, erklärst du bitte den anderen, wie das neue Klassenarbeitsheft beschriftet wird?«, so meine Anweisung.

»Na, wie Sie es an der Tafel vorgemacht haben: Name,

Vorname, Klasse, und Deutsch-Klassenarbeiten«, wiederholt sie zu meiner Freude richtig und nimmt es dann unglücklicherweise wortwörtlich, indem sie statt »Kimberly« das Wort »Vorname« auf die Vorderseite ihres Heftes notiert.

»Ich hab's!«, brüllt Johanna plötzlich begeistert, der mittlerweile eine weitere Stärke eingefallen zu sein scheint, »du bist voll dünn.«

Auch wenn das im Modelbusiness sicherlich als »Eigenschaft« vorausgesetzt wird, bezweifle ich, dass es in der Berufsberatung eine aussagekräftige Rolle spielt.

»Ey Jojo, ›voll dünn‹ steht hier nirgendwo«, bestätigt Kimberly auch prompt meine Vermutung.

»Boah Kimi, therapier mich nicht! Muss mich selbst konzentrieren. Nimm halt sportlich, ist doch gleich.«

Dem kann ich nicht zustimmen, denn wenn Kimberly eins nicht ist, dann ist das sportlich. Seit Jahren hält sie den schulinternen Sportfest-Minusrekord im Ballweitwurf. Sie schafft es jedes Jahr aufs Neue, sogar mit zehn Anlaufschritten den Schlagball hinter sich zu werfen. Was man der Schülerin allerdings trotz mangelndem Talent zugutehalten muss, ist ihre Beharrlichkeit, mit der sie bei der Sache bleibt. Mag die Hürde noch so hoch sein, die sie zu überwinden hat, sie läuft lieber dagegen, als davor stehen zu bleiben.

»Klick ›Durchhaltevermögen‹ an, Kimberly«, gebe ich ihr den Hinweis, den sie dankbar annimmt und umsetzt.

Bei einem Rundblick durch die Klasse darf ich zufrieden feststellen, dass ausschließlich alle beschäftigt sind, sodass ich mich ruhig zurückziehen kann. Schließlich habe ich selbst noch eine Rechnung zu begleichen, und zwar die mit Chuck Norris. Ich gebe also erneut meine persönlichen Daten in das Berufsberatungsprogramm ein – dieses Mal allerdings die richtigen – und wähle wieder den Texas Ranger als meinen Wunsch-Avatar aus. Auch nehme ich mir heute etwas länger Zeit zu überlegen, welche Fähig- und Fertigkeiten mich auszeichnen und worin meine Interessen bestehen. Punkt für Punkt durchlaufe ich mit Chuck die verschiedenen Levels. Das macht mir überraschenderweise so viel Spaß, dass ich vollends in die Welt des Berufsdschungels eintauche und die um mich herum vergesse, bis… ich ein Déjà-vu erleben muss.

»Och nee, das darf ja wohl nicht wahr sein! Was soll der Scheiß?!«, fluche ich lautstark vor mich hin, was mir schlagartig die Aufmerksamkeit der ganzen Klasse beschert.

»Ey Frau Frei, darfstu nich fluchen!«, weist mich Hassan zurecht.

»Hastu recht, aber dieses blöde Programm macht mich fertig. Das funktioniert hinten wie vorne nicht, kommt nur Müll raus. Am besten wir stoppen das Ganze jetzt einfach, und ich teile euch doch die Kopien aus.«

»Wieso denn, bei mir hat's voll gut funktioniert«, wirft Jakob ein, »ich will auf jeden Fall etwas im IT-Bereich machen.«

Ich muss zugeben, dass Jakobs Resultat mit der Realität übereinstimmt – Direktor Lehmann hat ihn schon das ein oder andere Mal aus dem Unterricht befreien, um Fehler im Computersystem beheben zu lassen, komischerweise waren Jakobs Zeugnisnoten danach immer angehoben.

Auch andere Schüler bestätigen daraufhin die gute Einschätzung, die das Programm bei ihnen geleistet hat. Es freut mich natürlich, dass die Vorschläge, die *Profession Adventure* bezüglich der Berufswahl bietet, in den meisten Fällen tatsächlich mit den Berufswünschen meiner Schüler übereinstimmen. Trotzdem bleibe ich skeptisch und sehe meinen Verdacht bestätigt, als Hassan und Johanna ebenfalls darauf beharren, dass das Programm fehlerhaft sei.

»Ey, Frau Frei hat voll Räscht. Programm ist ächt schrott! Isch werd Profifußballer und nich KFZ-Mechadingsbums!«, meint Hassan, während Johanna eine Ausbildung zur Kosmetikerin für Zeitverschwendung und sich eher für Deutschlands nächsten Superstar hält. Das wiederum macht mich jetzt stutzig.

»Was ist denn bei Ihnen rausgekommen, Frau Frei?«, ruft Jakob auf einmal in die Klasse.

»Laterne, musstu nur Augen aufmache und nach vorne gucke!«, grölt Hassan, während ich zuerst ungläubig in Chucks grinsendes Gesicht auf meinem Monitor und dann auf die Leinwand starre.

»Friseurin…«, grummele ich verwirrt.

Noch verwirrender finde ich jedoch, dass keiner lacht.

»Pornös, genau wie als bei mir«, bekomme ich stattdessen von Kimberly zu hören. Auch Johanna ist von diesem ungewöhnlichen Berufsangebot begeistert.

»Deal, Frau Frei. Dann können Sie mich als meine persönliche Stylistin begleiten, wenn ich als Superstar auf Tournee gehe.«

Obwohl ich Johannas Vorschlag nicht ganz so attraktiv finde, kann ich es nicht verhindern, dass mir plötzlich seltsame Gedanken durch den Kopf gehen. Sehnsuchtsvoll denke ich an den gestrigen Friseurbesuch zurück und wie glücklich Philipp mit seinem Beruf gewesen ist.

Welche kreativen Möglichkeiten er bietet.

Wie dankbar die Kunden sind.

Welche Ruhe in diesem Wellnesstempel geherrscht hat, und wie erholt alle Angestellten dort ausgesehen haben.

Vor meinem inneren Auge sehe ich mich jetzt als Friseurin

in einem ansprechenden Ambiente mit den kreativsten Köpfen der Szene für glückliche Gesichter sorgen. Ach, was sage ich da, ich bin *der* kreative Kopf, *die* Starfriseurin schlechthin: Uta Walz, Besitzerin des exklusiven Salons »Vier Haareszeiten«, Meisterin von Schere, Kamm und Bürste. Eine Stylistin, die aus jedem Aschenputtel eine Prinzessin zaubert. Eine …

»Frau Frei, warum grinsen Sie so strange?«, unterbricht Kimberly meine euphemistischen Visionen.

»Ach, ich habe gerade an meinen Beruf gedacht und wie viel Freude er macht.«

»Is doch klar, dass Sie mit uns Spaß haben. Wir sind ja auch Traumschüler!«, ruft Johanna in die Klasse, die nichts von meinem gedanklichen Ausflug ahnt.

»Boah ey, Spaß auf Seite. Den Job würd isch nich machn wolln. Mir sind zwar voll korreckt, aber stell mal vor, ich muss kleine Kinder unterrischde, oder schlimma noch, disch, Jojo. Da würd ich mir doch lieba 'nen Strick holen«, stellt Hassan klar.

»Halt's Maul, du Volldepp!«, entgegnet meine höfliche Schülerin.

Da ertönt die erlösende Schulklingel. Während die beiden Streithähne ihr Wortgefecht mehr oder weniger leise fortsetzen, denke ich noch einmal zurück an die letzten Schultage und Monate davor und muss mir wohl oder übel eingestehen, dass ich dieses Mal exakt Hassans Meinung bin – allerdings nicht, was die Alternative mit dem Strick betrifft. Tatsächlich mag ich die meisten meiner Schüler sehr, doch zusammengenommen ist die ganze Bande mehr als anstrengend und kräftezehrend. Nur gut, dass ich meinen Job für den heutigen Tag erledigt habe. Beim Hinausgehen aus dem Computersaal bleibt Jakob vor mir stehen, dreht sich noch einmal zu mir um und stellt mit einem Blick zur Leinwand klar: »Eins müssen Sie wissen, Frau Frei. Chuck Norris irrt sich nie, es sei denn, er denkt, dass er sich geirrt hat!«

Als ich Julian am Abend von der ungewöhnlichen Berufskundestunde berichte, teilt er die Begeisterung meiner Schüler über mein »Friseur«-Ergebnis zwar nicht, umso enthusiastischer teilt er mir aber seine Meinung mit.

»*Du* und Friseurin, das ich nicht lache!«, meint er und lacht schallend.

»Also, so abwegig ist das jetzt auch wieder nicht«, insistiere ich beleidigt. »Du weißt doch, dass ich total haarverrückt bin und schon sämtliche Frisuren und Haarfarben ausprobiert habe.«

»Jaahaa, das weiß ich nur zu gut. Doch vergiss auch bitte nicht, wie oft du dabei kläglich gescheitert bist.«

»Ich weiß nicht, was du meinst!«

»Na, dann helfe ich dir doch gerne auf die Sprünge. Ich sage nur Nagelscherchen, *Cuthaarstrophe* und Wintermütze!«

»Weiß immer noch nicht, worauf du anspielen willst.«

»Das denke ich aber schon, oder willst du mir etwa immer noch weismachen, dass du die Wintermütze tatsächlich wegen Ohrenschmerzen angezogen hast?«

»Isch schwör, war so«, entgegne ich schnell, fühle mich aber bereits überführt.

»Meike, gib's auf, du bist eine miserable Lügnerin. Außerdem solltest du das nächste Mal deine Spuren besser verwischen oder abspülen. Der Ablauf im Waschbecken war voll mit deinen abgefrästen Zotteln.«

»Mist, daran hatte ich in der Eile gar nicht gedacht«, verfluche ich meine Schlamperei.

»Okay, ich gebe ja zu, dass die Do-it-yourself-Geschichte

mit der Nagelschere keine gute Idee war, aber das heißt ja nicht, dass ich generell kein Talent zum Frisieren hätte.«

»Na ja, Talent hast du schon, vor allem, wenn es darum geht, dich selbst zu massakrieren. Ich erinnere mich, dass ich vor gar nicht allzu langer Zeit nach Hause gekommen bin und gedacht habe, mich trifft der Schlag. Sitzt eine fremde Frau mit rosafarbenem Haar, die entfernt meiner blonden Freundin gleicht, in unserem Wohnzimmer und heult sich die Augen aus. Wenn ich mich recht entsinne, sollten deine Haare eigentlich rot getönt werden. Als dieses Farbfiasko anschließend von einer Friseurin wieder behoben worden war, hast du keine zwei Wochen später gemeint, dass dir ein Pony gut stehen würde. Und weil du nicht bis zum nächsten Tag warten konntest, um eine Fachfrau ranzulassen, hast du selbst Hand angelegt. So lange, bis von dem Pony nicht mehr viel Pony übriggeblieben ist …«

»Aber doch nur, weil ich es ganz gerade schneiden wollte!«, verteidige ich mich.

»Und wie war das letztens mit dem Glätteisen? Hast du dir da nicht schon wieder die Ohren verbrannt? ATTENTION! Glätteisen nur für Haar-, nicht Gesichtsglättung verwenden!«, prustet der witzige Freund los.

»Also bitte, es war nur ein Ohr! Und, was heißt hier schon wieder? Das war erst das zweite oder dritte Mal«, insistiere ich brüsk.

Trotz meines Einwandes bleibt Julian weiterhin skeptisch, denn er hegt die Befürchtung, dass ich als Friseurin eine große Gefahr für mich *und* meine Kunden wäre.

»Ich will nicht wissen, was alles passiert, wenn du mit einer Rasierklinge herumhantieren solltest. Stell lieber gleich Warnschilder auf »VORSICHT Ohr – Haargenaue Verwendung scharfer Rasierklingen erforderlich!«, oder »DANGER

Stielkamm – Es könnte ins Auge gehen!«, oder auch »WARNUNG dynamischer Farbauftrag – Tragen von Taucherbrille und Schutzkleidung wird dringend empfohlen!«, grölt er und lacht sich kaputt.

»Haha, sehr witzig …«, kann ich da nur erwidern.

»Ach, komm schon Meike, du weißt doch selbst, dass die ein oder andere Aktion wie ein ›Nighthair on Elm Street‹ war«, stichelt Julian und freut sich über seine »hairliche« Wortspielerei, während ich keine Miene verziehe.

Besorgt betrachtet mich mein Freund dann, bevor er mich vorsichtig fragt: »Und du bist dir sicher, dass du zurzeit nicht nur einen Durchhänger hast und es nach den Osterferien wieder besser sein wird?«

»Hmm, weiß nicht, … vielleicht. Aber was, wenn nicht?!«

»Meike, mal ehrlich, jeder Beruf hat seine Sonnen- und Schattenseiten, oder denkst du etwa, dass ich immer gerne zur Arbeit gehen würde? Du glaubst doch nicht wirklich, dass dieser Philipp jeden Tag gut drauf ist und im Salon nur eitel Sonnenschein herrscht. Du bist gerade in einem Tief, aber das geht auch wieder vorbei, wirst schon sehen. Wie wäre es, wenn wir uns jetzt einfach von ›Hairy Potter‹ ablenken lassen?«

»Lieber ›Hairy und Sally‹«, schlage ich lächelnd vor.

Als ich am späten Abend im Bett liege, denke ich sehnsuchtsvoll an die Zeit zurück, in der meine pubertierenden Ungeheuer noch in die fünfte Klasse gingen und nicht Opfer eines unberechenbaren Hormonflashs waren. Nostalgische Gefühle wallen in mir auf, und ich muss mich beherrschen, beim Gedanken an die damals noch motivierten Fünftklässler nicht in Tränen auszubrechen. Als Jakob täglich pünktlich den Weg in die Schule fand, Hassan wusste, dass es neben Polyesteranzügen auch andere Kleidungsstücke gab,

Johanna das andere Geschlecht noch schlecht fand und Kimberly einen eigenen Willen und nicht den ihrer Busenfreundin übernommen hatte. Tatsächlich gab es damals viele Augenblicke, in denen ich mir sicher war, meinen Traumjob gefunden zu haben. Mit dem Gedanken an die guten alten Zeiten, in denen natürlich alles viel besser war, falle ich in einen tiefen, traumlosen Schlaf.

Acht Stunden später holt mich mein Wecker, zu dem ich mittlerweile kein ambivalentes mehr, sondern ein eindeutig schlechtes Verhältnis habe, in die harte Realität der Gegenwart zurück. Nach einer Katzenwäsche und einer ersten Koffeindusche mache ich mich auf den Weg zur Schule. Dort angekommen, bin ich kaum aus dem Auto gestiegen, da werde ich schon hinterrücks überfallen.

»Sie können hier nicht stehen bleiben, Frau Frei. Das ist ein Parkplatz für Menschen, die an einer Behinderung leiden«, informiert mich Leon ohne Umschweife und zeigt vorwurfsvoll auf das blaue Hinweisschild.

»Ach, mach dir da mal keine Sorgen, das stört keinen. Die wissen alle, dass mein Fahrstil Behindertenausweis genug ist.«

»Aber…«, bringt die aufmerksame Nervensäge noch heraus, bevor ich mich vor seinen weiteren wohlgemeinten Hinweisen ins Schulgebäude flüchte. Allerdings komme ich vom Regen in die Traufe, denn im Kopierraum waltet die Kühn heute Morgen.

»Das kann ja wohl nicht wahr sein! Welcher Intelligenzallergiker hat schon wieder ’nen Papierstau verursacht und nicht beseitigt?«, schnauzt die Kollegin und lässt ihre überschwappenden Aggressionen am Kopierer aus, während ich mich schnellstens ins Lehrerzimmer verdrücke.

»Oh Mann, kein Wunder, dass die Single ist«, sage ich zu Wohlfahrt, der, wie soll es anders sein, emsig arbeitet.

»Wen meinst du?«, fragt er.

»Na, Du-weißt-schon-wer«, antworte ich und bemerke, dass Saschas Ohrmuschel mal wieder zugestöpselt ist.

»Hättest genauso gut mich meinen können«, erwidert der Kollege stoisch.

»Hä, wieso denn dich?«

»Na ja, es sieht nicht gerade danach aus, als ob sich an meinem jahrelangen Singleleben jemals etwas ändern würde.«

»Aber bei dir ist das doch was ganz anderes«, versuche ich mich aus dem Fettnapf herauszumanövrieren.

»Wieso? Anscheinend will mich ja auch niemand haben.«

In diesem Moment könnte ich mich dafür ohrfeigen, meine Worte nicht besser gewählt zu haben. Mir war aber bis dato nicht bewusst, wie sehr Sascha unter dem Alleinsein leidet.

»Dir würden doch alle zu Füßen liegen, wenn sie wüssten, dass es jemanden wie dich wirklich gibt. Du müsstest dich nur öfter mal in der Öffentlichkeit zeigen, statt von morgens bis abends Unterrichtsvorbereitungen zu treffen. Hier in der Schule wirst du deinen Traumpartner bestimmt nicht kennenlernen. Es sei denn, du stehst auf den Hausmeister«, scherze ich, obwohl ich damit vielleicht ja gar nicht so falschliege – das psychedelische T-Shirt, das er heute trägt, ist schon verdächtig weit ausgeschnitten.

»Nett von dir, aber ich glaube nicht, dass es da draußen eine Frau gibt, die sich für mich begeistern könnte.«

»Aber Mann«, rutscht es mir heraus, bevor ich mir den Mund zuhalten kann.

»Hast du ›Mann‹ gesagt?«, fragt Sascha und pfriemelt sich einen Ohrstöpsel heraus.

»Aber *man* könnte dem doch auf die Sprünge helfen, wollte ich sagen.«

»Wie denn?«, will der Zwangssingle wissen und zieht fragend die Augenbrauen hoch, während ich ihn kritisch von oben bis unten abscanne.

»Hmm, nimm's mir bitte nicht übel, aber wenn du es wirklich wissen willst: Eine Typveränderung würde dir definitiv nicht schaden. Nicht, dass braune Cordhosen und LSD-T-Shirts nicht auch ihren Reiz gehabt hätten… vor 40 Jahren…«

Unsicher blickt Sascha an sich herunter.

»Du meinst also, dass es nur an meinen Klamotten liegt?«

Unwillkürlich fällt mein Blick auf Saschas Geheimratsecken, die sich alles andere als geheim halten lassen.

»Ähm, also,… was hältst du eigentlich von Pep?«, frage ich.

»Du meinst, ich sollte mich peppiger anziehen?«

»Nee, was hältst du von Pep Guardiola, dem Fußballtrainer?«

»Ach so, ja, also, du weißt doch, dass ich nicht so der Fußballfreak bin. Aber, wenn ich's *wäre*, denke ich, würde ich was von ihm halten. Ich glaube, der ist ein guter Trainer«, meint Sascha.

»Nee, das meine ich doch gar nicht. Was hältst du von seiner Frisur?«

»Welcher Frisur?«

»Boah eh, Sascha, du Laterne, hast ja 'nen längeren Schlauch als Hassan. Na, die von Pep Guardiola, wessen denn sonst?!«

»Sag ich doch, welche Frisur? Der hat doch 'ne Glatze!«

»Na aber was für eine! Steht dem total gut, sieht voll männlich aus. Und dann noch Dreitagebart dazu, mhhh«, schwärme ich enthusiastisch.

»Aha, und du denkst, da stehen auch andere Frauen drauf?«

»Aber übelst, Glatzen und Bärte sind voll der Burner!«, kann ich ihm versichern.

»Ich glaub Burner sagt man schon nicht mehr. Egal, ich weiß nicht so recht, ob ich so weit bin. Ich hänge an meinen Haaren.«

Welche Haare?, denke ich mir noch, als mir die wild hereinstürmende Kühn diese Frage auch schon abgenommen hat.

»Es mag ja sein, dass ich weniger Haare auf dem Kopf als du auf den Zähnen hast, aber trotzdem möchte ich sie nicht missen!«, meint Sascha nur gelassen zur Kühn und widmet sich wieder seinen Notizen.

Mir klappt die Kinnlade herunter. Ich bin geflasht von so viel Wagemut unserer Wohlfahrt. Und nicht nur ich. Zum ersten Mal fehlen der Kollegin die Worte, und sie tritt sprachlos den Rückzug an. Fassungslos blicke ich ihr hinterher, als Sascha sich auf die Schenkel klopft und noch einen draufsetzt.

»BÄM – Ghettofaust! Die hab ich paniert!«, grölt er und hält mir seine Faust vors Gesicht.

»Was geht denn mit dir ab?«, frage ich irritiert, während ich einschlage.

»Die Wohlfahrt lässt sich auch nicht alles gefallen«, jubelt er in Siegerpose.

Oha, anscheinend hat die Kühn zu sehr in Saschas wundem Punkt herumgestochert. Das werde ich zukünftig auf alle Fälle unterlassen, denn ich möchte mich nicht auf ein Wortbattle mit ihm einlassen, beschließe ich und mache mich gemächlich zum Unterricht in die 5b auf, wo jetzt Kunst angesagt ist.

Schnipp-Schnapp, Schnipp-Schnapp, wie der Pinsel eines Künstlers über die Leinwand streicht, so gleitet meine Schere dahin. Meine Hand führt das Werkzeug, als hätte sie nie etwas Anderes getan. Schritt für Schritt nähere ich mich dem angestrebten Schnitt. Nichts wird mich davon abhalten, diesen Haarschnitt in Perfektion zu beenden, nichts außer…

»Frau Freiiiiiii!«

»Was ist denn, Leila?«, frage ich meine Fünftklässlerin, die mich augenblicklich aus meinem Tagtraum gerissen hat.

»Sie haben sich gerade in Ihr T-Shirt geschnitten«, weist sie mich auf mein Malheur hin.

Irritiert schaue ich zuerst meine Schülerin, dann mein Kleidungsstück an.

»Scheiße!«, entfährt es mir reflexartig.

»Das sagt man aber nicht, Frau Frei!«, belehrt sie mich sodann.

Genervt verdrehe ich die Augen, stimme ihr – ganz Lehrerin – aber zu.

»Da hast du recht. Da muss ich mich wohl für meine rüde Ausdrucksweise entschuldigen«, gestehe ich ein und füge ein leises »Schnipsstreberin!« hinzu.

Dabei belässt es Leila jedoch nicht, denn wenn Schüler eines lieben, dann ist es, ihren Lehrer zu belehren.

»Sie müssen besser aufpassen, wenn Sie mit der Schere arbeiten. Sonst kann das richtig ins Auge gehen«, klärt sie mich auf.

»Oder ins Shirt, hahaha«, ruft Alex in die Klasse und lacht sich kaputt.

Allgemeines Gelächter erfüllt nun den Raum, die Ablenkung kommt den anderen Schülern mehr als gelegen.

»Ihr habt ja alle völlig recht. Und genau das war meine Absicht. Ich wollte euch heute zeigen, was passiert, wenn man nicht konzentriert bei der Sache ist«, erkläre ich mit ernster Miene, die mich fast selbst überzeugt.

»Ächt jetzt? Und dafür opfern Sie sogar Ihr T-Shirt? Krass!«, zweifelt Sandy meine kleine Notlüge an.

»Na klar! Außerdem ist das kein großes Opfer, denn ich habe Herrn Wohlfahrt versprochen, ihm ein paar Kleidungsstücke für seine Näh-AG in der Projektwoche zur Verfügung zu stellen«, spinne ich das Lügennetz weiter. Schließlich sollen meine Schüler nicht mitbekommen, dass ihre Lehrerin in Gedanken ganz woanders war.

Um wieder für Ruhe und konzentriertes Arbeiten zu sorgen, bewege ich mich dann mit kritischem Blick durch die Bankreihen und schaue mir an, was meine Schützlinge bisher geleistet haben. In Anbetracht der herannahenden Osterferien sollen sie im Kunstunterricht eine Karte mit österlichen Motiven anfertigen. Was meine Argusaugen in diesem Augenblick erblicken müssen, hat jedoch nur weit entfernt etwas mit dem eigentlichen Thema zu tun.

»Kannst du mir sagen, was du da gerade machst, Alex?«, frage ich nach, denn sosehr ich mich auch anstrenge, ich kann sein Schnittmuster nicht identifizieren.

»'N Ei, was sonst?!«, erwidert der Junge pikiert und schaut mich vorwurfsvoll an, als ob der Fehler bei mir liegen würde.

Um das auszuschließen, bemühe ich mich erneut, Alex' Ei zu erkennen, was mir unglücklicherweise auch beim zweiten Mal nicht gelingen will. Das Einzige, was ich sehe, ist etwas, was annähernd Ähnlichkeit mit einer Birne hat.

»Vielleicht wäre es besser, wenn du noch einmal von vorne anfängst. Nicht, dass dein Motiv schlecht wäre, aber du kannst das bestimmt noch besser. Übung macht den Meister, heißt es doch so schön!«, muntere ich meinen Schüler auf, der eindeutig wenig Lust hat, wieder von vorne zu beginnen.

Diese Szene wiederholt sich noch einige Male, denn nur die wenigsten haben wirklich die Ausdauer und Feinmotorik, sich länger als fünf Minuten aufmerksam mit ein und derselben Sache zu beschäftigen. Aus diesem Grund muss ich am Ende dieser Doppelstunde Kunst einsehen, dass »vor der Stunde nach der Stunde ist« und ich die gleiche Einheit wohl oder übel in der nächsten Woche wiederholen darf.

Auf dasselbe Ergebnis stelle ich mich zum Selbstschutz auch bezüglich der Erstellung eines Lebenslaufs bei den reizenden Achtern ein, die heute kein bisschen mit ihren Reizen geizen. Als ich nämlich deren Klassenraum betrete, weist der ganz eindeutig mehr Ähnlichkeit mit einem Fotostudio auf. Auf den vorderen Bänken liegt ein riesiger Stapel Klamotten, wie bei einem Wühltisch im Schlussverkauf. In der zweiten Bankreihe reihen sich Spiegel und Schminkutensilien aneinander, die durchaus mit der Ausstattung eines Drogeriemarktes mithalten könnten. Die letzten Tische wurden wenig liebevoll zur Seite geschoben. So wie es aussieht, um Platz für das soeben stattfindende Fotoshooting zu schaffen, das von Johanna geleitet wird. Diese brüllt gerade ihrer nicht besonders dezent geschminkten Busenfreundin diverse semiprofessionelle Anweisungen zu.

»Boah Kimi, meinstu, warum das *po*sieren heißt. Du musst deinen Arsch mehr rausstrecken! Hmm, wir müssen dich auch noch mehr aufbitchen. Dein Make-up flasht noch nicht genug.«

Sofort macht sich Johanna mit entsprechendem Material an Kimberlys Gesicht zu schaffen, um kurz darauf Hassan, der die Rolle des Fotografen übernommen hat, in seinen Auftrag einzuweisen.

»Los Hassan, lass Haare wehen! Du musst Kimi von ihrer geilsten Seite ablichten.«

Das lässt mein Schüler sich nicht zweimal sagen.

»Ey du Vollsexist, nicht nur den Arsch, das Face, kapisch?!«, mault Johanna und klatscht ihrem Mitschüler gegen den Hinterkopf.

Gutes Schlagwort, um mich in dieses Geschehen einzumischen.

»Könnt ihr mir mal erklären, was ihr hier macht?«, will ich wissen.

»Is doch klar, wir bereiten uns praktisch auf unsere Bewerbung vor!«, entgegnet Johanna so selbstverständlich, als ob mir etwas entgangen wäre.

»Aha?! Versteh ich nicht«, frage ich, mir muss definitiv etwas entgangen sein.

»Na, Sie haben doch in der letzten Stunde selbst gesagt, dass wir Passfotos brauchen, weil wegen Lebenslauf und so«, erklärt mir nun Kimi, »und da wollten wir halt porno aussehen.«

»Na, das mit dem *porno* hat ja auch geklappt«, kann ich da nur sagen.

Was habe ich mir nur dabei gedacht? Wie konnte ich den Arbeitsauftrag nur so ungenau formulieren und die armen Schüler damit alleine lassen? Hätte ich mir nach jahrelanger Erfahrung doch denken können, dass der (Schnapp)-Schuss nach hinten losgeht.

»Ähem, ich glaube, ihr habt da etwas falsch verstanden. Auf einem Bewerbungsfoto sollte man eher dezent geschminkt sein.«

»Is doch dezent, wir haben extra nicht so viel Kajal draufgemacht«, entgegnet Kimberly und blinzelt mich mit ihren Waschbäraugen an.

»Abgesehen davon, ist deine Oberbekleidung wenig vorteilhaft«, fahre ich mit meiner Kritik fort, die jedoch auf keinerlei Zustimmung trifft.

»Wieso? Der pinkfarbene Push-up unter dem lilafarbenen Spagettitop sieht doch mega aus. Ist doch gut, wenn man geil aussieht«, erwidert Johanna.

»Wenn du dich als Nutte bewerben willst, bestimmt!«, wirft Jakob mit einem süffisanten Grinsen ein, der das Ganze bisher amüsiert aus den abseitigen Zuschauerreihen verfolgt hat.

»Korreckt Bruda, gib Ghettofaust! BÄM!«, stimmt ihm Hassan mit entsprechender Gestik zu.

»Ihr seid solche Allround-Laien. Von nix 'ne Ahnung!«, blökt meine Oberzicke, während ich der Meinung bin, dass Jakob mit seiner Behauptung gar nicht so falschliegt. Was ich aus Rücksicht auf meine geschmacksirritierten »Pubertiere« so allerdings nicht laut äußere.

»Jetzt chillt mal die Base, räumt lieber auf und lasst uns mit dem Lebenslauf anfangen. Das Bewerbungsfoto ist gar nicht mehr sooo wichtig in einer Bewerbung. Kann man heutzutage eigentlich auch weglassen«, versuche ich die Situation und meinen Unterricht zu retten.

Die Mädels nehmen diese Information eher enttäuscht auf, während es den Jungs im Grunde genommen »schnurz« zu sein scheint. Zehn Minuten nach meiner Ansage sieht der Klassenraum auch wieder wie einer aus, und ich kann mit dem eigentlichen Thema anfangen. Schritt für Schritt gehe ich mit den Schülern die verschiedenen Angaben, die in einen Lebenslauf gehören, durch und schreibe sie als Musterbeispiel an die Tafel, sodass die Jugendlichen eigentlich nur noch abschreiben und ihre persönlichen Daten an entsprechender Stelle eintragen müssten. Eigentlich …

»Frau Freiii, könnten Sie mal auf die Seite gehen? Ich

krieg sonst nicht alles drauf«, ruft Jakob plötzlich in die Klasse.

»Du kannst doch unmöglich schon alles abgeschrieben haben, was oben an der Tafel steht.«

»Hab ich auch nicht. Ich fotografier einfach alles ab, das ist einfacher. Ihre Schrift ist auch viel leserlicher als meine.«

Das glaub ich jetzt nicht. Wie kann man in dem Alter schon dermaßen selbstbewusst sein? Wenn ich da an meine Jugend zurückdenke – die, sollte ich es noch nicht erwähnt haben, noch gar nicht sooo lange zurückliegt –, da hätte ich nicht im Traum daran gedacht … Andererseits, eins muss man Jakob lassen, einfallsreich ist er ja. Nichtsdestotrotz kann ich seine Faulheit natürlich nicht unterstützen. Wo kämen wir denn da hin, wenn jetzt niemand mehr abschreibt und nur noch abfotografiert wird?

»Jakob, gönn dir mal 'nen Stift, und lass dein Smartphone ganz schnell und unauffällig in deiner Tasche verschwinden«, instruiere ich ihn.

»Och Mann, jetzt seien Sie nicht so ein Offliner!«, beschwert der sich.

Offliner? Verdammt, die Beleidigung kenne ich noch gar nicht. Dabei habe ich mich erst vor kurzem bei Kollegen und Schülern geupgradet, was Jugendsprache angeht. Krampfhaft überlege ich, was genau jetzt damit gemeint sein könnte und nehme einfach das Plausibelste, was mir dazu einfällt.

»Ich bin kein Spielverderber, ich will nur, dass ihr ordentlich schreiben lernt!«, verteidige ich mich.

»Ich hab nie behauptet, dass Sie ein Spielverderber sind. Offliner ist eine Person, die wenig Erfahrungen mit modernen Medien hat, ergo auch nicht so ökonomisch arbeiten kann wie wir.«

»Also bitte, das stimmt ja wohl sowas von überhaupt gar

nicht! Ich kann irre schnell simsen. Abgesehen davon, hat das jetzt nichts mit dem Abfotografieren zu tun. Du willst doch nur vom eigentlichen Thema ablenken.«

»Jetzt lenken Sie aber ab. Wir alle wissen doch, dass Sie noch ein Handy aus der Steinzeit besitzen und damit sogar noch simsen, und das nicht einmal mit T9, sondern manuell. In der Zeit, dic Sie für eine Kurznachricht brauchen, könnt ich 'nen ganzen Roman schreiben.«

Obwohl mein Schüler damit nicht ganz Unrecht hat – T9 ist aber auch kompliziert –, habe ich das Gefühl, dass wir vom eigentlichen Thema abweichen. Dass ich mich aber auch immer in Diskussionen verwickeln lassen muss. Du-weißt-schon-wer wäre das garantiert nicht passiert.

Mir schießt durch den Kopf, dass Kollegin Kühn nach einer kurzen und einseitigen Debatte mit den Angestellten eines bekannten Baumarktes mittlerweile zwanzig Prozent auf alles bekommt, auch auf Tiernahrung. Und ich lasse mich stattdessen von einem Vierzehnjährigen aus dem Konzept bringen. Damit muss jetzt ein für alle Mal Schluss sein!

»Ein Roman ist gar nicht nötig. Mir würde es reichen, wenn du in der nächsten Klassenarbeit mehr als eine halbe Seite schreiben würdest.«

»Mal sehen ... Kommt darauf an, ob ich da etwas zu sagen habe oder nicht.«

»Du gibst doch zu allem deinen Senf dazu, also kannst du das auch ruhig einmal in einem Aufsatz machen.«

»Korreckt, Frau Frei. Jakob is voll Senfautomat!«, brüllt Hassan auf einmal dazwischen und hält mir die Ghettofaust hin.

Um endlich mit dem Unterricht anzufangen, gehe ich jedoch nicht weiter darauf ein – ein kurzes Abschlagen mit Hassan muss allerdings noch drin sein. BÄM! Ghettofaust!

»So, genug geplaudert. Beschäftigen wir uns nun wieder mit den wirklich wichtigen Dingen, nämlich eurem Lebenslauf. Den müsst ihr nämlich jetzt fertig stellen«, weise ich die Klasse an und setze mich ans Pult, um mir eine kurze Auszeit zu gönnen. Unterricht ist aber auch anstrengend, besonders der Weg bis hin zum tatsächlichen Unterrichten, und auch dann ist noch mit Risiken und Nebenwirkungen zu rechnen.

Gerade, als sich mein Hinterteil den harten Gegebenheiten des »hochmodernen« Holzstuhls angepasst hat, vernehme ich zwei gackernde Hennen aus der hintersten Reihe.

»Ey JJ, muss ich bei Vorname Cheyenne-Kimberly, Cheyenne oder nur Kimberly schreiben?«, grölt Cheyenne-Kimberly, Cheyenne oder nur Kimberly.

»Bist du bescheuert? Natürlich Kimi! Ich schreib ja auch nur Jojo hin«, plärrt Johanna umgehend zurück.

»Isch schreib Bossboy Hassan hin, schließlich schmeiß isch hier den Laden!«

»STOOOOPP! Das kann ja wohl nicht euer Ernst sein. Hier geht's nicht zu wie beim Wunschkonzert. Ihr schreibt da gefälligst euren richtigen und vollständigen Vornamen hin, und keine Abkürzungen oder Spitznamen. Und Hassan, wer hier tatsächlich Babo ist, ist dir hoffentlich klar!«, brülle ich ganz Herr der Lage, um ein für alle Mal zu verdeutlichen, wessen Revier das hier ist.

Keine zwei Sekunden später wird die Tür dermaßen heftig aufgerissen, dass mich der dabei entstehende Sog beinahe hinauszieht.

»Wer zur Hölle macht hier so 'nen Lärm?«, donnert Kühns Stimme durch den Saal. Sofort gehen alle Schüler in Deckung, denn die Angst sitzt tief, von einem der nachfolgenden Blitze, die aus ihren wutentbrannten Augen schießen, getroffen zu werden.

Unglücklicherweise trifft es nur mich, denn nachdem meine Kollegin sich in Windeseile umgesehen hat, um den Schuldigen ausfindig zu machen, bleibt ihr Blick an mir hängen.

»Du? Du schreist hier so rum?!«, fragt sie mich.

»Ähem, …«, setze ich zu einer entschuldigenden Antwort an.

»Respekt! Wusste gar nicht, dass du das überhaupt kannst. Weiter so! Und denk dran, immer schön alles im Blick haben«, entgegnet die Kühn, lässt ihren mit einem Fingerzeig über die eingezogenen Schülerköpfe schweifen und zieht mit einem »Big Sister is watching you!« davon.

Tatsächlich hält die Stille danach für eine geraume Zeit an, und alle gehen konzentriert ihren Aufgaben nach. Erst nach einer Weile bemerke ich, dass sich einige Schüler unruhig auf ihren Plätzen hin- und herbewegen und sich fragende Blicke zuwerfen.

»Was ist los, Hassan? Du willst doch irgendwas loswerden?«, frage ich vorsichtshalber.

»Isch weiß nischd, was da hinkommt!«, antwortet er.

»Geht das auch etwas genauer? Bei welchem Punkt bist du denn?«

»Praktisch-äh!«, stammelt er.

»Ah ja, danke, jetzt ist natürlich klar, was du meinst.«

»Mein Buddy meint den Punkt *Praktische Erfahrungen*«, erklärt Jakob.

»Weißt du, was damit gemeint sein könnte?«, frage ich bei ihm nach.

»Denke schon. Ich könnte da zum Beispiel jetzt hinschreiben, dass ich mich in verschiedenen Computersystemen auskenne, da ich schon das ein oder andere Mal mit ihnen in Kontakt getreten bin.«

»Ah, kapisch! Schreib isch also hin, dass isch Moped vom Bruda schnella gemacht hab«, freut sich Hassan über seine Eingebung.

»Stooopp, das geht so nicht. Weder hacken noch frisieren sind Qualifikationen, die euer zukünftiger Arbeitgeber gut finden wird.«

»Ächt jetzt, Frau Frei, jetzt verwirren Sie mich aber voll. Ich muss doch als Friseuse frisieren können, oder nicht?«, mischt sich nun auch Kimberly ein, was zumindest bei den Jungs für Erheiterung sorgt.

Da ich anscheinend sowieso schon fernab jeglichen intelligenten Lebens bin, stelle ich mir vor, wie ich an einem einsamen Strand sitze und auf die wogenden Wellen des azurblauen Meeres hinausblicke. Meine Imaginationskraft scheint durch jahrelange Übung bereits so ausgeprägt zu sein, dass ich plötzlich tatsächlich ein Rauschen in meinen Ohren höre.

Verdammt, das wird doch kein Tinnitus sein?!, geht es mir durch den Kopf, und ich vernehme auf einmal auch noch ein helles Piepen.

»Frau Freiii, was soll ich denn bei ›Schulabschluss‹ hinschreiben?«, piept die Ursache meines vermeintlichen Tinnitus.

Gar nichts, wenn du so weitermachst gibt's nämlich keinen, denke ich, teile Kimberly aber das voraussichtliche Datum ihres mehr oder weniger gelungenen Abganges mit. Als alle Schüler mit ihrem Lebenslauf fertig sind, verrät mir ein Blick auf die Uhr, dass es gleich klingeln wird, und so gebe ich der Klasse noch eine Hausaufgabe mit auf den Weg.

»Macht euch übers Wochenende mal kundig, welcher Betrieb für ein Praktikum infrage käme. Einfach im Internet surfen, in der Zeitung die Stellenausschreibungen durchchecken oder direkt in der näheren Umgebung umschauen. Dann kümmern wir uns in der nächsten Stunde gemeinsam um die richtige Auswahl. Ist die Hausaufgabe klar?«

»Jap, Ghettocheck!«, fasst Hassan mein Anliegen noch einmal kurz und knapp zusammen, sodass ich beruhigt den Klassenraum meiner zukünftigen Berufseinsteiger verlassen und mich in ein wohlverdientes Wochenende entlassen kann. Thank God It's Friday!

5

»Vorhair-Nachhair«

Wie immer vergehen die zwei schulfreien Tage wie im Nu, und ehe ich mich versehe, finde ich mich im muffigen Klassenraum der 8a wieder. Die Zeit ist eben relativ, denn während an jedem Wochenende die Stunden wie Sekunden verstreichen, haben sich in der letzten Berufskundestunde die Sekunden wie Stunden gezogen. Vor allem deshalb, weil meine lieben Slow-Meier, wie so oft, von der Montagsrealität erfasst worden sind. Siebzehn antriebslose Probanden, an denen sich an diesem Morgen äußerst gut die Anziehungskraft der Erde demonstrieren lässt, sitzen, besser gesagt liegen vor mir. Teilweise müssen hier zentnerschwere Köpfe gestützt werden, damit Holz nicht ungebremst auf Holz aufschlägt. Der andere Teil hat bereits das hölzerne Haupt auf dem Pult abgelegt und vegetiert nun mehr oder weniger leise vor sich hin. Als verantwortungsvoller Lehrkörper sehe ich mich aber dazu gezwungen, dieses schwerfällige Leergut im Nu zu recyceln und in die Bildungsumwelt zurückzuführen.

»Get on my level, ihr Opfas!«, rufe ich mit unterstützendem Tafelkratzen in die verpennte Runde, was seine Wirkung natürlich nicht verfehlt.

»Ächt jetzt, Frau Frei! Muss das sein?!«, protestiert meine Oberzicke und hält sich die Ohren zu, während mir Hassan ein »Musstu so rumbossen?!« zuraunt.

»Jep, muss ich, sonst läuft hier gar nichts!«, entgegne ich, ganz knallharter Boss.

»Voll die Kinderarbeit, geht gar nicht und ist auch verboten«, mault Johanna daraufhin auch noch.

»Also, erstens seid ihr doch angeblich keine Kinder mehr, jedenfalls habt ihr mir das so mal weisgemacht. Und zweitens, von Arbeit kann ja wohl bei euch nicht die Rede sein. Oder hat überraschenderweise jemand die Hausaufgaben erledigt?«

Schlagartig kehrt wieder Ruhe ein. Gefühlte Stunden verstreichen, in denen kein Schüler ein Wort sagt, geschweige denn, sich von der Stelle bewegt. Auf einmal schnellt Hassans Hand nach oben, was mich auf eine minimale Erfolgsrate hoffen lässt.

»Was war Hausaufgabe?«, plärrt er ungefragt heraus und erstickt meine Hoffnungen noch im Keim.

»Hmpf, wer weiß es?«, gebe ich Hassans Frage an seine Mitschüler weiter.

Siebzehn auf Halbmast stehende Augenpaare – wobei teilweise sogar nur noch ein Auge leicht geöffnet ist – gaffen mich fragend an. Ich kann förmlich das Fragezeichen über den Köpfen aufleuchten sehen.

»Wer von euch Trantüten hat sich die Mühe gemacht, einen Betrieb in der Umgebung oder im Netz anzuschauen?«

Als Jakobs Arm nach oben geht, wage ich schon nicht mehr zu hoffen. Bestimmt muss er nur aufs Klo.

»Ich war auf der Internetseite einer IT-Firma in der Stadtnähe und hab mich da ein wenig umgesehen«, erklärt er zu meiner größten Freude.

»Klasse, Jakob! Und, wäre der Betrieb etwas für dich?«, hake ich nach.

»Na ja, ich wäre eher etwas für den Betrieb. Deren Sicherheitswall ist nicht gerade up to date, da ließe sich schon einiges verbessern. Momentan kann sich ja jeder Randy dort reinhacken.«

»Ähm okay, wir tun jetzt alle mal so, als ob wir das nicht verstanden hätten – ist ja im Grunde auch nix Neues für euch. Gibt es ansonsten noch jemanden, der schon eine Firma im Blick hätte?«, frage ich abermals in die verpennte Runde.

So wie es den Anschein hat, nicht, denn alle Finger bleiben unten, genau wie meine Stimmung mittlerweile.

»Na gut, dann machen wir das eben jetzt zusammen und fangen mit einem Brainstorming an. Also, was erwartet ihr euch von eurer zukünftigen Arbeitsstätte?«

Anders als erwartet, trifft mich statt der gewohnten Stille nun aus allen erdenklichen Richtungen ein Wortschwall.

»Melden Leute, dann abwarten und nicht reinrufen!«, erinnere ich meine blökende Herde an die Hackordnung. Den Schnipsstreber zu meiner linken ignorierend, nehme ich zuerst Kimberly an die Reihe.

»Coole Kolleginnen, mit denen ich mich gut verstehe«, meint sie, was ich an der Tafel unter *gutes Arbeitsklima* verbuche.

»Warum Sista, *wir* verstehn uns doch! Was brauchst du noch andere Tussis?«, zickt Johanna ihre Freundin an und fuchtelt mit ihren künstlichen Fingernägeln vor Kimberlys Gesicht herum, sodass diese ihr notgedrungen zustimmt.

»Isch will Dollars«, schreit Hassan und hebt unterstreichend den goldenen Dollaranhänger seiner fetten Goldkette in die Höhe.

»Ja, Hassan, ein guter Verdienst ist auf jeden Fall wichtig«, bestätige ich und schreibe *regelmäßig guter Lohn* auf.

»Nix guter Lohn, bombastisch viel Kohle. Als Profifußballer werd isch voll reisch! So Trilliardär.«

»Boah ey, du weißt, ich bin dein Fan, aber komm auf den Teppich! Du bist zwar ein Babo, aber das mit dem Profifußballer kannstu knicken. Das wird nix mehr – isso, weisstu auch«, nimmt mir Jakob das Wort aus dem Mund.

Hassan hingegen lehnt sich eingeschnappt auf seinem Stuhl zurück und grummelt unverständliche Worte vor sich hin. Erfahrungsgemäß muss ich mir aber keine Sorgen um ihn machen, denn er hat selten schlechte Laune und wenn doch, dann nicht lange.

»Was ist dir denn wichtig bei der Auswahl eines Unternehmens?«, frage ich Johanna, die sich bisher noch nicht konstruktiv am Brainstorming beteiligt hat.

»Ist mir alles schnurz, ich werd Superstar!«, schnauzt sie.

»Fack, will isch gucke, Superstar im Obelix-Style«, plärrt Hassan schon wieder dazwischen und lacht sich beim Blick auf Johannas knallenge Leggins kaputt. Anscheinend fühlt er sich nun seinerseits dazu verpflichtet, seine Mitschülerin ebenfalls auf den harten Boden der Tatsachen zurückzuholen.

»Du bist so ein Vollspast, Hassan! Jojo hat voll Potenzen für Superstar zu werden«, verteidigt Kimberly ihre Freundin direkt.

»Potenzial heißt das«, verbessere ich schnell.

»Vor allem viel Po und 'ne Muffinhüfte«, stimmt Jakob Hassan zu, was er besser nicht hätte tun sollen, denn blitzartig springt Johanna von ihrem Stuhl auf und stürzt sich auf ihr verdutztes Opfer.

»Ey, spinnst du, lass deine Pornoschippen aus meinem Gesicht!«, schnauzt Jakob seine wildgewordene Mitschülerin an, während er versucht, ihren künstlichen Fingernägeln auszuweichen.

»Bitchfight!«, brüllt Hassan, dem ich deutlich zu verstehen gebe, dass das nicht seiner Rolle als verantwortungsbewusstem Klassensprecher entspricht und er die beiden Streithähne gefälligst voneinander trennen soll.

»Mensch JJ, chill ma! War nich bös gemeint. Hastu voll *Po*rno-Figur!«, versichert ihr Hassan daraufhin.

»Das sagst du jetzt nur, damit ich deinem Buddy nicht die Augen auskratze.«

»Nä, ächt jetzt. Mag isch lieber Kurven als wie Bulemiker«, stellt mein Schüler klar und scheint Johanna fürs Erste damit beruhigen zu können. Die lässt umgehend von Jakob ab und begibt sich hoch erhobenen Hauptes mit pornösem Hüftschwung zu ihrem Platz zurück. Das wiederum gibt mir jetzt die Chance, mit meinem Unterricht fortzufahren und weitere Kriterien, die bei der Auswahl der passenden Arbeitsstelle helfen sollen, zu sammeln. Nachdem die Schüler das Brainstorming unter anderem mit ihren realistischen Wünschen wie *Viel Freizeit und Urlaub* und *Aufstiegschancen zum Bossboy* ergänzt haben, begebe ich mich zwecks gemeinsamer Firmenrecherche mit der ganzen Klasse in den Computerraum.

»Same procedure as last time. Die Internetseite des Berufsinformationsinstituts aufrufen und in die Jobbörse abtauchen. Dort gebt ihr euren Wunschberuf und eure Postleitzahl ein, und wenn ihr Glück habt, kommen entsprechende Praktikumsangebote heraus«, erkläre ich meinen Schülern.

»Und wenn nicht?«, jammert Johanna.

»Dann gibt es noch die Möglichkeit, direkt auf Firmenwebsites zu gehen, sich zu informieren und nach Angeboten für Praktika Ausschau zu halten. Sollte etwas für euch dabei sein, notiert ihr euch Adresse und Telefonnummer«, ergänze ich und lasse die Meute selbstständig recherchieren. Da mir die Erfahrung als Pädagogin jedoch bewiesen hat, dass Vertrauen zwar gut, Kontrolle aber besser ist, überprüfe ich am Lehrercomputer die Bildschirmaktivitäten meiner betriebsamen Berufsstarter.

»Hassan, im Gesichtsbuch wirst du nicht fündig werden!«, betone ich.

»Isch schwör, bin isch nich Faizbuck!«, beteuert er.

»Hassaaan, Big Sister is watching you!«, gebe ich ihm mit entsprechender Geste zu verstehen und stelle befriedigt fest, dass er mich dieses Mal versteht. Auf meinem Monitor sehe ich, dass er sich kurz darauf die Seite einer Autowerkstatt in der Schulnähe anschaut. Na bitte, geht doch!

Die restliche Zeit der Stunde verfolge ich beruhigt, wie auch die Anderen meinem Rechercheauftrag nachgehen und sich infrage kommende Firmen notieren. Erst kurz bevor die Schulklingel dem ein Ende bereiten wird, mische ich mich wieder ins Unterrichtsgeschehen ein.

»Es wird jeden Moment klingeln. Bis zur nächsten Stunde hat sich jeder eine Auswahl an Betrieben angesehen beziehungsweise aufgeschrieben. Wer ohne Hausaufgaben kommt, darf bis zur Happy Hour bleiben.«

»Direkt nachsitzen is voll streng, Frau Frei!«, beschwert sich Hassan augenblicklich.

»Korreckt, normal sind Sie doch gar nicht so streng als wie Frau Kühn«, stimmen auch meine siamesischen Zwillinge in die Kritik mit ein.

»Imagewechsel! Würde dem ein oder anderen von euch auch nicht schaden.«

»Genau, wie zum Beispiel vom Tellerwäscher zum Superstar«, interpretiert Johanna meine Ansage falsch.

»Wohl besser vom Faul- zum Arbeitstier«, stelle ich richtig, bevor ich mich auf den Weg ins Lehrerzimmer mache, wo mich ein Imagewechsel der ganz anderen Art erwartet.

»Kann ich Ihnen helfen?«, frage ich die fremde Frau, die sich anscheinend in der Tür geirrt hat. Mit dem sonnenbankgebräunten Gesicht und den wasserstoffblonden Haaren könnte es sich um Kimberlys Mutter handeln, die ich bisher allerdings noch nicht kennenlernen durfte. An den Elternabenden glänzte sie vor allem durch Abwesenheit.

»Willst du mich verarschen oder was?«, schnauzt mich die Unbekannte mit einer mir sehr bekannten Stimme an.

»Frau Kühn? Ach du Sch…, was ist denn mit dir passiert?«, will ich beim Anblick meiner bizarr zurechtgemachten Kollegin wissen.

»›Natürlich blond‹ – Das ist mir passiert«, sagt die komplett veränderte Kühn und streicht sich eine platinblonde Strähne aus ihrem getoasteten Gesicht. »Nie wieder höre ich auf den Rat einer Friseurin!«

»Lass mich raten, die hieß nicht zufällig Cindy?«, mutmaße ich.

»Hä, woher weißt du das?«

»Sagen wir mal so, ich habe meine eigenen Erfahrungen mit ihr machen dürfen«, erkläre ich ihr und versuche noch ein paar aufmunternde Worte hinterherzuschieben, »aber so schlimm ist es bei dir doch gar nicht.«

»Erzähl's der Wohlfahrt … Noch bin ich nicht blind. Ich krieg höchstens Augenkrebs, wenn ich mein Spiegelbild nochmal ansehen muss.«

»Hmm, ich könnte dir vielleicht helfen«, biete ich ihr an.

»Du? Wie willst du mir denn helfen, *Master of Haarakiri*?«, grölt die Kühn.

»Jaja, sehr witzig. Das war nicht ich, sondern das schlechte Arbeitsmaterial, das mir zur Verfügung stand. Schneid du mal mit einem gebogenen Nagelscherchen eine gerade Linie. Aber lassen wir das, ich habe nicht mich selbst gemeint, sondern Philipp vom Salon ›EngelsHaar‹. Der kann wahre Wunder bewirken.«

Ein Blick auf meine stylische Kurzhaarfrisur und mein Mona-Lisa-Lächeln genügt, und die Kollegin notiert sich Namen und Adresse meines Meisterfriseurs. Jeden Tag eine gute Tat, demnach habe ich meine für heute erledigt und kann beruhigt nach Hause gehen.

Um mir selbst auch noch etwas Gutes zu gönnen, mache ich einen kurzen Shoppingstopp in der Stadt. Doch gerade, als ich mir genüsslich einen Latte macchiato caramel XXL einverleiben will, laufen mir zwei altbekannte Gestalten über den Weg.

»Wie seht ihr denn aus, aber vor allem, was macht ihr schon hier?«, frage ich die beiden offensichtlichen Schulschwänzerinnen. Johanna und Kimberly sehen unter normalen Umständen ja bereits so aus, als hätten sie etwas zu tief in den Farbtopf gegriffen. Ich wusste allerdings bisher nicht, dass das noch zu steigern geht. Ob sie wohl im gleichen Salon waren wie Kollegin Kühn?

»Boah Frau Frei, jetzt therapieren Sie uns nicht schon wieder. Sie haben doch selbst gesagt, dass wir uns nach einem Praktikumsplatz umsehen sollen. Und das haben wir jetzt gemacht«, giftet Johanna mich an.

»Aber doch nicht während der Schulzeit. Das war Hausaufgabe!«, protestiere ich.

»Hatten eh nur noch zwei Stunden bei der Wohlfahrt. Der fällt das nicht auf, wenn die selbst am Malen ist«, erklärt mir Kimberly.

»Aber mir!«

»Jetzt seien Sie doch nicht so, Frau Frei. Schließlich haben wir sogar gleich mehrere Läden gecheckt, bevor jemand randurfte«, versucht sie mich zu beschwichtigen.

»Wieso ran? Und vor allem wo-ran?«, will ich's jetzt genau wissen und ahne Schlimmes bei Johannas aufreizender Aufmachung. Sie wird sich doch nicht in einem zwielichtigen Etablissement vorgestellt haben.

»An die Matte und ans Make-up, was denken Sie denn?«, stöhnt Johanna, während ich erleichtert aufatme.

»Na, genau das! In welchem Salon wart ihr denn?«

»Zuerst im ›Haar zwei Ohhh‹, da war's Kimi aber zu schickimicki, und dann war'n wir im ›Cut and go‹. Dort war's richtig porno, oder Kimi? Voll die geile Atmo, weil wegen der lauten Musik und so, gell Kimi?!«

Diese nickt nur stumm und sieht dann niedergeschlagen zu Boden. Irgendwas stimmt doch da nicht, sagt mir mein pädagogischer Instinkt.

»Stimmt was nicht mit dir, Kimberly? Du wirkst so traurig«, frage ich deshalb.

»Ach, die stellt sich nur so an, weil sie niemand wollte. Weder der Schickimicki-Laden noch die geilen Friseusen im letzten Salon«, mischt sich Johanna ungefragt und vor allem unsensibel ein. »Mich hätten sie ja gleich da behalten. Aber für mich ist das nix. Ich mach niemand die Haare, die Anderen machen höchstens meine.«

»Johanna, erzähl's deinem Therapeuten, oder schreib ein Buch. Hier geht's jetzt ausnahmsweise nicht um dich. Lass mal Haare wehen, ich will mit Kimberly alleine reden!«, fahre ich sie an.

Mein eingeschlagener Befehlston bringt die Oberzicke so aus dem Konzept, dass sie tatsächlich das tut, was ich will. Sie zieht eingeschnappt davon und lässt uns allein.

»Also Kimi, was ist los?«

»Die woll'n mich alle nicht!«, bricht es aus meiner verzweifelten Schülerin heraus, und Tränen kullern über ihre Wangen.

»Jetzt schmier dir mal nicht gleich den Satan aufs Brot. Du darfst das nicht persönlich nehmen, bestimmt haben die Salons nur keinen Praktikumsplatz frei.«

»Nicht persönlich? Die haben gesagt, ich passe nicht ins Team!«, schluchzt sie.

»Spinnen die! Wieso denn das?«

»Weiß nicht genau …«

»Na, die müssen das doch begründet haben. Was haben sie denn gemeint, warum du nicht zu ihnen passen würdest?«, bleibe ich hartnäckig auf Ursachenfindung.

»Ich sei zu schüchtern, haben die gesagt. Dabei wollte ich mich ja richtig vorstellen, aber …«, stockt Kimberly in ihrer Erklärung.

»Lass mich raten, Johanna hat dich erst gar nicht zu Wort kommen lassen?!«

Betreten schaut meine Schülerin zu Boden, weil sie ihrer Freundin nicht in den Rücken fallen will. Es ist aber auch gar nicht nötig, dass sie meinen Verdacht bestätigt, denn ich bin mir sicher, dass es sich genau so abgespielt hat.

»Sei nicht traurig, Kimi. Du kannst ja noch gar nicht wissen, wie man sich richtig vorstellt. Das korrekte Verhalten im Bewerbungsgespräch üben wir ja erst in der kommenden Stunde. Trotzdem würde ich dir raten, dass du dich bei den offiziellen Vorstellungsgesprächen ohne Johanna auf den Weg machst«, rate ich ihr, was sie nur mit einem stummen Nicken zur Kenntnis nimmt.

Krampfhaft überlege ich, wie ich sie noch aufmuntern könnte, bis mir die Schuppen plötzlich vor die Augen rieseln. *Das passt wie die Faust auf's Auge. Gleiche Aufmachung, gleiche Ausdrucksweise und vom Alter her auch nicht weit auseinander*, denke ich mir und teile meinem Schützling begeistert meinen Topeinfall mit. »Hach, mir fällt gerade ein, dass ich da noch ein Friseurteam kenne, bei dem du bestimmt gute Chancen hättest. ›Natürlich blond‹ heißt der Salon. Ich habe so ein Gefühl, dass du dort sehr gut hinpasst.«

Kimberly sagt daraufhin zwar immer noch nichts, doch ihr Nicken ist eindeutig enthusiastischer als zuvor. Das bestätigt mir, dass sie den Tipp ihrer fürsorglichen Lehrerin verinnerlicht hat, sodass mein pädagogischer Auftrag für diesen Tag erfüllt ist.

Genüsslich lasse ich mir am Morgen die ersten wärmenden Sonnenstrahlen auf meinen braunen, flachen und durchtrainierten Bauch scheinen und genieße diese unglaubliche Ruhe und Abgeschiedenheit. So eine Auszeit auf einer einsamen karibischen Insel ist genau das Richtige für mein sonniges Gemüt. Das Einzige, was mich plötzlich irritiert, ist dieses penetrante Klingeln, das direkt aus dem stahlblauen Himmel über mir zu kommen scheint.

»Meike, Meiiiiike, das Teeeleefoon!«, brüllt mir Julian ins Ohr und reißt mich unsanft aus meinem morgendlichen Traum.

»Hä, wie, aber, äh, …«, stottere ich vor mich hin.

»Meike, das Telefon klingelt immer noch!«, wirft mir mein Liebster erneut anklagend vor.

»Dann geh doch selbst ran!«, maule ich schlaftrunken zurück und versuche mich zumindest gedanklich in die Karibik zurückzubeamen.

»Warum sollte ich? Ist doch sowieso für dich. Um diese frühe Uhrzeit klingelt mich niemand aus dem Bett«, grummelt er und dreht sich griesgrämig von mir weg.

Ich überlege, ob es sich jetzt noch rentiert, zum Telefon zu rennen, da hat das Klingeln auch schon aufgehört.

Dann eben nicht. Kann ja nicht so dringend gewesen sein, denke ich und will mich wieder tief unter die warme Bettdecke kuscheln, als mein Handy losschrillt.

»Verdammt! Nicht schon wieder! Heute ist mein Ausschlaftag«, fluche ich, denn ich weiß ganz genau, wer mich belästigen will.

»Frei«, brumme ich in bester, morgendlicher Laune in den Hörer.

»Hallo Frau Frei, hier ist…«

»…mein freundlicher Direktor, Herr Lehmann, um mir mitzuteilen, dass der Unterricht heute ausfällt!«, unterbreche ich meinen Gesprächspartner.

»Nicht ganz! Sie müssten die ersten beiden Stunden Vertretung für Herrn Müller machen, der hat sich vor zwei Minuten krankgemeldet«, bekomme ich, wie erwartet, zu hören.

»Och menno, nicht schon wieder. Kann das nicht mal ein anderer Kollege übernehmen? Ich musste in den letzten Wochen andauernd einspringen«, beschwere ich mich zu Recht.

»Tut mir leid, aber Sie sind die Einzige, die in den ersten beiden Stunden frei hat. Doch keine Bange, Sie haben nur die Fünfer und können mit Ihnen machen, was Sie wollen. Hauptsache, die Kinder sind beaufsichtigt. Ich verlange ja nicht von Ihnen, Herrn Müllers Matheunterricht zu übernehmen«, versucht Herr Lehmann zu beschwichtigen.

Das wäre ja auch noch schöner, denke ich, denn, wenn ich eines nicht mag und auch nicht besonders unterrichten kann, dann ist es Mathe.

»Hab ich etwa eine Wahl?«, grunze ich.

»Nicht die geringste!«, entgegnet mir mein unerbittlicher Direktor und verabschiedet sich schnell, bevor ich aus meiner plötzlichen Schockstarre erwache.

»Och manno, das ist so ungerecht! Wo ist die einsame Insel, wenn man sie braucht?«, frage ich mich. Lustlosen Schrittes schleppe ich mich ins Bad, um wenigstens eine Katzenwäsche hinzubekommen. So wie bei den letzten Malen werde ich mich nicht wieder abhetzen. Als ich zurück ins Schlafzimmer komme, liegt Julian rücklings auf dem Bett, alle viere von sich gestreckt und schnarcht tief und fest vor sich hin. Neid und Missgunst ergreifen Besitz von mir. Während ich mich anziehe, fällt mir Gott sei Dank ein, dass Herrn Müllers Fünferklasse auch meine Kunstklasse ist, mit denen ich noch die »exklusiven« Osterkarten fertig basteln muss. In Windeseile suche ich daraufhin sämtliche Bastelbücher zusammen, die sich in meinem Besitz befinden – die Ausbeute ist mehr als dürftig – und mache mich auf den Weg zur Schule. Dort angekommen, höre ich schon beim Betreten des Schulgebäudes die für ihr Alter gut entwickelten Sprachorgane meiner Fünftklässler. Diese rennen orientierungslos durch die Gänge, zum Teil auf der Suche nach einer Führungsperson, zum Teil auf der Flucht vor genau dieser.

»Frau Freiiiii! Der Herr Müller ist noch nicht dahaaa! Und jetzt schreien die Jungs in der Klasse so rum. Das ist voll laut«, beschwert sich ein Mädchen, dessen Name mir gerade nicht einfallen will.

»Ja, und der Alex macht nur Blödsinn und hört nicht auf, obwohl ich ihm als Klassensprecher nahegelegt habe, sein rüdes Verhalten zu unterlassen«, schimpft der pflichtbewusste Leon.

Petze, denke ich als Mensch und sage als Lehrerin, »dann muss ich wohl oder übel mitkommen und es dem rüden Alex selbst sagen.«

Stoisch sammele ich zuerst die verirrten, lärmenden

Schäfchen auf dem Flur ein und begebe mich dann in freudiger Erwartung der bevorstehenden Kreativphase ins Klassenzimmer der Fünfer.

»Ey, Sie sind falsch. Wir haben jetzt den Müller«, blökt mir Alex entgegen.

Eins, zwei, drei…, stelle ich mich mental auf mein Gegenüber ein. »Herr Müller ist heute leider krank, und ich übernehme…«

»Jaaa, saugeil, Mathe fällt aus!«

»Krass, Alter, gut, dann hab ich ja nicht umsonst nichts für meine Nacharbeit gelernt!«

»Uff, Schwein gehabt, hab nämlich Hausaufgaben vergessen!«

Für einen kurzen Moment bin ich mir meiner physischen Anwesenheit nicht mehr sicher, denn die Schüler plaudern so ungeniert ihre Missetaten vor mir aus, als wäre ich gar nicht da.

Hallohooo, ich bin auch ein Lehrer. Ich kann auch Hausaufgaben kontrollieren und Arbeiten schreiben lassen. Außerdem ist Herr Müller mein Kollege, denke ich. Da ich aber schließlich keine Petze bin, lasse ich ihnen kurz Zeit, ihrer Freude über den erkrankten Mathelehrer Ausdruck zu verleihen. Nachdem die Jubelstürme verklungen sind, kündige ich mein weiteres Vorgehen an, was keineswegs einen weiteren Freudentaumel bewirkt, sondern Reaktionen wie:

»Och nee, nich schon wieder basteln!«

»Boah Mann, wie laaangweilig is das denn!«

»Basteln is nur was für kleine Kinder!«

»Können wir nicht doch Mathe machen?«

Ich bin immer wieder entzückt, wie entzückend die lieben Kleinen auf jede Art von Vorschlägen reagieren und freue mich stets aufs Neue ihre Begeisterung teilen zu dürfen.

»Liebe Schüler, wir haben vor einigen Stunden mit der Gestaltung einer Osterkarte angefangen. Vielen von euch ist das nicht leichtgefallen, aber wie ihr ja wisst, aller Anfang ist schwer. Unglücklicherweise konnten wir nicht weiter daran arbeiten, weil unsere Kunststunden wegen eines Feiertags ausgefallen sind. Dafür haben wir aber die nächsten beiden Stunden Zeit, die Karte fertig zu basteln.«

»Die hab ich nicht mehr«, ruft Sandy dazwischen.

»Ich auch nicht«, ertönen weitere Stimmen.

»Was habt ihr denn damit gemacht?«, frage ich.

»Da hat meine Mum die Entschuldigung für Sport draufgeschrieben.«

»Ich hab 'nen Flieger gebaut. Is aber nicht geflogen, das Scheißding.«

»Zerknüllt und Leila gegen den Kopf geworfen.«

Generell scheint es den Jugendlichen ja nicht an Kreativität zu mangeln. Wenn sich das Potenzial dieser Rohdiamanten nur in die richtige Richtung lenken ließe.

»Dann fangen wir halt wieder von vorne an«, seufze ich.

Um weiteren Misserfolgen aus dem Weg zu gehen, wähle ich das einfachste Motiv überhaupt: ein Osterei. Aber auch hier tun sich ungeahnte Schwierigkeiten auf. Meine Augen können nicht fassen, was sie nun mitansehen müssen. Einige Schüler haben sich ihren Zirkel geschnappt und zeichnen damit Kreise auf ihr DIN-A4-Blatt. Ich bin heilfroh, dass wenigstens ihr Geodreieck noch im Ranzen steckt.

»Alex, Herr Müller wäre bestimmt stolz einen derart sauber gezogenen Kreis von dir zu sehen, aber mit einem Osterei hat das reichlich wenig zu tun.«

»Wieso? Unsere Hühner legen solche Eier!«, interveniert der Junge.

»Und eckige wohl auch!«, füge ich spaßeshalber hinzu.

Am Ende des heutigen Kunstunterrichts bin ich schon froh, dass überhaupt etwas auf dem Zeichenpapier zu erkennen ist, ob oval, rund oder eckig. Mit freudiger Erwartung blicke ich auf die farbliche Ausgestaltung des Motivs.

Noch freudiger blicke ich allerdings auf die bevorstehende große Pause, denn heute muss ich keine Aufsicht leisten. Während ich also im Lehrerzimmer genüsslich dem Koffein fröne und meinen Geduldsakku für die kommenden Stunden wieder auflade, schweifen meine Gedanken zurück zu meiner einsamen Insel. Ich bin urlaubsreif. Gott sei Dank sind die Osterferien nicht mehr allzu weit entfernt. Außerdem habe ich noch das Glück, dass meine Problemklasse demnächst drei Wochen im Praktikum ist, insofern alle einen Praktikumsplatz bekommen. Und genau dafür werde ich nun im Berufskundeunterricht sorgen.

»Miiinus Hassan, auf keinen Fall! Du kannst in deine Bewerbung nicht reinschreiben, dass du den Betrieb ausgewählt hast, weil die Sekretärin geile Hupen hat!«, erkläre ich nun schon zum zweiten Mal und denke *Auszeit, Auszeit, Auszeit…*

»Warum nich? Guckstu Frau Frei, weiß Firma gleich, isch bin voll ehrlich. Sollstu doch Stärken hinschreibe«, rechtfertigt sich mein Schüler und erhält zustimmendes Kopfnicken von seinen Klassenkameraden.

»Also, generell währt Ehrlichkeit zwar am längsten, aber manchmal wird sie auch überbewertet. In diesem Fall ist es eindeutig besser, du behältst den eigentlichen Grund für dich. Schreib lieber hin, dass der Betrieb in der Branche einen guten Ruf genießt und du dich aus diesem Grund bei denen bewerben möchtest«, erkläre ich ihm.

»Aber Frau Frei, das wäre dann doch gelogen«, meint Kimberly.

»Nicht direkt, in der Liebe und in Bewerbungen gibt man der Wahrheit gerne etwas Spielraum. Das ist einfach üblich so.«

»Haben Sie das etwa auch gemacht?«

»Was für eine Frage?! Natürlich!«, bestätige ich und denke an die erste Begegnung mit Direktor Lehmann zurück, bei der ich ihm versichert habe, dass es nichts Schöneres für mich gibt, als mein Leben der Bildung zu widmen und Schülern etwas beizubringen. Bevor ich mit dem Unterrichten angefangen habe, mag das auch tatsächlich noch gestimmt haben. Im Moment allerdings wüsste ich schon einige Dinge, die ich lieber tun würde, wie zum Beispiel auf einer einsamen Insel zu sitzen und die Ruhe zu genießen.

»Wo ist Jakob eigentlich schon wieder?«, versuche ich von mir abzulenken.

»Homesick oda so«, antwortet Hassan.

»Wieso Heimweh? Wo treibt der sich denn rum?«

»Boah, Frau Frei, lernen Sie endlich Deutsch! Homesick heißt, dass der krank zu Hause ist!«, erklärt mir Johanna genervt.

Das mit Jakobs angeblicher *Homesickness* lasse ich dann unkommentiert im Raum stehen, denn heute stehe ich mit der Klasse vor einer großen Herausforderung: dem Bewerbungsgespräch. Dementsprechend muss ich Johanna und ihre Mitschüler wohl oder übel wieder einmal darüber in Kenntnis setzen, dass wir nicht die gleiche Sprache sprechen und Schülerdeutsch nicht gleich Standarddeutsch ist. Und das Letzteres aber im Vorstellungsgespräch vorausgesetzt wird.

Bevor ich die Jugendlichen in Zweiergruppen arbeiten

lasse, gehe ich mit ihnen Punkt für Punkt durch, auf was sie im Bewerbungsgespräch achten müssen.

»Denkt auch daran, dass ihr nicht die ganze Zeit herumzappelt. Immer schön ruhig den Blickkontakt zu eurem Gesprächspartner halten, zuerst überlegen und dann erst quatschen. Nur die Besten kommen in den Garten beziehungsweise ins Praktikum. Deshalb müsst ihr euch in dieser Zeit auch von eurer besten Seite zeigen.«

»Kein Problem«, sagt Johanna und rückt ihren spitzenbesetzten Push-up zurecht.

»Deine beiden Freunde habe ich damit nicht gemeint. Du darfst dich nicht immer nur auf Äußerlichen beschränken. Hier zählt Brain statt Brust!«

»Boah Frau Frei, weiß ich doch. Kann doch aber nix dafür, dass ich so geil aussehe.«

»Lassen wir das. Ich schreibe jetzt einige typische Fragen, die in einem Vorstellungsgespräch gestellt werden, an die Tafel. Die schreibt ihr in euer Heft ab und überlegt euch passende Antworten darauf. Danach übt jeder das Ganze mündlich mit einem Partner. Noch Fragen? Nicht? Na, dann könnt ihr ja loslegen.«

Und wie die lieben Achtklässler loslegen, als es zur eigentlichen Partnerarbeit geht. Nachdem ich mich bei einigen Gesprächen konstruktiv eingemischt habe, wird mir die Beschallung mit über einhundert Dezibel doch zu viel, sodass ich mir nicht anders zu helfen weiß, als kurzzeitig den Klassenraum zu verlassen und die Hilfe der Wohlfahrt zu suchen. Und wie ich's mir gedacht habe, hat Sascha genau die richtige Lösung für mein Problem. So verbringe ich den Rest der Stunde mit zugestöpselten Ohrmuscheln an meinem Pult. Erst als die ersten meiner Schüler aufspringen und den Saal verlassen wollen, merke ich, dass es bereits geklingelt hat.

»Also, denkt daran. Es ist wichtig, dass ihr im Gespräch zuerst überlegt und dann sprecht, und zwar in ganzen Sätzen und in bestem Hochdeutsch. Und nehmt immer alle Unterlagen mit: Anschreiben mit Bewerbung und Lebenslauf. Wenn ihr das beachtet, kann eigentlich nichts mehr schiefgehen«, gebe ich meinen Schützlingen mit auf den Weg in ihre ersten Bewerbungsgespräche und wünsche mir insgeheim, auch noch einmal von vorne anfangen zu dürfen.

Tatsächlich musste ich in den vergangenen Tagen immer wieder daran denken, wie mein Leben als Friseurin aussehen würde. Auf einmal sehe ich mich vor meinem inneren Auge wieder als Starcoiffeurin Uta Walz, die von Haaren gefürchtet, ihren Angestellten gemocht und ihren Kunden geliebt wird.

Vielleicht irrt sich Chuck tatsächlich nie?!, frage ich mich und beschließe dem ernsthaft auf den Grund zu gehen.

Nachdem ich mir auf der Heimfahrt einen wirklich guten Plan überlegt habe, stürze ich mich, zu Hause angekommen, direkt aufs Telefon und wähle die Nummer der Person, bei der ich mein Vorhaben in die Tat umsetzen möchte.

»Ahhhh, ich glaube, du tickst nicht richtig. Verdammt nochmal, du kannst doch nicht…«, lässt die gereizte Sopranstimme meiner Freundin mein sensibles Innenohr vibrieren.

»Hallo? Soll ich besser später wieder anrufen?«, schlage ich vor, weil ich vermeiden will, dass mir gleich mein Trommelfell platzt.

»Nö, wieso?«

»Ach, dachte nur, dass du dich ein wenig gestresst anhörst.«

»GESTRESST? Ich bin doch nicht gestresst?«, plärrt Nele pikiert.

»Ooookayyy! Aber nehmen wir einmal an, du wärst ein klein wenig abgespannt und deine beste Freundin würde dir das Angebot einer kostenlosen Stylingaktion unterbreiten. Was würdest du davon halten?«, schlage ich vor.

»Stylingaktion? Was willst du damit andeuten? Findest du etwa, dass ich das nötig hätte?«, faucht Nele in den Hörer.

»Ähm, nein, also, ich wollte doch nur…«, setze ich zu einer Erklärung an, werde jedoch jäh unterbrochen.

»Sag ruhig, dass meine fettigen Haare so aussehen, als hätte ich sie mehrfach durch die Fritteuse gezogen. Denn das tun sie tatsächlich! Ich traue mich ja schon gar nicht mehr ohne Kopfbedeckung aus dem Haus. Aber was soll ich machen, ich habe einfach keine Zeit, um zum Friseur zu gehen.«

»Und genau da komme ich ins Spiel. Ich biete dir nämlich exklusiv meine Dienstleistung als mobile Amateurfriseurin an«, teile ich ihr mit.

»Du willst was?«, fragt Nele ungläubig.

»Dich vom Fett befreien und dir stattdessen Fülle ins Haar zaubern.«

»Aha, und wie kommst du darauf, dass dir das gelingen könnte?«, fragt sie skeptisch.

»Chuck Norris hat's mir prophezeit!«, erkläre ich selbstbewusst.

»Hä, muss ich jetzt nicht verstehen. Aber egal, ich nehme jede Hilfe an, Hauptsache ich werde diesen welken Kopfsalat los«, gibt sie sich geschlagen. *Japadapadu, mein erstes Opfer, ähm, meine erste Kundin,* freue ich mich innerlich und verspüre bereits ein Kribbeln in meinen Fingern.

Nachdem wir uns für den frühen Abend verabredet haben, schwinge ich mich übermotiviert vor den Computer, denn ich muss dringend in Erfahrung bringen, wie ich in

Neles schlaffe Mähne Fülle zaubern kann. Nach nur zwei Stunden Intensivstudium sämtlicher Tutorials zu diesem Thema fühle ich mich dazu bereit, in die Schlacht gegen das kraftlose Haar meiner Freundin zu ziehen und begebe mich zwecks Beschaffung entsprechender Kampfausrüstung in den nächsten Drogeriemarkt. Schwer bepackt – den Laden habe ich um etliche Haarprodukte erleichtert –, komme ich zum verabredeten Zeitpunkt bei Nele an.

»Was hast du denn vor? Sieht aus, als wolltest du hier einziehen«, fragt sie mich beim Öffnen der Tür und blickt mich entgeistert an.

»War das ein Angebot? Wenn du immer für mich kochst, bleibe ich bis an mein Lebensende.«

»War das 'ne Drohung? Gib mir mal eine deiner Taschen, bevor deine Arme auf dem Boden hängen, und lass uns ins Gästebad gehen. Das große Badezimmer haben die beiden Jungs eben verwüstet, die ich danach in die Wüste geschickt habe, sodass wir jetzt ungestört sind.«

Schnell reiche ich Nele eine Tüte, denn mittlerweile darf ich am eigenen Leib erfahren, dass auch Shampoos, Spülungen und Spraydosen ihr Gewicht haben. Im kleinen Badezimmer angekommen, packe ich die ganzen Utensilien aus und werfe mich enthusiastisch in meine Arbeitskluft. Tatsächlich hat mein improvisierter Friseursalon einen gewissen professionellen Charme, den auch meine Freundin nicht so ganz verleugnen kann.

»Scheint, dass du die ganze Stylingaktion ernster nimmst, als ich angenommen habe.«

»Jep, und deswegen legen wir jetzt sofort los!«

Da Nele logischerweise kein Waschbecken im friseurtechnischen Sinne besitzt, bleibt uns nur die kleine Eckdusche zum Waschen ihrer langen Zotteln. Als sie sich hinkniet und ihren Kopf vornüberbeugt, bemerke ich eine gewisse Unsicherheit bei ihr.

»Keine Bange, du gehst hier nicht zum Schafott. Ich mach dir schon nicht den Kopf ab, ich wasch ihn nur«, informiere ich sie.

»Genau davor habe ich ja Angst. Was ist, wenn du mir den Kopf verbrühst?«

»Also bitte, etwas Vertrauen in meine handwerklichen Fähigkeiten solltest du schon haben.«

»Ich habe mehr Angst vor deinen Fingerfertigkeiten.«

»Genug geredet, Mund zu und Wasser marsch«, sage ich und lege los.

»Ahhhh! Pass doch auf!«, schreit Nele, als der herausströmende Wasserstrahl auf ihre Kopfhaut trifft.

»Oh Gott, habe ich dich verbrannt?«, frage ich geschockt.

»Ganz im Gegenteil, mir friert gerade das Hirn ein. Nur ein kleiner Tipp für die Zukunft: Es wäre sinnvoll, wenn du die Temperatur des Wassers zuerst einmal an dir selbst testet, bevor du deine Kundin quälst.«

»Ups, sorry! Hab ich nicht dran gedacht.«

»Dann tu's jetzt!«

Konzentriert lasse ich beim zweiten Mal das Wasser über mein Handgelenk laufen und erst danach über Neles Kopf. Nach dem Befeuchten der Haare beginne ich voller Elan mit dem Auftragen eines Shampoos.

»Ich bearbeite deine Haare nun mit einem ganz besonderen Volumenshampoo der Firma ›Strong Hair‹, das mit speziellen Extrakten einer exotischen Pflanze angereichert ist, welche die Durchblutung deiner Kopfhaut anregen«, erkläre ich ihr, so wie ich es selbst bei meinem letzten Friseurbesuch kennengelernt habe.

Wie zur Bestätigung beginnt sich Nele im nächsten Moment die Kopfhaut zu kratzen, was mich von der Wirkung des Produkts überzeugt. Während ich das Wundershampoo mit einer durchaus anregenden Kopfmassage wieder ausspüle, fahre ich mit meinen fachmännischen Erläuterungen fort.

»Nun werde ich den passenden Volumenconditioner, ebenfalls von ›Strong Hair‹, mit einer besonderen Technik einmassieren, sodass dessen Wirkung intensiviert wird.«

Eine Minute später bin ich mir gar nicht mehr so sicher, ob eine verstärkende Wirkung wirklich so notwendig war. Aus dem anfänglich leichten Kratzen meiner Freundin ist schon ein starkes Rubbeln geworden.

»Das kribbelt jetzt nicht mehr, das brennt schon!«, beschwert sie sich gleich.

Ich lasse mich von meiner unwissenden Kundin nicht irritieren, lächele professionell und entgegne erfreut: »Das ist gut, dann wirkt es. Wir lassen die Pflege jetzt zwanzig Minuten einziehen. Das dürfte reichen.«

»Also, mir reicht es jetzt schon. Ich habe das Gefühl, als würde mein Kopf in Flammen stehen. Mir fliegt die Kopfhaut weg!«

»Wer schön sein will, muss leiden! Diese exklusiven Pflegeprodukte werden dir schließlich zu kraftvollem Haar verhelfen, und das willst du doch, oder etwa nicht?«

»Hmm, ja schon, aber …?«

»Nix aber, alles hat seinen Preis, und Schönheit kostet.«

Nach der vorgegebenen Einwirkzeit will ich gerade die Haare ausspülen, als mich ein markerschütternder Schrei so erschreckt, dass mir der Duschkopf aus der Hand fliegt und der herausströmende Strahl das halbe Bad unter Wasser setzt.

»Auaaaaa, Mensch Meike!«, kreischt meine Freundin schon wieder.

»Was ist denn jetzt schon wieder los?«, rufe ich gestresst, während ich versuche den herumfliegenden Wasserschlauch unter Kontrolle zu bekommen.

»Du hast schon wieder vergessen, die Temperatur zu testen. Das Wasser ist viel zu heiß. Da krieg ich ja Brandblasen auf der Birne!«

»Nö, ich hab's ausprobiert. Das Wasser war genau richtig.«

Zur Bestätigung halte ich mir den Wasserstrahl des eingefangenen Duschkopfs kurz ans Handgelenk, um schmerzhaft festzustellen, dass die Temperatur alles andere als angenehm ist.

»Ups, da muss ich wohl aus Versehen gegen den Temperaturregler gekommen sein. Sorry, wird nicht wieder vorkommen. Wie heißt es so schön, aller guten Dinge sind drei.«

»Eine weitere Chance wirst du auch nicht mehr bekommen«, grummelt meine Freundin, während ich ihr höchst konzentriert die Spülung auswasche und ihre Haare danach mit äußerster Vorsicht handtuchtrocken massiere.

»Wow, ich glaube das Zeug wirkt schon. Fass mal deine Haare an«, sage ich. Tatsächlich werden Neles verkrampfte Gesichtszüge auf einmal weicher, und auch sie ist sich sicher, die kräftigende Wirkung der Pflegeprodukte zu spüren. Erste Hoffnung keimt in mir auf.

»So, nach diesen vorbereitenden Schritten verwende ich nun ›Big Look‹, einen Schaum, der speziell für die Bedürfnisse von schlaffem Haar konzipiert wurde. Der gibt deinen Haaren Fülle und Standfestigkeit.«

In diesem Moment habe ich wirklich das Gefühl, dass ich meiner Freundin mit meinem frisch angeeigneten Fachwissen und der speziellen Produktkenntnis helfen kann.

»Ich benutze hier ›Hairexplosions‹, die für Extravolumen

sorgen!«, erläutere ich weiter und beginne mit dem nächsten Schritt, indem ich die Haare auf große Wickler aufdrehe, so wie ich es in dem Online-Hair-Tutorial gesehen habe. Meine Freundin verfolgt nun jede meiner Bewegungen. Die werden durch ihren Argusblick nicht gerade geschickter, sodass mir mehr als einmal ein Wickler aus der Hand fliegt und auf dem Boden landet, anstatt auf Neles Kopf.

»Guck nicht so kritisch. Du machst mich ganz nervös«, maule ich daraufhin.

»Was soll *ich* denn da sagen? Mit deinen unkontrollierten Wechselduschen hast du mich und meine Kopfhaut schon ganz kirre gemacht. Ist doch klar, dass ich jetzt ganz genau hinschaue.«

Schlagartig wird mir klar, warum in sämtlichen Friseursalons eine Vielzahl an Zeitschriften zur Verfügung steht – das ideale Ablenkungsmanöver für den kritischen Kunden. Pech nur, dass ich in Neles Fall nicht daran gedacht habe. Also muss hier eine andere Lösung her.

»Sag mal, während ich hier so meine Runden beziehungsweise Wickler auf deinem Kopf drehe, könntest du dir doch in deinem Laptop Frisuren ansehen und mir ein Beispiel der Löwenmähne raussuchen, die dir besonders gut gefällt. Dann kann ich mich beim abschließenden Styling daran orientieren.«

»Hmm, könnte ich machen. Ich habe da letztens in einer Frauenzeitschrift schon ein paar Promifrisuren gesehen, die mir gefallen würden.«

In der Zeit, in der meine Freundin ihr Notebook suchen geht, versuche ich meine verkrampften Finger zu lockern, die vom Aufdrehen schon durchdrehen. Nachdem sich kurz darauf auch das letzte Drittel von Neles Haar auf verschiedenen Wicklern befindet, will ich mir gerade zu meiner

Arbeitsleistung gratulieren, muss aber frustriert feststellen, dass es gar nichts zu gratulieren gibt. Einige der Wickler haben sich auf unerklärliche Weise zur Hälfte wieder vom Haar befreit, und andere sind komplett im Haar verschwunden. Unauffällig gucke ich, ob Nele das bemerkt hat oder dem Ablenkungsmanöver zum Opfer gefallen ist. Gott sei Dank ist Letzteres der Fall, denn während ich das Chaos auf ihrem Kopf begutachte, sieht sie sich Fotos von Cindy Crawford, Beyoncé und Heidi Klum an. So vorsichtig wie möglich versuche ich, die Verwicklungen im Haar zu lösen, bevor sie Nele auffallen und sie mich in ein haariges Gespräch über meine Unfähigkeit verwickelt. Das erweist sich allerdings als gar nicht so einfach, denn ihre angeblich schlaffen Haare legen beim Herausziehen eine enorme Widerstandskraft an den Tag. Auch nach mehrmaligem, sanftem Ziehen tut sich vorerst überhaupt nichts. Erste Schweißperlen bilden sich auf meiner Stirn, und ich verspüre ein aufkommendes Gefühl der Verzweiflung.

Ruhig bleiben, Meike, ganz ruhig bleiben. Alles wird gut. Du musst dir nur was einfallen lassen, versuche ich mich zu beruhigen, was jedoch nicht so recht klappen will.

Oh Gott, gib mir ein Zeichen, flehe ich kurz darauf.

Und tatsächlich werde ich plötzlich von einem grellen Licht geblendet, das mir den erlösenden Hinweis gibt. Ein Sonnenstrahl lässt die Schere auf der kleinen Fensterbank neben mir aufblitzen, und in diesem Moment wird mir klar, was zu tun ist. Die recherchierende Nele im Blick, greife ich zum Werkzeug, nehme die widerborstigen Haarsträhnen und schneide sie einfach aus dem Wickler heraus. Verluste gibt es immer, und bei der bevorstehenden Haarpracht wird es sowieso nicht großartig auffallen. Nachdem ich dieses Problem fachmännisch-kreativ gelöst habe, sind meine Stimmung und Finger locker, sodass ich die gelockerten Wickler wieder fester aufdrehen kann.

»Sieht gar nicht so schlecht aus, was du da machst. Also, wenn du mich fragst, nehmen wir den Look von Cindy Crawford. Der gefällt mir am besten«, bemerkt Nele und zeigt mir das entsprechende Foto des ehemaligen Supermodels.

»Kein Problem, das krieg ich hin.«

Ein Lächeln huscht über mein Gesicht, während ich die abgeschnittenen Haare mit meinem Fuß zusammenscharre.

»Ähm, vielleicht könntest du uns einen Kaffee machen. In der Zeit bereite ich schon einmal alles für das Finish vor«, schlage ich Nele vor.

»Gute Idee, aber ist das nicht die Aufgabe der Friseurin?«, kritisiert sie den fehlenden Service und verlässt das Badezimmer.

Als ich mir sicher bin, dass die Luft rein ist, sammele ich hektisch sämtliche Spuren meines kleinen Fauxpas' ein und spüle sie die Toilette hinunter. Schließlich ist in diesem Fall das Ziel das Ziel und nicht der Weg.

Im Anschluss an unser entspannendes Kaffeekränzchen beginne ich mit einer überdimensional großen Rundbürste und dem so genannten »Superbooster«-Föhn, Neles Haar Strähne für Strähne in Form zu legen.

»Sag mal, wie kannst du dieses überdimensionale Ding überhaupt halten? Der Föhn ist ja fast so groß wie dein Arm.«

»Der fällt mir auch gleich ab. Weiß auch nicht, was mich da geritten hat. Hab gedacht, je größer desto mehr Power.«

»Na ja, Power hat der schon. Mir fliegen gleich die Ohren weg. Ich bin mir nur nicht sicher, was schlimmer ist, der Wind oder der Lärm.«

»Waaaaas hast du gesagt?«, schreie ich.

Nach gut zwanzig Minuten Dauerbeschallung ist die Föhnfrisur fertig, und wir begutachten Neles fülliges Haar im Spiegel. Entzückt klatscht diese bei ihrem Anblick in die Hände.

»Mooooment, wir sind noch nicht fertig!«, bremse ich sie und toupiere professionell mit einem Kamm die Haarpartien am Hinterkopf.

»So, jetzt noch mit dem Haarfestiger ›Ultrastrongsuperspecialkick‹ fixieren und Schnittlauch war einmal.«

Weitere zwanzig Minuten vergehen, in denen ich föhne, frisiere und fixiere. Vor allem bei Letzterem spare ich nicht an Material. Mit dem stärksten Megavolumenspray, das der Drogeriemarkt zu bieten hatte, sprühe ich die nun fertige Haarpracht meiner Kundin ein. Danach sind Nele und ich so high, dass ich mir nicht sicher bin, ob die anschließende Begeisterung von der neuen Frisur oder vielleicht doch von den Sprays herrührt. Auf jeden Fall begutachten wir überglücklich ihre Löwenmähne im Spiegel.

»Cindy Crawford? Pah, Schnee von gestern. Hier kommt Nele!«, jubelt sie.

»Siehste, ich halte, was ich verspreche!«, jubele ich.

Meine Freundin lächelt mich an und nickt, soweit das ihre voluminöse Haarpracht zulässt.

»Wirklich unglaublich, was du aus den welken Stängeln gemacht hast«, bedankt sie sich, während ich zufrieden meine Arbeitsutensilien wieder einpacke.

»Und da frag ich mich, wozu die Salons immer diese teuren Haarprodukte anbieten, wenn man sie im Drogeriemarkt für nur den halben Preis bekommt.«

Nachdem sich der improvisierte Friseursalon wieder in Neles Gästebad verwandelt hat, begleitet mich meine Freundin noch bis nach draußen, um mich herzlich zu verabschieden.

Dazu kommt es jedoch nicht mehr, denn gerade als sie den ersten Schritt an die frische Luft setzt, streift eine steife Brise ihre frisch frisierte Löwenmähne und bringt nicht nur diese, sondern schlagartig auch meine gute Laune zu Fall. Innerhalb nur weniger Sekunden muss ich mitansehen, wie aus Cindy Crawford Cindy aus Marzahn wird. Neles eben noch fülliges Haar hängt auf einmal in zusammengefallenen Kringeln an ihrem Kopf herunter. Nichts ist übrig von der Haarpracht, die ich in minutiöser Kleinstarbeit unter schmerzvoller Behandlung geschaffen habe. Obwohl ich krampfhaft bemüht bin, mir meine Gesichtszüge nicht entgleisen zu lassen, bleibt die plötzliche Veränderung auf ihrem Kopf auch Nele nicht verborgen. Irritiert dreht sie sich um, rennt zur nächsten spiegelnden Fläche – in diesem Fall mein Auto – und erschrickt fast zu Tode, vor dem, was sie da erkennen muss. Weder sie noch ich können und wollen glauben, was wir da mitansehen müssen. Minuten der Fassungslosigkeit verstreichen, bevor meine Freundin wieder einen klaren Gedanken fassen kann.

»Vielleicht sollte ich es doch mit einer Kurzhaarfrisur probieren«, stellt sie niedergeschlagen fest und geht gesenkten Hauptes wieder zurück ins Haus. Es gibt zu diesem Zeitpunkt nichts, was ich ihr entgegnen könnte, denn der Schreck sitzt auch bei mir tief. Niedergeschlagen mache ich mich auf den Heimweg, wo ich mich vorerst von den billigen Haarprodukten und meinen Zukunftsvisionen, eine Uta Walz zu werden, verabschiede.

6

Im Recall

»Isso, Frau Frei, isch schwör!«, beteuert Hassan in der heutigen Berufskundestunde.

»Jetzt übertreib nicht. Ich hab doch gesagt, dass ihr euch einen Kriterienkatalog erstellen sollt. Mit dem checkt ihr dann die infrage kommenden Betriebe, und wenn euch einer gefällt, stellt ihr euch dort mit euren Bewerbungsunterlagen vor. Das kann doch nicht so schwer sein!«

»Hab isch gemacht. Die wolln misch aber nich, obwohl ich krasser Checker bin!«, heult Hassan herum.

»Hast du denen das etwa so gesagt?«, frage ich Schlimmes vorausahnend.

»Isch bin doch nich blöd, Frau Frei! Hab isch nur gesagt, dass ich in Schule voll Bossboy bin und so.«

»Ah ja, na das ist natürlich besser. Ich kann wahrscheinlich auch davon ausgehen, dass du beim Vorstellungsgespräch den gleichen Trainingsanzug wie heute anhattest?!«

»Boah, Frau Frei, was denkstu von misch? Isch hab misch übelst gephotoshopt. Nicht so Alltagszeusch wie jetzt, extra Sonntags-Adidaskollektion de Lux. Hat Obermacker aber nich geflasht!«

Wundert mich ehrlich gedacht kein bisschen. Ich kann mir lebhaft vorstellen, wie mein großer gewichtiger Ghettochecker im legeren Polyester-Sportanzug und behängt mit einem Kilo Goldschmuck, ein ebenso legeres Gespräch geführt hat. Dabei hatten wir die Bewerbungssituation doch extra vorher intensiv eingeübt, manno! Mit einem flauen Gefühl in der Magengrube will ich nun auch von den anderen wissen, wie es gelaufen ist.

»Also, ich bin im Recall«, überrascht mich Jakob positiv. Ich dachte, dass er wegen seiner Unzuverlässigkeit und Unpünktlichkeit als Letztes einen Praktikumsplatz bekommen würde. So kann frau sich irren.

»Bei mir war's auch so wie als bei Hassan!«, stimmt Kimberly zu, was mir jetzt den Hieb einer persönlichen Niederlage versetzt. Bin ich doch davon ausgegangen, dass die Kombination von »Natürlich blond« und Kimberly eine perfekte wäre.

»Was ist denn passiert?«, erkundige ich mich.

»Die haben gesagt, die hätten schon jemand Besseres, und ich sei eh zu dünn.«

»Die haben *was*?«

Ich glaube, mich verhört zu haben. Wenn ich allerdings an die überquellenden Muffinhüften in den tiefer gelegten Hüfthosen denke, glaube ich doch zu verstehen, was in den Köpfen von Cindy und Co. vor sich geht.

»Die sind nur neidisch, weil die mehr auf den Hüften haben als im Hirn«, entfährt es mir in meiner Empörung.

Komischerweise scheint Johanna eher unsicher als empört zu sein. Dabei regt sie sich normalerweise über alles auf, was sie oder ihre Busenfreundin betrifft. Stattdessen rutscht sie unruhig auf ihrem Stuhl herum.

Da stimmt doch was nicht!

»Wie hat es denn bei dir geklappt, Johanna?«, hake ich nach.

»Geht so«, stammelt die ungewohnt leise.

»Was heißt hier ›Geht so‹? Bist du im Recall oder nicht?«

»Ja, bin ich«, murmelt sie die frohe Botschaft so gar nicht froh heraus.

»Ächt jetzt, Jojo? Hast du mir gar nicht gesagt«, kreischt Kimberly überrascht.

Irgendwas stimmt hier aber sowas von nicht! Wenn Johanna sogar ihre beste Freundin nicht eingeweiht hat. Also jetzt will ich erst recht wissen, was Sache ist. Dabei muss ich betonen, dass ich nicht neugierig bin, nur sozial interessiert. Schließlich ist es ja auch meine pädagogische Aufgabe, meinen Schützlingen auf den Zahn zu fühlen.

»Das ist doch ein Grund zur Freude. Wo hast du dich denn beworben?«

Johanna jedoch antwortet nicht, senkt bloß ihren Kopf und schweigt. In diesem Moment klopft es an der Tür, und Leon aus der Fünften betritt formvollendet den Raum.

»Entschuldigen Sie bitte die Störung, Frau Frei. Aber ich muss Sie als Klassenbuchführer darauf hinweisen, dass Sie schon wieder vergessen haben zu unterschreiben.«

»Danke, Leon, dass du mich darauf aufmerksam machst. Schön, dass du deine Aufgabe so ernst nimmst«, sage ich und denke, *Aargh, was für eine Nervensäge!*

»Mensch Jojo, jetzt erzähl! Hast du Casting gemacht?«, ruft Kimberly nun aufgeregt dazwischen.

Irritiert zieht Leon die Augenbrauen hoch.

»Ich wusste gar nicht, dass man ein normales Bewerbungsgespräch bei einem Friseursalon heutzutage ›Casting‹ nennt«, entgegnet er mit einem hämischen Grinsen und fängt sich dafür einen giftigen Blick seiner großen Schwester ein.

»Wieso Friseursalon? Jojo will doch Superstar werden. Das willst du doch Jojo, oder? Du willst doch gar keine Friseuse werden als wie ich, oder?«, fragt Kimberly unsicher.

»Wollen schon, können aber nicht! Eine Karriere bei diesem Salon, bei dem du dich vorgestellt hast, ›Natürlich blond‹ hieß er, wenn ich mich recht entsinne, erscheint mir bei den künstlich gefärbten Haaren auch nicht ganz realistisch, aber immerhin wahrscheinlicher als eine Superstarkarriere«, klärt Leon auf.

»Interessiert niemanden, Eckenkind!«, schnauzt Johanna ihren Bruder an.

»›Natürlich blond‹? Wieso ›Natürlich blond‹?!«, fischt Kimberly zuerst noch im Trüben, bis sich auf einmal die Sicht lichtet. »Boah JJ, hast du nicht gemacht, oder?! Du würdest mir nie den Platz wegnehmen! Weil, du willst ja auch gar nicht Friseuse werden. Und du weißt ja, wie wichtig mir das ist!!«

Seit ich denken kann, habe ich Johanna noch nie so sprachlos und beschämt erlebt. Mit hochrotem Kopf starrt sie auf den Boden und bringt es nicht fertig, ihrer Freundin ins Gesicht zu schauen. Diese deutet ihre ungewöhnliche Reaktion als Schuldeingeständnis und reagiert, wie ich es nie von meiner sonst eher zurückhaltenden Schülerin erwartet hätte.

»Du Bitch! Wie konntest du nur so hinterfotzig sein? Das verzeih ich dir überhaupt nie nicht! Ab heute gibt's nix mehr viatnamesische Zwillinge. Ich check aus«, sagt's und flüchtet sich samt Rucksack an das andere Ende des Klassensaals.

Auch Johannas Reaktion fällt anders aus, als ich angenommen hätte. Sie beginnt zu weinen!

»Ich geh dann mal lieber zurück in meine Klasse«, teilt Leon mir mit und ist auch schon wieder verschwunden. Feigling!

Kann man hier nicht einmal normalen Unterricht machen?! Ohne, dass irgendjemand ausflippt, lamentiert, streitet oder eben herumheult. Ich will doch nur ein einziges Mal meinen Stoff durchkriegen. Nur ein einziges Mal, buah! Verdammt, jetzt heule ich schon fast selbst. Schnell wische ich mir die aufkommende Flüssigkeit im Tränenkanal weg und widme mich ganz Psychopädagogin meinen beiden Streithühnern.

»Ganz ruhig, Kimberly, Johanna hat das bestimmt nicht böse gemeint, stimmt's Johanna? Du hast bestimmt nicht gewusst, dass deine Freundin sich auch dort bewerben wollte«, versuche ich zu schlichten.

»Natürlich hat die Schlampe das gewusst!«, keift Kimberly.

»Es tut mir leid, Kimi! Ich, ich … ich habe sonst nichts gefunden. Die wollten mich alle nicht haben. Egal, wo ich mich vorgestellt habe, die wollten mich alle nicht. Und ich dachte, dass du sowieso 'ne Stelle findest. Weil du bist einfach viel besser, also intelligenter und vor allem dünner als ich. Wer will denn schon so 'ne fette Dummbratze wie mich? Sogar meine Alten würden mich gern umtauschen«, wimmert Johanna so herzerweichend, dass selbst ich Mitleid mit ihr bekomme. Das lässt auch die eingeschnappte Kimberly nicht ganz kalt.

»Boah, ächt jetzt, hör auf zu flennen! Du bist gar nicht fett, nur doof!«

Eigenartigerweise hellt sich Johannas Miene mit diesem fragwürdigen Kompliment schlagartig auf, und sie wagt einen Blick zu ihrer ehemaligen Busenfreundin.

»Lass Haare wehen, und setz dich schon bei mich«, raunt Kimberly Johanna zu, was diese sich nicht zweimal sagen lässt und blitzschnell den Sitzplatz wechselt. Ich verkneife mir einen Kommentar – normalerweise soll die Sitzordnung nicht verändert werden –, denn ich will endlich meinen Unterricht fortsetzen. Daraufhin gehe ich zum wiederholten Male mit meinen Schülern die wichtigsten Verhaltensregeln bei einem Vorstellungsgespräch durch, übe mit ihnen das typische Frage-Antwortspiel und mache sie erneut darauf aufmerksam, dass korrekte Kleidung und adäquates Auftreten enorm wichtig für einen erfolgreichen Bewerbungsausgang sind. Zu guter Letzt versuche ich den Gescheiterten noch ein paar aufmunternde Worte mit auf die Suche zu geben.

»Und denkt daran, nicht direkt die Flinte ins Korn werfen. Wenn sich eine Tür schließt, öffnet sich woanders ein Fenster!«

»Vielleicht in Ihrer Zeit, Frau Frei. So einfach wie Sie denken, ist das heute nicht mehr«, kritisiert mich Johanna.

»Wenn du dir eine Liste von den infrage kommenden Firmen gemacht hättest, so wie ich es gesagt habe, hättest du nicht zu deiner Notlösung greifen müssen.«

»Ich hab mir eine Liste gemacht, aber das hat nicht geholfen!«

Ich weiß nicht, was mich mehr irritiert. Die Tatsache, dass sie das gemacht hat, was ich ihr aufgegeben habe, oder dass sie damit überhaupt keinen Erfolg hatte.

»Das kann doch nicht sein. Und du hast es auch bei mehreren Läden versucht?«

»Ja, hab ich! Aber wenn Sie mir nicht glauben wollen, versuchen Sie es doch selbst einmal. Dann sehen Sie wie schwer das ist«, fordert mich Johanna hoch erhobener Nase heraus.

»Korreckt Frau Frei, nich laberstu, machstu!«, stimmt Hassan mit ein.

Hmm, eine ungewöhnliche, aber interessante Idee. Ich muss zugeben, dass ich mich von meinen Schülern angestachelt fühle, sie vom Gegenteil zu überzeugen. Es kann doch nicht so schwer sein, einen passenden Praktikumsplatz zu finden, wenn man die Suche richtig anpackt.

»Geht fit! Nichts leichter als das«, willige ich siegessicher in die Challenge ein und sehe mich mit etlichen Salonangeboten zurückkommen.

»Yeah, check it out, Frau Frei!«, freut sich Hassan über mein kleines Experiment, und auch seine Mitschüler sind begeistert. Sofort werden Wetten darüber abgeschlossen, bei wie vielen Salons ich mich bis zur ersten Zusage vorstellen muss. Logisch, dass für den Rest der Stunde kein normaler Unterricht mehr möglich ist. Als ich nach dem Klingeln den Klassenraum verlassen möchte, hält mir Johanna ihren Zettel mit den aufgelisteten Salons hin und fragt: »Wollen Sie sich meine Liste kopieren?«

Ich mache mir zwar wenig Hoffnung, dass diese hilfreich sein könnte, will meine ausnahmsweise fleißige Schülerin aber nicht vor den Kopf stoßen. Also kopiere ich mir den Wisch und gebe ihr das Original wieder zurück. Im Lehrerzimmer wage ich einen Blick darauf und muss feststellen, dass Johanna sich wirklich Mühe gegeben hat. Da müssen ihre Eltern doch die Finger im Spiel gehabt haben! Nicht, dass ich ihr das nicht zutrauen würde, aber auf ihrer Liste stehen nicht nur die Namen von etlichen Friseursalons, sondern diese sind nach diversen Kriterien bewertet worden. Nachdem ich Johannas jugendsprachlichen Protokollstil entziffert und auch verstanden habe, erfahre ich genügend Erfreuliches und Schockierendes, um mir in etwa ein Bild vom Friseurbusiness als solches zu machen. Verständlich übersetzt würde ich demnach die Friseursalons der Stadt grob gesehen in drei Kategorien wie folgt aufteilen:

Kategorie I:	**Haardiscounter**
Terminvergabe:	vor Ort Nummer ziehen (erinnert an Amtsbesuch)
Begrüßung:	legere Umgangsfloskeln: »Hi! Du willst? Hä?«
Personal:	besticht durch Individualität mit diversen Tattoos, Piercings (mehr ist mehr) und gelegentlich freizügiger Kleiderwahl (weniger ist mehr)
fachliche Qualität:	durchaus vorhanden, Talent kann sich aufgrund des Fließbandverfahrens aber häufig nur ansatzweise entfalten
Räumlichkeiten:	möglichst viele Sitzgelegenheiten inmitten zwischengelagerter Haarberge
Akustik:	überzeugt durch Lautstärke und aktuelle Popsongs
Kommunikation:	Kunden werden geduzt, Sprache meist dialektal gefärbt, Aussprache oft verfälscht wegen starken Kaugummikauens; gerne intime Gesprächsthemen
Angebote:	All you can cut, Cut to go, Friseurflat
Johannas Meinung:	Bäm, die sind als wie ich, voll pornös hier!
mein Fazit:	was der Kunde spart, fehlt dem Friseur auf seinem Lohnzettel

Kategorie II:	**Mittelklasse-Friseur**
Terminvergabe:	telefonisch, gelegentlich vor Ort
Begrüßung:	höflich nach Knigge-Art: »Herzlich willkommen bei … Mein Name ist … Was kann ich für Sie tun?«

Personal:	eingeschränkte Individualität, gepflegte äußere Erscheinung
fachliche Qualität:	arbeitsteiliges Verfahren, bei dem jeder sein Handwerk beherrscht
Räumlichkeiten:	meist stylisches Mobiliar mit technischen Raffinessen (Massagestuhl)
Akustik:	oft entspannende Meditations- und Wellnessmusik
Kommunikation:	erfolgt in Hochsprache, Themenwahl nach Bedarf des Kunden
Angebote:	verschiedene Kaffeesorten, breit gefächertes Zeitschriftenangebot, entspannende oder anregende Kopfmassage
Johannas Meinung:	Boah, immer lächeln und höflich sein, und diese spießige Dudelmukke – macht voll aggro!
mein Fazit:	relativ gutes Preis-Leistungs-Verhältnis für Kunden und faire Löhne für Angestellte in ansprechendem Ambiente

Kategorie III:	**Starfriseur**
Terminvergabe:	nur Wochen oder Monate im Voraus, wenn überhaupt
Begrüßung:	siehe Mittelklasse-Friseur, nur statt »Was kann ich für Sie tun?« – »Das werden wir heute für Sie tun!« (sind Profis)
Personal:	Uniformzwang, Individualität steht nur dem Chef zu
fachliche Qualität:	hier betreibt man Haarkunst (s. Preisliste)

Räumlichkeiten:	Flair eines Operationssaals steril und übersichtlich
Akustik:	Stille bevorzugt (setzt in allem auf Minimalismus)
Kommunikation:	wenn vorhanden, dann auffällige Vielzahl an Anglizismen oder Fachbegriffen, die Professionalität widerspiegeln sollen
Angebote:	Ponyschnitt ab 100 Euro
Johannas Meinung:	Hier komm ich hin, wenn ich Superstar bin!
mein Fazit:	teuer ist nicht immer am besten

Nachdem ich eine kurze Vorauswahl getroffen habe, mache ich mich nach Schulschluss mit meinem Lebenslauf, den ich schnell in einer Freistunde getippt habe, auf direktem Wege in die Stadt. Dort schaue ich mir noch einmal die Friseurläden an, die laut Liste noch übriggeblieben sind.

An erster Stelle steht der Coiffeursalon »Philhaarmonie«, bei dem der Kunde die erste Geige spielt. Restlos überzeugt von mir und der Tatsache, dass ich in wenigen Minuten meine zukünftige Arbeitsstätte gefunden habe, marschiere ich zur Rezeption.

»Guten Tag! Mein Name ist Meike Frei, und ich möchte mich bei Ihnen um einen Praktikumsplatz bewerben«, trage ich selbstbewusst mein Anliegen vor.

»Einen Moment bitte, die Vorstellungsgespräche führt Herr Bach, der Salonleiter«, spricht's und zieht von dannen.

Kurz darauf kehrt sie mit einem großen, glatzköpfigen Mann Anfang vierzig zurück, der mich freundlich anlächelt.

»Guten Tag! Bach mein Name. Sie möchten also wieder in den Friseurberuf einsteigen?«

»Wieso *wieder* einsteigen? Ich möchte mit dem Friseurberuf *anfangen*«, erwidere ich.

Kritisch beäugt mich Herr Bach daraufhin, bevor er fragt: »Wieso anfangen? Entschuldigen Sie bitte, aber Sie sehen nicht so aus, als hätten Sie gerade erst die Schule beendet.«

»Habe ich auch noch nicht, werde ich aber bald!«, lüge ich.

»Das müssen Sie mir jetzt aber genauer erklären.«

»Also, das ist so. Momentan bin ich noch Lehrerin, aber aus persönlichen Gründen möchte ich zur Friseurin umschulen. Und da kommen Sie ins Spiel, denn ich suche einen Praktikumsplatz, um mir einen Einblick hinter die Kulisse des Handwerks und die Fassade der Kundschaft zu verschaffen«, schießt es locker flockig aus mir heraus, denn ich fühle mich bereits auf dem Siegeszug.

Herr Bach klappt die Kinnlade runter, und er sieht mich an, als würden bei mir die Rädchen nicht ganz rundlaufen.

»Sie sind Lehrerin und wollen Friseurin werden?! Das ist doch ein Witz! Sie suchen bestimmt einen Praktikumsplatz für eine Schülerin?«, bemerkt er amüsiert.

Jetzt bin ich diejenige, die am Geisteszustand von Herrn Bach zweifelt.

»Kein Scherz.«

Herr Bach schüttelt ungläubig den Kopf.

»Wollen Sie nicht lieber bei dem bleiben, was Sie gelernt haben?«

»Auf gar keinen Fall! Ich weiß genau, was ich will, nämlich Friseurin werden«, wiederhole ich mich nun etwas forscher, weil ich hier anscheinend nicht ernst genommen werde.

»Aha«, erwidert mein Gegenüber wenig überzeugt, »und warum, wenn ich fragen darf? Als Lehrer haben Sie doch etliche Vorteile gegenüber unserer Zunft.«

»Vorteile? Ich sehe da keine echten Pluspunkte. Was kann denn schöner sein als das dankbare Lächeln einer Kundin? Wenn diese ihr Spiegelbild betrachtet und anerkennend feststellt, dass ihre neue Frisur eine kreative Meisterleistung ist. Als Lehrer kann ich mir doch ein Bein oder gleich sämtliche Extremitäten ausreißen, die Schüler werden mir trotzdem nicht die Tür einrennen, ganz im Gegensatz zu der zufriedenen Kundin.«

»Hmm, Sie wissen aber schon, dass die Unterschiede in Bezahlung und Freizeit enorm sind«, gibt der Salonleiter mir zu bedenken.

»Natürlich weiß ich, dass die Friseure weniger Urlaubstage haben«, entgegne ich pikiert.

»In der Ausbildung stehen Ihnen sechsundzwanzig Urlaubstage zur Verfügung«, informiert mich Herr Bach.

»Im Quartal oder Semester?«, hake ich sicherheitshalber nach.

Einen kurzen Moment sieht er mich irritiert an und bricht dann in schallendes Gelächter aus.

»Das kann nur ein Lehrer fragen, den muss ich mir merken! Na, dann sagen Sie mir doch, warum Sie für diesen Beruf geeignet sind und weshalb Sie bei uns anfangen wollen.«

Eigentlich kein Problem, denn genau diese beiden Fragen habe ich mit meiner achten Klasse einstudiert. Allerdings wohl einmal zu oft, denn meine Antworten kommen tatsächlich wie aus der Pistole geschossen.

»Ansprechende Umgangsformen, gute Artikulation, eigenständiges Denken und Handeln, Verantwortungsbewusstsein, Kreativität, schnelle Auffassungsgabe und Geschicklichkeit.«

Anders als erwartet, bricht mein Gegenüber nicht in Jubelstürme aus.

»Frau Frei, ich habe da so meine Zweifel, Sie in unser Team

aufzunehmen. Ich denke, dass meine Kollegen Schwierigkeiten damit haben könnten, Ihnen verschiedene Praktikantenaufgaben zu geben, wie zum Beispiel Haare zusammenkehren, Handtücher zusammenlegen oder Kaffee aufbrühen. Als Lehrerin sind Sie anscheinend gewohnt, dass alle nach Ihrer Pfeife tanzen.«

»Nein, den Ton gibt bei uns Direktor Lehmann an, Musik war nie mein Fach«, versuche ich es mit einem kleinen Scherz, den Herr Bach mit einer hochgezogenen Augenbraue kommentiert.

»Ich weiß doch, dass Lehrjahre keine Herrenjahre sind. Damit habe ich kein Problem«, versichere ich ihm.

»Aber die Anderen werden ein Problem mit Ihnen haben. Abgesehen davon, sind Sie einfach überqualifiziert.«

Ich kann und will nicht glauben, was ich da höre. Das hat noch nie jemand über mich gesagt! Unter anderen Umständen wäre ich entzückt, aber in diesem Zusammenhang scheint das alles andere als ein Kompliment zu sein.

»Ich und überqualifiziert? Nie im Leben! Da müssen Sie etwas falsch verstanden haben. Sehen Sie sich nur mal meine zwei linken Hände an«, wage ich einen letzten Versuch und halte Herrn Bach meine grobmotorischen Pranken hin. Aber es hilft alles nichts, ich bin hier nicht erwünscht. Niedergeschlagen verlasse ich die »Philhaarmonie«. Mir surren die Ohren, denn ich bin mit Pauken und Trompeten abserviert worden. Ich kann nicht glauben, dass mir der Praktikumsplatz soeben verwehrt wurde, mit der fadenscheinigen Begründung, ich sei überqualifiziert.

Wie beschämend ist das denn! Noch tiefer kann ich jetzt ja wohl nicht mehr sinken, denke ich noch, bis mir einfällt, dass ich die Liste mit den verbleibenden Salons vorhin in den Mülleimer geschmissen habe.

»Och nee, das kann ja wohl alles nicht wahr sein!«, fluche ich, bevor ich angewidert meinen kompletten Arm in den aufgesuchten Mülleimer stecke und nach meinem Zettel fische. Und als ob das der Schande nicht genug wäre, kommt in diesem Moment die Mutter einer Schülerin vorbei, die mir einen verständnislosen Blick zuwirft.

»Ich stocke mein Lehrergehalt ein wenig auf«, scherze ich, um die unangenehme Situation aufzulockern, und halte eine Pfandflasche in die Höhe. Peinlich berührt, dreht sich die Gute weg und tut so, als ob sie mich nicht gesehen hätte. Deutlich schneller setzt sie daraufhin ihren Weg fort. Ich rechne damit, dass beim nächsten Elternsprechtag einige Fragen auf mich zukommen werden.

Jetzt interessiert mich allerdings nur die Liste, die ich kurz darauf in meinen Händen halte. Nachdem ich die Ketchup- und Mayoreste, die daran kleben, mit einem Taschentuch beseitigt habe, entnehme ich ihr mit einem Ausruf des Schreckens den Namen des nächsten Friseursalons: »Haarvarie«. Wie der Name schon ankündigt, ist auch mein zweiter Versuch, ein Praktikum an Land zu ziehen, direkt dem Untergang geweiht, schon nachdem ich mein Anliegen vorgetragen habe. Im dritten Friseurladen sieht man sich zwar immerhin interessiert meinen Lebenslauf an, aber der plötzlich aufkommende frostige Gesichtsausdruck der Geschäftsführerin lässt nichts Gutes erahnen.

»Kann es sein, dass Sie einen Tippfehler in Ihren Unterlagen haben?«, beäugt sie mich kritisch.

Umgehend laufe ich knallrot an. Mir wird doch kein Rechtschreibfehler unterlaufen sein, ich habe doch alles mehrfach überprüft!

»Eigentlich dürfte alles seine Richtigkeit haben«, erwidere ich so selbstsicher, wie es mir in diesem Moment möglich ist.

»Ich meine ja nur, weil mir das Geburtsdatum unpassend erscheint.«

Irritiert überprüfe ich die angegebenen Zahlen, die auf mein Alter schließen lassen und stelle erleichtert fest, dass alles seine Ordnung hat.

»Nein, nein, das ist korrekt«, bestätige ich die Richtigkeit der Angaben.

»Oh, unter diesen Umständen kommen Sie für uns leider nicht infrage. Wir stellen keine Ü-30 ein«, haut die U-20-Friseurin mir um die Ohren.

Würde ich das Glas halbvoll sehen, wäre ich jetzt geschmeichelt darüber, dass die junge Frau mich jünger eingeschätzt hat, als ich wirklich bin. Da ich aber an diesem Tag schon einige Niederlagen einstecken musste, ist mein Glas nun nicht halbleer, sondern ganz. Wie ein geprügelter Hund verlasse ich auch diesen Salon und begebe mich schlurfenden Schrittes auf den Nachhauseweg. Das hatte ich mir tatsächlich viel einfacher vorgestellt! Wehende Fahnen, ein roter Teppich... Stattdessen muss ich Absage um Absage einstecken. Von Berufs wegen verbraucht, gezeichnet vom Lehrberuf und zu alt. Buah... Ich habe versagt, und meine Schüler hatten recht. Und gerade als ich dabei bin in die tiefste Dunkelheit zu versinken, sehe ich einen kleinen, hoffnungsvollen Lichtstreif am Horizont, oder ist es doch die Leuchtreklame des Friseurladens »EngelsHaar«?

»Na klar, das ist es! Wieso bin ich da nicht gleich draufgekommen«, jubele ich beim Gedanken an das freundliche Fachpersonal.

Trotzdem betrete ich den Salon mit gemischten Gefühlen, die Niederlagen haben mich unsicher gemacht. Am Empfangstresen begrüßt mich die dunkelhaarige Rezeptionistin mit Namen Franziska und fragt mich nach meinem Anliegen.

»Den Inhaber hätte ich gerne gesprochen«, antworte ich.

»Normalerweise sollte das kein Problem sein, würde Herr Engel nicht schon wieder in einer der anderen Filialen feststecken«, entgegnet sie, und ich meine eine leichte Kritik herauszuhören.

»Wie viele Coiffeursalons ›EngelsHaar‹ gibt es denn?«

»Acht Läden in acht Städten!«

Wow, denke ich, der Friseur hat's gepackt. Bei dem floriert das Geschäft.

»Wann wird er denn voraussichtlich wieder hier sein?«, frage ich vorsichtig nach, denn ich vermute, dass die seltene Anwesenheit des Chefs ein heikles Thema zu sein scheint.

»So Gott will in einer Viertelstunde«, raunt Franziska und schickt einen entnervten Blick gen Himmel. Irgendwie erinnert diese resolute Frau mich an jemanden. Nur an wen?

»Möchten Sie warten, oder kann ich ihm etwas ausrichten?«, fragt sie mich.

»Wenn es Ihnen nichts ausmacht, würde ich gerne auf ihn warten.«

»Sie können sich in den Wartebereich setzen. Einen Kaffee oder Tee zur Überbrückung?«

Dankend lehne ich ab, denn Koffein wäre in meinem derzeitigen Zustand keine Lösung. Ich bin sowieso schon nervös genug, die letzten drei Fehlschläge haben mein Selbstwertgefühl doch sehr angekratzt. Während ich auf den Inhaber warte, lasse ich meinen Blick durch den weiträumigen, lichtdurchfluteten Salon schweifen und stelle erneut fest, dass alle Angestellten hier ihrem Beruf mit Freude nachzugehen scheinen, denn überall sehe ich lächelnde Gesichter. Auf einmal werde ich aus meinen Betrachtungen gerissen und beinahe auch von meinem Platz gestoßen. Direkt neben mir hat sich eine etwas fülligere Frau mittleren Alters niedergelassen, die mich umgehend in ein Gespräch über ihre bevorstehende Typveränderung verwickelt.

»Sehen Sie, genau so will ich aussehen!«, offenbart sie mir ungefragt.

Zweifelnd schaue ich mir das Foto an, das sie mir mit weit aufgerissenen Augen direkt ins Gesicht hält. Einen flüchtigen Moment muss ich mit mir ringen, um nicht laut loszulachen, denn ich starre in das jugendliche Gesicht der farbigen R&B-Sängerin Rihanna.

Mit einer Nulldiät, einem plastischen Chirurgen und einem täglichen Solariumbesuch wäre es eventuell möglich, denke ich mir.

Da die gute Frau mich aber so begeistert anblickt, nicke ich nur höflich. Schließlich ist es nicht mein Job, sie eines Besseren zu belehren. Ich empfinde allerdings starkes Mitgefühl für den zuständigen Friseur, denn für diese Typveränderung wäre schon ein Wunder notwendig. Oder Meisterfriseur Philipp, der bei mir tatsächlich wahre Wunder bewirkt hat und sich günstigerweise auch in diesem Fall als zuständiger Friseur erweist.

»Guten Tag, Frau Wiesenhofer. Was darf ich heute für Sie tun?«, fragt Philipp seine Kundin und schenkt mir ein freundliches Begrüßungslächeln. Enthusiastisch springt Frau Wiesenhofer auf und zückt abermals das Foto mit ihrer angestrebten Wunschfrisur. Die Reaktion des Friseurs fällt genauso aus, wie ich es erwartet hätte. Seelenruhig besieht er sich das Bild, überlegt kurz und richtet dann sein Wort an die Kundin.

»Sie haben einen wirklich tollen Geschmack. Dieser kinnlange Bob mit dem blauschwarzen Farbton steht der jungen Sängerin ausgesprochen gut. Ich bin mir nur nicht sicher, ob Sie sich mit diesem Haarschnitt wohlfühlen werden«, geht er die Problematik fachmännisch an.

Die mehr als korpulente Frau Wiesenhofer verzieht pikiert ihr fleckig gerötetes Gesicht. »Wollen Sie etwa sagen, dass mir das nicht stehen würde?«

Genau das will er!, denke ich mir, der Fachmann weiß es aber besser und antwortet: »Frau Wiesenhofer, was denken Sie denn?! Ich meine nur, dass wir bestimmt noch eine bessere Variante für Sie finden werden.«

Ich bin fasziniert von so viel Einfühlungsvermögen. Frau Wiesenhofers Gesichtszüge entspannen sich auch prompt wieder. Und gerade als ich mir sicher bin, dass sich die Kundin durch die professionelle Beratung von ihren utopischen Wunschvorstellungen gelöst hat, entgegnet diese selbstbewusst: »Ach papperlapapp, ich bin eine Frau von Welt und brauche eine dementsprechende Frisur. Mit meinem Erfahrungsschatz und meiner kosmopolitischen Ausstrahlung stehe ich dieser Rihanna doch in nichts nach. Also los, ich will genau so aussehen!«

Unnachgiebig tippt sie mit ihrem fleischigen Zeigefinger auf das Foto.

»Frau von Welt? Kosmopolitische Ausstrahlung?«, frage ich mich leise.

Danach sieht diese Frau so gar nicht aus. Ich bin mir fast sicher, dass das einzig Kosmopolitische an ihr, die Cosmopolitan in ihrer Hand ist.

Nach seinem urplötzlich frustrierten Gesichtsausdruck zu urteilen scheint das nun auch Philipp so zu sehen. Ratlos starrt dieser zuerst das Foto des internationalen Superstars an und blickt dann verzweifelt in das entschlossene Gesicht von Frau Wiesenhofer. Schweißperlen bilden sich auf seiner Stirn. Da ich nicht mitansehen kann, wie der Arme in sein Unheil läuft – schließlich hat er mir auch in einer haarsträubenden Notsituation geholfen –, mische ich mich kurzerhand ein.

»Frau Wiesenhofer, diese Frisur von Rihanna ist schon lange nicht mehr aktuell. Sogar Rihanna selbst trägt sie nicht mehr so.«

Überrascht sehen mich beide an.

»Hmm, nicht mehr aktuell meinen Sie«, erwidert die Kundin, »wie trägt sie denn jetzt ihre Haare?«

»Das kann Ihnen Ihr Friseur bestimmt besser erklären«, sage ich und blinzele diesem verschwörerisch zu.

Erleichtert und dankbar nickt der zurück und begibt sich daraufhin mit seiner Kundin zu einem der hinteren Frisierplätze im Salon, sodass ich leider nicht weiter verfolgen kann, für welche Haarlänge und Frisur sich Frau Wiesenhofer letztendlich entscheiden wird. Genügend Zeit hätte ich dafür auf jeden Fall gehabt, denn erst nachdem ich einen ganzen Stapel an Frisurenzeitschriften studiert habe, erscheint Herr Engel im Salon. Ich nehme all meinen verbliebenen Mut zusammen, gehe auf ihn zu und trage mein Anliegen ganz Frei vor. Viel zu verlieren habe ich nach allen vorherigen Niederlagen sowieso nichts mehr.

»Guten Tag, mein Name ist Meike Frei. Ich bin 36 Jahre alt, aber weder überqualifiziert noch senil. Momentan bin ich noch Lehrerin, aber ich würde mich lieber mit dem, was auf dem Kopf wächst, als was darin brachliegt, beschäftigen. Aus diesem Grund bewerbe ich mich hiermit um einen Praktikumsplatz bei Ihnen«, stelle ich mich vor und ernte dafür einen amüsierten Blick.

»So so, Ihr Slogan lautet also: Tausche Füller gegen Föhn. Klingt interessant«, entgegnet der Inhaber schmunzelnd.

»Herr Engel, Ihr 18-Uhr-Termin wartet auf Sie!«, unterbricht uns die Rezeptionistin laut und fügt noch leise hinzu, »und setzt schon Spinnweben an.«

»Ah ja, danke. Tut mir leid, Frau Frei, Franziska hat recht, ich muss zu meiner Kundin. Wie wäre es, wenn Sie morgen wieder vorbeikommen würden. Dann hätte ich Zeit für ein richtiges Bewerbungsgespräch, und wir könnten uns eingehender über Ihre Vorstellungen und Erwartungen unterhalten. Franziska kann Ihnen einen Termin geben, sie kennt meinen Kalender besser als ich«, schlägt er mir vor und lässt mich und seine Angestellte allein.

»Ts, immer dasselbe mit ihm. Wenn sein Kopf nicht angewachsen wäre …! Gut, dass wenigstens eine den Überblick behält. Hier muss man ja immer für mindestens zwei mitdenken«, meckert sie vor sich hin, während sie im Terminkalender herumblättert.

»Passt 12 Uhr 30 morgen?«, fragt sie mich dann barsch.

»Ähm, das ist ziemlich knapp. Ich muss bis kurz nach zwölf arbeiten. Ginge es vielleicht auch ein wenig …«

»Sonst ist morgen nichts mehr frei!«, klärt Franziska mich direkt auf.

»Na, dann nehme ich den«, sage ich lächelnd, was umgehend mit einem schroffen »Und ja pünktlich sein!« kommentiert und einem einschüchternden Blick verstärkt wird. In diesem Moment wird mir auch klar, an wen mich die selbstsicher kommandierende Fachkraft erinnert. Wenn auch äußerlich wenig Ähnlichkeit besteht, so könnte sie vom Gemüt her Kollegin Kühns Seelenverwandte sein.

Nachdem wir also einen mehr oder weniger passenden Zeitabschnitt gefunden haben, der sich mit dem vollen Terminplan von Herrn Engel vereinbaren lässt – was meine Theorie des begehrten Friseurs bestätigt –, will ich mich gerade auf den Heimweg machen, als mir eine kurzhaarige und gut gelaunte Frau Wiesenhofer über den Weg läuft. Gefolgt von einem ebenso freudigen wie strahlenden Philipp, der mir mit hoch gestrecktem Daumen zu verstehen gibt, dass ich ihm helfen konnte und alles zur allgemeinen Zufriedenheit verlaufen ist. Mit einem guten Gefühl verlasse ich den Salon und bin nun deutlich zuversichtlicher, was meine Zukunft als Pseudo-Praktikantin betrifft. Schließlich habe ich mit meiner kleinen, aber wirksamen Einmischung schon mindestens eine Person auf meiner Seite. Und der Babo höchstpersönlich scheint zumindest nicht ganz abgeneigt zu sein, mich als Mitglied in seinem Salon aufzunehmen. Na, wenn das mal kein Erfolg wird?!

7

Lebenslange Improvisations-AG

»Du hast *was*?!«, stöhnt Julian beim Frühstück ungläubig, als ich ihm von meiner gestrigen Aktion erzähle.

»Mich um ein Praktikum im Friseursalon beworben«, wiederhole ich genervt.

»Jaja, akustisch habe ich dich schon verstanden, nur verstehe ich dich nicht!«

»Was gibt es denn da nicht zu verstehen?«, frage ich nun meinerseits.

»Na, wenn du mich fragst, so einiges. Zum Beispiel, warum *du* dich für ein Praktikum bewirbst. Ist das eigentlich nicht die Aufgabe deiner Schüler und du greifst ihnen dabei *theoretisch* unter die Arme?«

»Das war doch nur ein Experiment! Ich wollte ja nur mal gucken …«

»Ein Experiment? Hast du zu viel Trash-TV geglotzt, oder was? Wem willst du denn damit, und vor allem was willst du damit beweisen?«

»Nichts will ich beweisen, ich mache das rein aus Interesse«, versichere ich meinem Freund, der jedoch weiterhin skeptisch bleibt.

»Nie im Leben. Da steckt doch mehr dahinter. Bestimmt geht's hier wieder um irgendeine Wette oder Herausforderung, die deinen Ehrgeiz geweckt hat«, mutmaßt mein Liebster und merkt mir an der Nasenspitze an, dass er ins

Schwarze getroffen hat. Mist, warum kennt der mich nur so gut!

»Isch schwör, isch kann nix für. Die Achter haben gemeint, dass ich es nicht schaffe, einen Praktikumsplatz zu ergattern. Das konnte ich doch nicht einfach so auf mir sitzen lassen!«, rechtfertige ich mich.

»Mensch Meike, dass du dich aber auch immer in die seltsamsten Situationen bringen musst. Und was ist, wenn dieser Herr Engel dir tatsächlich einen Praktikumsplatz anbietet?«

»Na, davon gehe ich doch stark aus!«, schnaube ich.

»Du stößt den Mann damit doch vor den Kopf!«

»Der wird das nicht so eng sehen, wenn ich ihm erkläre, dass das alles für einen guten Zweck war. Ich erkläre ihm einfach, dass der moderne Lehrer von heute seinen Schülern nicht nur theoretisch, sondern auch praktisch zur Seite steht und nur Aufgaben verlangt, die er selbst lösen kann.«

»Pfff, wenn du dich da mal nicht in was reingeritten hast. Aber bitte, ist nicht mein Problem!«

»Genau, abgesehen davon, dass es in meinem Fall überhaupt kein Problem gibt. Aber du scheinst eins zu haben, oder warum bist du so gereizt?«, hake ich nach.

»Ich habe gestern erfahren, dass ich in den Osterferien keinen Urlaub bekomme.«

»Was? Wieso denn das nicht? Wir wollten doch wegfahren!«, empöre nun ich mich mit tatsächlich einem Problem.

Mein Freund weicht meinem schockierten Blick aus und starrt beschämt auf den Boden. Das wiederum macht mich jetzt skeptisch, sodass ich den Verdacht hege, dass nicht Julians Chef im Sinne der Anklage schuldig an dieser Misere ist, sondern er selbst.

»Du hast doch nicht etwa vergessen, deinen Urlaubsantrag früh genug abzugeben. Das hast du doch nicht, oder?!«

Da auch ich meinen Pappenheimer mittlerweile in- und auswendig kenne, braucht er mir gar nicht mehr zu antworten, sein Blick sagt mehr als tausend Worte.

»Grmpf, das darf doch nicht wahr sein! Mensch Julian, ich hab dich doch mehrfach daran erinnert, dass du daran denken sollst. Und jetzt, was machen wir jetzt?«

»Na, wir können gar nichts machen. Ich muss arbeiten, und du kannst ja trotzdem Urlaub machen«, erwidert er schnippisch, als ob das alles meine Schuld wäre.

»Toll, du hattest auch schon bessere Ideen!«, fauche ich gereizt und marschiere beleidigt ins Bad, um mich für die Schule und das mittägliche Vorstellungsgespräch zurechtzumachen. Ich kann und will vor allem nicht glauben, dass ich die Osterferien überwiegend ohne meine bessere – in meiner momentanen Gemütslage eher die schlechtere Hälfte – verbringen soll. Gefühlt hatte ich mich noch nie so sehr auf zwei erholsame und extrem notwendige Urlaubswochen gefreut!

In bester Montur, aber nicht gerade bester Laune fahre ich zur Schule, wo ich als Erstes die kleinen Nervensägen der Fünften unterrichten darf.

»Frau Freiii, der Alex stinkt voll nach Kalbfleisch-Knoppers! Ich kann hier nicht sitzen bleiben, mir wird voll schlecht von dem sein Maulpaul«, beschwert sich Sandy sofort, als ich den Klassenraum betrete.

Nicht verwunderlich, denn Alex kann anscheinend zu jeder Tages- und Nachtzeit Döner verschlingen, was keiner Nase verborgen bleibt.

»Gib Gummi, Sandy«, schlage ich deshalb vor.

»Hä, ich soll was?«

»Deinem geruchsintensiven Banknachbarn einen Kaugummi geben. Wenn ich mich recht entsinne, hast du doch meistens welche dabei.«

»Das ist aber nicht im Interesse der Hausordnung«, interveniert Leon direkt.

»Aber in meinem und Sandys«, stelle ich klar und beginne mit meinem Unterricht. »Am besten wir machen jetzt erst einmal ein kleines Brainstorming zum Thema Ostern. Was fällt euch denn da außer dem Osterhasen und Eiern noch ein?«

Ich rechne mit hochschnellenden Fingern und einem Ideenhagel, registriere jedoch bewegungslose Gesichter und eine bisher nicht gekannte Stille. Was würde ich unter normalen Umständen für diese Ruhe geben, aber doch nicht jetzt! Hier und jetzt will ich Wortmeldungen und Vorschläge noch und nöcher. Ich will eine von Schülern vollgeschriebene Tafel, meinetwegen auch mit einer Vielzahl an Rechtschreibpatzern.

Da, in den hinteren Reihen, ein kleiner Lichtblick am Horizont! Ein Zeigefinger streckt sich zaghaft in die Höhe, und Hoffnung keimt in mir auf.

»Ja, welchen Vorschlag möchtest du uns machen?« Auffordernd lächele ich meine junge Pionierin des Brainstormings an.

»Wollte nur fragen, ob ich auf's Klo kann«, erwidert diese gar nicht fortschrittlich.

»Ja, geh nur«, sage ich und lasse meine Schülerin ihren Grundbedürfnissen nachgehen.

Leila scheint meine Enttäuschung zu spüren, denn sie versucht mich mit einem »Sie haben selbst gesagt: Aller Anfang ist schwer!« aufzumuntern, oder einfach nur klugzuscheißen, das bleibt Ansichtssache.

»Also, so schwer kann das doch nicht sein. Na gut, dann

mache ich eben den Anfang«, seufze ich, schnappe mir ein Stück durchweichter Kreide – der Tafeldienst hat seine Aufgabe mehr als ernst genommen und ein ganzes Schwammbad angerichtet – und schreibe den Begriff *Osterglocken* an einen Strich meiner künstlerisch gezeichneten Gedankenwolke. Daneben male ich eine möglichst realistisch-floristische Abbildung der Blume. Abrupt schnellen ein paar Finger in die Höhe, darunter der von Alex, der sich nur in den seltensten Fällen zu einer Wortmeldung aufraffen kann, um einen konstruktiven Beitrag zu leisten. Gespannt nehme ich ihn an die Reihe.

»Ich weiß, was das ist!«, meint er euphorisch.

Davon gehe ich doch stark aus – vor allem, weil meine naturgetreue Zeichnung eindeutig ist –, doch will ich eigentlich nur weitere österliche Zusammenhänge knüpfen. Aber gut, immerhin hat er sich gemeldet und möchte sein Wissen kundtun. Ein kleines Erfolgserlebnis ist besser als keines. Also nicke ich ihm aufmunternd zu.

»Die Osterglocken sind die Glocken, die an Ostern läuten«, behauptet er selbstbewusst.

O je, bei mir läuten die Alarmglocken! Ein Stich fährt mir ins Herz – wenn das mal nicht die ersten Anzeichen eines bevorstehenden Infarkts sind. Schlimmer noch als diese wörtlich zwar passende, inhaltlich jedoch unpassende Auslegung meiner Osterglocken trifft mich die Tatsache, dass keiner der anderen Schüler lacht. Ich traue mich jetzt gar nicht erst zu fragen, was sie unter einem Löwenzahn oder Gänseblümchen verstehen. Nachdem ich auf meine Zeichnung gezeigt und abermals richtiggestellt habe, dass es sich bei besagten Osterglocken um eine zur Osterzeit blühende Blume handelt, stelle ich zur Anregung des Gedankenflusses Fragen und bereue es prompt.

»Warum feiern wir denn das Osterfest?«

»Wegen dem Osterhasen, der bringt die Eier«, antwortet Alex.

»Wegen des Osterhasen«, korrigiere ich zuerst – der Dativ ist dem Genitiv sein Feind – und fahre fort, »nicht ganz. Schon mal was von Jesus Christus gehört, der an Weihnachten geboren und nach seiner Kreuzigung an Ostern wiederauferstanden ist?«

»Boah, armer Kerl, hat der nur so vier Monate gelebt«, entfährt es Sandy, die sich nun auch am Unterrichtsgeschehen beteiligen möchte.

Das muss gelobt werden.

»Gut gerechnet, Sandy. Herr Müller wäre stolz auf deine mathematischen Leistungen«, sage ich und denke, *Deiner Religionslehrerin sagst du besser nichts von Jesus' Kurzlebigkeit.*

»Da waren schon noch dreiunddreißig Jahre dazwischen, bis er gestorben und wiederauferstanden ist«, stelle ich klar.

»Dann war der ja ein Zombie«, blökt Alex jetzt dazwischen.

Ich weiß nicht, was ich sagen soll. Da ich mir nicht ganz schlüssig über die korrekte Definition von »Zombie« bin, kann ich seinem Einwand nicht gänzlich widersprechen. Trotzdem bin ich mir ziemlich sicher, dass Jesus nur bedingt mit den Protagonisten diverser Horrorszenarien zu vergleichen ist.

»Jesus ist nicht auferstanden, um als Untoter Leute zu erschrecken. Ganz im Gegenteil, er wollte Menschen helfen und hat Jünger, also Anhänger gesucht, die ihn dabei unterstützen«, erkläre ich geduldig.

Zuerst den kurzen Ausflug in Flora und Fauna und jetzt ein kleiner Religionsexkurs. Wie soll man da noch zum eigentlichen Fachunterricht kommen?! Gar nicht, denn in diesem Moment klingelt es bereits, und die erste Stunde ist beendet.

Während ich im Lehrerzimmer meinen dritten Kaffee an diesem Morgen schlürfe, schweifen meine Gedanken ab zu dem nahenden Gespräch mit Herrn Engel. Meine Erwartungen und Vorstellungen solle ich ihm mitteilen, hat er gemeint. »Ich will Friseurin werden«, scheint mir als Auskunft zu dürftig zu sein. Also überlege ich fieberhaft, wie ich meine Zukunftsträume präzisieren könnte. Die Sache mit der Starfriseurin Uta Walz und ihren künstlerischen Wunderhänden könnte eventuell über das Ziel hinausschießen?! Vielleicht sollte ich ein wenig realistischer bleiben. Was genau würde ich also anstreben, wenn ich Friseurin werden wollte? Im Grunde ist die Antwort ganz simpel. Ich würde mir wünschen, Menschen verschönern zu können und glücklich zu machen, mit den Möglichkeiten, die mir und dem Kunden gegeben sind. Außerdem habe ich schon immer ein Faible für diese Vorher-Nachher-Geschichten im Fernsehen und in den Zeitschriften und möchte deshalb gerne das Gesamtpaket beherrschen, von der Typberatung über die Frisur bis hin zum richtigen Make-up. Und im Gegensatz zu meiner Kollegin, die sich nach ihrem letzten traumatischen Friseurerlebnis wahrscheinlich nie wieder auf eine Typberatung einlassen wird, bin ich davon nach dem Besuch bei »Engels-Haar« begeisterter denn je.

»Sag mal, sollte ich mir ernsthaft Sorgen um dich machen?«, fragt mich plötzlich die Kühn, die mich vom Platz gegenüber ins Visier genommen hat.

Oh nein, habe ich etwa laut gedacht?! Weiß sie schon Bescheid über mein Lehrer-Schüler-Experiment? Dabei wollte ich es geheim halten, denn die meisten würden mich nur für verrückt halten. Und jetzt das, ich werde zu meinem eigenen Judas! Wie komme ich da nur wieder raus, ohne zu viel verraten zu müssen?, überlege ich panisch.

»Nö, wieso?«, erwidere ich so gelassen wie möglich und setze eine ahnungslose Miene auf.

»Wie soll ich es vorsichtig formulieren. Steckst du in ernsthaften Geldschwierigkeiten, oder warum steckst du deine Arme in Mülltonnen?«

»Ach so, das meinst du«, seufze ich erleichtert.

Fragend hebt die Kühn beide Augenbrauen.

»Was hast du denn bitte schön erwartet? Ist das etwa nicht besorgniserregend genug, wenn meine Kollegin am helllichten Tag in öffentlichen Mülleimern nach Pfandflaschen wühlt?«

Obwohl ich es nicht will, muss ich laut lachen. Es hat keinen Tag gedauert und schon weiß die halbe Schule Bescheid. Der Informationsfluss von Eltern, Schülern und Lehrern scheint doch besser zu funktionieren, als mir bisher bekannt war – jedenfalls, was die *wirklich* wichtigen Dinge anbelangt.

»Wer hat dir denn diese lustige Anekdote erzählt?«, will ich interessiert wissen.

»Irgend so ein Quälgeist aus der Fünften. Hab mich gleich gewundert, was die da erzählt. Dann hat sich ihre Mutter also bloß versehen. Beruhigt mich, man macht sich ja so seine Gedanken.«

»Nö, die Geschichte stimmt schon«, stelle ich klar, und Kühns Gesicht nimmt nun einen gänzlich verstörten Ausdruck an. Ich kann regelrecht sehen, wie ihre Rädchen einzurasten versuchen, aber keine passende Erklärung dafür finden. Das verschafft mir einen kurzen Moment Zeit, denn auch meine Rädchen arbeiten auf Hochtouren. Ich brauche schnellstmöglich eine halbwegs glaubhafte Begründung für meine Müllwühlaktion.

Komm schon. Denk nach, Meike, denk nach!, denke ich nach.

»Ich,… ich verstehe nicht«, stammelt Kollegin Kühn währenddessen.

Denk nach, Meike… Ja! Ich hab's!

»Das ist ganz einfach. Du weißt doch, dass wir bald wieder eine Projektwoche haben«, beginne ich meine soeben kreierte Ausrede.

»Ja, erinnere mich bloß nicht an den pädagogischen Mist. Da fallen mir schon wieder meine Doppelstunden in den Sechsern aus. Die hätte ich dringend zur Vorbereitung auf die nächste Arbeit gebraucht«, grollt sie genervt.

Im Grunde kann ich ihre Verärgerung durchaus nachvollziehen. Tatsächlich gestaltet es sich schon schwierig genug, die ganzen Inhalte der voll gestopften Lehrpläne in ein Schuljahr zu quetschen, auch ohne Projektwochen.

»Hast ja recht, aber dagegen können wir leider nichts machen. Deswegen habe ich mir überlegt, noch in diesem Halbjahr eine Umwelt-AG anzubieten.«

»Umwelt-AG? Was genau soll das denn sein?«

»Da sammelt man Abfälle aus verschiedenen Materialien und wertet sie zu brauchbaren Alltagsmaterialien auf. Soll heißen, eine alte Raviolidose wird zu einem stylischen Stiftehalter umfunktioniert oder eine leere Milchtüte zu einer Geldbörse verarbeitet«, erkläre ich und danke Nele insgeheim dafür, dass sie mich immer mit sämtlichen Details ihrer Upcyclingprojekte zutextet.

»Ich hab gedacht, du bastelst nicht gerne! Hast du dich nicht erst letztens über irgendwelche Osterkarten aufgeregt? Woher kommt der plötzliche Sinneswandel?«

Tatsächlich ist das eine sehr gute Frage, zu der ich ganz schnell eine sehr gute Antwort brauche. Gott sei Dank fällt mir in diesem Augenblick ein ganz anderes Thema ein.

»Apropos Wandel, warum stehe ich eigentlich schon wieder bei den Achtern als Sportvertretung für dich auf dem Plan? Wird das jetzt ein Dauerauftrag?«, nehme ich nun meinerseits die Kollegin ins Kreuzfeuer.

»Ähm, also, das ist so… Ich…«, stammelt die ungewohnt unsicher.

Die Antwort bleibt sie mir allerdings schuldig, denn in dem Moment ertönt die Schulklingel. Obwohl sie das Ende der großen Pause ankündigt, scheint die Kühn noch nie so froh gewesen zu sein, sie zu hören.

»Sorry, wir müssen unsere nette Plauderei ein anderes Mal fortsetzen. Die Pflicht ruft. Muss weg«, verabschiedet sie sich schnell und rauscht Hals über Kopf davon. Verwundert, was wohl der Grund ihres überstürzten Abganges gewesen sein könnte, bewege ich mich in Richtung Mehrzweckhalle.

Als ich dort ankomme und mich für den Sportunterricht umziehen möchte, stelle ich erschrocken fest, dass ich meine Sportkleider vergessen habe.

»Verdammt! Muss in der morgendlichen Hetze passiert sein. Na ja, wird auch so gehen. Ist schließlich kein Weltuntergang«, versuche ich mich zu beruhigen, »wird höchstens ein paar blöde Schülerkommentare geben.«

In der Tat dauert es keine zwei Minuten bis die umgezogenen Schüler genüsslich ihren Senf dazu beitragen müssen.

»Ey, Frau Frei, trägstu kein Sportzeusch!«, stellt Hassan mit seinem fachmännischen Blick fest, und der muss es ja wissen.

»So dürfen Sie aber nicht mitmachen!«, behauptet nun Johanna besserwisserisch.

»Und Sie kriegen einen Strich für vergessene Sportsachen!«, stimmt Kimberly freudig in die lustige Lästerrunde mit ein, während Jakob eine sehr überzeugend niedergeschlagene Miene aufsetzt und dazu jammert: »Ooohh, dann muss Sport heute wohl leider ausfallen.«

Okay, Improvisation ist alles, denke ich mir und erwidere seelenruhig: »Nein, das muss er nicht. Heute versuchen wir etwas ganz Neues. Einer von euch wird die Stunde zu eurer derzeitigen Einheit *Dribbeln und Passen im Fußball* durchführen, und ich schaue mir das Ganze an. Wie wäre es mit dir, Jakob, oder doch lieber du, Hassan?«

Die selbstsicheren Lästermäuler sind sich auf einmal ihrer selbst gar nicht mehr so sicher. Mit eingezogenen Köpfen und offenen Mündern starren sie mich aus schreckgeweiteten Augen an.

»Keine Angst, wenn ihr Hilfe braucht, stehe ich euch natürlich zur Seite«, beruhige ich die verstörten Gemüter.

Hassan fängt sich als Erstes wieder, schließlich hat er seinen Ruf als Klassenbabo zu verlieren und kann sich als selbst ernanntes Oberhaupt keine Blöße geben.

»Geht fit! Isch brauch keine Hilfe. So 'ne Sportstunde halt isch mit links. Hab schon F-Jugend beim Fußball trainiert!«

»Na dann. Ich bin auf der Tribüne.«

Damit übergebe ich ihm den Schlüssel für die Materialschränke und schlendere in Richtung meines Sitzplatzes ans andere Hallenende. Ich habe mich noch nicht richtig hingesetzt, da höre ich bereits ein panisches »Frau Freiii!« durch die ganze Halle schallen. Verwundert drehe ich mich um und sehe einen wild gestikulierenden Hassan, inmitten einer aufgebrachten, weiblich dominierten Schülermenge. Schweren Herzens beschließe ich dem hilflosen Aushilfslehrer zu Hilfe zu kommen, bevor der Pöbel richtig über sein »Opfa« herfällt.

»Was ist denn los?«

»Die hören mich nischd zu!«, schimpft Hassan.

»Ach nee, das dürfte dir ja eigentlich nicht unbekannt sein!«

»Wieso?«, fragt das Unschuldslamm, das sich weder der Ironie noch seiner Schuld bewusst ist.

»Egal! Was ist denn nun das Problem?«, will ich wissen.

»Die Chicks wollen sich nix sagen lassen!«, kreischt mein kleiner Macho.

Da sein Gesicht mittlerweile pure Verzweiflung ausdrückt und ich ein klein bisschen Mitleid mit ihm habe – die Erinnerung an mein Referendariat ist noch sehr präsent –, erkläre ich mich dazu bereit, die rebellierende Mädchentruppe zu übernehmen. Hassan ist mir daraufhin unendlich dankbar, und ich mutmaße, dass er sich mir gegenüber zukünftig etwas kleinlauter verhalten wird. Das anschließende Training mit den »Hühnern« macht mir so viel Spaß, dass ich bei den meisten Übungen selbst Fuß an den Ball lege. Im Großen und Ganzen kann ich am Ende der Sportstunde festhalten, dass das Experiment *Schülerlehrer* durchaus wiederholt werden sollte. Zufrieden begebe ich mich in die Lehrerumkleide, wo ich zu meinem Entsetzen feststellen muss, dass meine Transpiration mehr als gut funktioniert. Und da ich keine Funktions-, sondern Straßenkleidung trage, kann das auch jeder Außenstehende deutlich sehen.

»Verdammt, ich kann doch nicht mit Schweißflecken zum Vorstellungsgespräch! Wie sieht das denn aus?!«, fluche ich.

Panisch räkele ich mich unter der integrierten Föhnanlage der Halle, um wenigstens die gröbsten Spuren auf meiner Bluse zu verwischen beziehungsweise zu trocknen. Mit heißen, aber halbwegs trockenen Achseln, gehe ich mit der Sportklasse zurück in die Schule.

Auf dem Rückweg lasse ich mich von meinen Sorgenkindern auf den neuesten Stand der Praktikumssuche bringen. Es verblüfft mich zu hören, dass es seit gestern ausnahmslos alle geschafft haben, sich einen Platz zu sichern. Sogar Kimberly hat einen passenden Salon gefunden, in dem sie für die kommenden drei Wochen arbeiten darf, was mich ungemein erleichtert. Ich habe bereits befürchtet, dass ich mich mit ihr auf die Suche machen muss, was mir nach meiner eigenen Odyssee sehr ungelegen gekommen wäre.

»Ey Frau Frei, was is eigentlisch mit deinem Praktikum?«, brüllt Hassan passend über sämtliche Köpfe hinweg, die sich nun alle interessiert zu mir umdrehen.

»Na was schon, der Praktikumsplatz ist mir so gut wie sicher. Muss nachher nur noch kurz mit dem Salonleiter die Einzelheiten bequatschen«, erwidere ich extrem lässig.

»Aha, und da wollen Sie mit Ihrer verschwitzten Kleidung hingehen? Ich hab gedacht, das sei ein No-go?!«, stichelt Johanna sofort.

Ich zucke nur mit den Schultern und hake ab, dass sie sich diesen Punkt korrekt gemerkt hat.

»Und was ist, wenn Sie den Platz bekommen?«, fragt Kimberly neugierig.

»Dumme Frage, Kimi, was soll schon sein? Nix natürlich, oder meinst du Frau Frei macht auch ein Praktikum?!«, reagiert Johanna genervt.

»Na ja, warum denn nicht. Wäre doch ’ne ächt krasse Aktion, so wie als dieser Typ, der immer das Jenke-Experiment macht. Wie heißt der nochmal?«, überlegt Kimberly fieberhaft.

»Ts, Jenke heißt der Typ, du Laterne. Deshalb Jenke-Experiment«, stöhnt Hassan und schüttelt seinen Kopf.

»Das macht die Frei doch nie im Leben. So cool ist die nicht!«, gibt Johanna ihren Senf dazu, was mich tatsächlich nicht ganz cool lässt. Streng genommen, zähle ich mich nämlich auf jeden Fall zu den abgespaceten Lehrern. Nicht umsonst halte ich mich rein interessehalber immer auf dem neuesten Stand des aktuellen Jugendslangs.

»So einfach wie ihr euch das vorstellt, ist das bei mir auch nicht. Schließlich habe ich schon einen Beruf. Und als eure Lehrerin gibt es für mich mehr als genug zu tun«, versuche ich klarzustellen.

»Jaja, reden sie sich nur raus. Wie sagen Sie immer? Wo ein Wille ist, ist auch ein Weg«, kontert Johanna.

Ich bin überrascht, dass sie diese Lebensweisheit behalten hat.

»Seid ihr denn schon aufgeregt so kurz vor Praktikumsbeginn?«, lenke ich ab.

»Wieso sollte misch? Drei Wochen Dauerchillaxen, bessa geht nicht!«, behauptet Hassan in seiner jugendlichen Naivität und erhält von einigen Mitschülern auch prompt begeisternde Zustimmung.

Wenn die sich da mal nicht täuschen, denke ich nur, enthalte mich aber eines Kommentars, denn die Realität wird sie noch früh genug eines Besseren belehren. Da muss ich mich jetzt nicht vordrängeln.

Zurück im Schulgebäude stelle ich fest, dass ich in eineinhalb Stunden im Friseursalon »EngelsHaar« sein muss. Das heißt nur noch eine Sprechstunde überstehen, zu der sich bisher sowieso niemand angemeldet hat – also werde ich wohl eher eine Freistunde haben. In besagter Sprechstunde bleibe ich dementsprechend im Lehrerzimmer sitzen und beginne mit der Unterrichtsvorbereitung für die darauffolgende Woche.

»Hab gehört, du setzt dieses Jahr auf Nachhaltigkeit mit einer Umwelt-AG?«, unterbricht mich Kollege Wohlfahrt, der um diese Zeit eine Freistunde hat.

Na, das hat ja schnell die Runde gemacht. So ein Mist, aus der Bastelnummer komme ich wohl nicht mehr heil heraus – ich hasse Basteln! Wieso ist mir nichts Besseres eingefallen?, ärgere ich mich still über meine unüberlegte Notlüge.

»Ja, ich biete eine Umwelt-AG an«, antworte ich mehr oder weniger begeistert.

»Das ist ja toll! Man kann nicht früh genug damit anfangen, etwas für die Umwelt zu tun. Ich sage mir auch immer, Sascha, sage ich mir, Sascha, du musst deinen Beitrag für die Umwelt leisten.«

Ich nicke bestätigend, während er enthusiastisch fortfährt: »Recycling sollte bestenfalls in den eigenen vier Wänden anfangen.«

»Mhm«, murmele ich.

»Ich verwende mittlerweile sogar Kaffeefilter und Teebeutel mehrfach.«

»Bäh«, entfährt es mir mit einer Spur Entsetzen, »das schmeckt doch nicht!«

»Geschmack ist relativ. Hier geht es doch um höhere Werte. Unsere Kinder sollen schließlich in einer Welt aufwachsen, in der …«

Das geht mir jetzt doch zu weit. Umweltbewusstsein hin oder her, bei Kaffee hört der Spaß *und* das Recycling auf. Während Wohlfahrt weiter über die Wichtigkeit eines nachhaltigen Lebensentwurfs referiert, fokussieren sich meine

Gedanken, besser gesagt mein einziger Gedanke, auf die Vorstellung eines Latte macchiato vanilla XXL. Trotz jahrtausendelanger Evolution kehre ich in diesem Moment zum Pawlow'schen Grundmodell zurück, denn ich bemerke eine vermehrte Speichelproduktion. Ich beschließe diese umgehend zu unterbinden und mir in »Caros Cafébar« um die Ecke das ersehnte Heißgetränk zu beschaffen.

Als ich die Tür des Lehrerzimmers öffne, ist der Schock allerdings auf meiner Seite, denn ich starre auf eine überdimensionale Oberweite, die in einem winzigen Stück Stoff gefangen gehalten wird. Reflexartig weiche ich einige Schritte zurück und erkenne nun die vollen Ausmaße der vor mir stehenden Person. In diesem Moment weiß ich nicht, was mich mehr schockiert, die furchteinflößende Größe und Statur der muskelbepackten Dame oder ihr äußerst knappes XS-Motto-Shirt mit dem einfallsreichen Aufdruck *SEXY BITCH*. Ich meine, dieses geschmackvolle Kleidungsstück schon irgendwo gesehen zu haben, erinnere mich aber nicht genau wann und wo.

»Wie kann ich Ihnen helfen, Frau …?«, frage ich zaghaft nach.

»Schwarzenholz! Ich will diese Frei sprechen!«, schnauzt sie weniger zaghaft zurück.

Panik überfällt mich. Was kann dieser weibliche Muskelberg, der eher den Namen *Schwarzenegger* verdient hätte, nur von mir wollen? Für einen kurzen Moment bin ich versucht, meine wahre Identität zu verleugnen, überlege es mir dann aber doch anders.

»Ähm, äh, also, das bin ich. Ich bin Frau Frei. Was kann ich denn für Sie tun, Frau Schwarzenegger, ähm, -holz?«

»Was fällt Ihnen ein!«, blökt die furchteinflößende Walküre.

Ich muss zugeben, dass mir momentan gar nichts einfällt, denn bis auf diesen kleinen Freudschen Versprecher weiß ich nicht, was ich dieser mir bis dato unbekannten Frau getan haben soll.

»Was meinen Sie genau?«, hake ich deshalb nach.

»Na, was wohl? Das sehen Sie doch selbst!«, schnauft sie mit geschwollener Brust.

Ungewollt muss ich auf die größer werdenden Buchstaben ihres Shirts starren. Das B von *BITCH* ist mittlerweile schon ein Doppel-B.

»Ich verstehe nicht…«, stammele ich irritiert und überlege noch immer fieberhaft, was ich verbrochen haben soll.

»Wegen Ihnen ist meine Sandy heulend nach Hause gekommen!«

»Sandy…?«, grübele ich laut, und schlagartig schießen mir Bilder meiner Fünftklässlerin durch den Kopf, deren freizügige Kleiderwahl ich als verantwortungsbewusste Lehrerin und zukünftige Stylingberaterin nicht akzeptieren konnte. Jetzt weiß ich auch wieder, warum mir dieses T-Shirt so bekannt vorkam.

»Frau Schwarzenholz, Sie müssen verstehen, dass ein zehnjähriges Mädchen in der Schule nicht mit dem Shirt-Aufdruck *SEXY BITCH* herumlaufen kann.«

»Warum denn nicht? Ich trage es doch auch. Wer sexy ist, kann das auch zeigen. Oder wollen Sie etwa sagen, dass mir das nicht steht?!«, fährt sie mich bedrohlich an. Aus Angst vor ihren »schlagfertigen« Argumenten schüttele ich vehement den Kopf, wende aber ein, dass Mädchen in diesem Alter eher niedlich als sexy sein sollten. In diesem Zusammenhang beschleicht mich jetzt zudem der Verdacht, dass sie eventuell der englischen Sprache nicht mächtig sein könnte und ihr daher die Bedeutung von »bitch« nicht geläufig ist. Mit äußerstem Feingefühl wage ich mich an dieses heikle Thema heran.

»Frau Schwarzenholz, Sie müssen auch bedenken, dass mit diesem Aufdruck Signale gesendet werden, die eventuell missverständlich sein könnten. Ich meine …«

»Was meinen Sie denn mit missverständlich, die Botschaft ist doch eindeutig!«, unterbricht sie mich lautstark.

Eindeutig läuft hier etwas falsch. *Diese Frau versteht weder mich noch Englisch*, denke ich und versuche es erneut.

»Was sagt denn Ihr Mann, Sandys Vater, zu diesem Shirt?«, frage ich.

»Also, erstens ist Sandys Vater nicht mein Mann. Zweitens ist mein derzeitiger Mann ab morgen auch nicht mehr mein Mann, ab dann sind wir geschiedene Leute. Und drittens hat mein neuer Freund überhaupt nichts dagegen. Im Gegenteil, der fährt nämlich total auf sexy ab!«

Jetzt wird mir einiges klar.

Sie ist sich weder ihrer Bedeutung als elterliches Vorbild noch der Bedeutung von »bitch« bewusst. Mehr noch, sie lebt das Motto sozusagen mit Leib und Seele aus. Für Sandy wäre es mir lieber gewesen, es hätte an Frau Schwarzenholz' mangelnden Englischkenntnissen gelegen. Da ich mit meiner bisherigen Argumentation jedoch auf Granit bei der Sexy-Hexy gestoßen bin, wende ich nun eine andere Taktik an.

»Frau Schwarzenholz, es freut mich, dass Sie und Ihr Lebensabschnittsgefährte« – das Wort wird in diesem Zusammenhang seiner Bedeutung mehr als gerecht – »eine funktionierende Beziehung führen und er Ihren Kleidungsstil zu schätzen weiß. Je länger ich dieses figurbetonte Shirt an Ihnen sehe, desto sicherer bin ich mir, dass es nie an einen anderen Körper als den Ihrigen gehört hat. Es steht Ihnen wirklich fabelhaft, übrigens viel besser als Ihrer Tochter. Für Sandy war dieses Kleidungsstück sowieso ein paar Nummern zu groß. Meinen Sie nicht auch?«

Vielleicht kann ich wenigstens die Tochter retten, wenn bei der Mutter Hopfen und Malz schon verloren sind.

Es verstreichen einige Sekunden der Stille, die mir wie Minuten vorkommen. Dann meine ich eine erste Veränderung bei der bis dahin aufgebrachten Mutter zu verspüren. Ihre angespannten Gesichtszüge lockern sich nach und nach, und ein leichtes Lächeln umspielt ihre Lippen.

»Meine Worte! Dieses Shirt kann nicht jede tragen, aber *ich* habe eindeutig die Figur dazu. Sandy hat genug andere Oberteile!«, meint sie.

Bestätigend nicke ich, denn aus meinem Mund bringe ich jetzt sowieso nichts mehr heraus außer den obligatorischen Verabschiedungsfloskeln. Als ich der wegmarschierenden Pseudo-Schwarzenegger hinterherblicke, bin ich mir fast sicher, dass sie sich noch einmal umdreht und mir ein »I'll be back« entgegenwirft. In Windeseile knalle ich die Tür zu und werde sodann von einer Ganzkörpergänsehaut übermannt.

»Na, das war ja mal ein Bild von einem Mann!«, platzt es aus Sascha heraus.

Ich bin im ersten Moment noch zu schockiert, um seinen Witz zu verstehen. Panisch renne ich zu meinem Schulplaner und blättere mit hektischen Fingern die Seiten um, auf der Suche nach Sandys Fünferklasse und ihren Zensuren. Mein Zeigefinger fliegt über die Zeilen, bis ich den Namen *Schwarzenholz* gefunden habe.

»Uff, noch eine Drei!«, seufze ich erleichtert.

Erschöpft sacke ich auf dem Stuhl zusammen, denn noch einmal möchte ich nicht solch einen Überraschungsbesuch von Sandys Mutter bekommen. Wer weiß, ob sie nicht auch zum Terminator mutieren würde, wenn ihr kleines Mädchen mal eine Fünf mit nach Hause bringt.

»Da bin ich ja doch froh, dass ich in diesem Jahr keine Fünferklasse unterrichte. Dort geht's ja bunt zu«, beschreibt mein Kollege euphemistisch die Lage.

Auch ich hoffe, im kommenden Schuljahr weder Sandy, die Fünfer noch irgendeine andere nervenaufreibende Klasse unterrichten zu müssen. In diesem Augenblick klopft es beherzt an die Tür. Mitleiderregend schaue ich die Wohlfahrt an.

»Komm, mach deinem Namen alle Ehre. Ich kann nicht mehr!«, flehe ich ihn an, und tatsächlich hat mein Kollege Mitleid mit mir und schreitet zur Tür.

Ich lege meinen mittlerweile extrem schweren Kopf auf den Tisch. Die Diskussion mit Frau Schwarzenholz hat mich nicht nur Nerven, sondern vor allem Kraft gekostet. Dabei muss ich mich doch in einer halben Stunde von meiner besten Seite zeigen.

»Meike, ist für dich!«, flötet mir Sascha viel zu gut gelaunt zu.

Och nee! Was ist denn heut nur los?!, denke ich weniger gut gelaunt und begebe mich schweren Schrittes zur Tür.

Zu meinem Entsetzten steht dort der Vater von Alex, meinem frechsten und zugleich faulsten Schüler.

»Guten Morgen, Herr Schlachter! Was kann ich für Sie tun?«

»Ich muss mit Ihnen unter vier Augen reden, Frau Frei«, sagt er mit einem kritischen Blick auf Kollege Wohlfahrt.

»Der Mediationsraum ist frei«, schlägt Sascha sofort vor und zwinkert mir dabei verschwörerisch zu.

Ich könnte ihn für diesen gerissenen Schachzug umarmen, denn der kleine Besprechungsraum ist unsere Geheimwaffe bei Elterngesprächen, die eventuell zeitlich ausufern könnten. Und der Ruf von Herrn Schlachter eilt diesem voraus: kein Gespräch beziehungsweise Monolog unter einer Dreiviertelstunde. Um noch einmal zurück zum Mediationsraum zu kommen, muss zuerst erwähnt werden, dass hier allerdings nur entfernt von einem Raum die Rede sein kann, Kabuff wäre definitiv die treffendere Bezeichnung. Je länger man sich in diesem Raum aufhält, desto näher scheinen sich die Wände aufeinander zuzubewegen, nichts für klaustrophobische Gemüter. Abgesehen davon, besticht die kleine Besenkammer durch ihr saunaähnliches Ambiente, denn die verhältnismäßig großen Fenster sind nach Südosten hin ausgerichtet und lassen trotz ihrer zentimeterdicken Staubbeschichtung Sonnenstrahlung und Hitze hinein, aber keineswegs wieder hinaus. Summa summarum möchte sich in dieser überhitzten Folterkammer höchstens ein finnischer Saunabarde länger als fünf Minuten aufhalten. Ideal also, wenn das Gespräch nicht unnötig in die Länge gezogen werden soll.

Als Herr Schlachter und ich den winzigen Besprechungsraum betreten, schlägt uns zuerst der warme, abgestandene Geruch der letzten heißen Frühlingstage entgegen. Instinktiv möchte ich alle Fenster aufreißen, versuche aber meine Reflexe zu unterdrücken. Nachdem wir auf den alten, harten und somit ungemütlichen Holzstühlen Platz genommen haben, bringt Herr Schlachter sein Anliegen ohne große Umschweife auf den Punkt.

»Alex ist nicht faul, sondern hochbegabt!«, schnauft er.

Wüsste ich es nicht besser, würde ich denken, er meint einen anderen Jungen. Irrtum ist in diesem Fall aber ausgeschlossen, denn Herr Schlachter hat wegen Alex schon das ein oder andere Gespräch in der Schule führen müssen. Bisher hatte ich jedoch das große Glück, ihn so unter Kontrolle zu halten, dass mir ein Elterngespräch erspart geblieben ist. Dass sich das gerade heute ändern soll, ist mehr als ungünstig.

»Herr Schlachter, was veranlasst Sie denn zu glauben, Alex sei faul, ähem, hochbegabt?«

Ersteres steht außer Frage, Letzteres kommt gar nicht erst infrage.

»Wissen Sie, Frau Frei, mein Sohn wird von den Lehrern falsch verstanden. Alex ist im Grunde ein ganz sensibler Junge.«

Sensibler Junge?, sofort schießen mir Bilder von der letzten Pausenaufsicht in den Kopf, als besagter empfindsamer Sohn ganz einfühlsam einen viel kleineren Jungen zuerst auf die nasse, dreckige Erde gestoßen und dann mit seinen Kumpels ausgelacht hat.

»Ich komme damit zu Ihnen, weil er Sie respektiert.«

Respektiert?, jetzt erst wird mir klar, dass der Junge mir puren Respekt zollen wollte, als er mir vor kurzem mit Spucke befeuchtete Kügelchen auf meinen Rücken geschossen hat.

»Sie müssen verstehen, dass Alex schon immer missverstanden wurde. Das hat bereits in der Grundschule angefangen. Die Pädagogen haben ihn damals schon falsch eingeschätzt, als Störenfried abgestempelt und die Klasse wiederholen lassen. Dabei war er einfach nur unterfordert, der Unterricht und die Hausaufgaben haben ihn damals wie heute gelangweilt. Man kann dem Jungen ja nicht vorwerfen, dass er hochbegabt ist. Können Sie nicht mal mit Ihren Kollegen reden und das richtigstellen?«, fragt er mich ernsthaft.

Ungläubig starre ich in das besorgte Gesicht des vor mir sitzenden Vaters. Reden wir hier wirklich von dem selben

Kind? Ist Alex zu Hause der Mustersohn, oder hat der Vater einfach nur Tomaten auf den Augen, in den Ohren und im Hirn? Egal, aus welchem Grund auch immer er seinen Sohn zu einem Heiligen emporhebt, eines kann ich mit absoluter Sicherheit sagen: Er ist es nicht! Ich spüre in diesem Moment, wie meine Lachmuskeln sich langsam anspannen. Um nicht in einen erstklassigen Lachkrampf auszubrechen, bemühe ich mich krampfhaft, den aufkommenden Lachimpuls zu unterdrücken, was dazu führt, dass mein Organismus von Hitzewallungen erfasst wird. Schweißperlen bilden sich auf Stirn, unter Achseln und sogar in den Kniekehlen. Die Hitze der schulinternen Sauna, in der ich momentan festsitze, begünstigt die plötzlich einsetzende Transpiration zusätzlich.

Wer andern eine Falle stellt, fällt selbst hinein! Mein eigens eingefädelter Plan, das Gespräch durch widrige äußere Bedingungen abzukürzen, wird mir schlagartig selbst zum Verhängnis. Abgesehen davon, habe ich nicht die leiseste Ahnung, wie ich angemessen auf Herrn Schlachters Anliegen reagieren soll, in Anbetracht der mir verbleibenden Zeit schon gar nicht. Schockiert stelle ich bei einem flüchtigen Blick auf meine Uhr fest, dass ich mich in spätestens fünf Minuten auf den Weg zum Friseursalon machen muss.

Hilfe! Wie komme ich hier nur wieder raus?, schreit meine innere Stimme.

»Herr Schlachter, auch hochbegabte Kinder müssen ihre Hausaufgaben machen und sich an die schulinternen Regeln halten«, versuche ich es ganz solidarisch.

»Aber Alex hält sich doch im Großen und Ganzen an die Regeln. Die anderen Lehrer haben ihn nur auf dem Kieker«, bleibt der Vater stur.

Der Sekundenzeiger ist eindeutig in den letzten Sekunden schneller geworden. Mir rennt im wahrsten Sinne des Wortes die Zeit davon, und die loyal gemeinten Argumente verflüchtigen sich ebenso.

»Ist Ihnen nicht auch furchtbar heiß, Herr Schlachter? Das ist ja kaum auszuhalten hier«, ändere ich meine Strategie.

»Geht so«, entgegnet Her Schlachter cool.

Mist! Meine Taktik tickt so gar nicht nach meinem Takt!

»Ich denke, Sie sollten Alex zuerst einmal auf Hochbegabung testen lassen, um seinen Intelligenzquotienten genau bestimmen zu können« – der bestimmt noch nicht einmal die derzeitig vorherrschende Zimmertemperatur erreicht –, »damit wir wissen, wo wir stehen und seine Förderung dementsprechend planen können. Welchen IQ hatte er noch bei seinem ersten Test?«

Herr Schlachter wirkt plötzlich etwas verlegen und stammelt ein wenig verunsichert: »Ein Test? Also, ähm, wir haben so was nie gemacht. Hab nicht gedacht, dass man das braucht. Ich meine, Eltern merken doch selbst, wenn ihr Kind besondere Begabungen hat.«

»Das stimmt zum Teil, aber die Testverfahren der Experten können noch genauer erfassen, in welchen Bereichen Ihr Sohn begabt beziehungsweise sogar hochbegabt ist«, erwidere ich schnell, denn mittlerweile ist die verbleibende Zeit abgelaufen.

»Hmm, wenn das unbedingt notwendig ist. Für sein Kind tut man ja alles!«

Dass Herr Schlachter das wirklich tut, steht bei seinem verwöhnten Alex außer Frage.

»Wenn Sie die Testergebnisse haben, können wir einen weiteren Termin vereinbaren, um darüber zu sprechen«, sage ich und bin der sicheren Überzeugung, so schnell nichts mehr von Herrn Schlachter zu hören. Mit einem feuchten

Händedruck verabschieden wir uns, und ich sperre schweißgebadet die kochende Besenkammer zu. Im Sauseschritt rase ich auf die Toilette, um dort mein Aussehen noch einmal in Schach zu bringen. Die Sauna und Herr Schlachter haben mich allerdings eher Schachmatt gesetzt. Dunkle Schweißflecken zieren an mehreren Stellen meine Bluse. Schlimmer geht's nimmer!

»Es muss aber irgendwie gehen!«, rede ich mir gut zu und renne unter Zeitdruck direkt ins Lehrerzimmer zu der Tonne mit den Fundsachen. Hektisch durchwühle ich die liegen gelassenen Kleidungsstücke von Schülern.

»Was genau machst du da, Meike?«, fragt mich die Wohlfahrt.

Verdammt! An den hatte ich gar nicht mehr gedacht!

»Suche was für meine Umwelt-AG!«, nutze ich meine inzwischen vielseitig einsetzbare Standardnotlüge.

»Gute Idee. Ich habe mir letztens auch gesagt, Sascha, habe ich mir gesagt, Sascha, so groß sind die Löcher in den Socken auch wieder nicht, dass man sie nicht noch einmal stopfen könnte. Und auch bei Unterhosen sollte man …«

Ich höre schon nicht mehr zu, denn ich bin in Eile und möchte mir nicht vorstellen müssen, wie mein Kollege seine abgenutzten Unterhosen wiederverwertet. Begeistert sehen meine Augen in diesem Augenblick eine schlichte, weiße, na ja, vielleicht eher beigefarbene Bluse, die in etwa meine Größe haben könnte. Ein Hoch auf die Vergesslichkeit der Schüler!

Mit einem kurzen »Muss weg!« verabschiede ich mich von meinem redseligen Kollegen und stürme zurück auf die Toilette, um mich umzuziehen. Dort stellt sich heraus, dass es eine gute und eine schlechte Nachricht gibt. Die gute besteht darin, dass die Bluse tatsächlich passt, die schlechte kann man mit dem Geruchssinn wahrnehmen. Der längere Aufenthalt in der Sammeltonne hat dem Aroma der Bluse nicht gutgetan. Da ich mittlerweile aber ein Improvisationstalent bin und mir einiges von meinen Schülern abgeguckt habe, besprühe ich mich von unten bis oben mit einem Antitranspirant. In der Not tankt der Teufel Deo, oder so…

In eine dichte Duftwolke gehüllt, mache ich mich dann endlich auf den Weg in den Himmel besser gesagt zu »EngelsHaar«.

Unter Missachtung der ein oder anderen tief orangefarbenen Ampel schaffe ich es gerade so pünktlich im Salon zu erscheinen. Atemlos und abgehetzt eile ich zur Rezeption, an der mich Philipp zuerst wie gewohnt formvollendet begrüßt.

»Frau Frei, wie schön, dass Sie uns wieder beehren. Wie kann ich Ihnen helfen? Ich hoffe doch, dass Sie noch zufrieden mit Ihrer neuen Kurzhaarfrisur sind.« Nachdem ich ihm japsend mitgeteilt habe, dass ich noch immer begeistert von seiner Meisterleistung bin, der eigentliche Grund meines Besuchs aber ein Vorstellungsgespräch mit dem Saloninhaber ist, fängt der Friseur doch tatsächlich zu lachen an und verhält sich alles andere als professionell.

»O je, du hättest dich nicht so beeilen müssen. Hihihi, da hat Feldwebel-Franzi wohl vergessen, dir zu sagen, dass Herr Engel es mit seiner eigenen Pünktlichkeit nicht immer so genau nimmt. Wenn er 12 Uhr 30 sagt, meint er eigentlich 13 Uhr, gelegentlich auch 13 Uhr 15«, klärt er mich direkt und ungewohnt formlos auf. Anscheinend sieht er in mir schon die Kollegin und nicht die Kundin. Wenn das kein positives Omen ist?!

»Feldwebel-Franzi?«, keuche ich.

»Ist der Spitzname unserer generalstabsmäßigen Rezeptionistin Franziska, die du bestimmt schon kennengelernt hast. Sie ist hier der eigentliche Manager des Salons, hält die Zügel in der Hand und alles andere am Laufen. Mit Argusaugen überwacht unser liebenswerter General die Aktivitäten im Laden und hat kein Problem damit, die Anderen auf ein Problem hinzuweisen. Einige Stimmen behaupten, dass sie den Terminkalender sogar rückwärts im Schlaf aufsagen kann.«

»Ah ja, ganz Kühn«, stammele ich und denke, *Mist, wenn ich das mit Herrn Engels Termingelassenheit nur vorher gewusst hätte! Dann hätte ich nicht meinen Führerschein und den Verlust meiner Geruchsnerven wegen der muffeligen Bluse riskieren müssen.*

»Du bist also die Lehrerin, die bei uns als Friseurin umlernen möchte, oder?«, fragt mich Philipp frei Schnauze.

»*Zur* Friseurin und jep, die bin ich dann wohl!«

Der Informationsfluss scheint nicht nur in unserer Schule äußerst gut und schnell zu funktionieren.

»Und du hast dir das wirklich gut überlegt? Ich meine, als Lehrer verdient man doch deutlich mehr und hat auch noch die ganzen Ferien.«

»Das stimmt schon«, erwidere ich, »aber die Arbeit an sich kann doch sehr zermürbend sein.«

»Bei uns im Salon ist auch nicht jeden Tag eitel Sonnenschein«, stellt er klar.

»Ja, aber hier gehen die Menschen freiwillig und gerne hin und kommen auch mit Freude wieder. Außerdem wissen die Kunden zu schätzen, was der Friseur für sie tut. Das kann ich von meinem Klientel nicht unbedingt sagen.«

»So kann ich das nicht stehen lassen. Wir werden auch nicht immer mit Dankbarkeit und Anerkennung überhäuft. Zu genau diesem Thema kann ich dir ein Liedchen trällern.

Der Schock sitzt mir immer noch in den Knochen. Wenn du willst, erzähl ich's dir.«

Warum eigentlich nicht, denke ich mir, denn ein wenig Unterhaltung verkürzt die Wartezeit. Also gebe ich Philipp zu verstehen, dass ich ganz Ohr bin, und der beginnt sofort, mir expressiv von seinem traumatischen Erlebnis zu berichten.

»… Nachdem ich also gewaschen, geschnitten, geföhnt und frisiert hatte, als gäbe es kein Morgen mehr, hat Frau Schmidts Haarschnitt echt megastark ausgesehen! Ich war richtig berauscht von meiner Leistung, wie auf 'nem Drogentrip. Ich bin dann wie auf Wolke sieben um die Ecke geschwebt, um ihre Jacke aus dem Schrank zu nehmen, und als ich zurückkam … ich muss mich kurz sammeln, trug die Kundin ihre frisch gestylten Haare in einem Pferdeschwanz zusammengebunden. Und als ob das der Demütigung nicht schon genug wäre, sagt sie zu allem Übel auch noch: ›Jetzt gefällt's mir richtig gut!‹ Für einen kurzen Moment habe ich gedacht, ich bräuchte gleich einen Notarzt, weil mein Puls sich plötzlich extrem beschleunigt hat. Irgendwie habe ich mich dann aber wieder gefangen und ihr wie in Trance in die Jacke geholfen. Die Abrechnung musste dann aber Franziska machen, sonst hätte ich wohl höchstpersönlich nicht nur finanziell mit Frau Schmidt abgerechnet. Seitdem meide ich alle Kundinnen, die mit dem obligatorischen ›Steffi-Graf-Gedächtnis-Pferdeschwanz‹ den Salon betreten. Also, so viel zu Dankbarkeit und Anerkennung!«

»Das hat die Kundin aber bestimmt nicht böse gemeint. So etwas darf man doch nicht persönlich nehmen!«, merke ich an.

»Das könnte ich dann aber genauso gut über deine ›Kundschaft‹ sagen. Ich glaube nicht, dass die Schüler es immer böse meinen oder die Lehrer persönlich angreifen wollen, oder?«, gibt der Friseur mir zu bedenken.

»Hmm, wahrscheinlich nur die wenigsten«, gebe ich zu, »aber es gibt da immer ein paar spezielle Fälle, die ausreichen, um den ganzen Unterricht durcheinanderzubringen.«

»Bei uns gibt es auch den einen oder anderen ganz speziellen Kunden«, meint er daraufhin, und ein Lächeln umspielt seinen Mund.

»Was meinst du mit ›ganz speziell‹?«, frage ich neugierig nach.

Das lässt der plauderfreudige Philipp sich nur einmal fragen und spielt mit Begeisterung ein paar der ungewöhnlichsten Kundengespräche nach.

Situation 1:

Kunde verlangt:	»Einmal Haare rasieren!«
Friseurin starrt auf Kunden mit Glatze.	
Friseurin fragt irritiert:	»Bitte? Ich verstehe nicht?«
Kunde erwidert mit einem erwartungsvollen Grinsen:	»Nicht die auf dem Kopf.«

Situation 2:

Kunde:	»Ich hätte gerne Strähnchen!«
Friseur:	»Kein Problem! Wie viele denn?«
Kunde:	»Na, für einen aufhellenden Teint im Bart!«
Friseur:	»Im Bart?!«

Situation 3:

Kundin betritt Salon und verlangt:	»Der Seppl hätte gerne die gleiche Haarfarbe wie ich!«
Friseur lächelt, sieht sich suchend um und fragt:	»Gerne! Wo ist denn Ihr Mann?«
Kundin zieht Stirn kraus und stellt klar:	»Wieso Mann? Ich meine den Hund!«

Ich staune nicht schlecht, als er mit seiner kurzen unterhaltsamen Darstellung der speziellen Kundenwünsche fertig ist.

»Und das waren noch die harmlosesten Beispiele«, stellt der Friseur klar, »ich will dich schließlich nicht vorab vergraulen.«

»Och, wie gesagt, in meinem derzeitigen Job bin ich Kummer gewohnt. So schnell kann mich da nichts aus dem Konzept bringen.«

»Dann warte mal ab, bis du die Bekanntschaft von Frau Lange-Hohenscheid und ihrer angeblich besten Freundin Frau Rothenbühl machst. Die bringen selbst unseren tiefenentspannten Christoph auf die Palme.«

Ich will gerade nachfragen, was es mit diesen beiden Frauen auf sich hat, als Herr Engel den Salon betritt. Nach einer kurzen Begrüßung führt er mich in einen großen Raum, in dem eine ganze Armada von Frisierköpfen aufgestellt ist. Im ersten Moment erinnert mich die Szenerie an Gruselfiguren aus Madame Tussauds Wachsfigurenkabinett, denn leblose Augen starren mich gespenstisch an. Herr Engel bittet mich lächelnd, an einem langen Tisch Platz zu nehmen und setzt sich mir dann mit einem ernsten Gesichtsausdruck gegenüber.

»Also Frau Frei, sosehr ich mich auch über Ihre erfrischende Bewerbung gefreut habe, sosehr habe ich dabei auch meine Bedenken! Schließlich sind Sie keine gewöhnliche Schulabgängerin«, gesteht er mir direkt.

Schlagartig weicht jegliche Farbe aus meinem Gesicht, und mein Herz rutscht mir eine Etage tiefer, denn ich habe mich insgeheim schon auf dem Siegertreppchen gesehen. *Boah, der will mich auch nicht!*, denke ich niedergeschmettert, und bevor ich einen klaren Gedanken fassen kann, schießt es schon aus mir heraus. »Sie müssen mir eine Chance geben! Ich habe doch Immatrikulationshintergrund«, eröffne ich ihm in meiner Verzweiflung, was er mit einem herzhaften Lachen kommentiert.

»Also Sie sind mir ja eine. Das muss man Ihnen auf jeden Fall lassen, auf den Mund gefallen sind Sie nicht.«

»Herr Engel, bitte geben Sie mir die Möglichkeit, Ihnen zu beweisen, dass ich nicht nur mein Mundwerk, sondern auch Ihr Handwerk beherrschen kann«, versuche ich ihn zu überzeugen, was zumindest dazu führt, dass er mich nachdenklich anschaut. Es vergehen quälende Sekunden, bevor er das Wort wieder an mich richtet.

»Na gut, Frau Frei, ich will ehrlich zu Ihnen sein. Tatsächlich befinde ich mich zurzeit in einer Art Notlage. Unser talentierter Auszubildender Jean-Luca hat von heute auf morgen im wahrsten Sinne des Wortes das Handtuch geschmissen. Aus diesem Grund fehlen dem Team nun seine beiden helfenden Hände, die schnellstmöglich ersetzt werden müssen. Von daher würde ich eventuell über meine Zweifel hinwegsehen und Ihnen im Coiffeurteam ›Engels-Haar‹ ein Praktikum anbieten, wenn Sie sich das wirklich zutrauen.«

Als ich an Jean-Lucas geschickte Wunderhände zurückdenke, wird mir für einen kurzen Moment übel, denn diese Fußstapfen scheinen mir momentan eindeutig ein paar Nummern zu groß zu sein. Gleichzeitig fühle ich mich aber auch angestachelt von dieser Herausforderung.

»Da Sie mich so begeistert anlächeln, kann ich davon ausgehen, dass Sie das Angebot annehmen?«, reißt mich Herr Engel aus meinen Überlegungen und sieht mich erwartungsvoll an. Unwillkürlich muss ich an das morgendliche Gespräch mit Julian denken, der unseren gemeinsamen Urlaub in den Osterferien wegen seiner Fehlplanung in den Sand gesetzt hat. Und dann geht mir noch Kimberlys Bemerkung durch den Kopf, dass ich sozusagen die coolste Lehrerin wäre, wenn ich ebenfalls ein Praktikum machen würde. Alles zusammengenommen, lässt mir gar keine andere Wahl, als auf die Nachfrage hin kurz und knapp mit »Ja« zu antworten.

»Das freut mich! Ich bin zwar in den nächsten Wochen auf diversen Tagungen und deswegen fast nie im Salon, aber ich bin mir sicher, Sie werden sich im Coiffeurteam auch ohne mich pudelwohl fühlen«, meint er und grinst darauf wie ein Honigkuchenpferd, während ich mich ernsthaft frage, was mich da wieder geritten hat. Nachdem wir vereinbart haben, dass mein Praktikumsbeginn am ersten Tag der Osterferien sein wird, rase ich auf direktem Weg nach Hause, um meinem Liebsten von dieser bahnbrechenden Neuigkeit zu erzählen.

»Du hast *was* gemacht? Hast du sie nicht mehr alle, oder hast du etwa deine Tage? Na, ist ja im Grunde das Gleiche. Gestern klang das mit dem Praktikum noch ganz anders. Du hast gesagt, dieser ganze Bewerbungsschnickschnack sei nur ein Experiment. Und jetzt willst du plötzlich selbst einen auf Friseuse machen?!«, fährt der Freund mich so gar nicht freundlich an.

»Es heißt Friseurin, Friseuse sagt man nicht mehr!«, verbessere ich schnell.

»Das *muss* ein Burnout sein!«, stöhnt Julian darauf.

Ich schüttele vehement den Kopf.

»Nein, kein Burnout, nur ein Experiment, wie ich schon sagte!«, erwidere ich seelenruhig, was meinen Liebsten nur noch mehr in Rage bringt.

»Und, warum? Was soll das bringen? Vor allem, wem soll das was bringen?«

»Ey, chillax mal! Eigentlich bist *du* doch schuld an dem Ganzen«, fauche ich schnippisch zurück.

»Hä? Bin mir keiner Schuld bewusst.«

»Solltest du aber. Schließlich hast du die Sache mit unserem Urlaub in den Osterferien verbockt.«

»Was hat das denn bitteschön mit deinem irrsinnigen Vorhaben zu tun?«

»Ich bin nicht irrsinnig, nur interessiert und experimentierfreudig. Das ist ein großer Unterschied. Was bringt die ganze Theorie, wenn man nicht weiß, was außerhalb der Schulmauern vor sich geht. Ich bin mir sicher, dass es nicht nur für mich, sondern auch für meine Schüler eine Bereicherung ist, wenn ihre Berufskunde-Lehrerin weiß, wovon sie spricht.«

»Theoretisch hört sich das ja alles gut und schön an. Aber warum machst du dieses Praktikum dann nicht wenigstens in einer Eventagentur oder etwas Ähnlichem. Du willst doch nicht wirklich in deinen Ferien Haare zusammenkehren und Kunden bedienen? Dafür hast du doch nicht studiert!«

»Ach so, darum geht es also! Man kann doch studiert haben und trotzdem in einem handwerklichen Beruf glücklich werden. Das schließt sich doch nicht aus.«

»Na ja, weiß aber jeder, dass man als Friseuse keine Leuchte sein muss.«

»Ist aber auch nicht jeder, der sich Akademiker schimpft, ein Genie. Und das ein oder andere geistig umnachtete Schaf findet sich doch in jeder Branche, da musst du dich in deinem Umfeld nur etwas genauer umsehen«, bemerke ich.

»Tsss! Und was willst du diesem Herrn Engel bitte schön nach dem Praktikum sagen?«

»Über ungelegte Eier mache ich mir jetzt keine Gedanken. Das sehe ich dann, wenn es so weit ist. Immerhin bekommt er eine unbezahlte Arbeitskraft für zwei Wochen. Das ist doch schon was.«

»Ach, mach was du willst, machst du ja sowieso! Aber komm später nicht und heul mir die Ohren voll. So wird es nämlich laufen, wenn du mich fragst.«

»Frag dich nicht! Wollte dich nur aufklären, mehr nicht«, stelle ich ziemlich enttäuscht klar. Ich hätte mit mehr Begeisterung gerechnet. Na ja, was soll's, rufe ich eben Nele an, die ist offen für ambitionierte Ideen und wird meine Pläne ganz bestimmt zu würdigen wissen. Da bin ich mir zu hundert Prozent sicher.

»Du hast *was*?«, kreischt meine Freundin in den Hörer, sodass ich das Gespräch vorsichtshalber auf Lautsprecher schalte.

Okay, der ersten Reaktion nach zu urteilen bin ich nur noch zehn Prozent sicher.

»Mich für ein Praktikum im Friseursalon beworben?!«, erkläre ich erneut.

»In den Osterferien? Bist du des Wahnsinns, oder stimmt's bei dir daheim nicht? Hat Julian eine Andere, oder was läuft da nicht rund?«

»Nö, alles in Butter so weit. Gut, Julian hat vergessen seinen Urlaubsantrag abzugeben, und deswegen fällt der jetzt ins Wasser, aber ansonsten …«

»Aha, daher weht der Wind. Hab ich also ins Schwarze getroffen. Ihr habt Streit.«

»Wir haben keinen Streit…«

»Haben wir doch!«, plärrt Julian aus der Küche dazwischen.

»…höchstens eine kleine Unstimmigkeit. Wie dem auch sei. Das ist auf keinen Fall der eigentliche Grund, warum ich das machen will«, stelle ich klar.

»Also, da bin ich jetzt aber gespannt. Das muss ja ein richtig gutes Motiv sein, wenn jemand freiwillig seine Ferien opfert, um anderen Leuten den Kopf zu waschen«, wäscht Nele mir meinen.

Hmpf, das Gespräch läuft auch anders, als ich es mir vorgestellt hatte.

»Einer viel beschäftigten Mutter, die ihre spärliche Freizeit für Schulbastelkrimskrams opfert, sollte ich das eigentlich nicht erklären müssen«, bemerke ich beleidigt.

»Für's Protokoll, ›Upcycling‹ bitte. Ich bastele nicht, ich upcycele. Das ist ein himmelgroßer Unterschied. Aber gut, ich ahne, worauf du hinauswillst. Im Grunde geht es dir genauso wie mir. Du willst deinen Schülern zur Hand gehen, und zwar nicht nur theoretisch, sondern praktisch. Nicht nur reden und beim Basteln zusehen, sondern mitmachen, kreativ sein, sich selbst und Origami neu erfinden. Neues wagen, den üblichen Papierflieger mal Papierflieger sein lassen und aus einer alten Buchseite eine Schwalbe falten. Die macht zwar noch keinen Sommer, aber…«

»Nele, du schweifst ab«, unterbreche ich ihren enthusiastischen Redeschwall.

»Ups, sorry, aber wenn es ums Upcycling geht, vergesse ich mich manchmal selbst«, entschuldigt sie sich.

»Siehst du, und genauso ergeht es mir mit meinem neuen

Projekt. Ich habe ein echt gutes Gefühl dabei und will das durchziehen.«

»Verstehe! Eine Erfahrung reicher bist du danach auf jeden Fall. Ich hoffe nur für dich, dass es eine schöne sein wird«, gibt sie mir noch mit auf den Weg, während Julian wie so oft das letzte Wort haben muss.

»Na dann, bekanntlich stirbt ja die Hoffnung zuletzt!«

8

Isch bin ein Opfa – Holt mich hier raus!

»Nö, mach ich nicht!«, meint Alex.

»Wie, machst du nicht?«, frage ich.

»Mach ich nicht!«, meint er.

»Musst du aber!«, meine ich.

»Nö, muss ich nicht! Sie können mich nicht zwingen«, meint er.

»Natürlich kann ich!«, meine ich.

»Nö, können Sie nicht! Was wollen Sie denn machen?«, fragt er.

»Na, dich zwingen!«, meine ich.

»Und wie?«, fragt er.

Verdammt gute Frage und ich habe die passende Antwort: »Du kriegst 'ne Sechs wegen Leistungsverweigerung!«, meine ich.

Ha, jetzt hab ich dich!

»Na und?«, fragt er.

Huch, doch nicht.

»Wie ›Na und‹?«, frage ich.

»Wen juckt's?!«, meint er.

»Na mich, und dich sollte es auch jucken!«, meine ich.

»Tut's aber nicht!«, meint er.

Verdammt, was soll ich da noch sagen?!

»Gut, dann tun wir jetzt einfach so, als ob es dir was ausmachen würde, und ich mache weiter mit dem Unterricht.«

»Machen Sie doch!«, meint er.

»Mach ich auch! Und ich sag's deinem Vater«, meine ich.

»Petze!«, meint er.

»Wen juckt's?!«, meine ich und habe damit das letzte Wort!

BÄM – juriniert!

Nachdem Alex und ich unseren kleinen Disput über sein heutiges Arbeitsverhalten professionell geklärt haben, nehme ich einen anderen Schüler an die Reihe. Um dieses Mal auf Nummer sicher zu gehen und nicht einen ähnlichen Dialog führen zu müssen, entscheide ich mich für Leila. Die schnipst sich ohnehin schon seit zehn Minuten die Seele aus dem Leib.

»Leila, du darfst das Gedicht, das ihr für heute lernen solltet, vortragen.«

»Aber ich melde mich schon viel länger«, protestiert Leon stante pede.

Erzähl's deinem Therapeuten!, denke ich entnervt und sage verständnisvoll, »beim nächsten Mal kommst du als Erster dran«, was er nur beleidigt zur Kenntnis nimmt.

Daraufhin beginnt Leila mit dem Aufsagen des Gedichtes. Das gelingt ihr auch vorbildlich, bis ihr bei einem Wort ein kleiner Versprecher unterläuft. Was an sich überhaupt nichts Schlimmes wäre, würde mein eingeschnappter Wiki-Wisser nicht die Gelegenheit sofort beim Schopfe packen und seine Mitschülerin umgehend auf ihren Fehler hinweisen.

»Entschuldige, dass ich an dieser Stelle intervenieren muss, aber es heißt Ha*r*fenton mit einem R und nicht Hafenton! Mörike würde sich im Grab umdrehen bei solch einer Stümperei! Aber was kann man schon erwarten von jemandem, der sein Wissen aus dem Fernsehen hat und dann auch noch von einem Privatsender, ts!«

»Leon, es reicht! Noch so eine Bemerkung und es setzt was!«, knurre ich.

»Sie können mir nicht drohen! ›Es setzt was‹ sagt man außerdem nicht, das ist umgangssprachlich!«, verbessert er mich direkt, was meine gereizte Stimmung nicht wirklich verbessert.

»Natürlich kann ich!«, entgegne ich trotzig.

»Können Sie nicht!«, meint er.

»Kann ich wohl!«, meine ich.

»Und wie?«, fragt er.

Oh Mann, immer diese Déjà-vus!

»Mit einer Sechs in Verhalten«, meine ich.

»…«, meint er, denn anders als in Alex' Fall sind Noten bei Leon ein ideales Druckmittel.

BÄM – juriniert!

Nachdem die Sache also auch geklärt ist und ich die Hackordnung in der Klasse an diesem Morgen ein für alle Mal klargestellt habe, lasse ich das Frühlingsgedicht noch einige Male mehr oder eher weniger flüssig aufsagen und schleppe mich nach Stundenende erschöpft ins Lehrerzimmer.

»Du siehst ja vielleicht zerschreddert aus!«, blökt mich die Kühn an.

»Danke für die Blumen, sehr nett.«

»War nicht böse gemeint! Siehst halt so aus, als wärst du einmal komplett durch den Fleischwolf gedreht worden!«

»Waren nur die Fünfer!«, entgegne ich entkräftet.

»Na warte, die habe ich gleich in Sport! Denen werde ich ordentlich Feuer unterm Hintern machen! Dann hat sich's ausgezickt!«, zischt der dunkle Lord und erfreut sich seiner sadistischen Seite.

»Warum wirkst du eigentlich nie müde oder erschöpft?«, frage ich die Kühn nach dem Geheimnis ihres Frischerezepts.

»Ganz einfach, weil ich's nicht bin!«

»Aber wie kann das sein? Irgendwas muss ich falsch machen«, jammere ich.

»Wenn du's unbedingt wissen willst: Du bist ein Weichei!«

»Hä, wieso?«

»Weil du dir immer alles so zu Herzen nimmst und dich ständig fragst, ob du alles richtig gemacht hast. Ob die Schüler dich mögen, die Eltern, die anderen Lehrer, der Schulleiter, der Hausmeister, die Putzfrauen, die Vögel, Gott, die Welt, das Universum ...«

»Jaja, ist gut, ich hab verstanden!«

»Mir geht das einfach nur an meinem stählernen Gluteus maximus vorbei, was die Anderen von mir denken. Kannst es sowieso nicht jedem recht machen. Abgesehen davon, bestimme ich, wer mich zu mögen hat und wer nicht. Und das würde ich dir dringend auch empfehlen«, rät sie mir.

»Mhm, hast ja recht, aber das ist eben mein Naturell. Dagegen komme ich einfach nicht an«, erkläre ich.

»So darfst du das nicht sehen. Ich bin von Natur aus auch ganz sensibel und mitfühlend, aber im Schulalltag würde mich das nur behindern. Also kehre ich lieber die strenge Knallharte nach außen und verberge die weiche Seite in meinem tiefsten Innern.«

Die muss aber wirklich ganz tief drinnen liegen, denke ich nur.

»Aber wehe, du sagst das jemandem. Dann muss ich dich leider beseitigen«, droht mir die Kühn auch sogleich mit dem üblichen Killerblick.

»Keine Angst, meine Lippen sind versiegelt«, versichere ich ihr mit entsprechender Geste.

Da die kleine Pause sich gerade mit dem Klingeln verabschiedet hat, bugsiere ich meinen ausgelaugten Körper in mein Auto. Heute stehen nämlich die ersten Betriebsbesuche bei meinen Achtern an, die bereits ihre ersten Arbeitstage im Praktikum abgeleistet haben. Als zuständige Berufskunde-Lehrerin fällt es zwar sowieso in mein zuständiges Aufgabengebiet, aber als zukünftige Praktikantin eines Coiffeursalons habe ich auch ein persönliches Interesse an den Erfahrungsberichten meiner Schützlinge. Aus diesem Grund steuere ich zuerst Kimberlys Arbeitsplatz an, den Friseurladen »Chicsaal«.

Beim Betreten des Salons trifft mich auch sogleich ein Schicksalsschlag, denn das, womit ich nie im Leben gerechnet hätte, ist eingetreten, und tritt sogar typ- und wesensverändert freudestrahlend auf mich zu.

»Guten Morgen, Frau Frei. Herzlich Willkommen beim Friseurteam ›Chicsaal‹. Wie kann ich Ihnen helfen?«, trällert mir meine ehemals eher still in der zweiten Reihe stehende Schülerin formvollendet entgegen, die ich auch äußerlich kaum wiedererkenne. An Stelle ihrer üblichen knallengen Hüfthose mit grellem Billigtop trägt sie eine dunkle Bundfaltenhose mit einer beigefarbenen Bluse. Und statt den üblichen Make-up-Schichten, dem Liter Lipgloss und dem schwarzen Lidstrich-Balken ziert natürliche Schminke dezent ihr Gesicht.

»Hallo Kimberly, was ist denn mit dir passiert?«, will ich umgehend wissen.

»Na ›Chicsaal‹, was sonst«, erwidert diese mit ihrem frischgewonnenen Selbstbewusstsein.

Das muss wirklich Schicksal sein, anders kann ich mir diese glückliche Fügung überhaupt nicht erklären. Noch nie habe ich sie so selbstsicher und in sich ruhend erlebt. Das

Praktikum scheint ihr mehr als gut zu bekommen. Das bestätigt Kimberly mir auch prompt und berichtet enthusiastisch von ihren ersten Arbeitstagen als Praktikantin.

»... und heute habe ich sogar mein erstes Trinkgeld bekommen, ganze zehn Euro! Frau Bermann hat gemeint, wenn ich mich weiter so geschickt anstelle, wird es auch noch mehr. Und sie hat gemeint, dass sie mich gerne nächstes Jahr als Azubi einstellen würde. Ist das nicht toll, Frau Frei?!«

»Toll?«, kann mich nicht daran erinnern, das jemals aus ihrem Munde gehört zu haben. Normalerweise hätte das »pornös« heißen müssen. Haben die Kimberly etwa einer Gehirnwäsche unterzogen? Was auch immer mit ihr hier passiert ist, ich finde es mehr als *toll*!

Nach einem kurzen Gespräch mit der Salonleiterin, die mir ebenfalls bestätigt, wie toll die Zusammenarbeit funktioniert und was für eine fleißige Schülerin ich da habe, mache ich mich beruhigt und mehr als zufrieden zum nächsten Betrieb auf. In der Hoffnung, dass der nächste Besuch genauso erfolgreich wird, betrete ich die IT-Firma, in der Jakob sein Praktikum absolviert. Und siehe da, ich werde nicht enttäuscht. Der größte aller Schulschwänzer ist physisch wie psychisch anwesend und wie es den Anschein macht auch bereits voll in das Arbeitsgeschehen integriert.

»Na, da wird ja schon fleißig gearbeitet?«, begrüße ich meinen Schützling und die anderen Mitarbeiter, die sich um den tippenden Jakob versammelt haben, der eine äußerst schwierige Herausforderung zu meistern scheint.

»Guten Morgen, Sie müssen Frau Frei sein, die Lehrerin unseres Superhirns hier. Der ist gerade dabei, unsere Website etwas ›aufzupimpen‹ – wie er sich ausdrückt. Ein wirklich gescheiter und witziger Junge, Ihr Schüler. Schön, Sie kennenzulernen. Schmidtke mein Name, ich bin der Filialleiter dieser Niederlassung«, stellt sich Jakobs Chef vor und schüttelt mir die Hand.

»Superhirn?«, ist das Einzige, was ich darauf erwidern kann. Zwar war mir bis dato bewusst, dass mein Schüler nur bequem, aber nicht auf den Kopf gefallen ist, aber von einem Superhirn war mir bisher nichts bekannt. Erst Kimberly und jetzt auch noch Jakob. Habe ich die Genialität meiner Schüler all die Jahre etwa völlig verkannt? O je, vielleicht hat es die ganze Zeit auch nur an mir und meinen pädagogisch-fragwürdigen Fähigkeiten gelegen, dass die Jugendlichen ihre eigenen nicht entfalten konnten.

Oh Gott, ich bin eine hundsmiserable Lehrerin!, geht es mir durch den Kopf.

»Sie müssen eine klasse Lehrerin sein, so wie Jakob von Ihnen schwärmt. Er hat mir erzählt, dass Sie die ganze Bewerbungsangelegenheit so ernst genommen haben, dass Sie sogar selbst ein Praktikum antreten. Das hat ihn sehr beeindruckt, und mich übrigens auch.«

Yeah, doch nicht alles falsch gemacht!

Ich bin eine supercoole Lehrerin!, geht es mir jetzt durch den Kopf.

Da die computertechnische Herausforderung, die Jakob unbedingt meistern will, noch etwas Zeit in Anspruch nehmen wird, nehme ich Herrn Schmidtkes Angebot an und trinke einen Milchkaffee mit ihm. Der Mann weiß aber auch, wie er mich beeindrucken kann. Eine Viertelstunde und gefühlte hundert Komplimente später verabschiede ich mich von ihm – Jakob ist noch immer vertieft in die Materie – und breche auf zum nächsten Praktikanten.

Wenn das so weitergeht, wird dieser Tag doch noch zu einem wahren Spaziergang.

Als ich jedoch die Autowerkstatt betrete, in der Hassan in

den Beruf des KFZ-Mechatronikers hineinschnuppern möchte, kommt der panisch und schweißüberströmt auf mich zugestürmt.

»Frau Freiii, isch bin Opfa, hol mich hier raus!«, keucht er.

»Übertreib nicht, Hassan! So schlimm wird's schon nicht sein.«

»Isso, Frau Frei, isch schwör bei meiner Mutta!«, schwört er bei seiner Mutter.

»Was soll denn so schlimm sein?«, frage ich nach.

»Alles, Frau Frei, alles! Guck nur, wie ich ausseh, voll so doofer Owerol, nix Trainingshose.«

»Ein Overall ist doch kein Weltuntergang. Steht dir sogar besser als deine üblichen Sportsachen.«

»Meinstu? Aber, Frau Frei, muss isch voll viel arbeite hier. Ganz schwer schleppen und so. Und der Babo ist auch voll nur am rumbossen, wenn isch Pausen mach«, erzählt er mir aufgebracht.

Das wiederum wundert mich nicht mehr, als Hassans Chef mir seine Sicht der Dinge darlegt.

»Ihr Schüler ist nicht nur faul, sondern stinkfaul. Wenn ich für einen Moment nicht hinschaue, hat er es sich irgendwo gemütlich gemacht und sieht zu, wie die Anderen arbeiten. Ständig muss ich ihn darauf hinweisen, dass er hier nicht zum Spaß ist. Und dann immer diese unnötigen Diskussionen über seine Arbeitskleidung.«

Was soll ich da noch großartig hinzufügen! Manche Dinge ändern sich eben nie, und dazu zählt mein Schüler so wie es aussieht auch. Also nicke ich nur verständnisvoll und versichere ihm, Hassan noch einmal ins Gewissen zu reden, was ich auch auf der Stelle tue.

»Aber Frau Freiii, is voll die Folter hier! Nimmstu misch bitte mit in Schule!«, fleht er mich hilfesuchend an.

»Also Hassan, jetzt sei kein Weichei, und reiß dich zusammen! Ich hab dir doch gesagt, dass Arbeit kein Zuckerschlecken ist. Du hast doch nicht etwa wirklich erwartet, dass du hier Däumchen drehen kannst?! Nimm endlich deinen faulen Hintern in die Hand, und pack mit an. Dann lässt dich auch dein Boss in Ruhe«, rüge ich ihn und marschiere anschließend schnurstracks in Richtung Ausgang, ohne mich noch einmal umzudrehen. Ich bin fast an der Tür angekommen, als Hassan mir noch einmal »Isch bin ein Opfa, hol mich hier raus!« hinterherbrüllt. Schnell fliehe ich nach draußen, bevor ich noch schwach werde und meinen leidenden Stubenpanzer aus Mitleid mitnehme. Ein schwerer pädagogischer Fehler, den ich nicht begehen möchte. Es heißt nun, stark sein, da müssen er und ich durch. Eigentlich reicht es mir jetzt auch schon wieder, denn ich habe für diesen Tag genug gesehen und erlebt. Da ich mir aber im Vorhinein noch eine Station vorgenommen habe, ziehe ich das auch durch. Ein letzter Besuch wird mich nun auch nicht mehr umbringen, denke ich noch, bis mir einfällt, wen ich da als Nächstes auf der Liste stehen habe.

»Och nä, ne?«, rutscht es mir raus, als mir der Friseurname »Natürlich blond« ins Auge sticht. Das kann ja nur ins Auge gehen. Tatsächlich ist es sogar noch schlimmer, denn im Salon lautet das Motto nicht nur Auge um Auge, sondern auch Zahn um Zahn. Beim Betreten meines »Lieblingsladens« werde ich Zeuge einer erstklassigen Zickenbattle, wie Hassan sagen würde.

»Ey, nimm das sofort zurück, oder …«, fährt meine Oberzicke Johanna gerade ihre reizende Chefin Cindy an, als ich durch die Tür trete.

»Oder *was*? Willst du mir etwa mit deinen künstlichen Pornoschippen drohen?«, plärrt die Friseurin zurück.

Der erste Punkt geht an Cindy.

»Du willst mir doch nicht weismachen, dass deine Krallen echt sind. Das kannst du vielleicht Susi erzählen. Außerdem sehen deine künstlich blondierten Haare auch voll billig aus«, gleicht Johanna damit wohl aus.

»Wenigstens bin ich nicht so zurechtgemacht wie ein billiges Flittchen«, kreischt Cindy und geht damit in Führung.

»Deinem Freund hat's gefallen!«, erwidert Johanna schnippisch und schlägt ihre Gegnerin mit diesem Argument theoretisch k. o., was die kochende Cindy gleich in die Praxis umzusetzen gedenkt.

»Ahhh, ich reiß dir deine billigen Extensions raus!«, schreit sie und stürmt wutentbrannt auf meine Schülerin los. Das ist der Moment, in dem ich mich nicht länger aus dem Geschehen heraushalten kann. Schließlich bin ich eine supercoole Lehrerin und habe natürlich auch eine Aufsichtspflicht zu erfüllen.

»STOPP! Hier reißt niemand irgendjemand die Extensions oder sonst was raus! Jedenfalls nicht, solange ich da bin!«, brülle ich die aufgebrachten Gemüter an, was die beiden so überrascht, dass sie ihren Streit für einen kurzen Moment vergessen.

»Frau Frei, was machen Sie denn hier?«, fragt Johanna, die mich erst jetzt bemerkt.

»Na, was schon. Gucken, wie's dir im Praktikum geht. Und so wie es aussieht, läuft's grad nicht so gut.«

»Hä, wieso?«, fragt mich Johanna doch glatt, während ich mich frage, ob sie etwas zu lange unter der künstlichen Wärme gesessen hat.

»Weil ihr euch gerade die Köpfe einschlagen wolltet?!«

Irritiert sehen Johanna und Cindy zuerst einander und dann mich an, bevor sie in schallendes Gelächter ausbrechen. Hier kann es nicht mit rechten Dingen zugehen. Bestimmt haben die beiden zu viel Wasserstoffperoxid inhaliert und ihren Verstand vernebelt. Anders kann ich mir ihre seltsame Reaktion nach diesem handfesten Streit nicht erklären.

»Was ist denn daran so lustig?«, frage ich deshalb.

»Sie, Frau Frei, Sie sind lustig!«

»Nä, *du* bist vielleicht lustig. Ihr reißt euch fast die Köpfe ab, dass mir angst und bange wird, und jetzt soll das Ganze auch noch lustig sein?«

»Das war doch nur Fake, weil wegen Hollywoodkarriere und so!«, erklärt mir Johanna und erhält dafür zustimmendes Kopfnicken von Cindy.

»Hollywood? Was hat Hollywood denn jetzt damit zu tun?«

»Boah Frau Frei, manchmal haben Sie ächt 'ne lange Leitung. Cindy und ich proben für ein Casting bei einer Soap. Hab Ihnen doch gesagt, dass ich keine Friseuse sein will, und Cindy will das auch nicht, gell Cindy?!«

»Korreckt JJ!«, stimmt diese zu und wendet sich dann an mich.

»Ey sag mal, kenn ich dich nicht von irgendwoher?«, fragt Cindy mich.

Ich will gerade den Kopf schütteln, weil ich nicht noch einmal an unsere letzte gräuliche Begegnung erinnert werden will, da ist es auch schon zu spät.

»Ja, genau, jetzt erinnere ich mich. Dir hab ich den geilen Arschton verpasst,«

»Asch«, verbessere ich schnell, was die Friseurin nicht weiter interessiert.

»JJ, deine Lehrerin hier habe ich schon arsch gefärbt, hat voll geil ausgesehen. Nicht so langweilig als wie jetzt«, sagt's und zeigt auf meine neue Frisur.

»Wir können Sie ja schnell umfärben, wenn Sie wollen«,

schlägt Johanna mir plötzlich vor, was mir einen eiskalten Schauer den Rücken hinunterjagt.

Nicht über meine Leiche, denke ich, sage aber, »Nett von euch, aber ich muss gleich weiter.«

»Waren Sie schon bei Kimberly, der Verräterin? Die meldet sich überhaupt nicht mehr, seit sie in diesem Schickimicki-Salon arbeitet. Denkt wohl, sie sei was Besseres! Ist mir aber auch egal, ich hab ja jetzt Cindy. Die versteht mich sowieso viel besser. Gell Cindy?!«

»Korreckt JJ, wenn du erstmal Hollywoodstar bist, kommt die eh wieder angekrochen.«

Da haben sich offensichtlich zwei gesucht und gefunden. Im Nachhinein bin ich froh, dass Johanna hier das Rennen gemacht und Kimberly ihr »Chicsaal« gefunden hat. Das Leben läuft doch immer anders, als wie man denkt.

Die restlichen Schultage vor den Osterferien vergehen wie im Flug. Bei den weiteren Praktikumsbesuchen bestätigt sich, was ich bei den ersten mitbekommen habe. Kimberly kann ihre und die Begeisterung ihrer Chefin halten, während Hassan mich bis zum bitteren Ende des Praktikums davon überzeugen möchte, dass es im Dschungelcamp nicht schlimmer sein könnte. Jakobs Vorgesetzter würde ihn lieber heute als morgen einstellen, und Johanna hat mit ihrer neuen Busenfreundin bereits ihre bevorstehende Auswanderung nach Hollywood geplant. Nachdem ich meine Schüler also heil durch ihre ersten Erfahrungen mit der Arbeitswelt begleitet habe, freue ich mich am letzten Schultag vor den Osterferien darauf, ab morgen meine eigenen machen zu dürfen. Um mich psychisch wie physisch auf meinen Start in mein neues Berufsleben vorzubereiten, studiere ich abends noch schnell ein paar Haar-Tutorials im Internet und schaue mir zusätzlich die eine oder andere Umstylingaktion an, und schon bin ich mehr als motiviert, mit meiner neuen Berufung beginnen zu dürfen.

Am Morgen meines ersten Praktikumstages werde ich nicht von meinem verhassten Wecker, sondern von den warmen intensiven Sonnenstrahlen geweckt, die durch die Lamellen meiner Jalousie blitzen. Gut gelaunt springe ich voller Tatendrang aus dem Bett, denn ich bin ausgeschlafen und übermotiviert. Es ist neun, und ich muss erst um zehn Uhr im Salon erscheinen. Dementsprechend bleibt mir genügend Zeit, ein ausgiebiges Frühstück zu mir zu nehmen. Denn wie heißt es so schön: morgens essen wie ein Kaiser, mittags wie ein König und abends wie beide zusammen.

Nach der morgendlichen Stärkung begebe ich mich gemächlich ins Badezimmer, um mich ebenso gemächlich mit meinem äußeren Erscheinungsbild auseinanderzusetzen. Ich genieße gerade in Seelenruhe die morgendliche Dusche und lasse die heißen Wassertropfen an meiner zarten, alabasterfarbenen Haut – Julian sagt weiß dazu – abperlen, als mein Freund laut schimpfend meine Ruhe stört.

»Verfluchter Mist! Warum hast du mich nicht geweckt?«, wirft er mir anklagend vor und quetscht sich ungefragt zu mir unter die Dusche.

»Ey, was soll das? Kannst du nicht warten, bis ich fertig bin?«, versuche ich ihn abzuwehren.

»Selbst schuld. Hättest du mich geweckt, wäre ich jetzt nicht so unter Zeitdruck. Ich muss mich echt beeilen, wenn ich nicht zu spät kommen will!«

Damit schnappt er sich den Duschkopf und lässt mich einshampooniert im Trockenen stehen.

»Also jetzt mach mal halblang. Wieso sollte ich daran

schuld sein, dass du nicht aufstehst. Sonst hattest du doch auch keine Probleme damit.«

»Das stimmt, aber heute bist du nach mir aufgestanden, und das hat mich total irritiert.«

»Und du sagst immer, meine Logik sei nicht nachvollziehbar«, erwidere ich kopfschüttelnd und versuche ihm erfolglos die Brause zu entwenden.

Obwohl er angeblich in Eile ist, beeilt er sich so gar nicht. Während er das warme Wasser über seinen Körper laufen lässt, friere ich mir daneben meine Extremitäten ab.

»Wenn man es genau nimmt, gehört die Wohnung um diese Zeit normalerweise mir. Das hier ist sozusagen eine Ausnahmesituation, denn für gewöhnlich wärst du jetzt in der Schule. Ich will aber mal nicht so sein und lasse dich an meiner morgendlichen Hygiene teilhaben«, scherzt der Witzbold in aller Seelenruhe und reicht mir anschließend mit einer großzügigen Geste den Duschkopf.

Nachdem er sich lachend aus dem Staub gemacht hat, will es mir leider nicht mehr so ganz gelingen, in meinen morgendlichen Entspannungsmodus zurückzukommen. Julians Taktik hat mich aus dem Konzept gebracht und mich zudem noch Zeit gekostet. So muss ich mich beim Frisieren und Schminken sputen und in Eile meine Kleiderwahl treffen. In meiner zerrissenen Jeans und meinem grauen Lieblingspullover mache ich mich daraufhin auf den Weg zum Salon.

Dort werde ich zuerst von Franziska begrüßt und herumgeführt, denn Herr Engel selbst befindet sich wie angekündigt auf Seminarreise. Sie zeigt mir nacheinander die verschiedenen Räumlichkeiten, vom eigentlichen Frisiersalon über den mir bereits bekannten Schulungsraum bis hin zum Aufenthaltsraum und der Wäschekammer. Als wir dort ankommen, schlagen mir Rauchschwaden entgegen. Obwohl ich hier Stimmen höre, kann ich zuerst keine dazugehörigen Personen erkennen. Ich zweifele schon an meinen Sinnen, bis sich die Silhouetten zweier Gestalten aus der Dunstwolke herauskristallisieren.

»Darf ich vorstellen, Christoph, unser alter Hase im Geschäft und unsere junge Azubine Sofie! Das ist Meike, sie möchte in den Friseurberuf hineinschnuppern und eventuell eine Ausbildung bei uns machen«, erklärt Franziska.

»Du bist also die Lehrerin, die Friseurin werden will. Wie kommt man denn auf die verrückte Idee?«, fragt mich die junge Blondine, die nicht nur wie zwanzig aussieht, sondern es auch ist.

Ich will mich gerade verteidigen, dass das mit »verrückt« überhaupt nichts zu tun hat, als Christoph mir zur Hilfe kommt.

»Mensch Sofie, musst du immer gleich mit der Tür ins Haus fallen. Lass sie doch zuerst einmal bei uns ankommen. Außerdem hat ein Berufswechsel mit Verrücktheit überhaupt nichts zu tun. Falls du es vergessen haben solltest, erinnere ich dich daran, dass ich mein Psychologiestudium auch zugunsten des Friseurberufs abgebrochen habe.«

»Echt, hast du?«, entfährt es mir mit Erstaunen.

»Jep, ich wollte mich lieber mit dem Schönen und nicht mit dem Leid der Menschen beschäftigen«, erklärt er.

»Und? Hast du deine Entscheidung je bereut?«

Christoph überlegt einen kurzen Moment, schüttelt dann aber seinen Kopf.

»Im Großen und Ganzen nicht. Im Grunde haben der Friseur und der Psychologe sogar einiges gemeinsam: die Leute schütten beiden ihr Herz aus. Wie sage ich immer so schön: Ein guter Friseur ersetzt den Psychologen!«

»… und ein schlechter macht ihn erst notwendig!«, ergänzt Sofie lachend.

»Was erzählen die Kunden dir denn so?«, will ich, neugierig geworden, wissen.

»Alles Mögliche und mehr, als mir eigentlich lieb ist«, entgegnet Christoph, bleibt seinen Kunden gegenüber aber loyal und plaudert keine Einzelheiten aus.

Er erinnert sich anscheinend noch an den hippokratischen Eid, den er in seinem Studium kennengelernt hat. Ganz im Gegenteil zu Philipp, der jetzt zu uns stößt. Dieser scheint überhaupt kein Problem damit zu haben, über seine gesprächsfreudige Kundschaft zu plaudern und verrät mir ungefragt die »cuthaarstrophalsten« Gesprächsthemen für den Friseur.

»Okay, dann weiß ich ja jetzt Bescheid, dass ich mich besser nicht genauer nach dem Befinden des einen oder anderen Kunden erkundigen sollte, wenn ich nicht haargenau über seinen letzten Pilzbefall informiert werden will«, stelle ich nach seinen bildhaften Schilderungen fest.

»So pauschal lässt sich das leider auch nicht sagen, in manchen Fällen wäre es mir lieber gewesen, ich hätte vorab gewusst, was auf der jeweiligen Kopfhaut so kreucht und fleucht«, korrigiert Philipp.

Angewidert verzieht Franziska ihr Gesicht.

»Behalt das für dich, Philipp. Du musst sie doch nicht gleich verscheuchen mit deinen Horrorstorys. So etwas passiert doch nur in Ausnahmefällen.«

»Was genau kreucht und fleucht denn? Doch nicht etwa irgendwelche Insekten?«, hake ich vorsichtshalber nach, denn mir schießen direkt Bilder von krabbelnden, ekligen Viechern durch den Kopf. Unwillkürlich muss ich mich überall kratzen.

»Ach, wie Franziska sagt, es ist eigentlich nicht der Rede wert! Ist auch nur einmal vorgekommen«, räumt der Friseur nun ein und versucht den mahnenden Schlitzaugen der Rezeptionistin auszuweichen, die ihn nicht aus dem Blick lässt – ganz die Kühn.

»Philipp, dein nächster Termin, Herr Günther, hat Verspätung. Du könntest doch Meike weiter herumführen und erklären, was sie heute schon übernehmen kann. Das ist übrigens keine Bitte!«, merkt sie noch an.

Kein Zweifel, die resolute Franziska ist hier der eigentliche Babo. Philipp jedenfalls nickt folgsam und wendet sich zur Azubine.

»Sofie, wenn Herr Günther da ist, könntest du ihn schon einmal so weit vorbereiten, dass ich direkt mit dem Schneiden anfangen kann?«

»Wird gemacht, das volle Waschprogramm.«

»Apropos Waschprogramm, das erkläre ich dir auch schnell«, meint Philipp zu mir.

Ich bin begeistert, dass ich schon gleich direkt am Kunden arbeiten darf. Ein Lächeln huscht über mein Gesicht, das sich jedoch in dem Moment verflüchtigt, als ich mich kurz darauf nicht vor einem Kunden, sondern vor einer Waschmaschine wiederfinde. Da wird mir schlagartig bewusst, dass ich hier wie eine ganz normale Berufsanfängerin behandelt werde – wenn ich aufgrund meines Alters auch nicht mehr so aussehe –, die zuerst einmal ganz am Ende der Nahrungskette steht und die entsprechenden Tätigkeiten ausüben muss. Demütig ergebe ich mich meinem Schicksal und Rang und lasse mir als Erstes die korrekte Bedienung der Reinigungsgeräte wie Waschmaschine, Trockner und Spülmaschine erklären. Dem folgen die stylischen Hightechmodelle, die zum Wohlbefinden der Kunden beitragen sollen, wie die vollautomatische Kaffeemaschine und die Massagestühle. Im Anschluss beginnt Philipp damit, mich mit der riesigen Getränkevielfalt vertraut zu machen, die für sich genommen schon gewisse Anforderungen an meine Gedächtnisleistung stellt. Damit allein ist dem aber nicht Genüge getan, denn jedes Getränk wird in einem anderen Behältnis serviert. Schon jetzt merke ich, dass mein Kopf zu rauchen anfängt. Leider läuft sich mein Mentor gerade erst warm, denn der Salon verfügt außerdem über eine große Vielzahl von Produkten, die an den Mann oder die Frau gebracht werden müssen: Shampoos, Spülungen und Kuren für feines, fettendes, fülliges, trockenes, brüchiges, … Haar. Alles in allem brauche ich wahrscheinlich ein halbes Jahr, bis ich mich in diesem kleinen Drogeriemarkt halbwegs auskenne. Philipp scheint mir meine Überforderung am Gesichtsausdruck ablesen zu können und schenkt mir ein aufmunterndes Lächeln.

»Keine Angst, aller Anfang ist schwer. Da mussten wir alle durch. Du kannst mich immer fragen, wenn du nicht mehr weiterweißt.«

Ich nicke ihm dankbar zu und fühle mich schon etwas erleichterter. Es ist immer gut, jemanden zu haben, zu dem man gehen kann.

Nach dieser ersten Einweisung ist die Speicherkapazität meines Kopfes so erschöpft, dass mir eine monotone handwerkliche Tätigkeit mehr als gelegen kommt. Zusammen mit Sofie nehme ich die gebrauchten Handtücher und Umhänge aus den vollen Körben heraus und fülle die Waschmaschine damit. Die bereits getrockneten Umhänge werden daraufhin aufgehängt und die Handtücher ordentlich gefaltet in die Regale im Salon gelegt. Nachdem ich die Handgriffe im Rotationssystem Korb-Waschmaschine-Trockner-Regal beherrsche, lässt mich die Azubine alleine weiterarbeiten, denn sie muss sich um die Bedienung der Kunden kümmern. Gute drei Stunden später, in denen ich gewaschen, getrocknet und zusammengelegt habe, hege ich den Verdacht, dass ich hier in einer Never-Ending-Story festsitze. Gott sei Dank kommt in diesem Moment Franziska auf mich zu und informiert mich darüber, dass ich jetzt Mittagspause machen könne. Darüber sind besonders meine Füße sehr erfreut. Die sind eine derartige Belastung noch nicht gewohnt – habe ich als Lehrerin doch immerhin die Auswahl zwischen Sitz- und Stehplatz – und zeigen schon erste Verschleißerscheinungen. Eigentlich wollte ich zum Essen in die Stadt gehen, doch sofort zu sitzen scheint mir unter diesen Umständen die bessere Alternative. Also schleppe ich mich in den kleinen Aufenthaltsraum, wo gerade Sofie ihr Mittagessen verspeist. Erschöpft lasse ich mich in einen der Stühle fallen und massiere mir abwechselnd Nacken und Füße, während ich ungläubig auf die hohen Absätze von Sofies Schuhen starre.

»Sag mal, tun dir die Füße nicht weh?«, will ich von ihr wissen.

»Nicht mehr, nur in den ersten Wochen.«

Trotz ihrer aufmunternden Antwort beschließe ich, in den nächsten Tagen auf die Suche nach extrem bequemem Schuhwerk zu gehen. In der darauffolgenden Viertelstunde vertieft sich Sofie konzentriert in ihr Smartphone und ich mich begeistert in die Frisurenzeitschriften, die wild verteilt auf dem Tisch herumliegen.

»Oh Mann, das geht gar nicht!«, reißt mich die Azubine auf einmal aus meinem Studium der Kurzhaarfrisuren.

»Schon wieder so viele Seminare im nächsten Monat!«, schimpft sie.

»Sei doch froh, wenn der Arbeitgeber für eine fundierte

Ausbildung sorgt. Dann ist man nachher auch fit!«, gebe ich zu bedenken.

»Also, ehrlich gesagt, kann man es auch übertreiben mit den Fortbildungen.«

»Sieh es einfach als Abwechslung zum Arbeitsalltag. Ich war immer froh, wenn ich ein Seminar besuchen durfte, anstatt Unterricht zu halten.«

»Wieso anstatt? Die Fortbildungen gehen von unserer Freizeit ab. Entweder sie finden am Sonntag oder an unserem freien Tag statt. Oder uns werden Minusstunden aufgeschrieben, sollte die Veranstaltung an einem Arbeitstag sein. Dabei haben wir eh schon so wenig Freizeit.«

»Ihr müsst euren Urlaub für Seminare opfern?«, frage ich schockiert.

Für die meisten meiner Kollegen und mich wäre das undenkbar, nicht umsonst werden Ganztagsseminare gemieden wie die Pest.

»Wie ist das eigentlich mit dem Urlaub in der Ausbildung?«

»Sechsundzwanzig Tage«, antwortet Sofie kurz.

»Im Jahr, das weiß ich mittlerweile. Aber kann man Urlaub nehmen, wie man will?«

Die Auszubildende schaut mich irritiert an und schüttelt fassungslos den Kopf.

»Das kann nur eine Lehrerin fragen. Natürlich nicht! Als Azubi kommst du gaaanz zum Schluss dran, und dann musst du noch die Phasen der Urlaubssperren beachten. Da kennt der Chef keine Gnade.«

Mist, das ist allerdings haarig, denke ich erschrocken, behalte dies aber lieber für mich, bevor ich mich noch einmal blamiere. Glücklicherweise steckt in diesem Moment Franziska ihren Kopf durch die Tür.

»Geht's noch?! Warum sitzt ihr beiden denn zusammen

hier rum? Sofie, du weißt ganz genau, dass immer ein Azubi im Salon sein muss. Los! Ich brauche jemanden, der Frau Reinhard die Haare auswäscht.«

»Ich geh schon. Meike, du könntest als Nächstes Folien falten, die brauche ich für eine andere Kundin«, meint Sofie.

»Was für Folien denn?«, frage ich nach.

»Na Alufolien für Strähnchen, hat dir Philipp das etwa noch nicht gezeigt? Das wird dein nächstes Aufgabenfeld.«

Gesagt, getan! Die unbeliebten Aufgaben fallen immer dem Rangniedrigsten zu, und der bin in diesem Fall ich. Geschickt und vor allem schnell reißt Sofie gleich große Stücke der Alufolie ab und zeigt mir anhand mehrerer Beispiele wie die Rechtecke gefaltet werden müssen. Nachdem ich den Vorgang zumindest mit dem Auge verinnerlicht habe, wage ich selbst einen Versuch, der leider nur wenig Ähnlichkeit mit Sofies Musterbeispielen hat.

»Na ja, das wird schon! Übung macht den Meister«, muntert sie mich auf und lässt mich mit meinen verknitterten Folien alleine. Diesen Spruch habe ich doch schon einmal gehört, und ich erinnere mich daran, dass er meinem Fünftklässler Alex und seinen ersten Versuchen im Kunstunterreicht galt. Jetzt und hier bin ich in einer ähnlichen Situation und versuche mich mehr als einmal im präzisen Falten und Falzen. Spätestens nach der hundertsten Folie weiß ich nicht, was schlimmer ist, meine schmerzenden Finger oder die Tatsache, dass diese Fließbandarbeit mein Gehirn abstumpfen lässt. Trotzdem bin ich auch ein wenig stolz auf mich, als ich mir den doch langsam wachsenden Stapel korrekt gefalteter Folien betrachte.

»Das wird nicht reichen. Ich brauche mindestens das Doppelte!«, informiert mich Sofie, schnappt sich die Folien und rauscht davon.

Fassungslos sehe ich ihr beziehungsweise ihrer imaginären Staubwolke hinterher. In diesem Moment weiß ich genau, wie sich Aschenputtel gefühlt haben muss. Eine Viertelstunde später gesellt sich Philipp mit seinen helfenden Händen zu mir und faltet mit seinen flinken Fingern in der gleichen Zeit die dreifache Anzahl.

»Hmpf, ich bin ein Körperklaus«, kann ich nur deprimiert stöhnen.

»Ach, das wird schon. Hast Edukationshintergrund und daher wenig Erfahrung mit handwerklichen Fertigkeiten. Aller Anfang ist schwer, und Übung macht den Meister.«

Auch wenn er es gut meint, beginnt mich dieser Spruch langsam zu nerven, denn zum jetzigen Zeitpunkt habe ich das Gefühl, niemals auch nur annährend ein Meister werden zu können. So wie es aussieht, bin ich meinen Schülern doch ähnlicher, als mir bis dato bewusst gewesen ist.

»Wenn du willst, kannst du mir bei der nächsten Kundin zusehen und helfen«, schlägt mir Philipp vor, als er mein leidendes Gesicht sieht.

»Ja gerne, das wäre super!«

Erleichtert, die nervenraubende Sisyphusarbeit vorerst ad acta legen zu können, folge ich meinem Erlöser zu seinem Frisierplatz. Im Salon »EngelsHaar« besitzt nämlich jeder Angestellte seinen ihm zugeteilten Platz, und auf dem von Philipp sitzt jetzt eine ältere Dame mit leicht kupferfarbenen Haaren.

»Guten Tag, Frau Lauer! Wenn ich Ihnen unsere neue Praktikantin vorstellen dürfte. Sie wird mir heute ein wenig zur Hand gehen.«

»Guten Tag Frau Lauer, mein Name ist Meike Frei!«, stelle ich mich selbst kurz vor und schenke ihr mein schönstes Lächeln, das von ihr ebenso freundlich erwidert wird.

Daraufhin starrt Philipp mich erwartungsvoll an. Mir hingegen ist überhaupt nicht klar, was er erwartet, und so lächele ich einfach weiter. Das scheint aber nicht sein Anliegen zu sein, denn er beginnt plötzlich seltsame Verrenkungen mit seinem Kopf in Frau Lauers Richtung zu machen. Da der Schlauch, auf dem ich stehe, die Ausmaße einer Pipeline hat, kann ich jedoch seine Hinweise nicht deuten und ziehe hilflos die Schultern hoch. Anders als ich, entschlüsselt der Friseur meine Geste sofort und erklärt geduldig: »Meike, würdest du bitte Frau Lauer die Jacke abnehmen und in die Garderobe hängen?«

»Ähm, natürlich«, antworte ich, und eine sichtbare Gesichtsröte bemächtigt sich meiner. Als ich mit besagter Jacke zur Garderobe gehe, frage ich mich ernsthaft, wie man beziehungsweise ich nur so schwer von Begriff sein kann. Zurück am Platz verfolge ich konzentriert die Vorgehensweise bei einem Kundengespräch, denn sollte ich demnächst von der Wäschefront in den Salon befördert werden, muss ich genau darüber Bescheid wissen. Nachdem Philipp mit seiner Kundin Frisur und Haarfarbe besprochen hat, erteilt er mir den nächsten Auftrag.

»Meike, bringst du mir bitte den Spiegel?«

»Natürlich, gerne!«

Auf der Suche nach dem gewünschten Objekt eile ich zielstrebigen Schrittes zu einem der anderen Frisierplätze und werde direkt fündig. Als ich genauso zügig wieder zurückkomme und meinem Mentor den Spiegel überreichen will, fängt dieser lauthals an zu lachen. Auch Frau Lauer scheint amüsiert zu sein. Irritiert lächele ich die beiden an.

»Entschuldigung, habe ich etwas im Gesicht, oder stimmt irgendetwas mit meiner Kleidung nicht?«, frage ich verunsichert.

»Das ist nicht der Grund, warum wir uns mit Ihnen freuen. Obwohl ich mir nicht sicher bin, ob Sie wissen, dass da Löcher in Ihrer Hose sind. Wahrscheinlich sind Sie irgendwo hängengeblieben. Wenn Sie wollen, kann ich sie Ihnen stopfen. Das dürfte ich noch hinbekommen«, bietet die alte Dame mir ihre Hilfe an.

Nach diesem Kommentar kann Philipp sich gar nicht mehr beherrschen und bricht vollends in Lachen aus.

»Nein …«, lach, »nein, … Frau Lauer, das mit den Löchern hat schon seine Berechtigung. Das trägt man heute so«, erklärt er und fügt leise in meine Richtung hinzu, »allerdings eher in einem Discountersalon als bei uns.«

Dieses Mal verstehe ich den Hinweis sofort und beschließe, meine Kleiderwahl für den kommenden Tag besser zu treffen. Mein legerer Kleiderstil hat sich an mein bisheriges Publikum in der Hauptschule angepasst, was hier also unpassend erscheint.

»Und was ist jetzt mit dem Spiegel, brauchst du den nicht mehr?«, hake ich nach, denn mir fällt mittlerweile die Hand ab.

Wieder fängt Philipp an zu lachen, sodass er erst nach einer gefühlten Ewigkeit antworten kann.

»Ich wollte das Magazin und nicht den Handspiegel!«, grölt er.

»Oh …«, kann ich nur sagen und davoneilen, um besagte Zeitschrift zu holen und dieses peinliche Missverständnis wiedergutzumachen.

Nachdem sich Philipp wieder unter Kontrolle hat, zeigt er mir, wie man einen Umhang umlegt und was man bei einer Haarwäsche alles beachten muss. Während das Umlegen der Schutzkleidung leicht aussieht, erscheinen mir die vielen verschiedenen Handgriffe der Kopfmassage als durchaus anspruchsvoll. Wie ich bereits am eigenen Leib erfahren durfte, werden beim Coiffeurteam »EngelsHaar« die Haare nicht bloß gewaschen, sondern mit dem saloninternen Wellnessprogramm verwöhnt, was mich sehnsüchtig an die geschickten Hände von Jean-Luca zurückdenken lässt. Nach diesem viertelstündigen Waschprogramm geht es zurück an den Frisierplatz, wo Philipp direkt mit dem Schneiden beginnt, was ich aufmerksam verfolge. Schließlich will ich als ehrgeizige Praktikantin schnellstmöglich lernen, was wann und vor allem wie zu tun ist. Während Strähne um Strähne gekürzt wird, unterhalten sich Kundin und Friseur angeregt, wovon ich allerdings nichts mitbekomme, da ich mich ausschließlich auf den Haarschnitt konzentriere. Erst als Philipp das Wort an mich richtet, kann ich mich von seiner handwerklichen Präzisionsarbeit lösen.

»Meike, bring mir bitte einen Cappuccino!«

»Natürlich, gerne!«, antworte ich und rausche davon, um besagtes Heißgetränk zu besorgen. Als ich vor der stylischen Kaffeemaschine stehe, wird mir bewusst, dass dieser Vollautomat nicht automatisch die Tasse voll macht, denn der richtige Knopf muss schon noch betätigt werden.

Nur welcher von diesen hundert Tasten ist nun die richtige?

Zwar wurde mir die korrekte Bedienung der Maschine am Morgen gezeigt, aber meine Festplatte ist durch die vielen Informationen an diesem Tag so überladen, dass sie sich gerade selbst wieder downgeshiftet hat. Glücklicherweise kommt mir Franziska zur Hilfe und zeigt mir noch einmal die verschiedenen Funktionen. Stolz, dass ich mich wenigstens noch an die richtige Untertasse und das passende Serviertablett erinnere, gebe ich Philipp den frisch aufgebrühten Cappuccino in die Hand.

»Bitte schön, lass ihn dir schmecken!«

Für eine Sekunde sieht er mich fragend an. Er schafft es gerade noch die Tasse abzustellen, bevor er sich auf einen Stuhl setzt und vor lauter Lachen die Tränen aus den Augenwinkeln wischt. Obwohl ich nicht weiß, was ich jetzt wieder falsch gemacht habe, steigt mir die Röte schon prophylaktisch ins Gesicht.

»Was ist denn? Das ist doch das Getränk, das du wolltest. Und Tasse, Untertasse und Kaffeezubehör stimmen auch«, bemerke ich etwas pikiert.

»Nein …«, lach, »das stimmt schon alles. Aber, …, aber, … ich kann nicht… hahaha. Der Cappuccino war natürlich für Frau Lauer und nicht für mich.«

»Aber ich dachte, also, ähm, du warst so konzentriert, und ich dachte, dass du Koffein brauchst, weil, ähm, also, mir ging das in der Schule auch immer so.«

»Natürlich trinke ich auch Kaffee, aber doch nicht, wenn ich am Kunden arbeite. Ist doch klar, dass der hier nur für die Kundin ist.«

Klar ist mir in diesem äußerst peinlichen Moment nur, dass ich mich gerne aus dem Staub machen würde, wozu mir Philipp nicht die Chance lässt.

»Komm mal mit, du kannst mir jetzt beim Anmachen der Farbe helfen.«

Gesenkten Hauptes schlurfe ich hinter ihm her zum Farbregal, wo er mir die Nummern der benötigten Farbnuancen aufschreibt und erklärt, in welchem prozentualen Mischungsverhältnis diese anzurühren sind. Bis zu diesem Moment dachte ich nicht, dass ich Folgendes einmal sagen würde, aber ich bin froh, dass ich zumindest bei der Prozentrechnung im Matheunterricht aufgepasst habe, denn genau die muss ich gleich anwenden.

»Alles verstanden? Kann ich dich damit alleine lassen?«, fragt mein Mentor und sieht mich amüsiert an. Ich nicke nur und mische konzentriert die gewünschte Farbe. Den Auftrag übernimmt daraufhin Philipp, und ich verfolge, wie er zuerst den gesamten Haaransatz nach einem festgelegten Schema von oben über die Seiten nach hinten mit Farbe bepinselt.

»Wissen Sie, was ich an Ihnen toll finde, Herr Philipp?! Sie nehmen sich noch Zeit für Ihre Kunden. Ich finde es so schade, dass heutzutage alle Menschen nur in Hast sind. Termine, Termine, Termine. Alles dreht sich ausschließlich darum, möglichst schnell möglichst viel in den Tag zu packen. Ich halte diese Entwicklung für fatal. Der Mensch ist doch keine Maschine!«, äußert sich die Kundin.

Philipp nickt zustimmend, während ihm Franziska von der Rezeption aus wild fuchtelnd zu verstehen gibt, dass er sich beim Farbauftrag doch bitte beeilen solle.

»Sie sprechen mir aus der Seele, Frau Lauer«, seufzt er.

Nachdem der Friseur die ganzen Haare bearbeitet hat, sieht Frau Lauer in den Spiegel und zieht verwundert ihre Stirn kraus.

»Entschuldigen Sie, aber die aufgetragene Farbe sieht viel dunkler aus, als das normalerweise der Fall ist.«

»Das wirkt nur so, Frau Lauer, weil Ihre Haare jetzt nass sind. Wenn wir die Farbe nach der Einwirkzeit ausspülen, sieht die Sache schon ganz anders aus.«

Nachdem die Einwirkzeit beendet ist und die Haare in einer zwanzigminütigen Waschprozedur abgespült, shampooniert und mit einer zusätzlichen Pflege behandelt worden sind, beginnt Philipp mit dem Styling. Als die ersten Strähnen trocken geföhnt sind, lässt er schockiert den Haartrockner sinken und starrt noch schockierter das Spiegelbild seiner Kundin an.

»Sehen Sie, ich hab's Ihnen gleich gesagt, das ist nicht meine gewöhnliche Haarfarbe. Das ist viel dunkler und irgendwie ein bisschen violett.«

»Meike, was hast du jetzt wieder gemacht?«, fragt mich Philipp angesäuert.

»Nur das, was du mir gesagt und gezeigt hast«, stammele ich kleinlaut und rechne damit, gleich am ersten Tag aus dem Salon zu fliegen.

»Du wirst doch nicht etwa die Farbnuancen vertauscht haben und statt der 6.4 die 4.6 genommen haben?«, bohrt Philipp nach.

»Ich habe nur das genommen, was du mir auf den Zettel geschrieben hast, und da stand 4.6.«

»Oh mein Gott! Wie konnte dir das passieren?! Gerade habe ich dir noch gesagt, dass du besser aufpassen musst. Dass du konzentrierter arbeiten und bei der Sache bleiben musst, auch wenn es mal hektisch wird. Das hier ist eine Katastrophe!«

Theatralisch fasst er sich an die Stirn, einem Nervenzusammenbruch nahe.

»Ach, Herr Philipp, das ist doch alles halb so wild! So ein Fehler kann doch jedem einmal passieren«, mischt sich Frau Lauer ein.

»Aber doch nur, wenn man nicht richtig aufpasst. Die Praktikantin hat einfach nicht richtig zugehört oder hingesehen!«

»Das glaube ich nicht«, sage ich mit zurückgewonnener Selbstsicherheit und halte meinem Mentor die Kundenkartei mit der aufgeschriebenen Farbnuance vors Gesicht. Entsetzt starrt Philipp die Ziffern an und stottert: »Aber, aber… das kann doch nicht sein.«

Frau Lauer legt dem Friseur eine Hand auf die Schulter und sieht ihn ein wenig mitleidig an.

»Aber Herr Philipp! Das ist doch kein Weltuntergang, im Gegenteil, das ist ein fabelhaftes Farbfiasko. Ich darf Ihnen versichern, dass mir dieser 4.6-Ton oder wie Sie diesen lilafarbenen Braunton beziffern, sehr zusagt. Um ehrlich zu sein, gefällt mir die neue Farbe noch besser als dieser langweilige Kupferton, den ich schon viel zu lange trage.«

Nach dieser Offenbarung fällt Philipp die Kinnlade herunter und mir ein Stein vom Herzen. Und es wird noch besser, denn die Kundin ist so zufrieden und glücklich mit dem Farbspektakel, dass ich mein erstes Trinkgeld bekomme. Stolz wie Kimberly wegen ihres ersten Obolus' gewesen ist, stecke ich den Fünfeuroschein in die silbrig schimmernde, eckige Dose, die Franziska extra für mich beschriftet hat. Als ich die schwarzen Lettern meines Namens dort sehe, wird mir richtig warm ums Herz, denn ich gehöre jetzt offiziell zum Coiffeurteam »EngelsHaar« dazu. Aus diesem Grund bleibt mir auch keine Zeit, dieses schöne Gefühl auszukosten, denn meine helfenden Hände werden erneut gebraucht.

»Meiiike, bringst du mir bitte das kleine Glätteisen!«, ertönt es von Sofie, während Christoph keine zwei Sekunden später ruft: »Meiiike, ich brauche die große Rundbürste und den Föhn!« Und auch Philipp bedient bereits die nächste Kundin und braucht dringend »Fooooooliiien!«

So schnell es mir möglich ist – Franziska muss mir zwischendurch immer wieder zeigen, wo die Sachen stehen und liegen –, beschaffe ich die benötigten Arbeitsmaterialien. Ungünstigerweise herrscht im letzten Fall anscheinend stets ein Mangel vor, sodass ich dazu verdonnert bin, die nächste Einheit Origamifalten für Anfänger respektive Strähnchen einzulegen. Gott sei Dank will Philipps Kundin nur ein paar blonde Highlights in ihrem Haar, sodass ich meine Nerven und Hände nicht überstrapazieren muss – jedenfalls nicht mit dieser Art Feinarbeit. Dafür hat Sofie bereits den nächsten Auftrag, besser gesagt Aufträge für mich. Mit einem Seufzen hält sie mir ein laminiertes Blatt vor die Linse.

»Das ist der Putzplan für die Azubis, quasi du und ich. Da sind alle Aufgaben aufgelistet, die am Ende des Arbeitstages noch erledigt werden müssen.«

Entsetzt starre ich die Liste an und stelle fest, dass auch ein DIN-A5-Blatt bei entsprechend kleingedruckter Schrift genug Platz für über zwanzig Arbeitsaufträge bietet. Wenn ich an meine Arbeitsblätter im Deutschunterricht zurückdenke, bei denen ich zwischen Schriftgröße zwölf und vierzehn geschwankt habe, bin ich mir in diesem Fall sicher, dass es sich hier um Schriftgröße acht oder neun handelt. Gut, dass ich mit meinen Hasenzähnchen immer brav an Karotten geknabbert habe, denn ohne entsprechend scharfe Sehstärke wäre eine Entzifferung der Anweisungen unmöglich.

»Also, ich würde sagen, wir teilen uns die Aufträge auf und fangen jetzt an, damit wir pünktlich den Salon schließen können«, schlägt Sofie vor.

In diesem Punkt bin ich voll ihrer Meinung, denn schließlich ist es schon halb sieben, und der Arbeitstag war zwar schön, aber vor allem anstrengend und ziemlich lang.

»Wenn du einen Punkt der Liste erledigt hast, hakst du ihn bitte ab«, erklärt mir Sofie kurz und verschwindet um die Ecke.

Ich schnappe mir die Putzutensilien und mache mich am ersten Frisierplatz an die Arbeit. Während ich konzentriert den großen Spiegel mit einem Lappen von Flecken befreie, kann ich mich des Gefühls nicht erwehren, dass ich beobachtet werde. Unsicher blicke ich über meine Schulter nach hinten, und tatsächlich bestätigt sich mein Verdacht. Der Kunde, dessen Frisierplatz ich gerade von Schmutz befreie, starrt mich mit einem süffisanten Grinsen an. Ich bin entrüstet und will ihn gerade darauf aufmerksam machen, dass er das lassen soll, als Sofie, die mit weit aufgerissenen Augen an der Rezeption steht, mich mit wild gestikulierendem Armschlag ihrerseits auf etwas aufmerksam machen will. Da ich ihrer Zeichensprache nicht mächtig bin, unterbreche ich meine Tätigkeit und eile zu ihr.

»Ja, bist du denn dem Wahnsinn?!«, schnauzt sie mich an.

»Des Wahnsinns«, korrigiere ich schnell, um den Genitiv nicht auch in den Wahnsinn zu treiben, und frage, »was meinst du? Ich mache doch nur das, was auf dem Plan steht: Frisierplätze putzen.«

Fassungslos schüttelt die Azubine ihren Kopf.

»Aber doch nicht, wenn da noch Kunden sind. Du kannst doch nicht den Spiegel putzen, während der Kunde hinter dir sitzt.«

»Also, ähm …, ich dachte, dass alle Punkte abgehakt werden müssen, und du sagtest doch je eher desto besser.«

»Schon, aber wir müssen uns zuerst um die Sachen kümmern, die erledigt werden können, ohne dass der Kunde etwas davon mitbekommt, wie zum Beispiel Mülleimer ausleeren, Kaffeemaschine säubern, Geschirr in den Geschirrspüler einräumen, und so weiter.«

Unweigerlich steigt mir erneut die Röte ins Gesicht, denn auf einmal wird mir klar, dass der Kunde mich zu Recht angestarrt hat.

Warum nur muss mir schon wieder so etwas Peinliches passieren?

Dabei wollte ich doch nur alles richtig machen. Niedergeschlagen und unsicher fahre ich mit dem Putzplan fort, immer darauf bedacht, so entfernt wie möglich von den Kunden zu arbeiten. Erst als nur noch Mitarbeiter des Coiffeurteams im Salon sind, begebe ich mich wieder in die Nähe der Frisierplätze. Nach einer guten Dreiviertelstunde sind Sofie und ich mit der Reinigungsarbeit fertig und ich auch mit der kompletten Welt. Mir tun jetzt nicht nur die Füße und Hände weh, sondern Arme, Beine, Rücken, und wenn ich es mir recht überlege auch alles andere. Um mich aber nicht vollends als Versager zu fühlen, tue ich das, was ich eben am besten kann: Rechtschreibfehler ausmerzen. Davon gibt es nämlich jede Menge auf dem Putzplan. Als ich die unübersehbaren Schnitzer im Schriftbild behoben habe – mein Kennerblick lässt sich auch von Schriftgröße acht nicht ablenken –, lasse ich mich in einen der komfortablen Massagesessel am Waschbecken fallen.

»Na, wie war dein erster Tag?«, will Philipp grinsend wissen.

»Gut«, sage ich und hoffe, dass der nächste Tag nicht ganz so hektisch, anstrengend und lang wird.

»Schön, dann kann's morgen ja richtig losgehen!«

»Wie meinst du das?«, frage ich misstrauisch.

»Na ja, montags ist eher einer der ruhigeren Tage. Da gibt's nicht so viel zu tun. Morgen wird's schon ein bisschen hektischer, und je näher es dem Wochenende zugeht, desto mehr geht hier die Post ab.«

»Aha…«, ist das Einzige, was mir dazu noch einfällt, und ich befürchte Schlimmes.

Christoph, der gerade zu uns gestoßen ist, scheint mir meine Befürchtungen anzusehen und spricht mir gut zu.

»Keine Angst, das ist nur am Anfang so. Wenn du weißt, wo alles steht und liegt und wie der Hase hoppelt, wird es besser. Das haben wir alle durchmachen müssen.«

Dem stimmen auch Franziska, Sofie und Philipp zu, und so mache ich mich zwar schweren Schrittes, aber ein wenig erleichtert auf den Nachhauseweg. Dort angekommen, überfällt mich ein gut gelaunter Julian mit einem Fragenschwall.

»Na, wie war dein erster Arbeitstag? Wie sind deine Kollegen? Hast du schon richtig aushelfen können? Wie sind die Kunden so? …? …?«

Zu erschöpft, um auch nur eine seiner Fragen beantworten zu können, kippe ich stöhnend vornüber aufs Bett und bleibe in Bauchlage liegen. Auch wenn ich Julian in dieser Lage nicht sehen kann, bin ich mir sicher, dass sein Gesicht einen sorgenvollen Ausdruck bekommt. Wie zur Bestätigung beugt er sich zu mir herunter. Und gerade, als ich mich aufrichten und ihm mitteilen will, dass es mir den Umständen entsprechend gut geht, werde ich von seinen gut gemeinten Worten niedergestreckt. In dem Moment, in dem »Mach dir nichts draus, Meike, aller Anfang ist schwer, aber Übung macht ja bekanntlich den Meister« seinen Mund verlässt, erschlägt mich die Last dieser neunmalklugen Sprüche, die ich an diesem Tag einmal zu oft gehört habe, und ich ergebe mich kampflos meiner Müdigkeit.

9

Ha(a)rt am Limit

Nach einer zehnstündigen Schlafeinheit sind die Strapazen des vorherigen Tages am nächsten Morgen wieder vergessen. Da sich mein Gedächtnis vor allem an die positiven Geschehnisse erinnert, muss ich beim Frühstück an die gestrige Begegnung mit der goldigen Frau Lauer und an ihr großzügiges Trinkgeld denken. Geld gehört zwar nicht zu den Prioritäten meines Lebens, trotzdem kann ich mich nicht dagegen wehren, dass sich meine mathematischen Hirnwindungen – auch wenn es deren nicht besonders viele gibt – eine geschätzte Hochrechnung der zu erwartenden Trinkgelder erlauben. Was bei dieser theoretischen Überschlagsrechnung herauskommt, zaubert ein breites Lächeln auf mein Gesicht.

»Warum grinst du denn so?«, will mein Freund sogleich wissen, der sich heute die Zeit nimmt, mit mir zu frühstücken. Nach meinem gestrigen Zusammenbruch scheint er das Bedürfnis zu haben, mir beim Start in mein Ferienprojekt eine größtmögliche Stütze zu sein.

»Ach, nicht so wichtig. Ich habe nur hochgerechnet, wie viel Trinkgeld ich während meines Praktikums bekomme.«

»Aha, schön«, antwortet Julian mit einem Lächeln im Gesicht, das mich etwas skeptisch macht. Da wir nicht erst seit gestern zusammen sind und ich seine Mimik in- und auswendig kenne, registriere ich schnell, dass dieses seltsam verzerrte Grinsen nur vorgetäuscht ist.

»Du willst doch noch etwas loswerden«, hake ich nach.

Julian presst krampfhaft seine Lippen aufeinander, bis sie eine weiß-gelbliche Farbnuance annehmen und schüttelt vehement seinen Kopf. Mir kommt langsam der Verdacht, dass er mich nach meinem anstrengenden Start komplett in Watte packen will. Das allerdings sieht meinem Freund so gar nicht ähnlich, sodass ich mich meinerseits frage, ob ich mir nun Sorgen um ihn machen muss. Ich will ihn gerade darauf ansprechen, als es auch schon aus ihm herausschießt:

»Du weißt schon, dass nicht jeder Kunde gleich viel Trinkgeld gibt, oder?«

Ich bin beruhigt, es scheint alles in Ordnung mit ihm zu sein.

»Klar weiß ich das, manche geben sogar noch mehr als diese nette Frau von gestern.«

Triumphierend blicke ich Julian an. Der sieht mich mit hochgezogenen Augenbrauen so an, als hätte ich einen kompletten Realitätsverlust.

»Ich will dir ja nicht die Illusionen rauben, aber tatsächlich gibt es auch Menschen, die wenig bis gar kein Trinkgeld geben …«

»Weiß ich doch«, unterbreche ich ihn trotzig und denke mir, dass dieser Fall bei meiner Freundlichkeit und zuvorkommenden Art nur selten, genauer gesagt gar nicht eintreten wird.

Mein Freund, der mich und meine Mimik auch schon so lange kennt wie ich die seinige, scheint meine Gedanken lesen zu können und vervollständigt seinen Satz: »… egal wie gut du arbeitest oder wie freundlich du bist.«

Ich schaue ihn mit zusammengekniffenen Augen an, denn wenn ich es mir genau überlege, fand ich den fürsorglichen Freund von eben, der mit seinen kritischen Bemerkungen geizt, doch reizvoller. Insgeheim weiß ich zwar, dass Julian mit seinem Einwand sehr wahrscheinlich recht hat, aus persönlichen Gründen muss ich ihm aber trotzdem widersprechen. Nicht dass der Gute noch Höhenflüge bekommt, nur weil er das eine oder andere Mal richtigliegt.

»Da liegst du so was von falsch, mein Lieber. Kein Kunde wird sich trauen einem blonden Engel wie mir, der schon jetzt ein fester Bestandteil des professionellen Coiffeurteams ›EngelsHaar‹ ist, *kein* Trinkgeld zu geben«, betone ich mit stolz geschwollenen Brüsten und versuche meine blonde Minimähne nach hinten zu werfen.

»Engel?«, wagt er doch tatsächlich nachzufragen.

»Ja, *Engel*! Wenn jemand ein Engel ist, dann ich!«

»Stimmt, ich vergaß, du hältst dich ja eigentlich auch für eine süße Nicki.«

»Genau, du hast es erfasst. Eigentlich bin ich keine Meike, sondern mit Leib und Seele Engel *und* eine goldige Nicki«, erwidere ich und klimpere wie zur Bestätigung mit meinen langen, geschwungenen Wimpern, was nur dazu führt, dass Julian ungläubig den Kopf schüttelt.

»Du weißt, dass du nie eine süße Nicki warst und auch nie sein wirst. Du bist eher eine Olga oder Ludmilla«, sagt's und lacht sich ins Fäustchen.

»So ein Quatsch, das passt überhaupt nicht zu mir. Wenn überhaupt bin ich ein elfenhaftes Geschöpf, süß und lieblich, eine Quendolin oder so ähnlich.«

»Pah, selten eine Fee mit so ausgeprägter Oberschenkel- und Armmuskulatur gesehen. Ich will dich ja nicht desillusionieren, aber du gehörst definitiv nicht zu den leichten Elfen, eher zum bodenstämmigen Fußvolk, buahaha!«

Mein Freund, charmant wie immer! Böse funkele ich ihn an und fühle mich in diesem Augenblick wahrhaftig wie eine russische Hammerwerferin namens Ludmilla, die sich nur zu gerne mit ihrer ganzen Muskelmasse auf ihr lästerndes Gegenüber werfen würde. Das mutmaßliche Opfer scheint mein unterschwellig anwachsendes Aggressionspotenzial zu bemerken und begibt sich zur eigenen Sicherheit auf direktem Wege zur Haustür. Besser für ihn, denn den Engel in mir habe ich im Salon gelassen, ...wo ich in zwanzig Minuten sein muss, verdammt! Bei einem Blick auf die Küchenuhr stelle ich schockiert fest, dass ich mich beeilen muss. Dabei wollte ich mich doch für den zweiten Arbeitstag mit entsprechender Schminkprozedur besonders schön machen. Daraus wird jetzt allerdings nichts mehr. Trotzdem nehme ich mir die kurze Zeit, wenigstens meine Kleiderwahl passender zu treffen als am Vortag. Gar nicht so einfach, denn meine Garderobe besteht zu über neunzig Prozent aus legeren Kleidungsstücken wie Boyfriend-Jeans und lässigen Pullovern, die mir nun für meinen neuen Arbeitsplatz eher unpassend erscheinen.

Nach einer dynamischen bis hektischen Durchwühlaktion werde ich aber doch fündig. Tatsächlich besitze ich noch eine feine schwarze Stoffhose, die ich mir extra für die Abschlussfeier meines Referendariats gekauft hatte. Als ich sie vor mich halte, kommt mir der Hosenbund allerdings sehr eng vor. War ich damals magersüchtig oder gehen Hosen mit der Zeit von alleine ein?

»Wird schon gehen«, rede ich mir gut zu und lege mich beim Anziehen flach aufs Bett. »Na, geht doch! Jetzt nur noch den ganzen Tag die Luft anhalten!«

Nachdem ich auch eine halbwegs akzeptable Bluse gefunden und eine kurze Katzenwäsche im Bad hingelegt habe, begebe ich mich zu meiner aktuellen Arbeitsstätte.

Als ich pünktlich um 10 Uhr durch die Pforte des Himmels trete, stelle ich verwundert fest, dass hier schon reges Treiben herrscht. Komisch, denn eigentlich öffnet der Salon doch erst jetzt. Oder habe ich mich etwa in der Zeit geirrt? Ein Blick auf die Öffnungszeiten an der Eingangstür bestätigt mir aber, dass ich keinen Fehler gemacht habe. Franziska hat anscheinend meinen fragenden Gesichtsausdruck bemerkt und informiert mich darüber, dass einige Friseure ihren Kunden einen besonderen Service ermöglichen, in dem sie auch frühere Termine anbieten. Ich kann nur den Chapeau ziehen vor so viel Eigeninitiative der Angestellten, denn der Arbeitstag ist sowieso schon extrem lang. Angesteckt von dieser hochmotivierten Haltung, verstaue ich schnell Jacke und Tasche im Aufenthaltsraum und eile zurück in den Salon. Dort werde ich fast von meinem Mentor umgerannt.

»Gott sei Dank, dass du da bist Meike. Hier ist schon die Hölle los!«, meint Philipp.

»Jaja, ich weiß, mich schickt der Himmel, hahaha«, scherze ich und beginne zu lachen, das mir allerdings im Halse stecken bleibt, als Philipp mir todernst eröffnet, dass ich seinem Kunden, Herrn Naumann, an den Hals gehen und den Kopf waschen soll.

»Aber, ich hab doch noch nicht einmal geübt, einen Umhang korrekt anzulegen. Woher weiß ich denn, wie fest ich da ziehen muss«, jammere ich.

»Mensch Meike, wenn man dich so hört, könnte man meinen, du willst tatsächlich jemanden umlegen. Sieh dir einfach unsere kleine Tabelle an, die wir für unsere neuen Azubis erstellt haben. Dann weißt du bescheid. Ich muss jetzt zum nächsten Kunden«, spricht's und hetzt von dannen. Ich tue wie mir geheißen und lese mir konzentriert die empfohlene Anleitung durch.

Für Dummies: Anleitung zum Umlegen (eines Schutzumhangs)

Level 0 (wasserdurchlässig):
Haare kleben im Nacken fest
durchnässte Kleidung der Kundin
Kundin verlangt Handtuch
= typischer Anfängerfehler

Level 1 (angenehm anliegend):
Umhang liegt wie Geschmeide am Hals
Kundin merkt nicht, dass sie Schutzkleidung trägt
zufriedenes Gesicht der Kundin
= Auftrag gut gemacht

Level 2 (unangenehm zudrückend):
Kundin verzieht Gesicht etwas
Kundin greift häufig zum Hals
Kundin entwickelt leichten Würgereflex
= eine Runde Sekt für die Kund- und Belegschaft

Level 3 (luftdicht verschlossen):
Gesichtsfarbe der Kundin wird tiefrot
ihre Augen beginnen zu flackern
Kundin bewegt sich nicht mehr
= schwere Körperverletzung, guten Anwalt suchen

Als ich fertig gelesen habe, bin ich noch stärker verunsichert als zuvor. Auch wenn die Hinweise lustig gemeint sind, kann ich gerade nicht darüber lachen, denn ich habe wirklich Angst, Philipps Kunden an den Hals zu gehen. Mir wird schlagartig klar, dass nur Ärzte, Krankenschwestern und Physiotherapeuten einem anderen Menschen körperlich so nah kommen wie der Friseur. Darüber habe ich mir zuvor nie wirklich Gedanken gemacht. Dafür erscheint mir diese Erkenntnis jetzt umso bedrohlicher. Mit zittrigen Händen schnappe ich mir die Schutzbekleidung und gehe zu Herrn Naumann. Nachdem ich mich kurz vorgestellt habe, atme ich noch einmal tief durch und hole zu einem schwungvollen Überwurf aus. Mit einer gezielten dynamischen Bewegung, die einer erfahrenen Hammerwerferin entspricht, schleudere ich den Umhang über meinen ersten Kunden und siehe da, nach einem kurzen Aufblähen gleitet er sanft über dessen Kopf und legt sich in die angemessene Position um den Körper.

Ha, geht doch!, denke ich stolz und ziehe genauso gezielt und dynamisch den Verschluss am Hals zu.

»Ist es so angenehm?«, frage ich beim Kunden nach. Herr Naumann schenkt mir ein Lächeln und nickt nur stumm. Ich freue mich über meine gelungene Erstaufführung und klatsche mir gerade selbst Beifall, als ich registriere, dass das Gesicht meines Kunden zunehmend seine Farbe verändert. Obwohl er mich weiterhin anlächelt, komme ich nicht umhin zu bemerken, dass hier etwas nicht stimmt. Der Meinung scheint auch Philipp zu sein, der mir vom Waschbecken aus ein Zeichen gibt. Zuerst denke ich noch, dass er mich mit dem Victoryzeichen zu meinem Sieg beglückwünscht, bis ich erkenne, dass er drei Finger hochhält und mich darauf hinweisen will, dass mein Kunde sich in Level 3 (= luftdicht verschlossen) befindet. Mittlerweile flackern seine Augen auch schon. Panisch versuche ich den Verschluss am Hals zu lockern, was mit zittrigen Händen gar nicht so leicht ist. Ich sehe mich schon wegen Körperverletzung in Handschellen hinter schwedischen Gardinen sitzen, als sich der festsitzende Umhang doch noch löst.

»Alles in Ordnung bei Ihnen?«, will ich mehr als besorgt wissen.

Herr Naumann kann erst nach mehrmaligem tiefen Ein- und Ausatmen eine kurze, aber beruhigende Antwort röcheln.

»Ja, alles in Ordnung. War vielleicht doch etwas zu fest am Hals.«

Puh, gerade nochmal gut gegangen! Erleichtert lege ich den Umhang noch einmal an, dieses Mal aber deutlich lockerer. Danach begleite ich meinen Kunden zum Waschbecken, um ihm ein entschädigendes Wellnessprogramm für die Haare anzubieten.

»Ähm, ich glaube, das mache ich unter den gegebenen Umständen besser selbst. Du könntest dich in der Zwischenzeit um die Wäsche kümmern«, flüstert mir Philipp zu.

Enttäuscht, dass ich nun wieder Handtücher statt Köpfe waschen darf, begebe ich mich wie ein zurechtgewiesener Hund auf meinen Platz – in den Keller.

»Was ist denn mit dir los? Du machst ja ein Gesicht wie zehn Tage Regenwetter«, fragt Sofie mich beim Betreten der Wäschekammer.

»Hmpf, ich glaube ich bin voll untalentiert als Friseurin«, jammere ich und berichte ihr von meiner Aktion mit Herrn Naumann.

»Das meinst du doch nicht ernsthaft! Nur weil dich Herr Naumann atemberaubend fand, hihihi.«

»Du hast gut lachen! Dir ist das ja nicht passiert, voll peinlich.«

»Mensch Meike, denkst du etwa, dass mir am Anfang nicht auch ein paar haarsträubende Patzer unterlaufen sind?!«

»Echt? Was denn zum Beispiel?«

»Der schlimmste aller Anfängerfehler, beispielsweise.

Meine erste Kundin habe ich beim Haarewaschen fast ertränkt«, gesteht mir Sofie.

»Wie haste das denn angestellt?«, will ich wissen.

»Na, das bekommt man ganz einfach hin, indem man vergisst, dass der Wasserstrahl direkt an die Kopfhaut gehalten und das Wasser mit der Hand abgestrichen werden muss. Stattdessen habe ich den voll aufgedrehten Strahl einfach über den Kopf gehalten und damit die Kundin komplett unter Wasser gesetzt. Und damit meine ich nicht bloß ein paar Wassertröpfchen, die ihr ins Ohr gelaufen sind. Nein, regelrechte Sturzbäche liefen der Guten über den Kopf, am Hals entlang über Brust und Rücken bis in die unteren Gefilde. Mein Gott war das peinlich.«

»Und was hast du dann gemacht?«, frage ich sie.

»Die Flucht ergriffen, untergetaucht, mir eine neue Identität zugelegt und in einem anderen Salon angefangen.«

»Nee, jetzt mal im Ernst, was ist danach passiert?«

»Christoph hat meinen verzweifelten Gesichtsausdruck und das fließende Rinnsal auf dem Boden bemerkt und mir vorgeschlagen, ich solle meine Kundin zum Trocknen in die Föhnapparatur einer Autowaschanlage schicken, was ich in dem Moment überhaupt nicht witzig fand. Die Kundin allerdings schon, die hat sich nämlich kaputtgelacht und das Ganze mit Humor genommen. Letztendlich haben wir sie dann zu zweit trockengelegt.«

»Mensch, da hattest du ja Glück, dass es gerade bei dieser Art Kundin passiert war«, stelle ich fest.

»Stimmt! Wäre das Frau Lange-Hohenscheid gewesen, hätte ich meine Koffer packen können.«

»Was habt ihr denn immer mit dieser Frau? Ist die wirklich so schlimm?«

»Und noch viel schlimmer! Aber so wie es aussieht, bleibst

du vorerst verschont von dem Ungeheuer. Sie hat erst in einem Monat wieder einen Termin. Gott sei Dank sind aber die meisten unserer Kunden in Ordnung und …«

Ihren Satz kann Sofie nicht mehr vervollständigen, denn eine finster dreinblickende Franziska lugt um die Ecke und erinnert sie daran, dass der nächste Kunde auf sie wartet und weist mich dezent darauf hin, dass sich im Salon die benutzten Kaffeetassen stapeln.

Für den Rest des Tages bin ich also dazu verdammt, die Aufgaben einer Servicekraft und Reinigungsfachfrau in einer Person zu übernehmen, was mir nach der Begegnung mit Herrn Naumann auch mehr als recht ist. Dank Sofies aufmunternder Anekdote bin ich jetzt zwar ein wenig beruhigt, trotzdem rechne ich fest damit, dass mein Mentor mir heute noch die Leviten lesen wird.

Das passiert an diesem geschäftigen Tag jedoch nicht mehr, denn weder Philipp noch ich haben eine Sekunde Zeit, uns darüber zu unterhalten.

Als ich mich am späten Abend müde gearbeitet nach Hause schleppe, erinnern mich meine schmerzenden Füße daran, dass ich den Kauf eines bequemen Schuhs nicht länger aufschieben kann. Ich nehme mir fest vor in der morgigen Mittagspause einen Ausflug in die Stadt zu unternehmen, denn jetzt möchte ich mich nur noch auf die Couch fallen und von irgendwelchen unterhaltsamen Serien berieseln lassen.

»Da kommt sie hereinspaziert, die Blume meines Herzens, der Quell ewiger Freude, die …«, heißt mich Julian herzlich willkommen, was mich in diesem Moment heillos überfordert.

Irgendwas stimmt an dieser Szene nicht, nur was? Früher hätte ich mich über solch eine überschwängliche Begrüßung gefreut, momentan bin ich aber zu erschöpft und kann nur müde lächeln.

»Na, wie geht es meinem süßen Schatz denn heute? Wie war dein Tag? Was hast du getrieben?«

Augenblicklich wird mir bewusst, was hier nicht stimmt. Die Seiten sind vertauscht. Normalerweise war ich diejenige, die Julian betüttelt und mit Fragen überschüttet hat, wenn er nach einem langen Arbeitstag nach Hause kam. Nicht selten konnte der sich im ersten Moment überhaupt nicht darüber freuen und wollte lieber erst einmal seine Ruhe vor mir haben. Damals konnte ich das gar nicht verstehen, dafür verstehe ich es gerade umso mehr. Da ich meinem Liebsten aber schon mehr als einmal vorgeworfen habe, dass er unsensibel ist, wenn er einfach nur seine Ruhe haben wollte, versuche ich ihn feinfühlig auf mein Bedürfnis nach Entspannung hinzuweisen.

»Julian, nimm's mir nicht übel, aber …«

»Was sollen wir beiden Hübschen denn heute Abend anstellen? Wie wäre es mit Essen gehen, Kino oder …«, brabbelt der Gute einfach dazwischen und merkt gar nicht, dass ich am Ende bin. Also sehe ich mich gezwungen, etwas deutlicher zu werden.

»Verdammt noch mal! Ich will einfach nur meine R-U-H-E!«, brülle ich und sacke erschöpft zusammen.

Das scheint mein Freund verstanden zu haben, denn auf einmal herrscht eine vollkommene Stille zwischen uns. Eisige Stille wäre dann doch der passendere Ausdruck, wenn ich die angespannten heruntergezogenen Gesichtszüge meines Gegenübers richtig interpretiere.

»Ähm, tut mir leid. Ich wollte dich nicht anschnauzen. Ich brauche nach dem anstrengenden Arbeitstag nur etwas Zeit für mich«, erkläre ich sanfter.

»Schon gut, du hast mir ja mehr als deutlich zu verstehen gegeben, dass ich hier unerwünscht bin«, grummelt Julian vor sich hin und verschwindet mit einem Buch ins Schlafzimmer, bevor ich noch etwas sagen kann.

»Mein Gott ist der empfindlich«, denke ich, schalte den Fernseher an und bin nach nur fünf Minuten eingeschlafen.

Gegen 9 Uhr am nächsten Morgen werde ich durch das laute Knallen von Schranktüren geweckt. Anscheinend ist Julians Ärger auf mich noch nicht verflogen, was er mir nun lautstark mitzuteilen versucht. Noch etwas schlaftrunken bemerke ich, dass auch mein eigener Körper mir die nächtliche Schlafeinlage auf der Couch nicht zu verzeihen gedenkt. Mir tun sämtliche Knochen weh, dabei bin ich doch noch gar nicht so alt. So wie es den Anschein hat aber auf jeden Fall alt genug für höllische Rückenschmerzen. Trotz meines schmerzverzerrten Gesichts und meiner gekrümmten Haltung lässt sich mein Liebster nicht erweichen, Mitleid für mich zu empfinden. Außer einem unterkühlten »Morgen« schlagen mir nur sein Deo und eine zugeknallte Haustür entgegen. Nach einer kurzen Morgenhygiene und einer eingeworfenen Schmerztablette fahre ich ohne Frühstück zur Arbeit.

»Hi Meike, du sollst direkt zu Philipp kommen«, empfängt mich Franziska.

Na, das fängt ja gut an. Ich ahne Schlimmes und rechne mit einer ausführlichen Standpauke für die Sache mit Herrn Naumann.

»Du wolltest mich sprechen, Philipp?«

»Wie geht es dir denn?«

»Ganz gut, warum?«, antworte ich skeptisch.

»Weil du jetzt sehr stark sein musst. Das, was ich dir nun zeigen werde, erfordert äußerst starke Nerven.«

Entsetzt starre ich meinen Mentor an und stelle mich auf das Allerschlimmste ein. Hat Herr Naumann in der Zwischenzeit doch größere Folgeschäden von meiner unfreiwilligen Würgeattacke davongetragen? Wird er vor Gericht gegen mich aussagen und die tiefen Striemen, die sich in seine Haut gegraben haben als Beweisstück gegen mich verwenden? Mir wird heiß und kalt zusammen, und meine Schweißdrüsen beginnen urplötzlich mit der Produktion, und das gleich auf Hochtouren. Ich will nicht in den Knast wandern! Ich bin noch so jung, mein ganzes Leben liegt noch vor mir – okay, mein halbes, aber immerhin!

Ruhig bleiben, Meike. Nicht immer das Schlimmste denken. Alles wird gut!, bete ich mein Beruhigungsmantra herunter.

Als wir den Salon verlassen und den Schulungsraum betreten haben, ahne ich bereits, dass es hier doch nicht um Herrn Naumann geht. Puh, egal was jetzt kommen mag, es kann nur besser sein. Zielstrebig marschiert Philipp auf Madame Tussauds Gruselgalerie der abgetrennten Häupter zu und schnappt sich einen langhaarigen Frisierkopf.

»Einmal nass machen, Reinigungsshampoo auftragen, gut einmassieren und mit lauwarmem Waser auswaschen. Wenn du damit fertig bist, legen wir los.«

Ich weiß zwar immer noch nicht, mit was wir loslegen, aber ich folge einfach seinen Anweisungen. Beim anschließenden Waschdurchgang fällt mir der Frisierkopf gefühlte fünfmal aus der Hand, was Philipp und die Kundin am Waschbecken daneben zu der Meinung verleiten, dass ich doch noch den ein oder anderen Probedurchgang bräuchte, bevor ich auf richtige Kopfhäute losgelassen werde könnte.

Danach begeben wir uns in ein stilles Eckchen im Salon, wo Philipp den gewaschenen Frisierkopf auf einen Ständer steckt und sich mit einem ernsten Gesichtsausdruck mir zuwendet.

»Wie ich es bereits eben angedeutet habe, lasse ich dich nun an meinem großen Erfahrungsschatz teilhaben. Vorab nur eins noch, sei stark!«, sagt's und bricht in schallendes Gelächter aus.

Fragend sehe ich ihn an und bin mir nicht sicher, ob das jahrelange Hantieren mit Farben und Inhalieren des einen oder anderen Haarsprays nicht doch ihre Spuren hinterlassen haben, als der Gute sich wieder fängt und mir den Grund seines Verhaltens verrät:

Philipps Rezept für eine Dauerwelle

Bevor du mit der nervenaufreibenden Prozedur beginnst, legst du dir folgende Zutaten bereit:

10 ml Reinigungsshampoo	120 cm Wattestreifen
1000 Plastikwickler	1 Schwämmchen
1000 Stück Spitzenpapier	1 Plastikhäubchen
60 ml Wellmittel	1 Mundschutz/ Gasmaske
5 ml fettige Creme	1 Handtuch
60 ml Emulsion	**100 cm Geduldsfaden**

Nun folgt die Zubereitung:

Also, zuerst befeuchtest du den ganzen Kopfsalat gleichmäßig mit Wasser, ohne dass deine Kundin davonschwimmt. Gib anschließend eine walnussgroße Menge Reinigungsshampoo darauf, und vermische das Ganze in kreisenden Bewegungen zu einer schaumigen Masse. Nun wird das verquirlte Gemisch mit lauwarmem Wasser wieder abgespült und handtuchtrocken abgetupft.

Achtung: Verwende auf keinen Fall Conditioner, denn sonst hat es sich von vorneherein ausgewellt!

Jetzt legst du dir die 1000 Wickler mit dem geschätzten Durchmesser eines Zahnstochers und das dazu gehörige zuvor befeuchtete Spitzenpapier in tausendfacher Ausfertigung griffbereit hin.

Wichtig: Lockere vorab dich und deine Finger, und atme noch einmal Yin-Yang-mäßig tief durch, um dich auf die bevorstehende Sisyphusarbeit unter erschwerten Geruchsbedingungen einzustellen.

Nachdem die Vorbereitungen getroffen sind, werden Haarpartie für Haarpartie in einem neunzig Grad Winkel zur Kopfrundung abgeteilt. Nach dem präzisen Abteilen beginnst du mit dem Einwickeln der mittleren Zone. Dazu ziehst du eine Strähne straff nach oben, legst das befeuchtete millimeterdünne Spitzenpapier um die Haarspitzen und wickelst die Strähne unter gleichmäßig starkem Zug auf den scheinbar zu kleinen Plastikwickler auf.

Vermerk: Deine Wickler sitzen dann richtig, wenn bei deiner Kundin ein sichtbarer Liftingeffekt im Gesicht festzustellen ist.

Diesen Arbeitsvorgang wiederholst du gefühlte 1000-mal (334-mittig, 333-mal links, 333-mal rechts), und zwar mehr als schnell und genau, denn das Haar muss gleichbleibend feucht sein, um ein einheitliches Ergebnis zu erzielen.

Wenn sich das gesamte Haupthaar auf Wicklern befindet, kannst du dich echt glücklich schätzen, den schlimmsten Kampf gewonnen zu haben, vorausgesetzt du hast deinen Verstand noch nicht verloren.

Um dem Vorgang nun eine Kontur zu geben, creme das Gesicht am Haaransatz ein und lege einen circa 60 cm langen Wattestreifen darüber.

Diese bauschige Schutzmauer verhindert, dass deiner Kundin die Schminke abhandenkommt, wenn du anschließend das Wellmittel auf jede mühsam aufgewickelte Strähne gleichmäßig von hinten nach vorne träufelst.

Da der Wattewall aufgrund des zuvor aufgetragenen Wellmittels zusehends der Feuchtigkeit zum Opfer fällt, wird er

α) bei einer netten Kundin umgehend durch einen neuen Wattestreifen ersetzt

β) bei einer nicht ganz so netten Kundin so nass belassen wie er ist

Um die Wirkung der chemischen Behandlung und die adrette Erscheinung der Kundin zu intensivieren, setzt du dem Ganzen nun ein durchsichtiges Plastikhäubchen auf. Lasse die verquirlte Haarmasse unter Zuhilfenahme der Körpertemperatur garen.

Wichtig: Die Einwirkzeit richtet sich nach der Haarqualität und Freundlichkeit der Kundin, sollte 15 Minuten aber nur im Falle einer äußerst unfreundlichen Kundin überschreiten.

Spüle nach der angemessenen Zeit die noch eingewickelten Haare 5 Minuten lang mit klarem Wasser aus und tupfe im Anschluss daran jeden einzelnen Wickler mit einem Handtuch vorsichtig ab. Jetzt wird alles mit einem Schwämmchen und einer speziellen Emulsion fixiert. Gehe nun 5 Minuten, in denen die Fixierung einwirkt, an die frische Luft, um nicht dem besonders intensiven Geruch der Chemikalien zu erliegen. Danach folgt eine weitere Kopfspülung der eingewickelten Haarpracht, die überraschenderweise abermals mit einem Abtupfen jedes Wicklers endet.

Jetzt wickelst du alles, was du in den letzten Stunden in Millimeterarbeit unter Verlust von 1000 Nervenzellen und ebenso vielen Haaren aufgedreht hast, wieder ab. Abschließend trägst du noch einmal eine Portion Emulsion auf und spülst diese nach exakt 5 Minuten ebenfalls ab.

Wenn du alle Schritte korrekt befolgt hast, dürfte deine Kundin nun im Besitz einer mehr oder weniger schönen Lockenpracht sein und dies mit freudigen Ausrufen des Wohlwollens kundtun. Wenn nicht, viel Spaß beim Wiederholen. Noch irgendwelche Fragen? Alles verstanden?

Das Verstehen ist in diesem Fall nicht das Thema. Im Gegenteil, ich bin fasziniert von Philipps erstaunlich präzisem Rezept für eine Dauerwelle. Ein Musterbeispiel einer Anleitung wie ich sie nur allzu gerne von einem meiner Schüler gesehen hätte. Ich muss jetzt noch den Kopf schütteln, wenn ich an Hassans Donauwellen-Rezept zurückdenke, das er mir als Klassenarbeit abgegeben hat. Ich weiß noch, dass ich im Lehrerzimmer Tränen gelacht habe, weil er es neben fünfzig Rechtschreibfehlern – davon fünf Stück in einem einzigen Wort – fertiggebracht hat, die Reihenfolge der durchzuführenden Arbeitsschritte so durcheinanderzuwürfeln, dass man mit dem fertigen Kuchen beginnt und mit der Zusammenstellung der Zutaten endet. Das Ganze kommentierte er abschließend mit dem Schlusssatz »Backstu oda was?!«

Schnell verdränge ich diese absurden Sentimentalitäten und konzentriere mich auf meine eigentliche Aufgabe. Spätestens nach dem Abteilen der Haarpartien weiß ich aber schon nicht mehr, wo ich den ersten Wickler hinsetzen soll. Das kann doch echt nicht wahr sein, dass ich mir noch nicht einmal die ersten drei Schritte merken kann. Wenn ich als studierte Erwachsene noch nicht dazu imstande bin, wie konnte ich dann Ähnliches von meinen Schülern erwarten? Bevor ich mich intensiver mit diesem Thema beschäftigen kann, holt mich Philipp in die harte Realität zurück.

»Zuerst die mittlere Partie und denk dran: erst Spitzenpapier, Strähne schön straffziehen und dann erst auf den Wickler aufdrehen.«

»So wird's gemacht, Babo!«

Schritt für Schritt beziehungsweise Wickler für Wickler versuche ich daraufhin unter Philipps Anleitung die Herausforderung *Dauerwelle* zu bewältigen, werde aber eher von einer Welle des Bedauerns überwältigt, als mein Mentor das

Endresultat mit einem amüsiert-mitleidigen Ausdruck und einem »Wird schon noch« kommentiert. Skeptisch blicke ich meine Pseudokundin an, die mich aus weit geöffneten Plastikaugen anstiert, und Zweifel an meinen handwerklichen Fähigkeiten bahnen sich unaufhaltsam ihren Weg in mein Bewusstsein. Vielleicht habe ich die motorischen Anforderungen, die an eine Friseurin gestellt werden, doch unterschätzt und dazu noch meine Lernfähigkeiten überschätzt.

»Philipp, dein nächster Kunde ist gerade gekommen«, ertönt die durchdringende Sirene von Franziska aus dem Salon.

»Wir kommen!«, ruft Philipp zurück und gibt mir zu verstehen, dass ich ihn begleiten soll. Damit bin ich mehr als einverstanden, denn hier alleine im Gruselkabinett zurückzubleiben und am Rad oder Wickler zu drehen, wäre momentan ein Albtraum für mich.

Als Philipp die Tür zum Salon aufmacht, bleibt er wie angewurzelt stehen. Nach seinem bestürzten Blick zu urteilen, scheint er sich gerade seinem ganz persönlichen Albtraum gegenüberzusehen.

»Nein, nein, auf keinen Fall! Nicht mit mir!«, stürmt er wutentbrannt auf Sofie, Franziska und Christoph zu, die vor dem Terminkalender an der Rezeption stehen.

»Beruhig dich erst einmal, und atme tief ein und aus«, versucht Christoph seinen aufgebrachten Kollegen zu besänftigen.

»Beruhigen?! Ich soll mich beruhigen …«, schnaubt dieser nur, und Schweißperlen bilden sich auf seiner Stirn. Krampfhaft umklammert er die Schere in seiner Hand und schüttelt wieder und wieder verzweifelt seinen Kopf.

Keine Ahnung, was den Guten so aus dem Konzept gebracht hat, aber ich ahne, dass es etwas Schlimmes sein muss.

»Jetzt reiß dich mal zusammen! Sofie kann das nicht übernehmen, die ist noch zu traumatisiert von der letzten Begegnung, und außerdem ist sie noch Azubi«, stellt Franziska klar.

Sofie klimpert unschuldig mit ihren langen, geschwungenen Wimpern und fasst sich theatralisch an die Stirn, während Christoph zustimmend nickt.

Philipp verzieht sein Gesicht und stemmt die Hände in die Hüfte. »Aber mir kannst du das zumuten, oder was?!«

»Ich kenne dich. Du bist stark. Du wirst das schon schaffen!«

»Was ist eigentlich mit dir? Warum erledigst du das nicht selbst?«, hakt er mit einem vorwurfsvollen Blick auf Christoph nach.

»Ich, ich … kann nicht! Das halten meine Nerven nicht noch einmal aus«, stottert der mit totenblassen Gesicht.

Stille kehrt ein, und ich weiß nicht, was ich davon halten soll. Wenn selbst der in sich ruhende Christoph beim Gedanken an diese *Sache* in Panik gerät, muss es sich um etwas wirklich Furchtbares handeln. Beim besten Willen kann ich mir nicht vorstellen, um was es hier geht. Ich hoffe nur, dass es dieses Mal nicht mich trifft.

»Na gut, ich mach's, aber nur unter einer Bedingung«, wirft Philipp ein.

Ein Seufzen geht durch die Runde, bevor Christoph fragt: »Und die wäre?«

»Die nächsten beiden Dauerwellen bei Frau Müller bin ich los.«

Christoph und Sofie tauschen entsetzte Blicke aus.

»Och nee, stinkiges Dauerwellenwasser, ewiges Einwickeln und dann noch die dünnen kurzen Haare von Frau Müller! Das ist aber ein hoher Preis!«, schimpft Sofie und verzieht angewidert ihr ansonsten hübsches Gesicht. Philipp zuckt lässig mit den Schultern, woraufhin die beiden Anderen für einen kurzen Moment ihre Köpfe zusammenstecken, um sich zu beraten.

»Okay, wir machen den Deal«, stimmt Christoph zu und hält Philipp zur Bestätigung die Hand hin.

Dieser schlägt ein, atmet mehrmals tief durch und geht seinem vermeintlichen Unheil entgegen – dem vierjährigen Malte-Maximilian –, der bereits schreiend neben seiner Mutter auf dem Friseurstuhl hin- und herrutscht. Ich starre ihm ungläubig, einen Hauch irritiert, aber vor allem belustigt hinterher.

»Das ist alles? Das ist der Grund, warum ihr euch hier fast in die Hosen gemacht habt?«, entfährt es mir unverblümt, so perplex bin ich über das Ausmaß der Panik, das sich hier ausgebreitet hat.

»Halloho, Erde an Meike! Das ist der Horror jeden Friseurs. Es gibt nichts Schlimmeres, als kleine quengelnde Kinder, die nicht eine Millisekunde stillhalten können. Und dieses Exemplar ist ein besonders hoffnungsloser Fall. So schlimm, dass seine Mutter behauptet, es sei das Kind ihrer besten Freundin. Dabei wissen wir mittlerweile ganz genau, dass es ihr eigener Sohn ist, den sie wahlweise mit Süßigkeiten oder Computerspielen bestechen will«, erwidert Sofie aufgebracht.

Aus jahrelanger beruflicher Erfahrung weiß ich zwar ganz genau, was sie meint, trotzdem bin ich mir seit heute Morgen nicht mehr sicher, ob die Dauerwelle nicht die Höchststrafe der Friseurtätigkeiten darstellt und teile der Azubine entsprechend meine Zweifel mit. Diese schüttelt nur energisch ihr junges Köpfchen und erklärt mir umgehend, was Friseure zum Haare raufen finden:

1. Kinderhaarschnitt
- Voraussetzungen: Nerven aus Stahl
  bis hin zur Selbstaufgabe

2. Dauerwelle
- ungeschlagen unbeliebt, erfordert stillgelegten Geruchssinn und geschickte Fingerführung

3. Globale Strähnchen bei klassischer Blondkundin
- erfordert wegen millimetergenauer Handarbeit
  unendlich langen Geduldsfaden

4. Bartrasur (beim Kunden/ Kundin eher selten)
- nur wer Angora tragen kann, ohne dem penetranten Juckreiz nachzugeben, kommt mit herumfliegendem Barthaar zurecht

5. Motivrasur in die Seiten- und/oder Nackenpartie
   (besonders beliebt bei Fußballfans)
- setzt äußerst tolerante Einstellung in Fragen des Geschmacks und ein ruhiges Händchen mit dem Rasierapparat voraus

Erleichtert registriere ich, dass ich für den ersten und schlimmsten Punkt gut gewappnet bin, da ich schon in der Schule genug Erfahrung gesammelt habe. Und dass ich den zweitschlimmsten bereits einmal – zwar erfolglos, aber immerhin – bewältigt habe. Es kann also nur bergauf gehen, denke ich mir und geselle mich voll positiver Energie zu Philipp. Hier herrscht anscheinend alles andere als eitel Sonnenschein, denn meine sensiblen Antennen melden mir eine negative Grundschwingung.

»Malte-Maximilian, es wäre gaaanz toll, wenn du dich jetzt gaanz ruhig hier auf den Stuhl setzt. Der nette Friseur hier möchte dir doch einen gaaanz tollen Haarschnitt verpassen, und das kann er nur, wenn du gaanz still sitzt. Das verstehst du doch, du bist doch schon ein gaaanz erwachsener großer Mann.«

Das sieht der gaaanz erwachsene Malte-Maximilian auch so und gibt Frau Lieblich mit einem gaanz erwachsenen, aber gar nicht lieblichen Handzeichen – dem Stinkefinger – zu verstehen, dass er ihre Ansicht nicht teilt.

»Aber Malte-Maximilian, deine Mama hat dir doch gesagt, dass man niemandem den Mittelfinger zeigen soll, das ist etwas gaaanz Schlimmes. Da wird deine Mama aber sehr enttäuscht von dir sein.«

Das scheint den mitteilsamen Jungen nicht wirklich zu stören, denn kurz darauf streckt er seiner Mutter, ähm, der Freundin seiner Mutter natürlich, seine lange Zunge mit einem kräftigen »Bääääähhh« heraus. Nachdem der hilflosen Frau Lieblich langsam aber sicher dämmert, dass ihre verständnisvollen Erklärungsversuche bei ihrem offensichtlich verzogenen Nachkommen nicht fruchten, greift sie zu einer effektiveren Strategie, die mir pädagogisch gesehen etwas fragwürdig erscheint.

»Schau mal, Malte-Maximilian, was ich hier für ein tolles Spielzeug habe«, lächelt sie und hält dem Jungen einen I-Pod vor die kleinen Linsen.

Keine zwei Sekunden später hört man nur noch die ausdrucksstarke Geräuschkulisse eines Computerspiels, das erahnen lässt, woher der kommunikative Junge seine erwachsene Zeichensprache hat.

»Er hat immer so furchtbare Angst vor dem Friseur, müssen Sie wissen. Da hilft eben manchmal nur noch Ablenkung.«

Wer hier Angst vor wem hat, ist mir in den letzten Minuten eindeutig klar geworden, und der kleine Malte-Maximilian ist dabei garantiert nicht der Betroffene.

»Apropos Ablenkung, ich glaube, ich muss mich auch ein wenig ablenken. Es macht Ihnen bestimmt nichts aus, wenn ich Sie kurz mit meinem Sohn, ähm, dem Sohn meiner Freundin alleine lasse. Ihre Azubine wollte mir die neuen Produkte zeigen.«

Obwohl ich Philipp an der Nasenspitze ansehen kann, dass es ihm eindeutig etwas ausmacht, auch nur eine Sekunde mit dem kleinen Monster allein zu sein, schüttelt er seinen Kopf und ringt sich zu einem professionellen Lächeln durch. Danach beginnt er mit seiner eigentlichen Arbeit, besser gesagt versucht er es, denn trotz des Ablenkungsmanövers der Mutter erweist sich die Durchführung des Haarschnitts als echte »Hairausforderung«. Gefangen im Bann des Computerspiels, bewegt sich der Vierjährige jetzt nicht mehr nur von links nach rechts, sondern hüpft gelegentlich auch auf und ab. Am grimmigen Gesichtsausdruck und an den größer werdenden Schweißflecken auf Philipps Hemd merke ich, dass es nicht mehr lange dauern kann, bis dieser das Handtuch schmeißt. Um das zu verhindern, greife ich kurzerhand in das Geschehen ein.

»Sag mal, Philipp, wie geht es eigentlich dem kleinen Mädchen, dem du letzte Woche fast ein Ohr abgeschnitten hast?«, frage ich ernst und setze einen noch ernsteren, aber vor allem besorgten Gesichtsausdruck auf.

Daraufhin sieht mich mein Mentor verwundert an, so, als hätte ich zu viel Dauerwellenwasser inhaliert, bis ihm beim Blick in das entsetzte Gesicht von Malte-Maximilian ein Licht aufgeht.

»Ach, *das* kleine Mädchen meinst du. Och, ich denke, sie hat es ganz gut weggesteckt, also den Vorfall, nicht ihr Ohr, hahaha! Das war vielleicht eine blutige Angelegenheit, fast wie in einem Splatter-Film. Mir läuft jetzt noch ein Schauer über den Rücken, wenn ich daran denke. Gott sei Dank war der Arzt schnell zur Stelle und konnte die Blutung stoppen. Ich weiß nicht, was passiert wäre, wenn…«

Da das Gesicht des Jungen mittlerweile so weiß wie Philipps gebleichte Zähne ist, unterbreche ich seine ausführlichen Schilderungen, bevor er sich zu sehr seiner blutrünstigen Fantasie hingibt.

»Und dabei war sie ein echt tolles Mädchen. Nur leider konnte sie einfach nicht still sitzen.«

»Ja, ein wirklich tragischer Fall. Wie gut, dass unser kleiner Freund hier schon so erwachsen ist und so ruhig sitzen kann. Oder, Malte-Maximilian, das kannst du doch?«

Dieser starrt mit weit geöffneten Augen den grinsenden Philipp und die blitzende Schere in seiner Hand an und scheint in eine Art Schockstarre verfallen zu sein. Nur mit Mühe kann er sich zu einem leichten Kopfnicken überwinden. Daraufhin gibt mir Philipp mit einem Augenzwinkern zu verstehen, dass er mir mehr als dankbar für meinen pädagogischen Eingriff ist. Während er in aller Ruhe seinen Haarschnitt fortsetzt, gratuliere ich mir zu dieser meisterlichen Konfliktlösung à la Frau Kühn. Meine Kollegin wäre stolz auf mich, wenn sie mich hätte sehen können. Mein jetziger Kollege hat hingegen kein Problem mit Gefühlsregungen. Enthusiastisch zeigt er mir und Malte-Maximilians Mutter, die sich gerade wieder zu uns gesellt hat, die fertige Frisur.

»Mein Gott, wie haben Sie das denn hinbekommen?«, kreischt Frau Lieblich verwundert und begeistert zugleich.

Während mir nicht ganz klar ist, ob sie damit den ruhiggestellten Sohn oder die akkurat geschnittene Frisur meint, antwortet Philipp auch schon.

»Ach, wissen Sie, unser pädagogisch ausgebildetes Fachpersonal – Meike ist nämlich ausgebildete Lehrerin – hat da so seine Tricks.«

»Na, das nenne ich innovativ, ein Friseursalon mit pädagogischem Fachpersonal für die Kleinsten. Sie sehen mich mehr als begeistert. Das werde ich meinen Freundinnen erzählen, und Sie können sich sicher sein, dass ich Sie weiterempfehlen werde.«

Urplötzlich schießen mir Bilder einer wütenden Horde Vierjähriger durch den Kopf, die mich in ihre Gewalt bringen und wahlweise am Waschbecken ertränken oder mit Glätteisen und Föhn verbruzzeln. Für einen kurzen Moment bin ich versucht, schreiend aus dem Salon zu rennen und das Weite zu suchen. Doch mein sensibler Mentor scheint meine Gedanken zu erraten und erklärt zu meiner Erleichterung: »Das ist sehr nett von Ihnen, aber diesen ganz speziellen Service bieten wir nur unserer treuen Stammkundschaft.«

»Ah ja, ich verstehe … Dann möchte ich Ihnen aber wenigstens ein ordentliches Trinkgeld geben.«

»Da werden wir Sie nicht von abhalten«, scherzt Philipp, dem nach diesem gelungenen Kinderhaarschnitt ein riesiger Felsbrocken vom Herzen gefallen ist.

Lächelnd bezahlt die dankbare Mutter daraufhin und reicht Philipp und mir jeweils einen Zehneuroschein, den wir natürlich gerne annehmen. Mit ihrem immer noch eingeschüchterten Malte-Maximilian, der Philipp seit unserer kleinen Splatter-Anekdote nicht mehr aus den Augen lässt, verlässt sie den Salon.

»Mensch Meike, du hast mir da gerade das Leben gerettet.«

»Jetzt übertreib mal nicht! Wenn überhaupt, habe ich das

Leben des Jungen gerettet. Schließlich warst du *»Ha(a)art« am Limit*, hattest die Schere in der Hand und so ein schizophrenes Lächeln im Gesicht. Ich meine eine große Ähnlichkeit zu Sweeney Todd gesehen zu haben und dachte, es sei besser einzugreifen, bevor du etwas tust, was du später bereuen könntest.«

»Sweeney wer?«, fragt Philipp.

»Ach, nicht so wichtig. Alles, was zählt ist, dass mein Julian Unrecht hatte und ich recht, ha!«, sage ich mehr zu mir selbst und stecke triumphierend das hart verdiente Mammon in mein eigenes Trinkgelddöschen, das ich insgeheim schon überquellen sehe.

10

Engel statt Bengel

Nachdem ich den ganzen Vormittag Folien gefaltet, Kaffee serviert und Wäsche gewaschen habe, gehe oder besser gesagt, schlurfe ich – meine Füße beschweren sich schon jetzt lautstark über den bereits absolvierten Halbmarathon – in die Mittagspause. Um diesen überbeanspruchten und entsprechend empfindlichen Körperteilen den bestmöglichen Luxus zu gönnen, klappere ich auf der Suche nach einem Paar schöner und bequemer Fußtreter mehrere Schuhläden ab. Leider muss ich nach intensiver Durchforstung sämtlicher Fachgeschäfte einsehen, dass man im Bezug auf Schuhwerk nicht alles haben kann. Entweder fallen mir Schuhe ins Auge, die meinen Füßen alles andere als gefallen, oder ich probiere einen Schuh, der bei meinen Füßen Wohlgefallen auslöst, bei meinen Augen jedoch gar nicht. Da der Schmerz meiner Sohlen aber so stark ist, dass er den Schmerz meiner Augen übersteigt, entschließe ich mich schweren Herzens zum Kauf eines bequemen dicksohligen Gesundheitstreters. Wie ich Johanna immer weismachen wollte, kommt es ja auf die inneren Werte an, und die bestehen hier laut Schuhverkäuferin aus einem 1A-Fußbett. Trotz oder gerade wegen dieses doch sehr vernünftigen Einkaufs sehe ich mich dazu gezwungen, mir noch ein ästhetisches Glücksgefühl zu verschaffen und gönne mir das ein oder andere textile Schmuckstück. Schuldgefühle überkommen mich bei dieser finanziellen Verschwendungsorgie nicht, denn schließlich hat die Zeit der Trinkgelder eben erst begonnen.

Als ich schwer beladen wie ein Packesel in den Salon zurücktrotte, werde ich ohne Umwege wieder eingespannt. Da Sofie soeben in die Mittagspause gegangen ist, muss ich ihren Part übernehmen.

»Meiiike, könntest du bitte Herrn Peter die Haare waschen, shampoonieren und abschließend mit einer Pflege behandeln?«, ruft mir Christoph zu.

»Aber ich kann das doch noch nicht richtig. Ich habe bisher immer nur zugesehen. Was ist, wenn ich ihn unter Wasser setze?«

»Das schaffst du schon, da habe ich keinerlei Bedenken«, spricht der Friseur mir gut zu.

»Außerdem kann nicht mehr allzu viel schiefgehen. Den Umhang habe ich ihm bereits umgelegt, sicherheitshalber«, fügt Franziska hinzu, und ein Lächeln umspielt ihren Mund.

»Jaja, wer den Spott hat … Na gut, ich mach's, aber ich garantiere für nichts.«

»Glaub einfach an dich. Das wird schon, jeder von uns hat mal angefangen und seine Erfahrungen gesammelt«, bearbeitet mich Christoph.

»Ist dir denn auch schon einmal etwas richtig Peinliches passiert?«, will ich von ihm wissen.

»Hmm, da gab es schon einen Zwischenfall, der mir als unangenehm im Gedächtnis geblieben ist.«

Da ich davon ausgehe, dass er mir die dazugehörige Story gleich erzählen wird, schaue ich ihn erwartungsvoll an und warte … und warte … und warte. Umsonst, denn statt mir von seinem peinlichen Erlebnis zu berichten, begibt er sich meditativen Schrittes zu seiner nächsten Kundin. Irritiert sehe ich ihm hinterher und wünsche mir insgeheim, dass sich nur ein winziger Teil seiner gelassenen Art auf mich überträgt.

»Auch wenn man es nicht glauben kann, selbst unser Christoph hat seine schlechten Tage«, bemerkt Franziska, die anscheinend meinen neidischen Blick registriert und richtig interpretiert hat.

»Aha …, aber er wirkt immer so gelassen und souverän.«

»Ist er auch meistens, aber manchmal steht ihm seine Souveränität auch im Weg«, erklärt Franziska.

»Wie meinst du das?«

»Ich muss jetzt noch lachen, wenn ich daran zurückdenke. Christoph hatte gerade erst seine Abschlussprüfungen erfolgreich bestanden und war frisch ins Juniorteam aufgenommen worden. Am Ende eines extrem stressigen Arbeitstages hatte er eigentlich nur noch eine Kundin, die ihren Pony gekürzt haben wollte, was er auch gemacht hat, allerdings souveräner als ihr lieb war. Das Gespräch zwischen ihnen lief in etwa so ab:

Kundin: ›Sind Sie sicher, dass der Pony gerade geschnitten ist?!‹

Christoph: ›Ja!‹

Kundin: ›Also, ich finde das sieht schief aus!‹

Christoph: ›Das ist nicht der Pony, das ist Ihr Gesicht. Ich schneide grundsätzlich gerade!‹

Du kannst dir ja vorstellen, dass er die Kundin nie wieder zu Gesicht bekommen hat«, meint sie lachend.

»Das hat er wirklich so gesagt?«

»Wortwörtlich!«

Amüsiert betrachte ich den konzentriert schneidenden Friseur, der anscheinend nicht nur in sich, sondern auch in seiner eigenen Welt zu ruhen scheint. So wie es aussieht, hat hier jeder der Angestellten schon den einen oder anderen Ausrutscher hingelegt. *Nobody is perfect,* und das scheint auch gut so, denn wo wären wir ohne diese lustigen Anekdoten, die das Leben erst lebenswert machen. Trotzdem hoffe ich, dass ich zukünftig nicht allzu viele unterhaltsame Geschichten zur allgemeinen Erheiterung beitragen werde.

Mit äußerster Vorsicht wage ich mich also an Herrn Peter, mein erstes potenzielles Ertränkungsopfer. Wider Erwarten bleibt die Flut an Peinlichkeiten und Wassermassen in Ohren und Kleidung meines Kunden aber aus, denn tatsächlich gelingt es mir, die Kopfwäsche so auszuführen, dass kein Wassertröpfchen aus der Reihe fließt. Darüberhinaus entwickeln meine Fingerspitzen beim Einmassieren der Pflegeprodukte ein Feingespür für den angemessenen Druck, die passende Geschwindigkeit und den richtigen Drehimpuls einer entspannten Kopfmassage, die mich sogar selbst in den Chillmodus befördert. Ich merke gar nicht wie die Zeit vergeht und der Schaum auf der Kopfhaut zunimmt, bis ich von einem lauten Geräusch in die Realität zurückbefördert werde.

Was war denn das für ein Tier?, frage ich mich gerade, als der seltsame Ton abermals ertönt. *Oder doch kein Tier? Hört sich doch eher nach einer Maschine an. Eine Säge vielleicht?*

Suchend schaue ich mich im Salon um und versuche die Störquelle ausfindig zu machen, als mir auffällt, dass mein Kunde eingeschlafen ist. Ein Verdacht keimt in mir auf, der sich auch prompt bestätigt, als Herr Peter ein tiefes und kräftiges Schnarchen ausstößt.

Ach du herrje! Da war die Entspannungsmassage doch ein wenig zu entspannend. Hilflos sehe ich mich nach einem meiner Kollegen um, denn damit habe ich nun überhaupt nicht gerechnet. Unglücklicherweise registriert niemand meinen verzweifelten Blick, und ich sehe mich dazu gezwungen, eigenmächtig zu handeln. Stellt sich mir nur die Frage, wie packe ich es an?

Was macht man mit einem eingeschlafenen Kunden?

Schlafen lassen? Und wenn ja, mit Handtüchern zudecken?

Aufwecken? Und wenn ja, wie? Kaltes Wasser ins Gesicht oder doch eher sanft anföhnen?

Da kommt mir auf einmal die rettende Idee, denn wer sich mit einer Massage einschläfern lässt, muss auch mit einer Massage wieder aufgeweckt werden können. Soweit ich mich recht entsinne, gibt es neben der entspannenden noch die anregende Kopfmassage, die eine vitalisierende Wirkung haben soll. Nur wie ging die nochmal?

Auf jeden Fall mit mehr Druck und die kreisenden Bewegungen beschleunigen, bestimmt auch noch den einen oder anderen Richtungswechsel, um die Durchblutung der Kopfhaut anzuregen. Ja genau, so hat Sofie das bei ihrer Kundin gestern auch gemacht, und die hat sich danach wie neugeboren gefühlt. Nachdem ich mir meiner also sicher bin, beginne ich meine Theorie in die Praxis umzusetzen. Und siehe da, nach nur wenigen Minuten intensivster Druckpunktmassage schlägt Herr Peter seine Augen auf und lächelt mich an.

»Wow, ich fühle mich wie neugeboren«, stellt er begeistert fest, was mich ebenfalls erfreut, denn meine Massage ist gut angekommen und ich kann umgehend damit aufhören. Mir schmerzen mittlerweile schon die Finger. Mit ein paar weniger geschickten Handgriffen umwickele ich Herrn Peters gewaschenen Kopf mit einem Handtuch. Dummerweise hat meine Konstruktion letztendlich leider keinerlei

Ähnlichkeit mit dem gekonnt gewickelten Turban à la Coiffeurteam »EngelsHaar« und macht sich deshalb auf dem Weg zum Friseurplatz aus dem Staub, genauer gesagt auf den Boden auf und davon.

»Guten Tag, Herr Peter. Wie geht es Ihnen denn, nachdem sich unsere entzückende Meike um Sie gekümmert hat?«, fragt Christoph seinen Kunden.

Nun rechne ich mit Jubelstürmen von Herrn Peter – schließlich hat er mir mehrfach bestätigt, wie wohltuend die Massage war – und anschließenden Fanfaren und Lobeshymnen von Christoph bezüglich meiner vorzüglichen feinmotorischen Leistung am Waschbecken.

»Ihre Kollegin hat das wirklich sehr gut gemacht«, entgegnet Herr Peter wie erwartet, allerdings mit schmerzverzerrtem Gesicht. Zudem fasst er sich mit beiden Händen an die Stirn, bevor er stöhnend fortfährt: »Entschuldigen Sie bitte, aber ich glaube wir müssen den Haarschnitt ein anderes Mal in Angriff nehmen. Ich habe auf einmal fürchterliche Kopfschmerzen, so als hätte mein Kopf in einem Schraubstock festgesteckt. Ich melde mich einfach telefonisch bei Ihnen«, sagt's und verschwindet fluchtartig um die Ecke.

Verdutzt sehen Christoph und ich dem flüchtenden Kunden hinterher.

»Was ist denn in den gefahren?«, murmelt Christoph mehr zu sich selbst, während mir bereits dämmert, dass mein Fingerdruck mehr Vitali Klitschko als vitalisierend war. Obwohl die Beweislast in diesem Fall erdrückend ist, drücke ich meinen Verdacht verblümt aus: »Weiß auch nicht …?« Glücklicherweise hakt Christoph nicht weiter nach und holt ganz Optimist auch aus dieser Situation das Beste heraus.

»Sei's drum. Mehr Zeit für uns. Komm, lass uns eine rauchen gehen.«

Gemeinsam steigen wir in die Katakomben hinab und machen es uns in den ausgedienten Friseurstühlen in der Wäschekammer gemütlich. Obwohl ich nur in Ausnahmefällen zur Zigarette greife, erliege ich in diesem Fall dem Gruppenzwang und rauche beziehungsweise paffe mit – Inhalieren ist was für Profis, und ich bin eindeutig Amateur. Trotzdem beruhigt mich der Glimmstängel oder Christophs extrem lässige Art, und ich fühle mich auf einmal so, als würde ich schon seit Jahren zum Team dazugehören. Die Atmosphäre ist total entspannend, und wir chillen unser Leben – wie meine Schüler sagen würden.

Plötzlich werde ich aus meiner Entspannung gerissen, denn eine nicht überhörbare Durchsage dringt bei mir bis ins Mark vor. Ich weiß nicht, woher die Rezeptionistin dieses Stimmvolumen holt, denn trotz ihrer physischen Präsenz im oberen Stockwerk erreicht uns ihre kräftige Stimme bis in die hinterste Ecke des Kämmerchens.

»Christoooooooph, du hast einen neuen Kunden!«, hallt Franziskas Stimme von sämtlichen Wänden wider.

»Nanu, eigentlich ist mein nächster Termin erst in einer halben Stunde«, meint Christoph noch seelenruhig und schlurft gemächlichen Schrittes zurück in den Salon. Ich passe mich seinem Tempo an, was meinem hektischen Ich einige Selbstbeherrschung abverlangt. Während ich mich daraufhin um die Rundumversorgung seines Kunden kümmere, führt der Friseur sein Kundengespräch durch. Überraschenderweise werde ich danach nicht zurück in die Katakomben geschickt, sondern mit dem Kunden zum Waschbecken. Nach erfolgreichem Umlegen des Schutzumhangs mache ich mich konzentriert an die vor mir liegende Kopfhaut und siehe da, alles klappt wie geschmiert. Keine Würgemahle, keine Sturzbäche und kein schmerzverzerrtes Kundengesicht. Nach nur dreißig Minuten – Perfektion braucht ihre Zeit – bringe ich den Kunden zurück an seinen Platz.

»Danke Meike! Das hast du, … ähm, sehr gründlich gemacht«, lobt mich Christoph, während Franziska hinter der Rezeption seltsame Zeichen macht. Hektisch tippt sie wieder und wieder auf das Zifferblatt ihrer Armbanduhr.

»Ich glaube, bei Franziska ist die Zeit stehen geblieben«, scherze ich.

»Hmm, das glaube ich nicht. Sieht eher so aus, als solle ich mich beeilen, weil meine Zeit gerade abläuft.«

Und wie zur Bestätigung fährt Franziska mit zusammengekniffenen Augen ihren Zeigefinger über ihre Kehle. Dieses Mal habe ich keine Probleme, die Zeichen zu deuten.

»O je, ich glaube die letzte Stunde hat geschlagen. Das ist meine Schuld, oder? Ich habe viel zu lange mit der Haarwäsche gebraucht?«, mutmaße ich.

»Mach dir mal keinen Kopf, das kriegen wir schon alles hin«, lässt sich Christoph nicht aus der Ruhe bringen.

»Dann war ich also nicht zu langsam?«, bohre ich nach.

»Also ›langsam‹ klingt extrem negativ, ich würde daher sagen, dass du die Reinigungs- und Pflegeprodukte beim nächsten Mal nicht so extrem gründlich auftragen musst. Es reicht, wenn du sie nur kurz einmassierst.«

Unweigerlich muss ich grinsen bei so viel Einfühlungsvermögen und positiv formulierter Kritikfähigkeit – ganz die Wohlfahrt.

»Du wärst wirklich ein guter Lehrer geworden«, lobe ich ihn.

»Ich weiß nicht, was du meinst«, erwidert Christoph mit einem Lächeln im Gesicht und wendet sich seinem Kunden zu, denn der ungeduldige Zeigefinger der Rezeptionistin drischt mittlerweile wie ein Presslufthammer auf ihre Armbanduhr ein. Um die verlorene Arbeitszeit reinzuholen, hetzt mich die resolute Terminmanagerin den restlichen Arbeitstag von A nach B zu C und D, sodass ich kurz vor Feierabend nicht mehr weiß, ob ich überhaupt noch Füße an meinem Körperende besitze. Wie gut, dass Sofie keine Probleme damit hat und mich dezent auf meine neue Problemzone hinweist.

»Was hast du denn da für extravagante Treter an? Ist das ein Erbstück, oder warum trägst du die Dinger? Sorry, dass ich dir das sagen muss, aber die sind echt hässlich. Potthässlich, wenn ich mir sie recht ansehe!«

»Ach die, das sind die neuen, extrem bequemen ›Ugly Boots‹«, entgegne ich scherzhaft, was die trendanfällige Azubine jedoch ganz anders sieht.

»Echt? Verdammt, die muss ich auch haben!«, erwidert sie nun und durchforstet kurz darauf per Smartphone sämtliche Internetanbieter nach entsprechendem Designer-Schuhwerk.

Das Alter hat doch seine Vorteile, denke ich mir, denn anders als vor zehn Jahren muss ich heutzutage nicht mehr jedem irrsinnigen Trend hinterherlaufen. Schlimm genug, dass die Modesünden der Achtziger wieder in den Olymp aufgestiegen sind. Nein, seit geraumer Zeit ist »Ugly« das neue Schön, und dem Auge bleibt wahrhaftig nichts mehr erspart. Ich kann das nicht wirklich verstehen und finde es deshalb auch nicht schlimm, dass ich bereits Old School bin. Gleichzeitig sehe ich aber auch keine Notwendigkeit, Sofie darüber aufzuklären, dass meine Schuhe tatsächlich einfach nur bequeme, aber hässliche Boots und keine hippen »Ugly Boots« sind. Schließlich liegt Schönheit im Auge des Betrachters oder in der Hand der Modeindustrie.

Obwohl ich keine Probleme damit habe, mich den schnelllebigen Modetrends zu widersetzen, bin ich weniger widerstandsfähig, was die aktuellen Frisurentrends betrifft. Schon nach meiner ersten Arbeitswoche im Salon bin ich davon überzeugt, dass auch mir ein Undercut gut stehen würde. Leider hat an diesem Tag niemand aus dem Team Zeit, meinem dringenden Bedürfnis nach Veränderung nachzukommen. Und da es mir wie so oft nicht schnell genug gehen kann, beschließe ich nach einem langen Arbeitstag, mich eben selbst darum zu kümmern.

Glücklicherweise ist Julian an diesem Abend nicht zu Hause, sodass er mich nicht von meinem wohlüberlegten Vorhaben abhalten kann. Schließlich habe ich meinen Arbeitskollegen oft genug bei diesem Haarschnitt zugesehen, sodass ich ihn nun selbst genauso professionell durchführen kann. Das einzige Hindernis, das mir jetzt noch im Wege steht, ist Julians Unordnung, denn für die Realisierung meiner neuen Traumfrisur benötige ich seinen Elektrorasierer.

»Verdammt, wo ist dieses Ding? Den habe ich doch letztens noch rumliegen sehen. So ein Mist, warum kann der Kerl die Sachen nicht einfach an ihren Platz zurücklegen?!«, fluche ich vor mich hin, als mein Blick an einem dunkelroten Etwas hängenbleibt.

»Jawoll, da ist er ja! Jetzt kann's losgehen«, jubelt die Friseurin in mir. Zielstrebig ergreife ich das Objekt meiner Begierde, um im nächsten Moment ernüchtert festzustellen, dass der Akku keinen Saft mehr hat.

»Menno! Mensch Julian, es ist doch nicht so schwer, das Ding an die Steckdose zu hängen«, schimpfe ich und mache mich verzweifelt auf die Suche nach dem Ladegerät, das mein Freund wie erwartet in einem ganz anderen Winkel unseres winzigen Badezimmers verstaut hat. Wieder einmal wundere ich mich darüber, wie man auf kleinstem Raum so viel Durcheinander zustande bringen kann. Dabei wirft mein Liebster mir das Gleiche vor, wenn es um meine Socken geht, die ich angeblich nicht zusammen und zudem noch zerknüllt in den Wäschekorb werfen würde.

»Gerücht!«, kann ich da nur sagen.

So, nur noch einstecken und ran ans Werk. Ungeduldig teile ich die oberste Schicht der Haare ab. Ein sinnvoller Plan – schließlich will ich nicht mehr Haare lassen müssen, als es für diesen trendigen Schnitt notwendig ist –, den ich jedoch leider nicht ganz zu Ende gedacht habe. Gerade als ich voller Tatendrang den summenden Rasierer in einer linearen Bahn über den seitlichen Teil meiner Kopfhaut gleiten lasse, beginnen meine Augen zu tränen und die Ohren zu dröhnen. Auch wenn der Rasierapparat trotz seiner geringen Größe akustisch betrachtet dem Rasenmäher meines Vaters alle Ehre macht, ist er nicht der eigentliche Störfaktor und Grund der plötzlichen Schmerzattacke. Diese ist zu meinem Bedauern viel offensichtlicher, denn mein Spiegelbild starrt mich aus schreckgeweiteten Pupillen an, besser gesagt die kahle Stelle auf der linken Kopfseite. Ich stehe unter Schock. Für einen Moment bin ich nicht dazu imstande, auch nur einen Finger krumm zu machen. Krampfhaft halte ich die noch surrende Waffe in der Hand, mit der ich mich vor wenigen Sekunden selbst zerstört habe. Was zum Teufel habe ich da nur getan?!

Nur zögerlich kann ich mich von dem neuen Abschnitt meines Lebens beziehungsweise Haares lösen und die Ursache des Desasters unter die Lupe nehmen. Als ich mir den Elektrorasierer genauer ansehe, wird mir sofort klar, was hier falschgelaufen ist. Im Rausch der Motivation habe ich vergessen, den Aufsatz auf den Apparat aufzusetzen, um eine genaue Milli- und Zentimetereinstellung vornehmen zu können und so zu verhindern, dass ich nicht mehr abrasiere, als mir lieb ist. Das allerdings habe ich verhindert!

»Verdammt, wie konnte ich nur so gedankenlos sein? Warum nur passiert gerade mir immer so etwas Blödes?!«, schimpfe ich vor mich hin.

Da lamentieren nun aber nichts mehr bringt, denn »Es ist, wie es ist, und es kommt, wie es kommt«, versuche ich das Beste aus der Situation zu machen und rasiere mir den Rest der abgetrennten Haarpartie eben genauso kurz.

»Hmm, sieht gar nicht mal so übel aus«, denke ich mir bei einem kritischen Blick in den Spiegel. Und weil ich keine halben Sachen mache und ich einen Hang zur Symmetrie habe, verfahre ich mit der rechte Seite genauso. Dieses Prozedere dauert allerdings eindeutig länger als zuvor, denn mit der Symmetrie nehme ich es in diesem Fall mehr als genau. Es ist nicht so, dass ich ein »Monk« wäre und pedantisch auf Genauigkeit achten würde, neiiin! Ich finde es nur einfach gut, wenn beide Seiten genau gleich aussehen.

Nachdem ich also gefühlte fünfzig Mal nachgebessert habe, betrachte ich das Endergebnis von allen Seiten und bin damit mehr als zufrieden. Um Julian, der erst spät am Abend nach Hause kommen wird, nicht unnötig zu beunruhigen, beseitige ich alle Spuren aus dem Waschbecken und seinem Rasierer und gehe müde, aber glücklich ins Bett, wo ich umgehend in einen tiefen Schlaf falle.

Erst gute neun Stunden später werde ich von einem furchterregenden Schrei aus meinen Träumen gerissen. Eben noch auf Wolken schwebend, befinde ich mich urplötzlich auf dem Boden der Realität meinem schreienden Lebensgefährten gegenüber, der fassungslos »Oh mein Gott, oh mein Gott, oh mein…« vor sich hinstammelt.

»Ganz ruhig, das war nur ein Albtraum«, versuche ich ihn zu beruhigen.

Julian scheint für einen Moment erleichtert und versucht sich den Schlaf aus den Augen zu reiben, stiert mich kurz darauf aber erneut entsetzt an.

»Oh mein Gott, es ist kein Albtraum!«, wiederholt er jetzt.

Ich beginne gerade, mir ernsthaft Sorgen um meinen Freund zu machen, als dieser mir den Grund seiner Sorge mitteilt.

»Warum,…, warum siehst du auf einmal aus wie diese amerikanische Popgöre? Wie heißt sie noch mal,…, Mara Cypres oder so?«, fährt er mich an.

»Du meinst Miley Cyrus«, verbessere ich schnell und fühle mich geehrt – schließlich ist die Gute ein, zwei Jahre oder Jahrzehnte jünger und ein, zwei Kilos dünner als ich.

»Danke für die Blumen«, freue ich mich über das charmante Kompliment.

»Ähm, das war eigentlich nicht als Kompliment gemeint.«

»Wie denn dann?«, frage ich nicht mehr ganz so gut gelaunt.

»Wenn du es genau wissen willst, frage ich mich, warum du in deinem Alter die Haare wie ein durchgeknalltes Teeniegirl trägst, das mitten in der Pubertät steckt«, schmettert mir Julian wütend entgegen.

»Was heißt hier in *meinem Alter*? Das klingt ja, als würde ich gleich über die Wupper gehen. Ich bin noch weit davon entfernt, alt zu sein!«

»Genauso weit entfernt bist du aber auch von der Jugendlichkeit dieser ›Frisur‹!«, kontert mein »Liebster«.

Jetzt stehen mir im wahrsten Sinne des Wortes die Haare zu Berge. Wie kann man so ignorant sein und sich dem Neuen nur so verschließen?

»Du hast doch keine Ahnung! Der Undercut ist momentan so was von in, und das unabhängig von Alter und Geschlecht. Sei doch einfach mal offen gegenüber Veränderungen und nicht so altbacken!«, schnauze ich zurück.

Amüsiert zieht Julian eine Augenbraue hoch und schenkt mir sein überheblichstes Lächeln.

»Habe ich das gerade richtig verstanden? Die bornierteste Person auf dem ganzen Planeten, die sich zuerst einmal vor allen technischen Neuerungen verschließt, sagt zu mir, *ich* solle offener und nicht so altmodisch sein. Da kann ich ja nur lachen!«

»Hier geht's nicht um Handys oder Computer!«, erwidere ich trotzig.

»Du meinst Smartphones und Notebooks!«

»Klugscheißer! Auf jeden Fall geht's hier nicht um …«

Zu mehr komme ich nicht mehr, denn in diesem Moment ertönt das laute Klingeln des Telefons. Da ich momentan nicht zur Schule gehe, dies also nicht der morgendliche Weckruf meines Direktors sein kann, ziehe ich mich eingeschnappt ins Badezimmer zurück und lasse Julian drangehen.

»Was bildet der sich eigentlich ein?«, grummele ich vor mich hin und begutachte meine neue Frisur. Nach wie vor finde ich den Haarschnitt ganz schön schnittig, auch für eine Frau *meines* Alters.

Und damit stehe ich anscheinend nicht alleine da, denn als ich eine halbe Stunde später die Treppen zum Salon erklimme, schmettert mir Sofie ein »Wow, wie geil ist das denn! Steht dir!« entgegen. Begeistert begutachtet sie meine frisch gestutzte Haarpracht von allen Seiten und stellt mit Kennerblick fest: »Gute Arbeit, bis auf den Millimeter genau! Wann hat dir Philipp den Schnitt denn verpasst? Habe ich gar nicht mitbekommen in dem ganzen Trubel gestern.«

»Das war nicht Philipp«, antworte ich grinsend.

»Nä, jetzt sag mir nicht, dass das Christoph war. Das hat ja bei ihm bestimmt Stunden gedauert!«

»Das war auch nicht Christoph«, erwidere ich, und mein Grinsen wird breiter.

»Hä, aber der Chef, also ich meine Herr Engel, war ja gar nicht da. Der wollte doch erst nächste Woche wiederkommen. Und Franziska kann's auch nicht gewesen sein.«

»Das war auch nicht Herr Engel, und Franziska war's auch nicht«, entgegne ich seelenruhig.

»Dann bist du fremdgegangen! In welchem Salon warst du? Los, lass hören!«

Da ich die neugierige Azubine lange genug auf die Folter gespannt habe, zeige ich mit dem Finger auf die Lösung des Rätsels, auf mich.

»Du? Du hast es selbst gemacht?«, kreischt sie.

Lächelnd und mit stolz erhobenem und selbst geschnittenem Haupt gebe ich ihr mit einem Kopfnicken zu verstehen, dass sie meine Geste richtig gedeutet hat.

»Krass! Das hätte ich mich nie getraut.«

»Was hättest du dich nie getraut?«, fragt Philipp, der gerade aus den Katakomben aufgestiegen ist.

»Wow, gewagter Schnitt, aber cool! Steht dir! Da muss ich Sofie zustimmen, das hätte ich mich so krass aber auch nicht getraut.«

»Das meinte ich nicht, Philipp. Meike hat's selbst gemacht!«

Der Friseur scheint diese Information nicht so schnell verarbeiten zu können, denn er sieht mich mehr als verdutzt an, ohne auch nur ein Wort zu erwidern.

»Wow, jetzt weiß ich gar nicht, was mich positiver überrascht. Meikes Do-it-yourself-Aktion oder die Tatsache, dass unsere Schnattertante Philipp zum ersten Mal, seit ich ihn kenne, sprachlos ist«, gibt Sofie ihren Senf dazu und holt ihren Kollegen wieder in die Realität zurück.

»Wie, … wie hast du das denn so exakt hinbekommen?«, fragt er, während er meinen Undercut unter die professionelle Lupe nimmt.

Um die Begeisterung meiner beiden Teamkollegen bezüglich meiner Schnittleistung nicht zu schmälern, lasse ich den Teil mit dem vergessenen Aufsatz weg, während ich die Eigenrasur erläutere, und tue einfach so, als ob ich die Frisur genau so geplant hätte. Schließlich kommt es hier auf das Ziel an und nicht wie holprig ich dort hingestolpert bin.

»Leider geil! Da muss ich echt den Hut vor dir ziehen. Normalerweise machen wir uns immer lustig über die Kunden, die sich zuerst selbst an den Haaren herumfummeln und anschließend hilfeschreiend zu uns kommen, damit wir deren Fehler ausbügeln«, erklärt Philipp.

»Stimmt! Da kann einiges ins Auge gehen, wenn man selbst Hand anlegt.«

Verständnisvoll nicke ich, da ich aus eigener Erfahrung weiß, wovon hier die Rede ist.

»Entschuldigt, dass ich eure gesellige kleine Plauderrunde stören muss, aber ich wollte euch nur daran erinnern, dass es hier noch einiges zu tun gibt«, unterbricht uns Franziska, sodass sich alle folgsam wieder an ihre Arbeit machen, denn einer Pseudo-Kühn widerspricht man nicht.

In den nächsten Stunden dieses Tages und der nachfolgenden darf ich erfreut feststellen, dass meine Teamkollegen mir die Wahrheit prophezeit haben, als es darum ging, dass Übung den Meister macht. Spätestens nach der tausendsten Folie klappt selbst die Falterei wie am Schnürchen. Und auch die anderen Handgriffe, die in meinen Zuständigkeitsbereich fallen, laufen mit einer Fingerfertigkeit ab, die ich mir nie im Leben zugetraut hätte. Die Getränke finden immer häufiger die richtigen Behälter, und ich muss immer seltener nachfragen, was wohin gehört. Alles in allem kehrt eine wohltuende Routine in meinen Arbeitsalltag ein, sodass die Zeit im Salon auf einmal nur so dahinfliegt. Ehe ich mich versehe, neigt sich das Praktikum bereits dem Ende zu, was mir erst bewusst wird, als Herr Engel, endlich von seiner Seminarreise zurückgekehrt, mich darauf hinweist.

»Na Frau Frei, wie hat Ihnen Ihr Praktikum bei uns gefallen?«, fragt er mich bei einem persönlichen Gespräch.

Über die Beantwortung dieser Frage brauche ich nicht lange nachzudenken, und so schießt die Antwort auch nur so aus mir hinaus.

»Suuuuuuuper!«, jauchze ich.

»Das freut mich. Eigentlich habe ich aber auch nichts Anderes erwartet. Sie passen perfekt ins Team, das haben mir die Anderen bestätigt. Ihrer Zukunft als angehende Friseurin steht also von unserer Seite aus nichts mehr im Weg«, erklärt er mir und setzt dabei einen erwartungsvollen Blick auf. Unwillkürlich rasen die schönsten Szenen der letzten beiden Wochen an meinem inneren Auge vorbei: freundliche Kunden, herzliche Kollegen und eine glückliche und lachende Meike, die ihrer neuen Arbeit motiviert und mit Freude nachgeht. Zukunftsvisionen einer erfolgreichen Uta Walz ergreifen erneut Besitz von mir. Dann wechseln die Visionen plötzlich in eine ganz andere Szenerie. Pubertierende und schlecht gelaunte Schüler, jammernde Kollegen sowie eine genervte erschöpfte Frau Frei. Spätestens jetzt bin ich mir sicher, was zu tun ist.

»Wenn dem so ist, nehme ich Ihr Angebot gerne an«, höre ich mich sagen.

»Na dann, herzlich willkommen bei ›EngelsHaar‹. Wann möchten Sie die Ausbildung anfangen?«

»Gute Frage, wollen würde ich direkt, aber dürfen wahrscheinlich erst in den Sommerferien. Mitten im Schuljahr kann ich nicht einfach gehen.«

»Gut, dann sagen Sie mir einfach Bescheid, wenn diesbezüglich alles geregelt ist, und wir setzen den Ausbildungsvertrag auf. Ich freue mich auf jeden Fall, dass Sie sich für uns entschieden haben!«

Das bestätigen mir auch Philipp, Christoph und Sofie, die mich heute nur ungern gehen lassen. Sogar Franziska, die ihre sanfte Seite sicherlich nur alle Schaltjahre zeigt, wirkt bei meiner Verabschiedung ein wenig niedergeschlagen. Das rührt mich doch sehr. Da wir uns aber spätestens in den Sommerferien tagtäglich sehen werden, fällt mir der Abschied nicht ganz so schwer.

»Du kannst uns ja zwischendurch auch mal besuchen kommen. Und wenn du unbändige Lust bekommst, ein paar Folien zu falten, bist du jederzeit herzlich willkommen!«, lässt mich Sofie wissen.

»Netter Versuch, aber ich überlege gerade, ob ich das nicht als Beschäftigungstherapie bei meinen hyperaktiven Schülern einführen sollte. Dann könnte man zwei Fliegen mit einer Klappe schlagen.«

»Hihi, gute Idee. Ach, du wirst mir fehlen! War so witzig mit dir«, meint Philipp und umarmt mich freundschaftlich.

Nun bin ich noch gerührter und kann es überhaupt nicht mehr erwarten, mit Haut und Haaren zum Coiffeurteam »EngelsHaar« zu gehören, denn hier sehe ich beflügelnde Perspektiven für mich.

Jetzt muss ich nur noch mein soziales Umfeld davon überzeugen, dass ich mich in naher Zukunft beruflich lieber mit dem Haupthaar statt dem Hauptsatz beschäftigen möchte.

»Du willst waaaasss?«, plärrt mich Julian an, als ich ihm am Abend von meinem neuen Berufswunsch erzähle.

»Friseurin werden!«, sage ich bestimmt und sehe meinen schockierten Freund noch viel bestimmender an.

»Wie kommst du denn jetzt auf so eine dumme Idee?! O je, ich merke plötzlich so ein Stechen in der Brust.«

Dramatisch fasst sich mein Liebster mit schmerzverzerrtem Gesicht an die rechte Brustseite, sodass ich ein physisches Herzleiden definitiv ausschließen kann.

»Und ich dachte, wenigstens in diesem Bereich seist du beständig«, wirft er mir sogleich vor.

»Was soll das denn jetzt heißen?«, entrüste ich mich sichtlich pikiert ob der haltlosen Vorwürfe. Nur weil ich in meiner Vergangenheit schon das eine oder andere Hobby, diverse Wohnungen und vor ihm die eine oder andere Beziehung hatte, heißt das noch lange nicht, dass ich vom ganzen Wesen her unbeständig oder wechselhaft sei.

»Du hast doch eine solide Arbeit, die dich ernährt und dir lebenslange Sicherheit bietet«, hält mir mein bodenständiger und sicherheitsliebender Freund vor.

»Boah Julian, das nützt mir doch rein gar nichts, wenn mich der Job krank macht!«

»Also Meike, jetzt stell dich mal nicht so an! Außerdem vergehen dreißig Jahre wie im Nu, und ehe du dich versiehst, bist du Anfang sechzig und bald glücklich im wohlverdienten Ruhestand.«

»Mensch Julian, das kann doch nicht dein Ernst sein! In dreißig Jahren bin ich entweder *nur* ein psychisches Wrack oder auch noch physisch geschädigt, weil *ich* vorher den Herzinfarkt erlitten hatte, den du vorhin bloß angetäuscht hast. Übrigens liegt das Herz auf der linken Seite.«

»Als ob ich das nicht wüsste!«

»Wieso hast du dir dann gerade an die rechte Herzseite gegriffen?«, frage ich.

»Hab ich doch gar nicht!«

»Haste wohl!«

»Papperlapapp! Lenk nicht vom eigentlichen Thema ab. Fakt ist, dass du anscheinend immer noch denkst, dass es einen Traumjob für dich gäbe. Da muss ich dich aber leider enttäuschen, *den* Traumberuf gibt es einfach nicht! Jeder Job hat seine anstrengenden und weniger anstrengenden Seiten. Meine Arbeit macht mir auch nicht immer Spaß. Es ist doch verrückt, immer gleich die Flinte ins Korn zu werfen und einfach etwas Anderes anzufangen.«

»Boah, was soll denn bitte schön daran verrückt sein, wenn man es sich in den Kopf gesetzt hat, etwas zu finden, das einen glücklich macht? Ehrlich gesagt, erscheint es mir viel seltsamer, wenn man über einen längeren Zeitraum unglücklich ist und nichts daran ändern will. Lieber verrückt mit einem Lächeln, als normal und todernst«, meint die Verrückte und lächelt entwaffnend.

»Jetzt mal im Ernst, du bist verbeamtete Lehrerin, das ist der Jackpot! Lebenslange Sicherheit, Privatversicherung und ein sicheres Einkommen! Du brauchst keinen anderen Job.«

»Ich höre hier nur sicher, sicher und noch einmal sicher. Unter den gegebenen Umständen ist das ein goldener Käfig, aus dem ich schleunigst rausmuss! Gerade du müsstest das doch verstehen! Wer hat denn seinen sicheren Job hingeschmissen, um als freier Journalist zu arbeiten, he?!«

Ha, jetzt hab ich dich!, triumphiere ich still und sehe meinen Liebsten herausfordernd an, denn mit diesem stichhaltigen und nicht von der Hand zu weisenden Argument habe ich ihn soeben an die Wand genagelt. Ich meine nun eine leichte Unsicherheit bei ihm zu verspüren, bevor er sich wieder fängt und die Diskussion etwas milder fortsetzt.

»Stimmt, das habe ich getan. Aber ich habe nicht hingeschmissen und bin kopflos ins kalte Wasser gesprungen. Ich habe zuerst jahrelang neben meinem Job für ein paar Stunden bei Funk und Fernsehen gearbeitet.«

»Du warst dir deiner Sache aber auch nicht so sicher, wie ich es jetzt bin«, bemerke ich trotzig.

»Sicher? Nach gerade mal zwei Wochen Praktikum?«

»Ja, absolut sicher! Und dir ging es auch vorher im Beruf nicht so schlecht wie mir! Es müsste dir doch aufgefallen sein, wie müde, erschöpft und vor allem gereizt ich vor den Osterferien war…«

»Wenn du es so sagst, deine Gereiztheit fällt mir gerade jetzt besonders auf«, unterbricht mich Julian.

»…und wie schwer es mir fiel, mit der Demotivation der Jugendlichen und der fehlenden Anerkennung von Schülern, Eltern, Kollegen und der Öffentlichkeit umzugehen. Als Lehrer bist du doch überall untendurch. Aber wenn du ein guter Friseur bist, rennen dir die Leute die Tür ein! Du hättest sehen müssen, mit welcher Inbrunst und Leidenschaft Philipp Haare schneidet.«

»Jetzt aber mal ehrlich, nur weil dieser Philipp seinen Job gut und gerne macht, heißt das noch lange nicht, dass dir das gefallen würde und du es auch kannst«, wendet er ein.

»Mag sein, dass mir in meiner Vergangenheit der eine oder andere haarige Patzer passiert ist. Das hat aber nichts damit zu tun, dass ich es unter professioneller Anleitung nicht lernen könnte. Abgesehen davon, können die wenigsten Friseure sich selbst behandeln. Und warst du nicht immer mit meiner Schnittleistung bei deiner widerborstigen Kokosmatte zufrieden?«

»Ja schon, aber …«

Gerade erst warmgelaufen, lasse ich ihn nicht zu Wort kommen.

»Aha, da haben wir es doch! Außerdem ist mir eingefallen, dass ich vor kurzem eine Umfrage gelesen habe, die sich damit beschäftigt hat, welche Menschen am glücklichsten und zufriedensten in ihrem Beruf sind. Und rate mal, wer da die Nase vorne hatte? Na, klingelt's schon? Die *Friseure*! Natürlich weit abgeschlagen davon standen die Lehrer im hinteren Drittel der Rangliste, die nicht selten wegen Burnouterscheinungen in Frühpension gehen müssen. Jetzt fällt dir nichts mehr dazu ein, hä?!«

»Und du bist dir auch sicher, dass du die Belastung, die der Friseurberuf mit sich bringt, nicht unterschätzt? Ich meine, das ständige Stehen und die langen Arbeitszeiten, steckt auch nicht jeder gut weg. Ganz zu schweigen von dem Gehalt, das alles andere als zufriedenstellend ist.«

Genervt verdrehe ich die Augen und erwidere ein wenig schnippisch: »Erstens bin ich nicht jeder, und zweitens ist mir Geld nicht so wichtig. Ich bin genügsam. Mir ist es wichtiger, dass ich gesund und glücklich bin mit dem, was ich tue!«

»Hey, nicht zickig werden! Ich bin doch auf deiner Seite. Ich gebe nur zu bedenken, dass jeder Beruf seine Sonnen- *und* Schattenseiten hat. Deswegen ist es immer besser, sich einen längeren Einblick in das Genre zu verschaffen. Überleg dir das mit der Ausbildung noch einmal. Du solltest wirklich wissen, worauf du dich da einlässt. Abgesehen davon, musst du auch nicht sofort ins kalte Wasser springen und deinen Lehrerjob hinschmeißen, wenn es dir tatsächlich im Friseursalon gefallen sollte. Da gibt es bestimmt noch Möglichkeiten, auf Nummer sicher zu gehen, mit einer längeren Beurlaubung zum Beispiel. Am besten du rufst einfach mal bei der zuständigen Behörde an und erkundigst dich über deine Möglichkeiten als Beamtin.«

Schweren Herzens muss ich mir eingestehen, dass Julian mit seiner Argumentation nicht ganz Unrecht hat und seine Einwände nicht unbegründet sind, was ich aber so nicht direkt zugeben will.

»Mal sehen«, brumme ich dementsprechend widerwillig vor mich hin, beschließe aber insgeheim entsprechende Informationen über meine beruflichen Möglichkeiten einzuholen.

Etwas ernüchtert von der ganzen Diskussion, mache ich das, was ich immer tue, wenn ich eine weitere Meinung brauche. Ich rufe Nele an.

»Du hast was?! Buuuuaaaaahhh!«, kreischt's aus dem Hörer.

Für einen kurzen Moment weiß ich nicht, ob das Kreischen ein entsetzter Aufschrei meiner schockierten Freundin oder die übliche Hintergrundakustik meines Patensohnes ist.

»Das willst du doch nicht wirklich machen?! Als verbeamtete Lehrerin hast du doch den Joker gezogen. Da kann ich als Angestellte nur dumm in die Röhre glotzen«, meint Nele.

»Sorry, aber wärst du in meiner Lage, würdest du auch anders denken. Vor den Osterferien hatte ich ständig Migräne und dann diese nervigen Zuckungen im Gesicht. Mein Kollege denkt bestimmt schon, dass ich was von ihm will, weil ich die ganze Zeit zwinkern musste. Ich kann so nicht länger ›Frau Freiiiiiii‹ sein! Abgesehen davon, muss ich mich kreativ ausleben, und der Friseurberuf ist ideal dafür. Bevor du mich jetzt also mit allen möglichen Argumenten überhäufst, die gegen den Friseurberuf sprechen, will ich dir nur sagen, dass ich dir als Friseurin lebenslang die Kosten eines Friseurbesuchs ersparen könnte – und zwar dir und deinem ganzen Rudel!«, ködere ich die sparsame Familienfinanzmanagerin.

Anscheinend ein kluger Schachzug, denn eine nachdenkliche Stille tritt ein.

»Hmm, das wiederum ist ein nicht von der Hand zu weisendes und durchaus stichhaltiges Argument, dem ich nichts entgegenzusetzen habe. Und du hast gerade wirklich gesagt, der Freifahrtschein gilt für mich *und* meine ganze Belegschaft hier?«, hakt sie nach.

»Jep, du hast mir doch erst letztens vorgejammert, dass du deinem Sohn nie wieder selbst die Haare schneiden wirst, weil du von den anderen Kindergartenmüttern beinahe wegen Kindesmisshandlung angezeigt worden wärst? Das würde ich dann übernehmen. Wäre auch eine gute Belastungsprobe«, stelle ich fest.

»Wieso Belastungsprobe? Nils kann sich sehr gut benehmen, er ist nur etwas lebhaft, typischer Junge eben.«

»Komm, bei eurem letzten Friseurbesuch haben die Angestellten bestimmt ’ne Münze geworfen, wer Nils übernehmen *muss*!«

»…*darf*! Auf jeden Fall hat sich der junge Friseur ganz toll um Nils gekümmert und ihm superschön die Haare geschnitten.«

»Aha, und du willst mir weismachen, dass dein Sohnemann das brav über sich ergehen gelassen hat, ohne den jungen Mann in den Wahnsinn zu treiben?«

»Er hat sich so verhalten, wie ein Junge seines Alters sich eben verhält!«

Ich kann mir ein Schmunzeln nicht verkneifen, denn ich ahne bereits, was jetzt kommt.

»Dann sag mir nur noch eins. Hat besagter Friseur den Schnitt auch beendet, den er angefangen hat?«, will ich wissen.

»…ähm«, ein lautes Räuspern, »also, der konnte nicht ganz so wie gewollt weiterarbeiten. Der junge Mann hat plötzlich Schweißausbrüche und Kreislaufprobleme bekommen. Aber das hatte ja nichts mit uns zu tun!«, rechtfertigt sich Nele, und ich kann durch das Telefon förmlich sehen, wie sie beleidigt ihr Gesicht verzieht, während ich nur ein wenig Mitleid mit ihr, aber umso mehr mit dem Friseur habe.

»Ahhhhh, Mensch Nils, lass den Schwanz von Sammy los! Der ist doch kein Spielzeug. Sorry Meike, aber ich muss den Hund retten, bevor der ein Körperteil weniger hat. Wir hör'n voneinander. Tschöhö!«

Tuuut… tuuut… tuuut…

Die Leiden des jungen Werther waren dem Anschein nach nichts im Vergleich zu den Leiden einer jungen Mutter.

Eine schlaflose Nacht später verspüre ich am nächsten Tag neben extremer Müdigkeit auch eine leichte Nervosität in mir, denn Julians Einwände nagen an meiner Vernunft. Obwohl ich größtenteils ein Bauchmensch bin, habe ich nun doch Zweifel, ob ich mir beim Ausstieg aus dem verbeamteten Lehrerberuf nicht doch die Füße beim Sprung ins kalte

Wasser verbrennen könnte. Dabei ist es nicht unbedingt der finanzielle Aspekt des wesentlich niedrigeren Einkommens als Friseurin, der mich unsicher macht, sondern der Verlust meiner Privatversicherung. Nicht, dass ich hypochondrisch wäre und das ein oder andere Mal ein Muttermal oder eine Beule für Blitzkrebs gehalten habe, nein, weiß Gott nicht. Es ist eher die Tatsache, dass mein Körper tatsächlich eine erhöhte Wahrscheinlichkeit für schmerzhafte Begegnungen mit scharfen Kanten, spitzen Ecken und harten Wänden aufweist.

Während Julian in diesem Zusammenhang eindeutig davon ausgeht, dass ich zu hektisch sei und einfach mal einen Gang runterschalten sollte, bin ich felsenfest davon überzeugt, dass mir einfach überdurchschnittlich viel Unglück widerfährt. Um es also auf den Punkt zu bringen: Eine minimale Tendenz physische Auffälligkeiten zu überinterpretieren, dazu sportlicher Ehrgeiz gepaart mit Verschleißerscheinungen sowie gleichzeitiger Tollpatschigkeit beziehungsweise Anziehungskraft des Unglücks erscheinen mir Grund genug dafür, mit meiner Privatversicherung verbunden zu bleiben. Kein Wunder also, dass ich ein wenig Bammel vor dem bevorstehenden Telefonat mit der Behörde habe.

Was ist, wenn es für mich keine Möglichkeit gibt, meinen Traum mitsamt dieser schützenden Verbindung zu verwirklichen? Was ist, wenn …?

»Schluss jetzt, reiß dich zusammen Meike!«, rede ich mir gut zu und wähle die Nummer. Bei der Zentrale lasse ich mich mit dem zuständigen Beamten verbinden.

»Ja hallo, Apparat von Herrn Grubinski. Was kann ich für Sie tun?«

»Guten Tag, Meike Frei mein Name. Ich habe da mal eine

Frage. Können Sie mir sagen, ob ich als verbeamtete Lehrerin die Möglichkeit habe, eine berufliche Auszeit zu nehmen?«

»Prinzipiell ist das durchaus machbar, die Genehmigung einer Beurlaubung liegt aber im Ermessen Ihres Dienstherrn. Wenn der Lehrerbedarf des Landes gedeckt ist und der Grund für die Auszeit einleuchtend ist, so wie zum Beispiel im Falle einer Familienvergrößerung, spricht nichts dagegen.«

»Um Gottes willen, mir reichen die Kinder, die ich täglich vor mir sitzen habe!«, schießt es aus meinem Mund, bevor ich darüber nachdenken kann. »Ähm, also ich meine, mit Familienvergrößerung hat es nicht wirklich was zu tun. Es geht eher darum, dass ich gerne eine weitere Ausbildung absolvieren würde.«

»Hmm, ich denke nicht, dass etwas dagegensprechen würde, in der beurlaubten Zeit eine Zusatzausbildung für ein anderes Fach oder eine andere Schulform zu erledigen. In welche Richtung möchten Sie sich denn weiterbilden, wenn ich fragen darf?«

»Ähm, eine schulische Ausbildung ist es nicht direkt, … obwohl es schon entfernt etwas mit der Berufsschule zu tun hat.«

»Aha, wie darf ich das verstehen?«, fragt Herr Grubinski interessiert.

»Also …, ich möchte eine Ausbildung zur Friseurin beginnen und muss dann in der Berufsschule selbst wieder die Schulbank drücken.«

Für einen längeren Moment höre ich eine bedrückende Stille. Anscheinend hat es dem Beamten die Sprache verschlagen.

»Hallo? Sind Sie noch dran?«, frage ich sicherheitshalber

nach und bin mir ziemlich sicher, am anderen Ende ein leises Gekicher hinter vorgehaltener Hand zu hören. Nachdem mein Gesprächspartner seine Emotionen wieder im Griff hat, wendet er sich erneut meinem Anliegen zu.

»Hmm, ein etwas ungewöhnlicher Perspektivwechsel, wenn ich das so sagen darf! So etwas hatten wir hier noch nicht. Da muss ich meinen Kollegen fragen, einen Moment bitte«, sagt er noch, und ich höre ihn zwar gedämpft, aber deutlich rufen, »Herrmann, stell dir vor, da will eine Lehrerin Friseuse werden!«

»Friseurin!«, verbessere ich schnell, obwohl mein Gesprächspartner mich aufgrund der zugehaltenen Hörmuschel nicht hören kann, ich ihn und den Herrmann aber noch sehr gut.

»Die will *was*?! Hat die zu viel Kreide inhaliert, oder was? Die Flausen kann sie sich gleich von der Tafel wischen«, grölt der Herrmann, während ihm Herrn Grubinski mit einem »Pssst« zu verstehen gibt, dass ich noch in der Leitung bin.

»Ähem, hallo, Frau Frei, sind Sie noch dran?«, fragt Herr Grubinski, bevor er mir die Hiobsbotschaft etwas milder als der Herrmann mitteilt. »Also, es tut mir leid, Ihnen mitteilen zu müssen, dass eine Ausbildung zur Friseurin während einer Beurlaubung nicht möglich ist.«

»Und wenn ich es trotzdem machen würde?«, hake ich nach.

»Dann würden Sie Ihren Beamtenstatus als Lehrerin verlieren.«

»Wenn ich Sie also richtig verstehe, bleibt mir nur die Möglichkeit, mich selbst zu entlassen oder entlassen zu werden? Richtig?«

»Richtig! Tut mir leid, dass ich Ihnen nichts Anderes mitteilen kann«, entschuldigt sich Herr Grubinski.

Ich bedanke mich trotzdem bei ihm für seine Auskunft und beende deprimiert und desillusioniert das Telefonat. Dieses Mal hatte Julian also dummerweise Unrecht, denn es gibt kein *und*, sondern nur ein *entweder oder*. Minuten verstreichen, bevor ich einen klaren Gedanken fassen kann. Aber je länger ich über meine Situation nachdenke, desto sicherer bin ich mir, was meine bevorstehende Entscheidung betrifft. Ich gehöre zu den Engeln und will mich nicht länger mit den ganzen Bengeln rumschlagen müssen. Nichts und niemand wird mich jetzt noch davon abhalten, meinen Traum zu verwirklichen. Ich werde Friseurin, auch wenn ich dafür den goldenen Käfig verlassen muss!

Nach dieser Erkenntnis teile ich Julian meinen endgültigen Entschluss mit und nehme mir vor, in den nächsten Tagen mein Entlassungsschreiben aufzusetzen. Mein Liebster nimmt das nur kopfschüttelnd zur Kenntnis.

»Wenn der Schuss mal nicht nach hinten losgeht.«

11

Frei beichtet KÜHN

Als ich am nächsten Morgen meine Schultasche packe, spüre ich ein starkes Kribbeln in meinem Bauch. Ich bin mir allerdings nicht sicher, ob mich dieses Gefühl der Aufregung aus Vorfreude auf den bevorstehenden Berufswechsel überfällt oder weil mich doch Zweifel an meiner Entscheidung ereilen. Aus Angst eventuell noch einen Rückzieher zu machen, untermauere ich meine Entscheidung, indem ich meinen Kollegen in der Schule von meinem Vorhaben erzähle.

»Hab ich's doch gewusst! Du hast doch Geldsorgen, Meike. Erst die Sache mit dem Müll und jetzt das, ein Aushilfsjob im Frisiersalon«, stellt Kollegin Kühn schockiert fest und sieht mich mitleidig an.

»Kein Aus*hilfsjob* als Friseurin, sondern eine Aus*bildung* zur Friseurin! Ich will eine richtige Ausbildung machen, weil ich als Lehrerin einfach nicht mehr glücklich bin.«

»Schätzchen, das sind wir alle nicht!«, lautet die Kühnsche Antwort.

»Ja, aber mir schlägt es mittlerweile aufs Gemüt.«

»Dann mach eine Therapie oder eine Kur.«

»Nee, das soll sie mal schön bleiben lassen! Nicht, dass ich für sie dann noch Vertretung machen muss«, brüllt Herr Hartmann aus der hintersten Ecke des Lehrerzimmers, der ausnahmsweise heute einmal durch Anwesenheit glänzt, aber natürlich noch zu schwach zum Unterrichten der Achter ist.

»Ruhe Hartmann, wer im Glashaus sitzt, soll nicht mit Steinen werfen! Auf dein Konto gehen mehr Fehltage als bei meiner ganzen Sechserklasse zusammen!«

Während daraufhin nur noch ein unverständliches Gemurmel aus der Ecke zu vernehmen ist, starre ich bewundernd meine Kollegin Kühn an und wünsche mir wieder einmal, dass ich nur halb so viel von den Fähigkeiten besäße, wovon diese taffe Pädagogin so viel hat. Dann wäre vielleicht alles anders.

»Also, was ist jetzt? Du wirst doch nicht so dumm sein und deine gut bezahlte und sichere Beamtenstelle aufgeben, um eine unterbezahlte Friseuse zu werden?«

»Doch, genau das werde ich. Ich gehöre in den Friseursalon und muss hier raus! Außerdem heißt es Friseurin, Friseuse sagt man nicht mehr.«

»Wohlfahrt, was soll man dazu noch sagen? Die jungen Dinger heutzutage, ständig auf dem Sprung – neuer Job, neue Wohnung, neuer Mann … Bewundernswert!«

»Was? Ähm, ich meine, hast du gerade ›bewundernswert‹ gesagt?«, hake ich nach und glaube mich bei der letzten Bemerkung verhört zu haben.

»Jep, habe ich. Damit meine ich allerdings nicht die Berufswahl, sondern die Tatsache mit dem Ausstieg. Hätte ich vor zehn Jahren mehr Eier in der Hose gehabt, wäre ich ausgewandert, hätte mir einen reichen italienischen Lover geangelt und würde nun nur das machen, wozu ich Lust habe, ohne Rücksicht auf Verluste«, seufzt die Kühn sehnsüchtig.

Die Wohlfahrt und ich blicken uns etwas irritiert an und wissen nicht so recht, was wir mit dieser persönlichen Beichte anfangen sollen. Anscheinend habe ich gerade die Kühn'sche Büchse der Pandora geöffnet.

»Ähm, was habt ihr jetzt eigentlich in der Projektwoche

geplant?«, frage ich schnell in die Runde, um meine Kollegin von diesem heiklen Thema abzulenken.

»Verdammt, da erinnerst du mich an was. Ich habe ganz vergessen Lehmann zu sagen, dass …«, flucht die Gute und ist auch schon strammen Schrittes auf dem Weg zum Direktorzimmer.

»Apropos Lehmann, weiß der schon Bescheid?«, fragt mich Sascha.

»Nein, den muss ich nach Unterrichtsschluss informieren.«

»Ach so! Was war denn gerade mit Du-weißt-schon-wer los? Und ich dachte immer, nur mein Leben sei nicht so verlaufen, wie ich es mir gewünscht hätte«, seufzt der jetzt auch noch.

O je, mir schwant Böses, denn sein leidender Gesichtsausdruck lässt tief blicken, eventuell zu tief für meine eigene aktuelle Verfassung. Um also nicht noch einmal in ein persönliches Fettnäpfchen zu treten, frage ich nicht weiter nach und schaue aus dem Fenster. Anscheinend deutet Wohlfahrt meinen Blick jedoch falsch und beginnt ungefragt aus seinem Nähkästchen zu plaudern.

»Im Grunde gefällt mir mein Leben ja so, wie es ist. Ich liebe meine Wohnung mit dem kleinen Balkon und im Großen und Ganzen auch meinen Lehrerjob. Aber manchmal, nur manchmal, wünschte ich mir doch, ich wäre mutiger gewesen, hätte auf mein Herz gehört und wäre freischaffender Künstler geworden. Weißt du, Meike, tief in mir lodert noch immer ein kreatives Feuer, das nur darauf wartet, entflammt zu werden. Erst gestern habe ich zu mir gesagt, Sascha, habe ich gesagt, Sascha, halte deine ganzen Gefühle im Bild fest. Und was habe ich dann gemacht? Ich habe mir Pinsel und Papier geschnappt und ein Feuerwerk der Farben und Emotionen geschaffen. Unglaublich, was man dabei über sich erfährt und wie befreiend der Akt an sich ist.«

Ich hoffe noch, dass mein Kollege mit Akt die Handlung und nicht die freizügige Darstellung gemeint hat, da schießen mir bereits Bilder des unbekleidet malenden Wohlfahrt durch den Kopf.

»Solltest du auch mal versuchen, Meike.«

»Ähm, … nein! Ich will meine Kreativität lieber an anderen Köpfen ausprobieren und damit positive Emotionen bei meinen zukünftigen Kunden auslösen.«

»Hm, ja, verstehe ich. Dann wünsche ich dir dabei auf jeden Fall viel Erfolg und dass du damit glücklich wirst! Es beruhigt mich zu wissen, dass es jemanden gibt, der seine Träume verwirklicht«, bemerkt er mit einem sehnsüchtigen Blick in die Ferne.

Erst jetzt wird mir bewusst, dass ich gar nicht so anders als alle Anderen bin, denn richtig glücklich scheinen nur die wenigsten zu sein. Und so wird mir klar, dass Kollegin Kühn nicht frei ist, ich aber *Frei* und *kühn* bin.

Allerdings nicht kühn genug, um auch meinen Schülern direkt meine Zukunftspläne zu beichten, als sie mich in der nächsten Stunde auf mein zweiwöchiges Praktikum ansprechen.

»Und Frau Frei, bistu jetzt Fritteuse oda was?«, fragt Hassan mich nämlich beim Betreten des Klassenraumes.

»Boah, du Anal-phabet, das heißt Friseuse!«, schnauzt Johanna ihn an.

»Genau genommen heißt es Friseurin, Friseuse sagt man nicht mehr«, verbessert Kimberly, was nicht nur mich, sondern die ganze Klasse verblüfft. Anscheinend hat sie sich die Selbstsicherheit, die sie im Praktikum gewonnen hat, bis zum heutigen Tag bewahren können.

»Die Zeit als Praktikantin im Friseursalon hat mir sehr

gut gefallen. Aber nein, Hassan, ich bin keine Friseurin«, sage ich und denke, *jedenfalls noch nicht*.

Ich traue mich zum jetzigen Zeitpunkt nicht, ihnen zu offenbaren, dass ich sie nach diesem Schuljahr verlassen werde. Auch wenn mir die Schüler, insbesondere die Achter, den letzten Nerv rauben, habe ich mich insgeheim schon an diese kleinen und großen Nervensägen gewöhnt und sie eine Portion lieb gewonnen. Und ich glaube zu ahnen, dass es ihnen mit mir genauso geht. Man muss außerdem die Pferde ja nicht früher als nötig scheu machen.

»Auf jeden Fall war die Sache mit dem Praktikum ’ne krasse Aktion von Ihnen, Frau Frei. Das hätte sonst niemand gemacht«, gesteht mir Jakob.

»Frau Freiii, können Sie nicht nächstes Schuljahr unsere Klassenlehrerin werden? Das wäre ächt porno!«, plärrt Johanna auf einmal dazwischen.

Was? Wie jetzt? Kam das etwa aus dem Mund meiner Oberzicke?

»Korreckt, Frau Frei, das wär übelst krass!«, mischt auch Hassan mit.

»Ja, das wäre *toll*! Bitte, Frau Frei, bitte sagen Sie ja!«, fleht Kimberly zu guter Letzt und kippt mich damit endgültig aus den Latschen.

Was soll ich denn dazu sagen?

Die ganze Aufmerksamkeit ist jetzt auf mich gerichtet und nicht nur die, sondern alle Schüleraugen. Erwartungsvoll starren meine Achtklässler mich an.

Verdammt! Warum sind die auf einmal so … *nett*?!

»Ähem, also, wie soll ich euch das erklären, … also, ähem, ich kann nicht!«

»Bitte, Frau Frei, bitte, bitte! Wir reden auch mit Direktor Lehmann«, setzt Johanna noch einen drauf.

»Ja, bin isch Klassenbabo, mach isch Unterschriftenaktion und geh isch Direktor«, ergänzt Hassan.

O je, das wird ja immer besser, besser gesagt schlimmer.

»Ihr Lieben, aber ich kann wirklich nicht.«

»Können Sie nicht, oder wollen Sie nicht?«, hakt Jakob nach.

»Ich kann nicht!«

»Guck Frau Frei, kannstu ruhig sagen, wenn Sie von misch angepisst sind.«

»Das ist es nicht, Hassan!«, sage ich.

Verdammt, ist das schwer. Wie bringe ich's ihnen nur bei?

»Ey Frau Freiii, komm, was is los?«

»Was soll denn los sein, Hassan?«

»Na, guckstu voll depri. Is was mit Macker? Isch kann helfe, isch tröste imma Schwesta, wenn die down is, oder isch verhau Macker!«

Ich weiß nicht, was mich in diesem Moment mehr rührt, dass mein Achtklässler sich Sorgen um mich oder dass er mir so konstruktive Hilfsvorschläge macht.

»Danke, Hassan, aber es ist so weit alles in Ordnung.«

»Nä, Frau Freiii, das glaub ich Ihnen nicht. Da hat Hassan ausnahmsweise mal recht ...«

»Ey Johanna, wieso aus-nahme-weise? Hab isch imma recht!«, insistiert der.

»Klappe jetzt, hier geht's *ausnahmsweise* nicht um dich, sondern um Frau Frei! Also, was is jetzt, Frau Frei? Was haben Sie auf der Leber?«, bohrt meine Schülerin weiter.

»Auf dem Herzen, Johanna, man hat was auf dem Herzen, und es ist einem etwas über die Leber gelaufen.«

»Also jetzt lenken Sie nicht ab, Frau Frei, das haben wir Schüler besser drauf. Jetzt mal Butter bei die Vögel, welche Maus ist Ihnen auf den Magen geschlagen?«

Wow, mir war bisher nicht bewusst, wie groß der Wortschatz meiner Schülerin tatsächlich ist. Ich bin so beeindruckt, dass ich die sinngemäße Verbesserung ihrer Sprichwörter auf einen späteren Zeitpunkt verschiebe. Man sollte seine Schüler ja inhaltlich nicht überfordern, und abgesehen davon, geraten mir die ganzen Redewendungen auch häufiger durcheinander.

»Also gut, ich kann nächstes Jahr nicht eure Klassenlehrerin werden, weil ich dann nicht mehr da bin. So, jetzt ist es raus!«, rutscht es mir heraus, und ich könnte mich im gleichen Moment dafür ohrfeigen, denn jetzt wissen sogar meine Schüler vor meinem Direktor Bescheid. Das ist gar nicht gut!

Irritierte und fragende Blicke werden mir zugeworfen, und zum ersten Mal seit Meikes Gedenken sind meine Achter sprachlos. Das ich das noch erleben darf!

Nach einer Schweigeminute findet Johanna als Erste ihre Worte wieder und … meldet sich, ohne sofort etwas in die Klasse zu rufen. Ich fühle mich plötzlich wie an Weihnachten, denn ich wusste nicht, dass meine Schülerin überhaupt einen Zeigefinger für diese Funktion ausgebildet hat.

»Sie sind doch nicht etwa krank, Frau Frei, oder?«, fragt sie mit besorgter Miene, die jetzt auch andere Schüler aufgelegt haben. Kimberly fängt sogar zu weinen an und fällt ihrer ehemaligen Busenfreundin schluchzend um den Hals.

»Musstu sterben oda was?«, will Hassan jetzt auch noch wissen.

»Ey Leute, chillt euch mal! Ich bin weder krank, noch werde ich sterben. Jedenfalls nicht, dass ich wüsste. Ich nehme mir vorerst nur eine Auszeit als Lehrer.«

»Guckstu, Johanna, hab isch gesagt. Wer disch unterrischde muss, holt sich lieba Strick oder macht Auszeit«, gibt Hassan erleichtert seinen Senf dazu.

»Du bist so ein Volldepp, Hassan!«, blökt Johanna ihn an, während ich ihm zugestehen muss, dass er in diesem Fall mal nicht komplett danebenliegt. Das kann ich der Klasse jedoch so nicht sagen, vor allem, weil Johanna jetzt plötzlich auch noch anfängt rumzuheulen.

»Boah Frau Freiii«,… schnäuz,… schluchz,… schnief. »Sie werden mir ächt fehlen!«, schluchzt das Mädchen, das mich mit seiner aufmüpfigen Art schon ganze Nervenkolonien gekostet hat. Daraufhin meine ich bei Hassan auch glänzende Augäpfel erkennen zu können. Krampfhaft versuche ich eine aufkommende Gefühlswallung zu unterdrücken, die sich meiner bemächtigen will. Ich bin gerührt, dass meine Schüler gerührt sind.

»Wie schon gesagt, Leute, ich sterbe nicht. Ihr könnt mich ja besuchen kommen. Ich bin nicht aus der Welt, nur aus der Schule.«

»Wo sind Sie denn dann?«, fragt Kimberly.

»Ich fange im Coiffeursalon ›EngelsHaar‹ eine Ausbildung zur Friseurin an«, beichte ich meinen Schülern, die mich daraufhin mit schreckgeweiteten Augen anstarren.

Schon zum zweiten Mal in dieser Stunde legt sich eine unglaubliche Stille über die Klasse, bis Jakob auf einmal eine Eingebung hat.

»Ich hab's gewusst!«, ruft der.

»Was hast du gewusst?«, frage ich.

»Chuck Norris irrt sich nie, es sei denn, er denkt, er hätte sich geirrt.«

»Stimmt, du und Chuck haben es gewusst, bevor ich es wusste«, erwidere ich lachend und muss die Programmierer von *Profession Adventure*, denen ich damals ihre Kompetenz abgesprochen habe, innerlich um Verzeihung bitten.

»Ächt jetzt, wirstu auch Friseuse als wie Kimi«, fragt Hassan überrascht.

»Friseurin!«, verbessert ihn Kimberly.

»Wie krass, vielleicht gehen Sie dann nächstes Jahr auch auf die gleiche Schule wie Kimi«, meint Johanna.

Ach du Sch…ande, darüber habe ich mir noch gar keine Gedanken gemacht! Es ist sogar sehr wahrscheinlich, dass dieser Fall eintreten wird, denn es gibt im Umkreis nur eine Berufsschule für Friseure. Oh mein Gott, ich als neue Busenfreundin meiner Schülerin? Auf dem Schulhof die neuesten Haar- und Make-up-Trends austauschend? Ich sehe Kimberly schon vor mir, wie sie mir in der großen Pause unbedingt die Fingernägel lackieren will.

»Das könnte passieren«, antworte ich in aller Kürze und verdränge die aufkommenden Horrorszenarien aus meiner Vorstellung.

»Toll, toll, toll, das wäre ja sooo toll, Frau Frei!«, kreischt Kimberly prompt.

Ich nicke nur stumm und versuche das Thema zu wechseln.

»So, genug geplaudert. Schließlich müssen wir auch noch etwas arbeiten.«

»Müssen Sie dann eigentlich Ihren Lehrerjob kündigen, oder können Sie den behalten und zurückkommen, wenn es Ihnen als Friseurin nicht gefällt?«, bleibt Jakob hartnäckig beim Thema.

»Nein, ich kann keine Lehrerin bleiben, jedenfalls nicht als Beamtin. Ich muss mich entlassen, und wenn ich irgendwann zurückkommen wollen würde, könnte ich das höchstens als Angestellte.«

»Ganz schön mutig von Ihnen, das trotzdem durchzuziehen, obwohl Sie dann doch Ihre Sicherheit und alle Vorteile als Beamtin verlieren.«

Es überrascht mich, dass Jakob so gut Bescheid weiß und die Situation so präzise zusammenfassen kann. Dankbar bin ich ihm dafür allerdings nicht, denn das und sein stichelnder Ton erinnern mich an die Diskussion mit Julian.

»Also, mutig würde ich das nicht direkt nennen. Ich lande ja nicht plötzlich auf der Straße und muss hungern.«

»Könnte schon sein, denn so wie ich es von Kimberly mitbekommen habe, kriegen Sie in der Ausbildung als Friseurin einen Hungerlohn.«

Immer diese Déjà-vus! Hat Julian hier etwa seine Hände im Spiel und meinen Schüler auf mich angesetzt?

»Ganz Unrecht hast du natürlich nicht, der Lohn ist in der Ausbildung nicht gerade üppig, aber das wird schon gehen.«

»Wenn Sie meinen …«, bemerkt Jakob überheblich.

»Ja, meine ich«, erwidere ich ein wenig trotzig.

Was fällt dem eigentlich ein, mich zu belehren?

Wer ist denn hier wessen Schüler?

Apropos Schüler, wird Zeit, dass ich endlich mit dem eigentlichen Unterricht anfange.

»Schluss jetzt mit der Fragestunde, jetzt wird gearbeitet. Wir müssen mit der schriftlichen Reflexion eures Praktikums anfangen. Wer möchte denn seinen Tagesbericht als Erstes vorstellen?«

Haben mich eben noch sämtliche Schüler interessiert angestiert, scheinen schlagartig Boden, Wände und Decke wesentlich interessanter zu sein. Da ich in all den Jahren aber zum Profiler mutiert bin, weil ich gelernt habe, die Zeichen meiner Schäfchen zu deuten, weiß ich genau, was hier los ist.

»Och menno, das war doch nicht so schwer. Ihr solltet doch nur kurz und knapp berichten, was ihr im Praktikum gemacht habt!«

»Haben Sie das denn gemacht? Schließlich waren Sie ja auch im Praktikum!«, schnauzt Jakob mich an, was er bis dato noch nie getan hat. Zuerst dieser belehrende Tonfall und jetzt anklagend. So emotional wie heute habe ich meinen normalerweise durchentspannten Schüler noch nie erlebt. Irgendwas stimmt da nicht! Doch gerade, als ich ihn darauf ansprechen will, nutzen die Anderen Jakobs Vorlage, um von ihren nicht gemachten Hausaufgaben abzulenken.

»Korreckt, Frau Frei, hat Jakob recht. Musstu auch berichten!«, mischt sich Hassan ein.

»Find ich auch! Sie gehören doch jetzt voll zu uns. Mitgefangen, mitgehangen, oder so!«, meint Kimberly, während Hassan und Johanna ihr kopfnickend zustimmen.

Immer dieser Gruppenzwang, was mache ich denn jetzt?

Als ich mich dazu äußern will, schneidet mir Jakob schon wieder das Wort ab.

»Seid ihr bescheuert, oder was? Frau Frei will doch gar nicht dazugehören, sonst würde sie sich ja nicht bei der nächsten Gelegenheit verpissen und uns im Stich lassen. Wir sind der doch scheißegal!«

Plötzlich wird mir klar, woher hier der Wind weht.

»Jetzt schalt aber mal einen Gang runter, Jakob! Ihr seid mir nicht egal, und ich lasse euch auch nicht im Stich!«

»Und warum gehen Sie dann weg?«

»Das habe ich dir doch eben erklärt. Ich möchte Friseurin werden.«

»Und warum? Wenn Sie glücklich als Lehrerin wären, würden Sie nicht Friseurin werden wollen, oder?!«, hakt Jakob nach.

Falsche Frage, obwohl er damit nicht ganz falschliegt. Natürlich sind in diesem Moment wieder alle Augenpaare auf mich gerichtet, was mir das Finden einer passenden Antwort nicht gerade einfacher macht.

»Okay, ich gebe zu, dass mir der Lehrerjob in diesem Schuljahr nicht immer besonders leichtgefallen ist. Trotzdem heißt das nicht, dass ich euch nicht gernhätte und ihr mir nicht am Herzen liegen würdet. Es ist nur so, dass Lehrer sein unwahrscheinlich anstrengend ist und mir langsam die Puste ausgeht.«

»Und da rennen Sie lieber gleich weg?«, bohrt Jakob nach.

»Ich laufe nicht weg, ich schnaufe nur durch. Es kann ja durchaus sein, dass ich nach der Friseurausbildung wieder zurückkomme.«

»Was nützt uns das? Dann sind wir nicht mehr auf der Schule!«

»Ey Frau Frei, Klassenbabo kann auch voll streng für disch sein. Mach isch Ruhe in Saustall hier!«, schlägt mir Hassan vor.

»Boah, boss hier nicht so rum! Das kriegen wir auch alleine hin«, zickt Johanna.

»Korreckt, Frau Frei, wir sind ab jetzt voll brav, dann können Sie durchatmen und müssen nicht weggehen«, meint Kimberly.

Mein Gott ist das süß, auch wenn ich ihre guten Vorsätze nicht ganz ernst nehmen kann. Das schaffen die noch nicht einmal eine Unterrichtsstunde lang.

»Seht's doch mal so. Vielleicht bekommt ihr eine ganz junge, hübsche Lehrerin oder einen total coolen Lehrer, die mich ersetzen«, lenke ich das Gespräch in eine andere Richtung.

»Boah ja, so ein krasser muskulöser Typ, der selbst raucht

und voll so unsere Sprache spricht, so wie in dem einen Film…«, schwärmt Johanna.

»Oder so 'ne geile Blondine mit Megahupen und…«

»Ist gut, Hassan, behalt's für dich«, unterbricht Kimberly die Wunschvorstellungen ihres testosterongesteuerten Mitschülers.

»Wie dem auch sei. Wie ich euch eben schon gesagt habe, bin ich nicht aus der Welt, sondern im Coiffeursalon ›EngelsHaar‹, wo ihr mich gerne besuchen könnt«, biete ich ihnen erneut an, was alle außer Jakob positiv aufnehmen. Der schmollt weiter vor sich hin, was ich jetzt auch nicht ändern kann. Was ich ebenfalls nicht ändern kann, ist das Klingeln, das die Stunde gerade beendet. Damit bin ich bei meinen Schülern schlagartig abgemeldet, weil sich alle sofort auf ihren Smartphones anmelden. Definitiv muss ich mir wegen meines Weggangs keine Sorgen machen. Auch dann wird es heißen, aus den Augen aus dem Sinn.

Um wenigstens bei den Fünfern pünktlich mit dem Unterricht anzufangen und den heutigen Stoff durchzuziehen, gehe ich auf direktem Wege in die Klasse, die ich heute allerdings nicht wiedererkenne. Vor mir sitzen neunzehn mucksmäuschenstille Schüler in Reih und Glied, die sich alle gleichzeitig erheben, als ich den Raum betrete. Einen kurzen Augenblick meine ich mich in der Tür geirrt zu haben. Das kann niemals die 5b sein!

Ist es aber faktisch, denn die Gesichter kenne ich.

Was ist hier los?

Invasion von Außerirdischen? Unwahrscheinlich!

Wissen die etwa schon bescheid? Noch unwahrscheinlicher, denn kein Achter ist an mir vorbeigekommen.

Auf einmal reißen mich Leilas schnipsende Finger aus meinen Überlegungen.

»Stimmt das wirklich, Frau Frei?«, platzt sie mit ihrer Frage heraus.

»Was genau?«

»Dass Sie den Abgang machen, weil Sie gefeuert worden sind«, blökt Alex dazwischen.

»Wer hat euch denn den Quatsch erzählt! Nein, niemand hat mich gefeuert.«

»Hab isch dir gleich gesagt, deine Schwester whatsappt nur Müll!«, fährt Alex Leon an.

Aaaahh, so lief das mit dem schnellen Informationsfluss ab. Was mich allerdings doch noch wundert, ist die Tatsache, dass Johanna ihrem kleinen Bruder eine Nachricht schickt. Meine Beichte muss sie wirklich mehr mitgenommen haben, als mir lieb ist.

»Dann stimmt es also nicht, dass Sie uns zum Schuljahresende verlassen?«, holt Leon mich daraufhin aus meinen Gedanken zurück.

»Also, ähm, nein, doch, das stimmt schon«, stammele ich aus Angst vor den aufwallenden Emotionen.

Tatsächlich wallt aber daraufhin gar nichts. Meine Fünftklässler nehmen die Neuigkeit extrem gelassen auf, was ich wiederum auch nicht angemessen finde. Mit ein wenig Bestürzung und Trauer hätte ich schon gerechnet. Stattdessen nur ein kurzes »Ach so«, und die Schüler gehen wieder ihren Gesprächen oder üblichen Tätigkeiten nach. Leon und Leila lesen sich das nächste Kapitel im Deutschbuch durch, Alex hantiert an Sandys Stuhl herum, und die sitzt kurz darauf, wie so oft, auf dem Boden und beschwert sich lautstark.

Na dann, leg ich mal mit meinem Unterricht los. Eine Dreiviertelstunde später habe ich es doch tatsächlich geschafft zumindest zwei Drittel meines Stoffes durchzuziehen, was ich eindeutig als Erfolg verbuchen kann. Gut gelaunt will ich gerade ins Lehrerzimmer gehen, als mich Direktor Lehmann vor dem Sekretariat abfängt.

»Frau Frei, hätten Sie eine Minute für mich?«, fragt der, und mir schwant Böses. Dass hier aber auch niemand den Mund halten kann! Nachdem er die Tür des Rektorzimmers geschlossen hat, platzt es dann auch aus ihm heraus.

»Das können Sie doch nicht machen! Sie sind so eine kompetente und engagierte Lehrerin. Und die Kinder mögen Sie auch sehr. Bitte überlegen Sie sich das noch einmal. Ich will Sie nicht verlieren!«

Ach herrje, damit hätte ich ja gar nicht gerechnet! Eher mit einer Standpauke, warum er als Letzter davon erfährt, dass ich als Lehrerin Friseurin werden will. Damit hätte ich auch besser umgehen können, als mit diesen lieb gemeinten Komplimenten.

»Das ist sehr nett von Ihnen, aber mein Entschluss steht. Bis zum Ende des Schuljahres bleibe ich, und dann werde ich die Ausbildung beginnen. Meine Entlassung bringe ich Ihnen in den nächsten Tagen vorbei.«

»Und es gibt wirklich nichts, womit ich Sie umstimmen könnte? Vielleicht habe ich Ihnen in diesem Jahr einfach zu viel zugemutet. Wie wäre es, wenn ich Ihnen die 8a wieder abnehmen und Ihnen Ihre Deputatsstunden zurückgeben würde?«

Ein verlockender Vorschlag, den ich bei Übernahme der Achter in Arbeitslehre nur zu gerne angenommen hätte. Mittlerweile aber mag ich diese Chaoten.

»Nein, Herr Lehmann, Sie können mich wirklich nicht mehr umstimmen. Ich habe festgestellt, dass ich in den Friseursalon gehöre. Dort liegen mein Schicksal, mein Glück und meine berufliche Zukunft.«

»Hmm, wenn Sie das so sehen. Schade, ich halte Sie für eine gute Lehrerin, aber anscheinend sind Sie nicht mehr umzustimmen. Na dann will ich Sie nicht länger aufhalten«, sagt er und entlässt mich wieder in die Freiheit.

Erst die leidenschaftlichen Reaktionen meiner sonst so coolen »Pubertiere« und dann auch noch Direktor Lehmann, der mir mehr zutraut, als ich es selbst tue. Die ganze Angelegenheit verläuft anders, als ich es mir ausgemalt habe. Mit scharfer Kritik hätte ich umgehen können – die bin ich von Julian und Nele gewöhnt. Die Tatsache, dass meine Schüler und mein Chef so an meiner Wenigkeit hängen und das auch noch zeigen, irritiert mich doch sehr. Trotzdem will ich mir das nicht so zu Herzen nehmen, denn ich habe ein wichtiges Ziel vor mir, und das heißt *Frisieren statt Studieren*.

Den ganzen Nachmittag verbringe ich damit, im Internet auf allen möglichen Seiten zu surfen, die sich mit meinem neuen Lieblingsthema *Haare* beschäftigen. Besonders angetan haben es mir die *How-to-cut-a-was-auch-immer*-Videos, die von mehr oder weniger gutem Fachpersonal hochgeladen wurden.

Den Bob würde ich auch hinbekommen, denke ich mir, nachdem der Friseur im Video Schritt für Schritt die Schnitttechnik erklärt hat. Meine Finger fangen beim Gedanken an mein erstes Opfer bereits zu kribbeln an. Am liebsten würde ich gleich zur Schere greifen – wenn ich eine professionelle besäße. Und weil lange Rumfackeln nicht mein Ding ist, suche ich sofort einen Onlineshop für Friseurbedarf und bestelle mir das »Starter Set für den Berufseinsteiger«. Als ich die Bestellung abgeschickt habe, werde ich von Endorphinen nur so überschüttet und verwandele vor meinem inneren Auge meine erste Kundin in die nächste Miss Germany.

Mein Enthusiasmus kennt jetzt keine Grenzen mehr, und ich googele mich auf der Suche nach der perfekten Frisur und Schnitttechnik um den Restverstand.

Nach diesem intensiven Studium sämtlicher Haarschneide-Tutorials traue ich es mir durchaus zu, an einem lebenden Objekt Hand anzulegen. Und da ich dank Onlinebestellung in den nächsten Tagen stolze Besitzerin einer Friseurwerkzeugtasche sein werde, steht dem auch nichts mehr im Wege. Na ja, fast nichts. Mir fehlt eben nur noch das passende Opfer für meinen Eingriff. Aber da habe ich auch schon jemandem im Blick, der mir noch einen Gefallen schuldet: Nele. Schließlich war sie es, die mich vor kurzem hinterrücks überfallen und zum Babysitting gezwungen hat. Und das, obwohl sie hätte wissen müssen, dass das nur im Chaos enden kann – ich gehe hier aber besser nicht weiter ins Detail. Auf jeden Fall finde ich, dass Nele erneut den Kopf als Versuchskaninchen hinhalten und dieses Mal auch Haare lassen muss –, denn ich will endlich welche schneiden.

Nachdem ich meine Freundin in den darauffolgenden Tagen immer und immer wieder genervt beziehungsweise mit stichhaltigen Argumenten bearbeitet habe, kann ich sie schließlich damit überzeugen, dass sie mich im Vergleich zu einem anderen Friseur nicht bezahlen müsse. Damit lässt sie sich letztendlich auch breitschlagen, sodass ich mich heute Mittag, nach dieser einen Elternsprechstunde, die mir noch bevorsteht, ans Werk machen darf. Ich stehe also ganz kurz vor meinem Debüt als Coiffeurin und bin deshalb schon extrem nervös. Das bemerkt unglücklicherweise auch mein Kollege Wohlfahrt, der gerade eine Freistunde hat.

»Stimmt was nicht, oder warum hibbelst du die ganze Zeit herum wie ein nervöses Rennpferd vor dem Start?«, fragt er mich.

»Wenn du es genau wissen willst, ich stehe tatsächlich in den Startlöchern.«

»Aha? Und wohin rennst du?«

»Nirgendwohin, ich starte heute meine neue Karriere«, erkläre ich ihm.

»*Heute*? Wieso denn heute schon? Ich denke, du bleibst bis zum Ende des Schuljahres?! Du darfst uns nicht so überstürzt verlassen. Das kannst du uns nicht antun, Meike!«

»Beruhig dich, Sascha. Ich bin noch nicht raus aus der Schule. Ich meinte damit doch nur, dass ich heute meinen ersten richtigen Haarschnitt anfertigen werde.«

»Uff, da bin ich aber erleichtert. Ob's dein erstes Opfer auch sein wird, ist eine andere Frage, hihi. Wer ist denn so mutig und lässt dich freiwillig ran? Oder hast du jemanden bestochen?«

»Also bitte! Von Opfer kann ja in meinem Fall wohl überhaupt nicht die Rede sein. Es ist doch eher eine Ehre, eine der Ersten sein zu dürfen bei der zukünftigen Starcoiffeurin und Stylingexpertin. Apropos, hast du dir das mit Pep Guardiola überlegt, von wegen Glatze und so?«

»Ähm, grundsätzlich keine schlechte Idee, irgendwann einmal bestimmt, muss aber nicht sofort sein.«

»Du vertraust mir nicht? Dabei kann doch gar nichts schiefgehen. Was hast du außer den Haaren schon zu verlieren? Du bist schon so lange Single – aber ich sage dir, wenn die Haare gehen, kommen die … Frauen! Da bin ich mir absolut sicher.«

»Hmm, ja, sagtest du schon einmal. Vielleicht hast du Recht. Ich überleg's mir.«

In diesem Moment klopft es an die Lehrerzimmertür, und ich schenke Sascha einen wehleidigen Blick, den er sofort richtig interpretiert und sich auf den Weg zur Tür macht.

Warum nur klappt das bei Julian nicht so gut? Da kann ich so lieb gucken, wie ich will, es passiert nicht viel.

»Meike, ist für dich.«

Wer kann das denn sein, ich erwarte niemanden. Jedenfalls haben sich keine Eltern bei mir angekündigt, denke ich noch, bevor mir der Schreck des Tages in die Glieder fährt, besser gesagt Frau Schwarzenegger, ähm, -holz. Diese plustert sich gerade vor mir auf, sodass sich ihr heutiges Motto-Shirt wie eine zweite Haut an ihren voluminösen Oberkörper schmiegt. Unweigerlich frage ich mich, wie die gute Frau ihre beachtlichen Fleischmassen in den dünnen Stoff hineingequetscht hat und wann dieser wohl den Kampf dagegen aufgibt.

»Frau Frei, das können Sie nicht machen!«, schnauzt sie mich an, bevor ich mich nach dem Grund ihres Besuchs erkundigen kann.

Ich überlege, ob ich den schweren Fehler begangen und Sandy eine schlechte Note gegeben habe. Wenn mich mein Erinnerungsvermögen aber nicht im Stich lässt, kann das nicht sein. Und eine weitere Kritik an Sandys Kleiderwahl musste ich nach unserem letzten Elterngespräch nicht wieder äußern, denn wie es den Anschein hat, trägt Frau Schwarzenholz nun alle fragwürdigen Oberteile selbst. Allerdings hat sie dieses Mal auf die »Sexy Bitch« verzichtet und stattdessen »Ich bin nicht zickig! Du machst nur nicht, was ich will!« als Motto auf der Brust stehen. Ob sie das extra für meine Sprechstunde angezogen hat, um gleich von vorneherein Stellung zu beziehen?

»Ähm, was …«, beginne ich meine Nachfrage und werde sofort unterbrochen.

»Das lasse ich nicht zu, und wenn ich bis vor den Rektor ziehen muss!«, wettert sie weiter, während ihr Gesicht eine unnatürliche Röte annimmt.

»Ähm, was genau kann ich…«

»Sandy ist total im Arsch deswegen! Richtig rumgeheult hat sie.«

Fieberhaft durchforste ich mein Gedächtnis nach einem Zwischenfall, der dieses Gespräch hier erklären könnte. Das dumme ist nur, ich finde nichts.

»Frau Schwarzenholz, wenn ich ehrlich bin, habe ich keine Ahnung, warum Ihre Tochter wegen mir weint«, gebe ich deshalb zu.

»Sie haben anscheinend noch nicht einmal ein schlechtes Gewissen!«

»Wie denn, wenn ich nicht weiß, warum ich eines haben sollte«, jammere ich nun.

»Können Sie sich das nicht denken?«

Irgendwie habe ich gerade das dumpfe Gefühl im Kreis *und* gegen die Wand zu laufen. Das Gespräch ist festgefahren, und ich werde langsam müde. Und gerade als ich denke, dass es jetzt sowieso nicht schlimmer kommen kann, sehe ich Alex' Vater wutentbrannt auf mich zukommen.

»Das können Sie doch nicht machen, Frau Frei!«, schreit er mir schon von Weitem zu, sodass sogar Frau Schwarzenholz sich verwundert umdreht und unser »Gespräch« für einen Moment vergisst. Allerdings für einen sehr kurzen, denn im nächsten nimmt sie Herrn Schlachters Bemerkung als Vorlage.

»Sag ich doch! Genau meine Rede!«

Hmpf, was habe ich nur getan, dass mich plötzlich vier aufgebrachte beziehungsweise -gerissene Augen wütend anstieren?

»Alex ist total fertig wegen Ihnen!«, schnaubt der besorgte Vater nun.

»Ach, Sie sind der Vater dieses fiesen Rotzlöffels, der

meine Tochter immer piesackt?«, wendet sich Frau Schwarzenholz angriffslustig an Herrn Schlachter, der von Natur aus schon einen Kopf kürzer ist. Was ihn aber nicht zu beeindrucken scheint, denn wenn es um Alex geht, kennt er nichts.

»Keinen blassen Schimmer habe ich, wovon Sie da reden. Im Gegensatz zu anderen Leuten weiß mein Sohn, wie er sich zu benehmen hat.«

Obwohl ich dem überhaupt nicht zustimmen kann, behalte ich meine Meinung in diesem Moment für mich. Im Grunde bin ich ganz froh, dass sich das Gespräch nicht mehr um mich und das, was ich angeblich getan haben soll, dreht, sondern um Aggro-Alex. Gleichzeitig habe ich jedoch die Befürchtung, dass es zwischen diesen extrem verhaltensoriginellen Elternteilen gleich zu einer handfesten Auseinandersetzung kommen wird. Und da ich der Meinung bin, dass weder ich noch die Wohlfahrt stark genug sind, die Streithähne im schlimmsten Fall auseinanderzubekommen, greife ich lieber ein, bevor die Situation eskaliert.

»Sie haben mir noch immer nicht mitgeteilt, warum Ihre Kinder so fertig sind«, wende ich mich an die beiden.

»Können Sie sich das nicht denken?«, fragt mich nun auch noch Herr Schlachter, während sich Frau Schwarzenholz auf seine Seite schlägt und ihm nickend zustimmt. Na, das ging ja schnell. Ein flüchtiger Blick auf meine Armbanduhr verrät mir, dass meine Sprechstunde seit einigen Minuten beendet ist und ich bereits auf dem Weg zu Nele sein müsste.

»Nein, ehrlich gesagt, kann ich es mir nicht denken, sonst hätte ich ja auch nicht gefragt«, entgegne ich genervt, um endlich auf den Punkt zu kommen.

Ich stelle mich schon auf das Schlimmste ein und erwarte

einen verbalen elterlichen Shitstorm über was auch immer, doch was tatsächlich an mein Ohr dringt, ist etwas ganz Anderes.

»Sie dürfen uns und die Kinder nicht verlassen! Das geht nicht!«, höre ich aus dem Mund dieser riesigen furchteinflößenden Mutter kommen. Und nicht nur die Worte und deren Bedeutung hauen mich um, sondern die Art und Weise, wie sie es sagt – fast weinerlich.

»Da kann ich nur zustimmen. Das wäre ein großer Verlust für uns und die Kinder«, mischt dann auch Herr Schlachter mit.

Irritiert starre ich in die zwei Gesichter, die einen fast flehentlichen Ausdruck angenommen haben. Ich weiß gar nicht, was ich darauf erwidern soll, denn damit habe ich überhaupt nicht gerechnet. Die beiden Fünfer haben sich so gar nichts anmerken lassen.

»Ich gebe ja auch zu, dass Alex nicht immer der Einfachste ist, aber mit Ihnen kommt er so gut zurecht«, gesteht mir Herr Schlachter.

Das war mir bisher überhaupt nicht bewusst. Bei seinen ganzen psychischen und physischen Angriffen auf Schüler, Lehrer, Hausmeister, Putzfrauen, Vögel, Mäuse, na ja, eigentlich auf jedes Lebewesen, hätte ich eher darauf getippt, dass er außer sich niemanden mag beziehungsweise respektiert. Ich will erst gar nicht wissen, wie er sich bei jemandem verhält, den er gar nicht leiden kann.

»Und Sandy mag Sie auch so gerne. Sie ist schon viel ruhiger geworden, seit Sie ihre Lehrerin sind.«

Ruhiger? Wo bitte schön soll ich das denn jetzt hinstecken? Ich kenne ansonsten niemanden, der jede zweite Unterrichtsstunde vom Stuhl fällt – auch ohne Alex Beteiligung – und so hektisch unterwegs ist.

»Alex hat mir erzählt, dass Sie Friseuse werden wollen. Das hat er doch bestimmt falsch verstanden?«

»Ja, das hat Sandy auch gemeint. Ich hab sie noch ausgeschimpft, dass sie nicht immer jeden Scheiß glauben soll, der rumerzählt wird.«

»Nein, nein, das stimmt schon. Ich werde zu Beginn der Sommerferien eine Lehre als Friseur*in* anfangen.«

Entsetzt glotzen mich zwei Augenpaare an, und eine unangenehme Stille tritt ein.

Wow, dachte nicht, dass ich diese Eltern jemals sprachlos erleben würde.

»Aber…, warum, also ich meine, wie kommen Sie denn auf diese Schnapsidee?!«, fragt mich Herr Schlachter wenig taktvoll.

»Das…, das war kein Witz?«, stammelt Frau Schwarzenholz.

Ich komme mir plötzlich vor wie bei einem elterlichen Verhör und fühle mich nun meinerseits bemüßigt, mich für meine Pläne zu rechtfertigen.

»Nein, weder ein Scherz noch eine Schnapsidee. Ich weiß ganz genau, was ich tue. Schließlich habe ich zuerst ein Praktikum gemacht, und das hat mir den richtigen Weg gezeigt.«

»Aber warum wollen Sie denn Ihren gut bezahlten Lehrerjob aufgeben, nur um eine unterbezahlte Friseuse zu werden?«, bohrt Alex' Vater nach.

Gute Frage, jetzt heißt es Feingefühl zeigen. Dazu komme ich jedoch erst einmal nicht, denn Sandys Mutter ergreift das Wort.

»Können Sie sich das nicht denken?«, richtet sie ihre rhetorische Frage an Herrn Schlachter.

»Was genau wollen Sie jetzt damit andeuten? Doch nicht

etwa, dass mein Sohn daran schuld ist? Mag sein, dass er manchmal blöde Ideen hat, aber Ihre Tochter ist ja wohl auch kein Unschuldslamm.«

»Jedenfalls benimmt sie sich nicht wie ein Asi. Sie hat einfach nur viel Energie«, verteidigt die Mutter energisch ihr Kind.

Mit verschränkten Armen starren sich die beiden kampflustig an, und ich bemerke in diesem Moment eine große Ähnlichkeit zum Nachwuchs.

»Ey, chillaxen Sie mal! Hier wird nicht gestritten!«, entfährt es mir, weil ich jetzt wirklich keine Geduld mehr habe. Es ist eindeutig an der Zeit, dass ich mich auf den Weg zu meinem Haarmodell mache.

»Es hat nichts mit Ihren Kindern zu tun«, sage ich betont ruhig und denke, *jedenfalls nicht direkt*. »Mein Entschluss steht fest. Ich möchte meine kreative Ader ausleben und mich als Friseurin selbst verwirklichen. Und davon wird mich niemand mehr abbringen.«

»Und wenn ich Alex die Leviten lese, damit er zukünftig keinen Mucks mehr von sich gibt?«, schlägt mir Herr Schlachter doch tatsächlich vor.

»Ich könnte Sandy ein paar dieser Beruhigungspillen geben. Dann würde sie mir auch nicht so auf den Senkel gehen«, bietet mir auch Frau Schwarzenholz ihre tatkräftige, aber fragwürdige Unterstützung an. Auch wenn ich die Angebote verlockend finde, ändert es nichts an meiner derzeitigen Einstellung, und so schüttele ich nur ablehnend den Kopf. Damit geben sich die beiden vorerst geschlagen und rauschen gesenkten Hauptes in verschiedene Richtungen davon. Als ich die Lehrerzimmertür hinter mir geschlossen habe, muss ich mich zuerst einmal erschöpft auf einen Stuhl fallen lassen.

»*Was*? Was guckstu so?«, schnauze ich Wohlfahrt an, der mich amüsiert beäugt.

»Ach, ich dachte nur gerade, dass du dich glücklich schätzen kannst«, meint er.

»Hä, wieso das denn?«

»Na, du hast dich doch oft darüber beschwert, dass du als Lehrer keine Anerkennung bekommst.«

»Ja und?«

»Gerade hast du mehr bekommen, als jeder andere von uns. Ich kann mich nicht daran erinnern, dass Herr Schlachter jemals ein gutes Haar an einem anderen Kollegen gelassen hätte. Und Frau Schwarzenholz lässt sich doch normalerweise erst gar nie blicken. Und jetzt haben dich beide angefleht zu bleiben! Darüberhinaus sind deine schwierigsten Schüler am Boden zerstört, dass du die Biege machst. Mehr Komplimente gehen doch gar nicht! Und Direktor Lehmann will dich auch nicht gehen lassen.«

»Woher weißt du denn das schon wieder?«, frage ich ihn.

»Er hat mich und die Kühn beauftragt, dich zum Bleiben zu überreden«, gesteht mir Sascha.

»Er hat *was*?«

»Du hast schon verstanden. Niemand hier will, dass du gehst.«

»Aber, du hast doch gesagt, dass du es gut findest, dass jemand seine Träume in die Realität umsetzt.«

»Ja, das finde ich auch, aber gleichzeitig bin ich traurig, dass du dann nicht mehr hier bist, um mich vor Du-weißt-schon-wer in Schutz zu nehmen.«

»Och, das kannst du, glaube ich, mittlerweile ganz gut allein meistern. Außerdem bist du jederzeit herzlich willkommen bei ›EngelsHaar‹. Dann machen wir auch die Sache mit der Glatze klar. Apropos Haarschnitt, ich muss los. Meine Freundin wartet schon auf mich«, stelle ich beim Blick auf die Uhr fest. Schnell schnappe ich mir meine Sachen, verabschiede mich von Sascha und flitze so rasch es meine Beine, mein Auto und die deutschen Verkehrsregeln zulassen, zu Nele.

Nachdem ich an der Haustür geklingelt habe, rechne ich damit, sofort die Sirene ihres männlichen Nachkommen zu hören. Doch das einzige Geräusch, das an meine Ohren dringt, ist das Bellen des hauseigenen Wachhundes. Dieser begrüßt mich auch sogleich schwanzwedelnd, als Nele die Tür öffnet.

»Wo ist denn der Rabauke?«, frage ich.

»Moin! Was glaubst du denn? Den habe ich mit seinem Vater aus dem Haus verbannt, dass nicht einer nachher die Schere sonstwo stecken hat. Ich bin schon froh, wenn du es fertigbringst, dich oder schlimmer noch mich nicht zu verletzen.«

»Danke für dein Vertrauen, dann können wir ja gleich loslegen.«

»Bist du dieses Mal auch besser vorbereitet?«, fragt sie nervös.

»Was denkst du denn?!«

Selbstverständlich habe ich mich professionell vorbereitet und mich in den vergangenen Tagen im weltweiten Netz auf die Suche nach dem perfekten Haarschnitt gemacht. Abertausende Fotos sind mir dabei vor die Linse gekommen, aber keines war mir gut genug. Bis meine viereckigen Augen die traumhafte Frisur einer amerikanischen Sängerin, deren Name mir jetzt entfallen ist, erblicken durften. Und genau diesen wundervollen, symmetrischen Schnitt gedenke ich Nele in minimalster Feinarbeit zu verpassen.

»Na denn, ich habe bereits den Hocker ins Wohnzimmer gestellt, und Bürste, Kamm und Föhn liegen auch schon bereit.«

»Brauche ich nicht! Wie du sehen kannst, habe ich mein eigenes professionelles Arbeitsmaterial dabei«, stelle ich klar und hänge mir fachmännisch das Starter-Set um. Nele zieht verwundert die Stirn kraus, denn ich sehe wahrhaftig so aus, als wäre ich bereits eine waschechte Hairstylistin.

»Nicht schlecht, Herr Specht! Soll ich mir dann jetzt die Haare waschen? Das würde ich nach deiner letzten Stylingaktion gerne selbst in die Hand nehmen.«

»Nö, brauchst du nicht. Ich schneide lieber trocken, sodass ich direkt sehe, wie kurz die Haare sind. Dann gehen wir kein unnötiges Risiko ein, dass ich eventuell zu viel abschneiden könnte.«

»Gute Idee! In deinem Fall will ich auch kein Risiko mehr eingehen«, meint Nele und setzt sich vorsichtig vor mich auf den Hocker.

»Was hast du eigentlich genau vor?«, will sie dann doch noch wissen.

»Ach, lass dich überraschen.«

Neles Augenbrauen wandern in die Höhe, womit sie mir wohl zu verstehen geben will, dass sie im Zusammenhang mit ihren Haaren keinen besonderen Wert auf Überraschungen legt.

»Es wird schön, glaub mir. Ich schneide auch ganz vorsichtig«, beruhige ich sie, während ich versuche, ihr einen Mittelscheitel zu ziehen. Das dauert eine Weile, denn meine leicht perfektionistische Ader mag es überhaupt nicht, wenn der Scheitel nicht kerzengerade gezogen ist. Nachdem diese erste Hürde genommen ist und Nele mir versichert hat, dass ihre plötzlich einsetzende Schnappatmung eher allergischen

Ursprungs ist, nehme ich die erste Haarsträhne zwischen Zeige- und Mittelfinger und setze gerade die Schere an, als Nele ein jähes »Stopp!« herausbrüllt, das mich aus meiner Konzentration reißt.

»Was ist denn?«, will ich erschrocken wissen und befürchte, dass sie doch noch einen Rückzieher macht.

»Ich hab den Herd angelassen!«, sagt's und stürmt hektisch in die Küche.

Daraufhin nimmt sie wieder Platz, rutscht aber dennoch unruhig hin und her.

»Was ist denn los? Also du musst schon stillhalten, wenn ich das ordentlich machen soll, sonst gebe ich keine Garantie!«

»Tschuldigung, bin einfach aufgeregt, weil das doch heute quasi dein Debüt ist. Hab schon ganz verschwitzte Hände!«

Na super, jetzt hat meine liebe Freundin mich mit ihrer Nervosität auch angesteckt. Mit zittrigen Fingern nehme ich die erste Strähne in die Hand und… vollführe meinen ersten Schnitt. Juhu! Voller Stolz begutachte ich die abgeschnittenen Haare, die auf dem Boden liegen. Na ja, eigentlich eher Härchen, denn ich habe noch nicht einmal einen halben Zentimeter abgeschnitten. Man muss ja klein beziehungsweise kurz anfangen. In diesem Schema fahre ich Strähne um Strähne fort, bis mir selbst die Schweißperlen übers Gesicht laufen und ich nach circa einer Stunde eine Pause einlegen muss. Diese Präzisionsarbeit ist doch anstrengender, als ich gedacht habe.

»Fertig?«, fragt mich meine Freundin, die mittlerweile Schweißränder unter den Armen hat und schon auf dem Weg zum Spiegel ist, ehe ich antworten kann.

»Man sieht ja noch gar nichts«, blökt sie mir vorwurfsvoll entgegen.

»Ich bin ja auch noch nicht fertig. Meine Hände schwitzen nur so furchtbar, weil du mich mit deinen Bedenken so kirre gemacht hast. Los, setz dich wieder hin. Der nächste Zentimeter ist dran.«

»Wieso denn Zentimeter?«

»Wie gesagt, du wolltest kein Risiko eingehen. Also schneide ich jetzt Zentimeter für Zentimeter ab.«

Schön wär's, Fakt ist, dass selbst ein Zentimeter mir noch zu risikofreudig erscheint. Und so kämpfe ich mich Millimeter für Millimeter voran. Nach einer weiteren Stunde, in der ich mehr Nerven als Nele Haare verliere, sind wir beide bis auf die Unterhosen durchgeschwitzt.

»Ähm Meike, ich will ja nicht ungeduldig sein, aber willst du nicht mal längere Partien abschneiden. Wenn das so weitergeht, sitze ich morgen noch hier.«

»Gut Ding will Weile haben! Mein erster Haarschnitt soll perfekt sitzen. Außerdem brauche ich gar nicht mehr lange, ich muss nur noch die Seiten angleichen, damit auch alles schön symmetrisch ist.«

»Hmm, okay, aber denk daran, dass meine Jungs in eineinhalb Stunden wieder zurück sind. Vorher musst du fertig sein.«

»Na toll, jetzt setzt du mich auch noch unter Zeitdruck!«, motze ich vorwurfsvoll.

»Ähm, sag mal Meike, was denkst du denn, wie viel Zeit du im Friseursalon für einen Haarschnitt einplanen darfst?«

»Was ist denn das für eine Frage? So viel ich brauche, natürlich. Schließlich will ich mir Zeit für meine Kunden nehmen, und die sollen zufrieden mit meiner Leistung sein.«

»Aha! Und du denkst, dein Chef ist auch zufrieden mit dieser Umsatzleistung? Ich will nicht wissen, was der Kunde dann für den Haarschnitt bezahlen muss, wenn der Salon schwarze Zahlen schreiben soll.«

»Qualität hat ihren Preis«, schnaufe ich nur eingeschnappt und setze meine Präzisionsarbeit konzentriert fort.

Nach einer weiteren halben Stunde fängt Nele plötzlich an zu lachen.

»Was?!«, frage ich genervt.

»Du müsstest dich mal sehen, wenn du am Werk bist. Immer wenn du die Schere ansetzt und schneidest, machst du den Mund so komisch auf und zu, als wärst du selbst die Schere. Sieht schon ein bisschen bescheuert aus.«

»Mach ich gar nicht!«, schnauze ich zurück und versuche beim nächsten Schnitt krampfhaft auf meine angeblich entgleisenden Gesichtszüge zu achten.

»Da, schon wieder! Außerdem streckst du die Zunge raus, wenn du nachschaust, ob beide Seiten gleichlang sind.«

»Gerücht!«, sage ich und bereue in diesem Moment, dass ich bei der Auswahl meines Versuchskaninchens nicht wählerischer war.

Als die dritte Stunde anbricht, beschwert sich Nele lautstark darüber, dass sie schon erste Anzeichen von Dekubitus am Hintern spürt und mir deswegen nur noch ein Zeitfenster von fünfzehn Minuten einräumt, in dem ich gefälligst fertig werden soll. Obwohl ich noch immer der Ansicht bin, dass der erste Haarschnitt nicht mal eben so aus dem Handgelenk geschüttelt werden kann – was mir momentan wegen der starken Sehnenschmerzen sowieso nicht möglich wäre –, beeile ich mich und beende auf die letzte Minute mein Werk.

»Gott sei Dank! Noch länger und ich hätte selbst zur Schere gegriffen.«

»Dann wäre es aber nicht so schön geworden«, behaupte ich.

»Lass mal sehen«, spricht die Freundin und will gerade

aufstehen, als ich sie mit sanftem Druck wieder auf den Stuhl presse.

»Mooooment! Zuerst muss ich das Ganze noch in Form föhnen.«

Nele sieht mich einen Moment entsetzt an, bevor sie ihre Sprache wiederfindet.

»Nä, ne?! Wenn du so föhnst, wie du schneidest, sind die Haare wieder lang, bevor sie gestylt sind.«

Ich ignoriere die ignorante Bemerkung des vor mir sitzenden Laien, schnappe mir Bürste und Föhn und beginne mit dem finalen Styling, das unglücklicherweise etwas länger dauert, als ich angenommen habe. Was kann ich aber auch dafür, dass Neles Haar partout nicht machen will, was ich mit ihm vorhabe. Nach einer weiteren halben Stunde sehe ich ein, dass es keinen Sinn macht, mit Bürste und Föhn dagegen anzukämpfen und gebe mich geschlagen.

»Bin fertig«, grummele ich unzufrieden vor mich hin.

Nele springt erfreut auf, rennt zum Spiegel und begutachtet sich von allen Seiten. Als sie zurückkommt, lächelt sie mich zwar an, aber irgendetwas an ihrem Gesichtsausdruck macht mich skeptisch. Ihr Lächeln wirkt irgendwie aufgesetzt.

»Ähm, gefällt mir, der Schnitt«, meint sie, scheint es aber nicht wirklich so zu meinen.

Ich hege den Verdacht, dass sie nicht ganz zufrieden mit meiner Schnittleistung ist, das aber nicht zugeben will, um nicht noch länger auf dem Stuhl sitzen zu müssen.

»Meinst du nicht, ich sollte noch ein wenig nachschneiden. Irgendwie bin ich noch nicht ganz zufrieden«, äußere ich mich kritisch und überlege zwecks Symmetrietest eine Wasserwaage zur Hilfe zu nehmen.

»Neiiiiin, auf keinen Fall! Ich find’s total gut.«

Bevor ich weiter nachhaken kann, geht die Tür auf, und Timo kommt mit Nils zur Tür herein. Als er Nele mit ihrem neuen Haarschnitt sieht, meint er nur: »Oh, sind wir etwa zu früh? Ihr habt ja noch gar nicht angefangen!«

In diesem Moment wird mir bewusst, dass ich als Friseurin noch einen langen Weg vor mir habe. So beschließe ich wider meinem Bauchgefühl vernünftig zu sein und anstelle weiterer haariger Experimente mit dem allerersten Schritt zu beginnen, der Ausbildung.

12

Synapsenfasching

Um meine zukünftige Karriere als Weltklasse-Coiffeurin – man darf ja noch realistische Ziele haben – dingfest zu machen, wage ich heute den Gang zu meinem Noch-Chef, Direktor Lehmann. Mit dem Entlassungsschreiben in der Tasche will ich gerade an die Tür des Rektorenzimmers klopfen, als diese jäh aufgerissen wird und ein wutentbrannter Herr Hartmann herausstürmt.

»Alles Ihre Schuld!«, schnauzt er mich an und wirft mir im Vorbeirauschen einen äußerst zornigen Blick zu.

»Hä, was, wieso, …«, stammele ich irritiert, weil ich nicht weiß, was ich jetzt schon wieder angestellt haben soll.

Direktor Lehmann bemerkt meine Verwirrung und bittet mich höflich, einzutreten und Platz zu nehmen.

»Tut mir leid, dass Sie das mitbekommen haben. Der Kollege hat wohl etwas überreagiert, als ich ihn darüber in Kenntnis gesetzt habe, dass er im nächsten Schuljahr die Klassenführung der 8a übernehmen darf.«

»Was? Ähm, ich meine, wieso denn der Hartmann?«

Herr Hartmann als Klassenlehrer, das würde ich meinem schlimmsten Feind nicht wünschen! Der Mann ist der Albtraum eines jeden Schülers, denn er hasst nicht nur die gesamte Welt, sondern vor allem Kinder und Jugendliche. Das muss er auch bei jeder sich bietenden Gelegenheit beweisen. Und entsprechend ist Hartmann so gut wie immer mies gelaunt. Ich habe ihn nur ein einziges Mal grinsen sehen, und das war, als er es geschafft hat, drei Neuntklässler zum Heulen zu bringen. Normalerweis weint nur ein einzelner Schüler, wenn er mit dem Unterricht fertig ist. Wie dem auch sei, ich kann meinen Chaoten nur wünschen, dass er auch im nächsten Schuljahr den Rekord im Krankmachen hält.

»Irgendjemand muss Sie ja vertreten, und schließlich haben Sie die Achter auch vom Kollegen Hartmann übernommen. Abgesehen davon, will den Job einfach niemand sonst übernehmen. Das haben Sie doch bei der letzten Konferenz selbst mitbekommen. Wenn Sie nicht so engagiert gewesen wären und sich als Vertretung für Herrn Hartmann gemeldet hätten, hätte ich jemand bestimmen müssen. Deswegen finde ich es ja auch so schade, dass Sie uns bald verlassen werden. Oder gibt es vielleicht noch Hoffnung und Sie haben es sich anders überlegt?«

Ich schüttele meinen Kopf, nehme das Kuvert mit der Entlassung heraus und schiebe es langsam über den Schreibtisch meinem Direktor entgegen.

»Ist es das, was ich denke, das es ist?«, fragt der.

»Denke schon.«

»Dann will ich's nicht. Überlegen Sie sich das doch noch einmal. Das ist ein wirklich gewichtiger Schritt, und danach gibt es kein Zurück mehr.«

»Es gibt jetzt schon kein Zurück mehr für mich. Ich weiß, dass Sie es nur gut mit mir meinen, aber mein Entschluss steht schon länger fest. Die Entlassung besiegelt es nur«, versichere ich ihm.

Herr Lehmann sieht mich eine ganze Weile an, bevor er seufzt: »Dann muss ich Ihre Entscheidung wohl oder übel akzeptieren. Ob Ihre Schüler das allerdings auch tun, ist fraglich.«

»Was meinen Sie damit?«, frage ich.

Wortlos öffnet er die oberste Schublade seines Schreibtisches, nimmt ein zerknittertes Stück Papier heraus und überreicht es mir. Als ich die krakelige Schrift von Hassan entziffert und seine grammatikalisch kreativen Sätze frei interpretiert habe, fährt mir ein Stich tief ins Herz.

»Lieba Direx Leman, musstu gucke, das Frau Frei bei misch bleibt, weil isch und meine Crew brauche die«, steht da unter anderem, und ich bin mehr als gerührt – jedenfalls als Mensch, die Deutschlehrerin hat bezüglich seiner Rechtschreibung noch mehr als ein Hühnchen mit ihm zu rupfen.

»Dieser Hassan und der Junge, der sich so gut mit Computern auskennt, haben mir das gegeben. Die ganze Klasse hat unterschrieben. Die Jugendlichen mögen Sie sehr und wollen Sie unter keinen Umständen gehen lassen. Die haben angekündigt, dass sie jetzt jeden Tag zu mir kommen, bis ich Sie zum Bleiben überredet habe.«

»Tut mir leid, dass ich Ihnen solche Umstände bereite. Das war bestimmt eine einmalige Aktion. Wenn es allerdings dabei bleiben soll, sagen Sie ihnen besser noch nichts davon, dass Hartmann der neue Klassenlehrer wird. Dann garantiere ich nämlich für nichts mehr. Kann nicht doch Kollegin Kühn die 8a übernehmen?«, wage ich einen letzten Versuch.

Ich bin mir sicher, dass sie mit ihrem strengen, aber gerechten Unterrichtsstil genau die richtige Führungsperson wäre.

»Geht nicht, die übernimmt zusammen mit Herrn Wohlfahrt eine der beiden Fünferklassen.«

»Schade, na dann kann man wohl nichts mehr ändern.«

»Ja, schon schade, dass man so gar nichts mehr ändern kann«, meint Direktor Lehmann mit einem flehenden Blick in meine Richtung, während er meine Entlassung in seine Schublade legt.

Nachdem wir das Gespräch beendet haben, gehe ich ins Lehrerzimmer, wo sich Sascha wie immer in die hinterste Ecke verzogen hat.

»Warum machst du ein Gesicht wie das Leiden Christi?«, fragt er mich.

»Weil ich's bin!«

»Oh Gott, was ist denn passiert?«

»Meine Achter kriegen im nächsten Jahr den Hartmann als Klassenlehrer«, erzähle ich ihm die Neuigkeit.

»Hartes Los, aber was kümmert's dich? Du bist dann doch schon längst über alle Berge.«

»Was soll das denn heißen? Nur weil ich mein Glück woanders suche, heißt das doch noch lange nicht, dass mich die Schüler nicht interessieren. Genauso wie du und die Kühn. Ihr liegt mir alle am Herzen!«

»Wie, Du-weißt-schon-wer auch? Ich dachte, dass *ich* dein Lieblingskollege bin«, schnaubt Sascha gespielt entrüstet.

»Bist du ja auch, aber die Kühn mag ich auf gewisse Weise auch. Übrigens wäre das ebenfalls besser für dich.«

»Was? Mich mit Du-weißt-schon-wer anzufreunden? Warum sollte ich? Ich bin doch kein Masochist!«, meint er.

»Wenn nicht freiwillig, dann wirst du auf jeden Fall dazu gemacht. Schließlich arbeitet ihr beiden bei den neuen Fünferklassen im nächsten Schuljahr parallel. Da wäre es bestimmt von Vorteil, wenn ihr euch besser verstehen würdet.«

»Gerücht! Wer hat das behauptet?«, will Sascha aufgeregt wissen.

»Lehmann hat's mir gesteckt.«

»Verdammt, dann stimmt's! Och menno! Wie soll ich das

überleben? Der dunkle Lord lässt doch keine Gelegenheit aus, mich zu piesacken.«

»Jetzt übertreib mal nicht. So schlimm ist die Kühn doch gar nicht«, sage ich noch, als besagte Kollegin heranprescht, sich wutschnaubend vor Saschas Tisch aufbaut und diesen auf ihre dezente Art und Weise darüber in Kenntnis setzt, wie sie sich ihre zukünftige »Zusammenarbeit« vorstellt.

»Denk nicht, dass ich mit den Fünfern irgend so einen Bastelscheiß mache, nur weil die Wohlfahrt ihren femininen Faible ausleben muss! Und nerv mich bloß nicht mit irgendwelchen Gruppenspielchen oder Kunstprojekten! Bei mir geht's frontal zur Sache, und den ganzen pädagogischen Schnickschnack kannst du dir gleich sonst wohin stecken!«, schmettert sie dem armen Sascha an den Kopf und rauscht genauso dynamisch ab, wie sie gekommen ist.

Als ich meinen Blick vom Staub, den die Kollegin gerade aufgewirbelt hat, wieder lösen kann und mich Sascha zuwende, stieren mich seine zusammengekniffenen Augen äußerst giftig an.

»Was sagtest du gerade? Nicht so schlimm? Hmm?«

»Ähem, die beruhigt sich schon wieder. Du kennst sie doch.«

»Eben, ich kenne sie. Aber ich glaube, sie wird mich im nächsten Schuljahr erst noch richtig kennenlernen müssen!«, schlägt die Wohlfahrt jetzt ganz andere Töne an.

»Genau, zeig ihr, wo der Hammer hängt!«, unterstütze ich ihn in seiner kämpferischen Einstellung.

»Korreckt, ich zeig ihr, wer hier der Klassenbabo ist!«, verkündet er daraufhin selbstsicher und streckt seine schmale Hühnerbrust heraus.

Ich versuche mir vorzustellen, wie er den dunklen Lord besiegt und unterwirft, aber so richtig will mir das nicht gelingen. Vielleicht mangelt es mir aber nur an Fantasie, denn schließlich hat's Harry Potter ja auch geschafft.

»Na dann, ich hab jetzt Deutsch bei meinen Achter-Chaoten«, stöhne ich in Erwartung des bevorstehenden Grammatik-Grauens, das mir Hassan und Konsorten mit Sicherheit bieten werden. Seit gefühlten Jahrzehnten versuche ich ihnen schon einzubläuen, dass ein Satz aus verschiedenen Wortarten besteht, wobei ich schon zufrieden wäre, würden sie wenigstens das Nomen erkennen. Im letzten Schuljahr hat Hassan nämlich gemeint, dass er mit einem Nomen sowieso nichts zu tun haben möchte, weil das ein böses Vorzeichen sei. Ich habe ihm dann versichert, dass es ein ganz schlechtes *Omen* für seine schulische Zukunft sei, wenn er sich nicht sofort mit dem *Nomen* und den anderen Wortarten anfreunden würde. Das, kombiniert mit meinem bedrohlichsten Killerblick hat ihn zumindest damals überzeugt, die drei gebräuchlichsten Wortarten unterscheiden zu lernen. Trotzdem hege ich wenig bis gar keine Hoffnung, dass dieses Wissen bis heute angehalten hat.

»Guten Morgen, Frau Frei!«, schallt es mir entgegen, als ich den Klassensaal der 8a betrete. Verwundert bleibe ich im Türrahmen stehen, denn das, was sich mir darstellt, habe ich bisher noch nie persönlich erleben dürfen. Bisher wusste ich nur von Neles Erzählungen aus der ländlich-idyllischen Grundschule, dass es etwas Derartiges geben soll. Meine ganze Klasse ist während der Begrüßung geschlossen aufgestanden und wartet nun geduldig auf meine Erwiderung des morgendlichen Grußes.

»Guten Morgen, ihr Lieben!«, entgegne ich und sehe irritiert dabei zu, wie sich die ganze Truppe wie auf Kommando wieder hinsetzt.

Da stimmt doch was nicht! Die müssen doch irgendwas ausgefressen haben oder noch im Schilde führen. Mit rechten Dingen kann das hier auf keinen Fall zugehen. Misstrauisch und die Jugendlichen immer im Blick behaltend, bewege ich mich im Zeitlupentempo zum Pult. Doch nichts passiert, rein gar nichts. Die Schüler sitzen aufrecht auf ihren Stühlen und sehen mich abwartend an. Diese ungewohnte Stille wirkt irgendwie bedrückend. Eine ganz neue Situation, denn unter normalen Umständen müsste ich jetzt zuerst klasseninterne Streitigkeiten regeln oder irgendwelche Ablenkungsversuche von Hassan abwehren. Dieser Zustand überfordert mich derart, dass ich nicht einfach so mit dem Unterricht anfangen kann.

»Was ist hier los? Ihr habt doch irgendwas ausgefressen?!«, will ich deshalb zuerst einmal wissen.

Was daraufhin folgt, macht mich noch stutziger. Statt ungefragt in die Klasse zu brüllen, melden sich Hassan und Johanna. Das muss etwas ganz, ganz Schlimmes sein, was die Achter angestellt haben. Um dem auf den Grund zu gehen, nehme ich zuerst Johanna an die Reihe.

»Entschuldigen Sie bitte, Frau Frei, aber wir warten nur darauf, dass Sie mit dem Deutschunterricht beginnen und uns etwas beibringen.«

»Aha?! Und was wolltest du mir sagen, Hassan?«, löchere ich weiter, weil ich die Argumentation von Johanna nicht glauben kann.

»Isch, ähm, ich schließe mich Johanna an. Wir möchten von … dich, ähm, Ihnen Grammatik lernen«, spricht er langsam und betont, aber in seinem bestem Hochdeutsch.

Ich bin total fertig. Hier stimmt doch etwas ganz und gar nicht! Plötzlich habe ich einen Geistesblitz und ahne, was hier vor sich geht.

»Ha, ich hab's! Jetzt weiß ich, was Sache ist. Kommt schon, ihr könnt's ruhig zugeben! Wo ist die versteckte Kamera? Ich habe euch enttarnt. Raus damit!«, triumphiere ich und suche den Raum nach Kameras ab.

Kurz darauf meldet sich Jakob.

»Ist alles in Ordnung mit Ihnen, Frau Frei?«

»Was soll die Frage? Mir geht es gut, aber mit euch stimmt was nicht«, entgegne ich halb im Schrank steckend, weil ich mir sicher bin, dass die Fernsehleute hier eine Kamera versteckt haben.

»Wie kommen Sie darauf, dass mit uns etwas nicht stimmen könnte?«, fragt er nun nach.

»Wie ich darauf komme? Na ganz einfach, sieh dich mal um!«

Das tut er dann auch und sieht mich danach wieder fragend an.

»Ich weiß ehrlich gesagt nicht, was Sie meinen.«

Also, das ist ja echt die Höhe. Denken die etwa, dass ich bekloppt bin? Machen hier einen auf Streberklasse und meinen, sie könnten mich damit aus dem Konzept bringen. Aber da werde ich ihnen einen Strich durch die Rechnung machen. Ich fange nämlich jetzt einfach mit dem Unterricht an, und dann werden wir ja sehen, wie lange der Schein hält und wann die Fassade bröckelt.

Tatsächlich bröckelt vorerst überhaupt nichts, denn die selbst ernannten Musterschüler benehmen sich die ganze Stunde über musterhaft. Alle beteiligen sich am Unterrichtsgeschehen, und das nicht nur passiv, sondern auch aktiv. Während ich erkläre, herrscht eine Stille, die mir den Schweiß unter die Achseln treibt. Was sich allerdings als noch viel schweißtreibender erweist, ist die Tatsache, dass ständig Finger nach oben schnellen und ich mich für einen entscheiden muss. Dieses rege Unterrichtsgeschehen führt dazu, dass ich ganze zehn Minuten vor Stundenende mit meinem Stoff fertig bin.

Das ist mir ja noch nie passiert! Dementsprechend ratlos stehe ich nun vor der Klasse und rechne damit, dass jetzt das Chaos ausbricht. Denn was man als Lehrer stets vermeiden sollte, ist ein Leerlauf. Schüler müssen beschäftigt werden, sonst gibt es Mord und Totschlag. In diesem Fall gibt es jedoch nur erwartungsvolle Blicke meiner Achtklässler und … Stille. In mir drin ist es jedoch alles andere als still, denn ich brauche ganz schnell eine passende Deutschaufgabe für die Strebertruppe.

Oh Gott, in meinem Kopf herrscht Synapsenfasching. Ich kann nicht denken bei dieser zermürbenden Stille!, ist der einzige Gedanke, den ich fassen kann.

»Ich kann so nicht arbeiten! Könnt ihr euch nicht mal normal verhalten? Das ist ja nicht zum Aushalten hier!«, beschwere ich mich lautstark.

Statt meiner eindringlichen Bitte Folge zu leisten, starren mich meine neuen Musterschüler zuerst nur verwundert an, bis Kimberly sich meldet.

»Entschuldigen Sie bitte, Frau Frei, aber was genau meinen Sie damit?«, fragt die doch glatt.

»Was ich damit meine? Ihr macht mich heute fertig. Normalerweise hättet ihr jetzt schon Hummeln unterm Hintern und würdet durcheinanderquasseln, weil es gleich zur Pause läutet. Stattdessen sitzt ihr still wie die Ölgötzen herum und glotzt mich an, als hätte euch jemand einer Gehirnwäsche unterzogen«, erkläre ich noch, als es mir auf einmal wie Schuppen von den Augen fällt.

»Na klar, das ist es, dass ich da nicht eher draufgekommen bin! Frau Kühn hat euch bestimmt den Marsch geblasen, weil ihr euch wieder danebenbenommen habt. Oder, stimmt doch?«

Die versammelte Mannschaft schüttelt einhellig den Kopf und überlässt Hassan das Wort.

»Nein, Frau Frei, wir ha-ben nichts an-ge-stellt!«

»Was ist es dann? Los, rückt endlich raus mit der Sprache!«, brülle ich mittlerweile.

»Wir wollen nicht, dass Sie gehen!«, meint Johanna ruhig.

»Und noch weniger wollen wir den Hartmann als Klassenlehrer!«, gibt Kimberly zu.

Woher wissen die das denn schon wieder? Ich habe doch eben selbst erst davon erfahren. Die Schulwände scheinen tatsächlich Ohren zu besitzen.

»Aha, daher weht der Wind! Und ihr habt euch gedacht, wenn ihr zu einer Streberklasse mutiert, bleibe ich?«

Betretenes Schwiegen tritt ein, und vereinzelt nicken ein paar Köpfe.

»Ächt süß von euch!«, platzt es aus mir heraus.

»Das heißt, Sie bleiben?«, interpretiert Kimberly meinen freudigen Ausruf falsch.

»Nicht wirklich. Ich habe euch doch schon erklärt, dass es nicht direkt an euch und eurem Verhalten liegt, dass ich mich beruflich umorientieren werde.«

»Dann bin ich also umsonst heute in die Schule gekommen!«, mault Jakob.

»Und wir haben uns umsonst zum Deppen gemacht!«, schnaubt Johanna eingeschnappt.

»Nein, ganz und gar nicht! Jetzt, da ich weiß, warum ihr euch so seltsam verhalten habt, könnt ihr das ruhig beibehalten. Ich werde mich schon an euer vorbildliches Verhalten und die mustergültige Mitarbeit gewöhnen. Und dir schadet es definitiv nicht, wenn du ab jetzt regelmäßig den

Weg zur Schule findest«, entgegne ich mit einem besonders strengen Blick auf Jakob.

»Ey Jojo, musstu Erdnuckel-Bruda whattsappen, dass Plan A verkackt hat«, meint Hassan, mich ignorierend, zu Johanna.

Ich frage mich noch, was er mit Plan A gemeint hat, als die Klingel das Ende der Stunde beschließt und wie gewohnt das klasseninterne Chaos ausbricht. Mit gemischten Gefühlen verlasse ich die 8a.

Hängen meine Schüler tatsächlich so viel mehr an mir, als ich die ganze Zeit angenommen habe, oder ist die Alternative Hartmann so schlimm, dass sie lieber mit meiner Wenigkeit vorliebnehmen würden?

Wie dem auch sei, auf jeden Fall bemühen sie sich doch sehr, mich zum Bleiben zu bewegen.

»Ob es etwas an meiner Entscheidung geändert hätte, wenn sie früher damit begonnen hätten, sich zu ändern?«, frage ich mich ehrlicherweise und tendiere eher zu einem Nein. Ein Sammelsurium an verschiedenen Faktoren hat mich zu meiner Entscheidung getrieben. Daher werden die Jugendlichen trotz all ihrer Bemühungen diese auch nicht mehr rückgängig machen können, so leid es mir auch tut. Trotzdem bin ich neugierig, was sich die Schüler mit Plan B noch alles ausgedacht haben.

Gespannt betrete ich kurz darauf den Klassenraum der 5b, in Erwartung einer ebenso vorbildlichen wie arbeitsfreudigen Truppe. Meine Erwartungen werden jedoch in keinster Weise erfüllt, denn weder sitzt noch steht mir eine musterhafte Gruppe gegenüber. Der Saal ist leer. Verwirrt krame ich meinen Stundenplan aus der Tasche. Vielleicht habe ich ja irgendwas verwechselt und die Klasse ist im Sportunterricht? Ein Blick auf die Stundentafel verrät mir jedoch, dass der Irrtum nicht bei mir liegt. Wahrscheinlich gibt es hier auch gar keinen Irrtum, sondern nur einen Plan B. Langsam aber sicher bereue ich, dass ich meine Zukunftspläne so frühzeitig ausgeplaudert habe. Etwas genervt mache ich mich auf die Suche nach den Fünfern. Und ich weiß auch schon, wo ich anfangen muss, nämlich in der 8a.

»Okay, ihr hattet euren Spaß. Wo habt ihr die Fünfer versteckt?«, will ich von den Achtern wissen, die hier garantiert ihre Hände im Spiel haben.

»Isch schwör, hab isch nix mit zu tun!«, versichert mir Hassan grinsend und hebt entwaffnend beide Hände in die Höhe.

»Kannstu deiner Omma erzählen! Wo sind meine Fünfer?«

»Das sind nicht mehr Ihre, Sie gehen ja bald weg!«, ruft Johanna dazwischen und erhält lautstarke Zustimmung von ihren Mitschülern.

In diesem Moment wünsche ich mir die Musterklasse von eben zurück. Da war die Stimmung noch friedlich und nicht so gereizt wie jetzt. Da hilft nur eins, abwarten und Kaffee trinken. Und genau das werde ich jetzt tun. Ohne ein weiteres Wort mache ich auf dem Absatz kehrt, stapfe ins Lehrerzimmer, fülle mir eine Tasse mit Kaffee und setze mich in den Klassenraum der 5b. Obwohl Direktor Lehmann mich vorgewarnt hat, hätte ich nicht gedacht, dass meine Schüler so kreativ sein würden, um mich zum Bleiben zu bewegen.

Warum nur haben sie diese Seite nie zuvor im Unterricht ausgelebt?

Während ich noch darüber nachdenke, schleichen sich nach und nach meine Fünftklässler zu ihren Plätzen zurück. Als alle wieder dort sitzen, wo sie eigentlich auch sitzen sollten, mache ich eine ernsthafte Ansage.

»Was habt ihr euch eigentlich dabei gedacht, einfach so zu verschwinden?«

»Gar nichts!«, erwidert Alex kaltschnäuzig.

»Ich weiß ja, dass es euch schwerfällt, mich gehen zu lassen, aber ihr bekommt bestimmt einen ganz netten Lehrer als meinen Nachfolger. Ich müsst meinetwegen nicht traurig sein.«

»Wir sind nicht traurig, wir fanden die Idee mit dem Verstecken nur lustig«, meint Leila ehrlich.

»Na ja, du vielleicht schon. Ich nicht! Ich fand das Ganze von vorneherein total kindisch und unter meinem Niveau. Hätte meine zurückgebliebene Blutsverwandte mich nicht gezwungen, hätte ich mich nie im Leben an dieser sinnlosen Aktion beteiligt«, interveniert Leon prompt.

»Hä? Wie meint ihr das? Ihr seid *nicht* traurig, weil ich bald nicht mehr eure Lehrerin sein werde?«, frage ich ein wenig pikiert.

»Warum sollten wir?«, will Leon wissen.

Was für eine Frage, ts! Die Antwort erübrigt sich von selbst. Schließlich gehöre ich laut der 8a seit meinem Praktikum offiziell zu den coolsten Lehrern.

»Ich werde Sie schon vermissen«, gibt Sandy zu, und ich meine auch Alex kurz nicken zu sehen.

»Was hast du eigentlich gerade damit gemeint, dass dich deine Schwester zu dieser Aktion gezwungen hat?«, löchere ich Leon.

»Na, ist doch klar. Diese ganze Sache ging von ihrer Klasse aus. Sie glauben doch nicht im Ernst, dass wir auf solch eine kindische Idee gekommen wären.«

Oh Mann, ich glaube, da ist jetzt mehr als ein ernstes Wörtchen mit den Achtern notwendig, um wieder Ruhe in diesen ganzen Zirkus hineinzubringen – noch bevor diese Chaoten sich einen Plan C überlegt haben! Für den Rest der Stunde beschäftige ich die Schüler mit diversen Rechtschreibübungen und beauftrage Leon und Leila damit, Aushilfslehrer zu spielen. So kann ich mir in Ruhe Gedanken darüber machen, wie ich die aufgebrachten Achter wieder beruhigen kann. Irgendwie muss ich meinen Chef davon überzeugen, dass er einen anderen Klassenlehrer auftreibt. Oder besser noch, ich nehme es gleich selbst in die Hand und leiste Überzeugungsarbeit bei meinen Kollegen.

Nach Unterrichtsende stürme ich auf direktem Wege ins Lehrerzimmer und stürze mich dort auf Kollegin Kühn.

»Bitte, bitte, übernimm im nächsten Schuljahr die 8a!«, flehe ich sie an.

»Geht's noch?! Warum sollte ich mir das antun?«

»Du hast doch selbst gesagt, dass du keinen Bock auf Basteln und Kleinkinderkram mit den Fünfern hast. Komm schon, du kriegst sie doch alle mit links in den Griff. Außerdem liebst du doch Herausforderungen.«

»Hartmann kriegt die auch in den Griff!«, antwortet die Kühn.

»In den Griff ist gut gesagt, der hält sie eher im Schraubstock fest, bis sie nicht mehr wissen, wie sie heißen.«

»Das wissen die meisten auch so nicht. Erst gestern hat einer der Siebtklässler auf seinem I-Phone nachsehen müssen, wie man seinen Nachnamen schreibt. Unglaublich!«

»Du weißt, was ich damit gemeint habe. Du bist hart, aber fair. Hartmann ist hart und ein sadistischer Idiot, wenn ich das so sagen darf.«

»Hmm, da ist was dran. Wenn er jünger wäre und besser aussehen würde, könnte ich mir glatt überlegen, ob er nichts für mich wäre«, lässt die alleinstehende Kollegin ihren außerschulischen Fantasien freien Lauf. »Aber zurück zum Thema, wieso interessiert dich das alles überhaupt noch? Du hast damit doch nichts mehr zu schaffen. Kann dir ja im Grunde egal sein, was mit denen passiert.«

»Ist es aber nicht«, erwidere ich schnippischer als gewollt.

»Sag mir jetzt nicht, dass du die Achtklässler magst?!«

»Genau so ist es! Steh ich auch zu!«

»Schön für dich. Ich allerdings habe mich darauf eingestellt, dass ich mich im nächsten Schuljahr der Erziehung meiner Fünferklasse widmen werde. Die Kleinen kann man noch so gut einschüchtern, ähm, prägen, meinte ich. Du musst dir wohl oder übel einen anderen Deppen suchen. Wenn wir schon gerade davon reden, da kommt die Wohlfahrt. Frag die doch einfach.«

»Nä, lieber nicht. Ich glaube, das passt nicht«, antworte ich, weil ich mir nicht vorstellen kann, dass Sascha mit der 8a viel Spaß hätte, eher umgekehrt. Ich sehe schon vor mir, wie Hassan & Co. so gar nicht wohltätig mit der armen Wohlfahrt umspringen werden.

»Was passt hier nicht?«, fragt Sascha, der anscheinend mitbekommen hat, dass es um ihn ging.

»Dass du mit den Achtern dauerhaft fertigwirst«, blökt die Kühn, bevor ich den Sachverhalt etwas verblümter verpacken kann.

»Aha?! Denkst du das etwa auch, Meike?«, wendet er sich an mich.

O je, was sage ich denn jetzt, um meinen sensiblen Kollegen nicht vor den Kopf zu stoßen? Aber es reicht wohl bereits, vorerst nichts dazu zu sagen, denn manchmal sagt ein Schweigen eben mehr als tausend Worte. So sieht es jedenfalls Sascha.

»Schon gut, keine Antwort ist auch eine Antwort. Von

Frau Kühn bin ich es ja gewohnt, dass sie mir nichts zutraut, aber von dir hätte ich etwas mehr erwartet«, bemerkt er mit einem vorwurfsvollen Blick in meine Richtung.

»Tut mir leid, Sascha. Es ist nicht so, dass ich dir das nicht zutrauen würde. Die Frage wäre eher, ob du dir das wirklich antun willst? Du weißt doch, wie lange ich gebraucht habe, bis die Chaoten mich halbwegs akzeptiert haben«, erkläre ich ihm.

»Na und? Wenn ich eins habe, dann ist es Geduld. Und anders als du habe ich auch Durchhaltevermögen und werfe nicht bei der nächstbesten Gelegenheit das Handtuch.«

»Touché, der hat gesessen, Frau Kollegin. Da muss ich der Wohlfahrt jetzt aber ausnahmsweise zustimmen«, haut die Kühn nun ihrerseits in die Kerbe.

»Seid ihr etwa Plan C?«, will ich jetzt wissen.

»Plan C? Was faselst du denn da?«, fragt die Kühn.

»Ihr könnt es ruhig zugeben, dass euch die Achtklässler bestochen haben, mich zum Bleiben zu überreden.«

»Hä, muss ich nicht verstehen, oder?«, hakt Sascha nun nach.

»Ach, nicht so wichtig. Kommen wir wieder zum eigentlichen Thema. Du willst also wirklich die Klassenleitung der 8a übernehmen?«

»Ja, will ich. Und jetzt mach da kein großes Ding draus.«

»Respekt, Wohlfahrt! Hast vielleicht doch mehr Eier in der Hose, als ich dachte«, verkündet die Kühn und rauscht ab.

»War das etwa ein Kompliment?«, fragt mich Sascha überrascht.

»Glaub schon. Sorry, dass ich dich verletzt habe. Ich wollte dich nicht übergehen. Ich dachte nur, dass dir die Klasse wahrscheinlich zu anstrengend sei. Und du bastelst ja auch so gerne, und mit den Fünfern kann man viel …«

»Schon okay Meike, in gewisser Weise hast du damit ja auch nicht ganz falschgelegen. Mich hat das eben nur so geärgert, dass alle in mir nur die sensible trottelige Wohlfahrt sehen. Das bin ich nicht, jedenfalls nicht nur. Ich kann auch verdammt männlich und durchsetzungsfähig sein. Und das werde ich im nächsten Schuljahr auch allen zeigen.«

»Oookaaay Mr. Testosteron, na dann wünsche ich dir viel Erfolg damit. Direktor Lehmann und Herr Hartmann werden das auf jeden Fall gut finden. Dann ist das Problem mit der 8a nämlich vom Tisch. Und die Schüler werden sich ebenfalls über diese frohe Botschaft freuen.«

Manchmal erledigen sich die Dinge eben ganz von selbst, wenn auch auf eine ganz andere Art und Weise, als man angenommen hat. Ich für meinen Teil bin jedenfalls sehr zufrieden, eine zufriedenstellende Lösung gefunden zu haben.

Das teile ich den Achtklässlern auch umgehend in unserer Arbeitslehrestunde mit. Wie erwartet, fallen die Reaktionen der Schüler größtenteils gut, aber doch recht unterschiedlich aus.

»Endgeil, dann gibt's Dauerchillaxen!«, grölt Jakob direkt.

»Toll, die macht immer so tolle Kunstprojekte!«, kreischt Kimberly.

»BÄM-Ghettofaust! Musstu fast nix Hausaufgabe mache«, jubelt Hassan, während Johanna ihre Begeisterung gerade noch so im Zaum halten kann und nur kommentiert »Na ja, gibt Schlimmeres«.

Genau, hätte schlimmer kommen können, denke ich mir und bin froh, dass die Schüler mit meinem zukünftigen Nachfolger einverstanden sind. So kann ich mir relativ sicher sein, dass keine weitere Aktion im Sinne von Plan D, E oder F mehr folgen wird.

Tatsächlich werde ich mit keinen weiteren fragwürdigen Aktionen meiner verwirrten Schäflein konfrontiert, und so plätschern die folgenden Schulwochen in gewohnter Alltagsroutine dahin. Seitdem Schüler, Eltern und Kollegen meine beruflichen Pläne endlich akzeptiert haben, bin ich selbst viel entspannter. Ja, ich muss zugeben, die Arbeit mit meinen Schützlingen macht mir sogar wieder richtig Spaß. Kein Wunder, dass meine letzten Schultage deshalb nur so vorübergeflogen sind und plötzlich der allerletzte Schultag vor der Tür steht.

Statt des Weckers werde ich an diesem Morgen allerdings vom penetranten Läuten des Telefons geweckt.

»Oh Mann, wer ruft denn um diese Uhrzeit an! Kann ja nur für dich sein«, mault mein Liebster und macht keine Anstalten aufzustehen.

»Wüsste nicht, wer das sein sollte. Hat sich bestimmt jemand verwählt«, murmle ich und kuschele mich noch fester unter die Decke. Schließlich habe ich die erste Stunde frei und ein Anrecht auf Erholung. Allerdings nicht lange, denn im nächsten Moment schrillt mein Handy auf dem Nachttisch.

»Meike Frei«, melde ich mich genervt.

»Guten Morgen, hier spricht Direktor Lehmann. Ich weiß, dass heute ihr letzter Tag ist und Sie eigentlich die erste Stunde frei haben, aber ein Kollege hat sich soeben krank gemeldet, und ich bräuchte Sie als Vertretung in der 8a.«

Ich will gerade mit meinen gewöhnlichen Klagefloskeln wie »Och nee, warum immer ich?!« oder »Kann das nicht jemand anders machen?!« anfangen, als mir einfällt, dass das die allerletzte Vertretungsstunde sein wird, die ich in meinem Leben halten werde.

»Okay, wenn Sie sonst niemanden haben, springe ich ein.«

»Wie, heute keine Beschwerden? Geht's Ihnen nicht gut?«, fragt Lehmann.

»Ganz im Gegenteil, mir geht es sogar sehr gut. Und deswegen mache ich mich jetzt schnell einsatzbereit. Bis gleich!«, beende ich das Telefonat und ziehe mich nach einer kurzen Katzenwäsche an, um auf direktem Wege in die Schule zu flitzen. Das Flitzen erweist sich allerdings als ziemlich schwierig, denn ich bin an meinem letzten Morgen beladen wie ein Packesel. Der Grund dafür sind meine ganzen Deutschbücher, die ich in vier großen Tragetaschen verstaut habe, um sie der Schule zu überlassen. Schließlich werde ich in meinem neuen Beruf keine Verwendung mehr dafür haben. Als ich mich der Last entledigt habe, begebe ich mich zum Klassenraum der 8a. Schon von Weitem sehe ich einen mir sehr bekannten Trainingsanzug an der Tür stehen, der sich bei meinem Anblick blitzschnell aus dem Staub macht.

»Achtung, Frei kommt«, höre ich noch, kurz bevor ich den Saal betrete und werde mir in diesem Moment bewusst, dass ich diese typischen Situationen bestimmt vermissen werde. Und nicht nur das! Denn als ich eintrete, schießen mir unwillkürlich die Tränen in die Augen. Vor mir steht die komplette Mannschaft mit einem riesigen Banner in der Hand, auf dem »Viel Erfolk als Fritteuse. Wir werden sie vermissen« steht. Ich bin hin und weg. Und als ob das nicht reichen würde, kommt Hassan in seinem Sonntagstrainingsanzug auf mich zu und überreicht mir im Namen der ganzen Klasse ein DIN-A3 großes Klassenfoto. Daraufhin taucht aus dem Hintergrund Direktor Lehmann auf und gesteht mir, dass er mich unter falschem Vorwand hergelockt hat.

»Die Klasse wollte sich noch ausgiebig von Ihnen verabschieden«, entschuldigt er sich für die kleine Notlüge und lässt mich mit meinen liebenswerten Chaoten allein.

»Vielen Dank für dieses schöne Abschiedsgeschenk. So werde ich immer eine schöne Erinnerung an euch haben.«

»Noch brauchen Sie das ja nicht. Sie können uns jederzeit in der Schule besuchen. Ich versuche im nächsten Schuljahr auch regelmäßig hier zu sein«, lässt mich Jakob wissen.

»Das hört sich doch gut an. Aber ich werde das nicht so leicht bewerkstelligen können.«

»Warum nicht? Sie können doch an Ihrem freien Tag kommen. Machen ehemalige Schüler auch oft so«, erklärt Johanna.

»Ich werde mich bemühen, aber wie gesagt, ihr könnt auch gerne einen Termin im Salon nehmen. Dann kann ich dem einen oder anderen endlich mal richtig den Kopf waschen.«

Das finden meine Schüler zwar nicht so witzig wie ich, aber trotzdem nehmen sich Hassan und Kimberly fest vor, mich in Aktion erleben zu können. In der restlichen Zeit schwelgen wir gemeinsam in schönen Erinnerungen und erzählen uns die lustigsten Anekdoten, von denen es nicht gerade wenige gibt. Da aber alles ein Ende hat und dieses gerade von der Klingel eingeläutet wurde, verabschieden wir uns tränenreich voneinander, und ich schleppe mich schweren Herzens ins Lehrerzimmer.

»Was ist denn mit dir los? Hast du etwa geflennt«, empfängt mich Kollegin Kühn. »Waren die Achter etwa so ätzend? Soll ich die für dich zur Schnecke machen?!«, bietet sie mir hilfsbereit ihre mediatorischen Fähigkeiten an, was bei mir einen erneuten Gefühlsausbruch verursacht. Sascha sieht das als Grund dafür an, mir eine saubere und gut gefüllte Tasse frisch gebrühten heißen Kaffee zu bringen.

»Buah, nicht ihr auch noch! Was seid ihr alle nur so nett? Macht es mir doch nicht unnötig schwer«, schluchze ich gerührter denn je, was bei meinen besorgten Kollegen fragende Blicke auslöst.

»Na, erst Hassan und Kimberly und dann auch noch Johanna, die plötzlich wegen mir in Tränen ausbrechen. Und jetzt seid ihr beiden auch noch so fürsorglich. Da fällt mir der Abschied alles andere als leicht.«

»Jetzt mal keine unnötige Gefühlsduselei hier. Heute ist der letzte Schultag, und danach beginnt für dich der Ernst des Lebens. Vielleicht bist du auch deswegen so nah am Wasser gebaut, ist ja nicht auszuhalten. Wahrscheinlich bist du sowieso schneller wieder da, als die Fünfer ihren Namen richtig buchstabieren können«, bemerkt meine Kollegin schroff, während sich ihre Tränenkanäle zusehends mit Flüssigkeit füllen. Um diesem Impuls nicht nachgeben zu müssen und ihren Ruf als Kühn zu wahren, schenkt sie mir ein überdurchschnittlich langes Blitzlächeln und macht sich mit einem »Muss weg!« aus dem Staub beziehungsweise in den Unterricht.

»Tja dann, vielleicht sieht man sich ja bald im Friseursalon?!«, meint Wohlfahrt und streicht sich über sein dünnes Haupthaar. »Ich bin bald so weit.«

»Ja, das wäre schön. Dann verpasse ich dir ein komplettes Stylingprogramm mit allem Drum und Dran – also, wenn ich's bis dahin draufhabe. Ich glaube, ich hätte da schon die eine oder andere gute Idee.«

Tatsächlich habe ich verschiedene Visionen, wie aus diesem netten, aber unscheinbaren Junggesellen ein Mann mit charismatischer Ausstrahlung und Frau … oder Mann werden kann. Da es in diesem Moment aber zum zweiten Mal läutet, verbleiben wir dabei, dass es ein Wiedersehen als Friseurin und Kunde gibt, und ich begebe mich auf meinen letzten Kreuzzug zu den Fünfern.

Als ich den Klassensaal betrete, bleibt mir schlagartig die Luft weg. Nicht, weil der stickige Raum mir den Atem raubt, sondern aus einem viel erfreulicheren Grund. Ausschließlich alle Schüler und Schülerinnen befinden sich an ihren Plätzen und werkeln konzentriert an ihren Arbeiten für meine »Umwelt-AG«. Sogar die beiden Streithähne Leon und Leila stehen in trauter Zweisamkeit zusammen und bemalen einen Bilderrahmen. Bin ich in der falschen Klasse gelandet, oder ist das hier bloß ein Traum? Sicherheitshalber zwicke ich mich einmal in die Wange. »Aua, nein, kein Traum!«

»Hallo Frau Frei! Gucken Sie mal, was ich gemacht hab, und ganz ohne fremde Hilfe«, begrüßt mich Sandy und hält mir ihre Kette aus Kronkorken vors Gesicht.

»Wow, die sieht ja vielleicht toll aus!«, lobe ich meine Schülerin und bin fasziniert, dass es ihr tatsächlich gelungen ist, aus Abfall stylischen Schmuck zu zaubern. Daraufhin schlendere ich aufmerksam durch die Reihen, um letztendlich mehr als zufrieden festzustellen, dass es die meisten Fünftklässler geschafft haben, den Müll sinnvoll wiederzuverwerten. Neben den selbst gebastelten Schlüsselanhängern, Pinnwänden und Bilderrahmen können sich auch die verschiedenen Dekoartikel durchaus sehen lassen. Hätte mir das jemand in der ersten Stunde der AG gesagt, die aus purem Chaos bestanden hatte, ich hätte ihn für verrückt erklärt. Jetzt bin ich mir nicht mehr sicher, ob nicht ich hier die einzig Verrückte bin.

Habe ich meine Schüler etwa immer unterschätzt und meine Schulsituation schlimmer eingeschätzt, als sie tatsächlich war?

»Ey Frau Freiiiii, guck mal, was ich gemacht hab!«, brüllt

Alex und hält mir etwas rundes vors Gesicht, das mir irgendwie bekannt vorkommt.

»Klasse Alex, und das ist …!«

»Ein Osterei«, klärt er mich stolz auf.

»Alex, das Thema Ostereier hatten wir doch schon einmal. Die sind nicht rund, sondern eher oval. Außerdem ist Ostern doch schon längst vorbei«, gebe ich ihm zu bedenken.

»Das war aber noch auf meinem Block! Will nix Neues machen«, klärt mich mein fauler, ähm, hochbegabter Schüler auf, dessen Hochbegabung natürlich bis dato noch nicht von einem Psychologen bestätigt worden ist. Manche Sachen beziehungsweise Schüler ändern sich anscheinend doch nicht. Trotzdem muss ich zugeben, dass die meisten meiner Schützlinge in dieser Woche mehr Engel als Bengel waren. Wenn nur immer solch himmlische Zustände in den Klassen herrschen würden, könnte ich mir in diesem Augenblick doch tatsächlich vorstellen zu bleiben. Da ich mir aber durchaus darüber bewusst bin, dass die Aussicht auf die Ferien den Schülern Flügel wachsen lässt und ihnen zu ungeahnten Höhenflügen verhilft, fühle ich mich dem Coiffeurteam »EngelsHaar« doch eher zugetan.

Nachdem die lieben Kleinen beim Ertönen der Klingel mit einem Schlag alles fallen lassen und sich mit einem »Bääm!«, »Hau rein!« oder »Bin weg!« ausgiebig und herzerweichend von mir verabschiedet haben, räume ich noch ein letztes Mal den Klassensaal ganz allein auf und mache mich mit zwei lachenden Augen in mein neues Leben auf.

13

Global versträhnt

Im Himmel befinde ich mich bereits in meinen ersten zwei Wochen der letzten und auch verkürzten großen Sommerferien, denn Julian und ich unternehmen im wohlverdienten Urlaub erst einmal gar nichts. Außer vielleicht ein bisschen wandern, Rad fahren, surfen, schwimmen, klettern, tauchen und diverse andere Aktivitäten, die man so anstellt, wenn man sich eigentlich ausruhen möchte. Auf jeden Fall bin ich nach diesen traumhaften vierzehn Tagen so erholt, dass ich motiviert in meine himmlische Ausbildung bei »EngelsHaar« starten kann.

Nicht verwunderlich, dass ich an meinem ersten Tag bereits vor dem Wecker wach werde. Ein kurzer Blick auf die Uhr verrät mir, dass ich als Lehrerin um diese Zeit schon längst in der Schule sein müsste. Welch glückliche Fügung, dass ich nun aber angehende Friseurin bin und erst in einer Stunde im Salon erscheinen muss. Was für ein Luxus!

»Und, bereust du deine Entscheidung schon?«, fragt mich Julian, der sich gerade von der einen auf die andere Seite dreht.

»Warum sollte ich?«

»Na, weil du als Lehrerin den Luxus hättest, noch vier weitere Wochen Ferien zu haben«, antwortet er schadenfroh.

»Das macht mir überhaupt nichts aus! Dafür kann ich

jetzt jeden Tag ausschlafen«, antworte ich und bin überzeugt, dass dies ein weitaus größerer Luxus ist.

Nachdem das geklärt ist und mein Liebster weiter den Schlaf des Gerechten antritt, brezele ich mich im Badezimmer für meine neue Arbeitsstätte auf. Im Praktikum durfte ich mir bereits ein Bild vom saloninternen Dresscode machen, und dem will ich natürlich als offizielle Auszubildende entsprechen. Mit schwarzer Stoffhose, einem beigefarbenen Pullover und meinen halbwegs bequemen Gesundheitstretern bekleidet, mache ich mich auf den Weg in den Salon.

Als ich diesen betrete, werde ich von Philipp fast über den Haufen gerannt.

»Sorry, bin in Hektik. Feldwebel-Franzi schwingt das Zepter und lässt uns keine Zeit zum Atmen. Ich bräuchte dich auch gleich zum Folien falten. Freu mich übrigens, dass du jetzt zum Team gehörst. Herzlich willkommen!«, raunt er mir im Vorbeigehen zu, während ihm Franziska hinterm Empfang einen Kühn'schen Killerblick zuwirft.

Schnell entledige ich mich meiner Jacke, schnappe mir den Halter mit der meterlangen Folie und fange mit der Sisyphusarbeit an, die ich am Ende des Praktikums richtig gut beherrscht habe. Anders als mein Gehirn erinnern sich meine Finger aber nicht an Tempo und Falttechnik, und so laufen die Handgriffe eher wieder im Zeitlupentempo ab. Glücklicherweise eilt mir Sofie zu Hilfe, die meinen hilfesuchenden Gesichtsausdruck richtig interpretiert hat.

»Schön, dass du wieder da bist und auch bleibst! Find's echt krass, dass du das wirklich durchgezogen hast«, meint sie anerkennend.

»So wild ist das ja auch wieder nicht.«

»Wenn du mich fragst schon. Ich glaube nicht, dass ich

eine sichere Beamtenstelle aufgegeben hätte, nur um Friseurin zu werden«, gesteht sie mir.

»Aber du wirst doch auch Friseurin!«

»Ja, aber ich war keine Lehrerin, habe dafür zig Jahre studiert und mich durchs Referendariat gequält.«

»Das habe ich doch nicht umsonst gemacht. Die Zeit als Lehrerin war für mich nur jetzt vorbei, und deswegen wage ich diesen Neuanfang.«

»Verstehe«, meint Sofie und faltet in Windeseile einen Stapel Strähnchenfolien.

Ob ich sie mit einem Origamivogel beeindrucken könnte?, denke ich noch, weil ich in der gleichen Zeit noch nicht einmal die Hälfte schaffe.

»Meike, könntest du mir helfen kommen?«, ruft mir da Philipp zu.

Froh der eintönigen Faltarbeit zu entkommen, lasse ich alles stehen und liegen und eile zu meinem Mentor. Der redet gerade auf eine Kundin ein, die mir noch in guter Erinnerung ist.

»Guten Morgen, Frau Lauer. Wie geht es Ihnen denn?«, frage ich sie, während ich mich eine Sekunde später frage, warum Philipp hinter ihrem Rücken fassungslos den Kopf schüttelt.

»Wie lieb, dass Sie fragen. Ach, an sich geht es mir ganz gut, wenn das Alter sich nicht so sehr bemerkbar machen würde. Wissen Sie, früher war alles nicht so beschwerlich, aber jetzt, da zwickt es überall. Da schmerzt die Bandscheibe, obwohl sie wahrscheinlich gar nicht mehr vorhanden ist. Man hat plötzlich die Augen von Hühnern an den Zehen und schlecht sehende im Gesicht. Und auf dem Kopf werden die Haare immer dünner, weil sie auf einmal die große Wanderschaft in ganz andere Körperregionen antreten, die gar keine Behaarung nötig haben. Erst letztens ist meiner Bridgefreundin Elsa aufgefallen, dass ihr Mann Edgar mehr Haar in den Ohren als auf dem Kopf hat. Ts, so viel zur Krönung der Schöpfung. Und dann wären da noch diese nervigen Schmerzen …«, fährt Frau Lauer mit ihrem äußerst präzisen Krankheitsbericht fort.

»Hatte ich nicht schon im Praktikum erwähnt, dass es ›cuthaarstrophale‹ Tabuthemen gibt, die du besser nicht anschneiden solltest?!«, zischt mir Philipp ins Ohr.

Ich zucke entschuldigend mit den Schultern und nehme mir fest vor, dass mir dieser nervtötende Fehler nicht noch einmal unterlaufen wird. In Frau Lauers Fall ist es nun allerdings schon zu spät, denn die legt jetzt erst richtig los.

»… da ging's hinten wie vorne zur Sache. Ich sage Ihnen, eine Magen-Darm-Grippe hat's ganz schön in sich und kehrt ihr Innerstes im wahrsten Sinne des Wortes nach außen …«

Hilfe, ich habe Bilder im Kopf, die ich mir so nicht vorstellen will! Ich muss Frau Lauer ganz schnell vom Thema abbringen, bevor sie bei ihren intimen Schauergeschichten noch mehr in die Tiefe geht, igitt! Während ich also fieberhaft überlege, wie ich die Gute in ihrem Redefluss stoppen kann, ohne sie vor den Kopf zu stoßen, würde mir Philipp diesen gerne abreißen. Jedenfalls interpretiere ich sein hektisch-konfuses Augenspiel so. Wie hätte ich aber auch wissen können, dass die goldige Dame plötzlich alles aus ihrem persönlichen Nähkästchen ausplaudert.

»Entschuldigen Sie bitte, dass ich Sie unterbrechen muss, aber ich müsste kurz zu einer anderen Kundin. Wäre es für Sie in Ordnung, wenn Meike bei Ihnen das Waschprogramm durchführt?«, stellt mich Philipp mit einem hämischen Gesichtsausruck vor vollendete Tatsachen. Dabei weiß ich gar nicht, ob ich die entsprechenden Handgriffe überhaupt noch beherrsche.

»Waschprogramm, das hört sich ja putzig an. Solange Ihre Kollegin nicht das Schleuderprogramm wählt, ist das für mich natürlich in Ordnung. Aber denken Sie daran, Herr Philipp, dass es nicht gut ist, wenn man von einem Termin zum nächsten hetzt oder von einer Kundin zur nächsten.«

Ein gut gemeinter Rat, dem Feldwebel-Franzi so nicht ganz zustimmen würde. Die drischt nämlich im Hintergrund mit ihrem Zeigefinger eindringlich auf ihre Armbanduhr ein, um Philipp Dampf unter seinem Hintern zu machen. Der schenkt Frau Lauer noch ein kurzes Lächeln und ist im nächsten Moment auch schon um die Ecke verschwunden.

»Na dann, auf in die Waschstraße. Ich hoffe, Sie haben Ihre Taucherbrille dabei, Frau Lauer«, scherze ich in der Hoffnung, dass es wirklich ein Scherz bleibt. Sicher bin ich mir nämlich nicht, wer hier wem den Kopf waschen wird, wenn ich aus Versehen alles unter Wasser setze.

»Hihi, das mit der Taucherbrille ist eine gute Idee, Frau Meike. Ich hätte sogar noch eine von meinem letzten Erlebnisurlaub in Ägypten im vergangenen Herbst. Da hatte ich noch nicht so viel Rücken.«

»Sie waren in Ägypten? Zum Tauchen?«, platzt es aus mir heraus, weil ich die alte Dame auf mindestens fünfundsiebzig Jahre schätze.

»Aber sicher, Frau Meike. Was denken Sie eigentlich, wie alt ich bin?«

»Ähm, ich bin nicht wirklich gut darin zu schätzen, aber ich würde tippen, dass Sie Anfang siebzig sind.«

»Also bitte, Frau Meike!«, entgegnet die rüstige Dame

entrüstet, und ich denke schon, dass ich mich total vertan habe und sie eigentlich viel jünger ist.

»Ich bin Anfang achtzig, quasi im besten Alter, um neue Dinge kennenzulernen. Ehrlich gesagt, muss ich zugeben, dass ich noch nie so viel Freizeitstress wie in den letzten Jahren hatte: Strickkurs an der Abendschule, Excelfortbildung an der Uni, Klettertraining im Sportzentrum und dazwischen Erlebnisurlaub in Ägypten. Dabei rate ich doch selbst immer von so vielen Terminen ab. Sagen Sie Herrn Philipp bitte nichts davon.«

Wahnsinn! Wenn ich in dem Alter psychisch und physisch auch nur halb so agil bin wie diese Frau, hab ich's gepackt!, geht es mir durch den Kopf.

Die interessanten Anekdoten von Frau Lauer, die sie danach erzählt, faszinieren mich so sehr, dass ich die Zweifel an meinem handwerklichen Können komplett vergesse und einfach den automatischen Waschgang abspule. Erst als mir Philipp von hinten an die Schulter tippt und mir zu verstehen gibt, dass ich seine Kundin in naher Zukunft zum Platz bringen soll, merke ich, dass ich Frau Lauers Haare ordnungsgemäß gewaschen und shampooniert habe.

»Sehen Sie, Frau Meike, war doch gar nicht so schwer. Und Sie dachten noch, dass Sie das nicht hinbekämen«, meint Frau Lauer und zwinkert mir spitzbübisch zu.

»Das Gespräch über Ihre ungewöhnlichen Freizeitaktivitäten war nur ein Ablenkungsmanöver? Sie Fuchs! Ich habe mich schon schwer gewundert, als Sie das mit dem Klettern und Tauchen erzählt haben.«

»Nein, das stimmt schon. Nur das mit dem Strickkurs war ein bisschen geflunkert. Hab noch nie gerne gestrickt und war auch nie gut darin.«

»Krass Frau Lauer, Sie sind voll die Granate, wie meine

Schüler, ähm, ehemaligen Schüler sagen würden«, imitiere ich Hassans »Hochdeutsch« und sehe sein lachendes Gesicht vor mir.

»Dann waren Sie vorher eine richtige Lehrerin?«, fragt sie erstaunt, und ich nicke ihr zu.

»Und haben das aufgegeben, um eine Friseurlehre zu beginnen?«

Abermaliges Nicken meinerseits in Erwartung des mir bekannten Kritikansturms mit Kommentaren wie »Sind Sie verrückt?« oder »Haben Sie sich das gut überlegt?«.

»Kann ich gut nachvollziehen. Ich würde heutzutage auch keine Lehrerin mehr sein wollen. Früher war das alles noch viel einfacher.«

»Sie waren auch Lehrerin?«, frage ich überrascht.

»Fünfundvierzig Jahre lang, dann musste ich in Rente gehen. War aber in Ordnung, obwohl ich noch gut ein paar Jahre länger hätte unterrichten können.«

»Wow, wie haben Sie das denn so lange geschafft, ohne verrückt zu werden?«, frage ich mich und sie.

»Na, das hat ja nicht ganz geklappt. Ein bisschen bekloppt bin ich schon, aber mir hat mein Beruf einfach Spaß gemacht. Und ich habe mich nicht so ernst genommen, dafür die Bedürfnisse der Schüler umso mehr.«

Diese Rede kenne ich doch von irgendwoher. Hatte nicht die Wohlfahrt genau die gleichen Argumente angeführt? Anerkennend nicke ich Frau Lauer zu und beneide sie insgeheim um ihre Einstellung. Es wurmt mich schon ein bisschen, dass ich es nicht so gut hinbekommen habe.

Ach Papperlapapp, mein Platz ist jetzt sowieso hier, bei der liebenswerten Frau Lauer und all den anderen liebenswerten Kunden, rede ich mir gut zu.

Nachdem ich die entzückende Dame bei ihrem weniger

entzückten, dafür aber umso ungeduldigeren Friseur abgeliefert habe, mache ich mir einen Kaffee, um wieder zu Kräften zu kommen. Auch wenn Frau Lauer eine bezaubernde Person ist, hat mich die Unterhaltung zusammen mit der Behandlung doch sehr angestrengt. Und gerade als das schwarzbraune Lebenselixier aus dem Automaten in die Tasse hineinfließt und mir das Wasser schon im Mund zusammenläuft, gerate ich ins Visier des Feldwebels.

»Ist das der Kaffee für Christophs Kundin?«, fragt Franziska.

»Ähm, ja genau, bringe ihn gleich zum Platz«, rücke ich die Wahrheit ein wenig in ein anderes Licht und gebe meine Lieblingsdroge schweren Herzens in fremde Hände.

»Ah, das ist aber aufmerksam von dir, Meike. Dann kann ich direkt mit dem Schneiden beginnen«, bedankt sich Christoph.

»Darf ich dir dabei zusehen?«

»Aber sicher, gerne.«

Gespannt beobachte ich den Friseur bei der Arbeit, der sich konzentriert Strähne für Strähne vornimmt. Christoph scheint alles um sich herum vergessen zu haben und in eine tiefe Trance verfallen zu sein, jedenfalls wirkt sein seltsamer Gesichtsausdruck so. Während seine Augen zusammengekniffen die zu bearbeitende Haarpartie fixieren, bleibt sein Mund bei jedem neuen Abschnitt offen. Jetzt weiß ich auch, warum sich Nele bei unserem ersten gemeinsamen Haarschnitt über mich und meine seltsame Mimik kaputtgelacht hat. Und wenn ich schon mit dem Vergleichen anfange, kann ich nur feststellen, dass Christoph mit diesem Arbeitstempo wahrscheinlich genauso lange brauchen wird wie ich bei Nele. Nachdem ich ihm eine Viertelstunde zugesehen habe, in der circa zwei Zentimeter abgeschnitten wurden, bin ich sogar erleichtert, als mich Feldwebel-Franzi zu sich befiehlt.

»Dein Typ wird verlangt!«, informiert sie mich und zeigt in Richtung der Anmeldung, wo meine Augen ein wohltuendes Gesicht erblicken dürfen: die Wohlfahrt.

»Hei Sascha, was machst du denn hier?«, begrüße ich meinen ehemaligen Kollegen.

»Na, du hast doch gesagt, dass ich dringend eine Typveränderung bräuchte. Tadaa, hier bin ich! Bereit zu jeder Schandtat!«

»O je, ich weiß gar nicht, ob das geht. Normalerweise müsstest du zuerst einen Termin abmachen. Ich glaube heute wird das nichts mehr, alle Friseure sind beschäftigt.«

»Ich will zu keinem der anderen Friseure, ich will zu dir. Pep Guardiola und so«, eröffnet mir Sascha und tut so, als würde er sich das dünne Haupthaar scheren.

»Ich soll dir eine Glatze rasieren? Ist das dein Ernst?!«, will ich sicherheitshalber wissen, was er mit einem entschiedenen Kopfnicken bestätigt.

Franziska, die das Gespräch interessiert mitverfolgt hat, sieht mir anscheinend meine Unsicherheit an.

»Der Kunde ist König! So lautet unser oberstes Gebot, und daran hat sich jedes Teammitglied zu halten, auch wenn das normalerweise noch nicht in deinen Zuständigkeitsbereich fällt«, klärt sie mich in einem Ton auf, der keine Widerrede duldet.

»Siehst du, du hast gar keine Wahl«, gibt Sascha seinen Senf dazu, und so bleibt mir nichts Anderes übrig, als ihn zu einem der Frisierplätze zu führen.

»Kenne ich die Rezeptionistin von irgendwoher? Die kommt mir irgendwie bekannt vor«, meint Sascha, als wir aus Franziskas Hörweite sind.

»Denk mal scharf nach. Stell sie dir einfach in der Schule vor. Und, klingelt's bei dir?«

»Du-weißt-schon-wer gibt's zweimal? Ach du Sch…! Der entkommt man ja nie. Mir graut es echt schon vor dem neuen Schuljahr, wenn du nicht mehr da bist, um mir den Rücken zu stärken und ich auch noch parallel mit dem dunklen Lord arbeiten darf, soll, *muss*!«

»Das schaffst du schon, vor allem, wenn ich aus dem alten unscheinbaren Wohlfahrt einen ganz neuen charismatischen Sascha gezaubert habe, der es mit jedem Dressman aufnehmen kann. Möchtest du vor der Behandlung vielleicht noch etwas zu trinken? Wie wäre es zum Beispiel mit einem Latte macchiato, einem Milchkaffee, einem Cappuccino, einem Espresso? Dazu eventuell ein Glas Wasser, einen…«, rattere ich das Produktangebot herunter.

»Wow, ich wusste ja nicht, dass ein Friseursalon eine größere Getränkevielfalt hat als mein Lieblingscafé«, erwidert Sascha beeindruckt und bestellt einen Cappuccino und ein Glas Wasser, die ich ihm keine drei Minuten später servieren kann. Glücklicherweise haben meine grauen Hirnzellen doch mehr behalten als gedacht, und so erweist sich zumindest das Bedienen des Kaffeevollautomaten als Kinderspiel.

»Möchtest du etwas zum Lesen? Wie wäre es beispielsweise mit einer Sportzeitschrift, wie zum Beispiel dem Kicker, der Sportbild, oder lieber…?«, frage ich ihn, während ich mich frage, warum mein Exkollege mich so entgeistert anstarrt.

»Mein Gott, bin ich hier beim Friseur oder im Zeitschriftenladen? Jetzt wundert es mich auch nicht mehr, warum die ganzen Kioske von der Bildfläche verschwinden. Euer Angebot toppt ja alles!«

Plötzlich habe ich das dumpfe Gefühl diese Situation so

oder so ähnlich schon einmal erlebt zu haben. Einen kurzen Moment später weiß ich auch wieder, wo das war, nämlich genau hier bei »EngelsHaar«, nur war ich damals noch die Kundin und Philipp mein Friseur. Dem Himmel sei Dank bin ich aber nun die Friseurin, und Sascha ist mein Kunde.

»Dann wollen wir beginnen. Du darfst mich zum Waschbecken begleiten«, sage ich und zeige Sascha wo's langgeht. Zehn Minuten später beende ich die Wasch- und Wellnessprozedur mit einem Siegeslächeln, denn nicht nur das Wasser ist wie am Schnürchen gelaufen. Auch meine tiefenentspannende Kopfmassage hat Sascha überzeugt, der nicht aufhören kann, mich für meine Fingerfertigkeit zu loben.

Läuft bei mir!, denke ich selbstzufrieden und führe meinen Kunden zu seinem Platz zurück.

»Wo hast du das nur gelernt? So bin ich ja noch nie massiert worden«, bemerkt Sascha anerkennend, als er sich hinsetzt.

»Naturtalent!«, entgegne ich selbstbewusst und lege ihm fachmännisch den Umhang um, sodass er am Hals weder zu fest noch zu locker sitzt.

»Und du bist dir absolut sicher, dass ich dir eine Glatze rasieren soll?«, frage ich meinen Kunden noch ein letztes Mal, bevor der Käse gegessen, der Drops gelutscht und die Matte gemäht ist.

»Jep, wie du selbst schon gesagt hast, habe ich doch sowieso nichts mehr zu verlieren, außer vielleicht ein paar dünnen Fusseln.«

»Na dann, lass Haare wehen!«, rutscht es mir heraus, und ich muss daran denken, dass dieser Spruch in vergangenen Schuljahren vor allem aus Johannas Mund geschossen kam.

Was ein Gedächtnis so alles speichert!, wundere ich mich noch, zwinge mich aber dazu nicht weiter darüber nachzudenken und widme mich fokussiert meiner eigentlichen Aufgabe. Konzentriert setze ich den Elektrorasierer an, und nicht einmal fünf Minuten darauf glänzen neben Saschas Kopfhaut auch Franziskas Augen. Die hat sich nämlich während der Prozedur zu uns gesellt, um das Geschehen und mich besser im Blick zu haben.

»Steht Ihnen!«, meint sie, und ich meine, dass das ein wirklich großes Lob aus ihrem Mund ist.

Stolz begutachtet sich Sascha danach im Spiegel und scheint ebenfalls zufrieden mit meiner Dienstleistung zu sein.

»Mhm, ich glaube daran kann ich mich durchaus gewöhnen. Geradezu windschnittig, gefällt mir«, bemerkt er.

»Jetzt musst du dir nur noch einen Dreitagebart wachsen lassen und ein paar neue Klamotten kaufen. Bitte nichts Auffälliges, nur Basic-Teile in schwarz, weiß und grau oder beige. Das rundet deinen neuen coolen Look ab, und du wirst dich vor lauter Angeboten seitens Verehrern nicht mehr retten können«, gebe ich ihm weitere Stylingtipps mit auf den Weg.

»Ähm, ja, dann mach ich das doch! Schließlich bist du jetzt die Fachfrau dafür«, lässt mich mein lieber Exkollege wissen.

»Soll ich dich föhnen, oder willst du es selbst machen?«, frage ich.

Daraufhin starrt Sascha zuerst irritiert sein Spiegelbild an und dann mich, bis ich meinen ernsthaften Gesichtsausdruck nicht mehr aufrechterhalten kann und sich ein Grinsen auf meinem Gesicht breitmacht. Das löst auch Saschas Anspannung, und so fangen wir beide an zu lachen. Nachdem wir uns wieder im Griff haben, begleite ich ihn noch zum Empfangstresen, wo er die Rasur bezahlt und mir ein viel zu hohes Trinkgeld gibt.

»Bist du verrückt, das kann ich doch nicht annehmen!«, stelle ich klar.

»Das ist genau das, was du verdienst, und jetzt will ich nichts mehr hören! Schließlich hast du mir eine komplette Typberatung gegeben. Und wenn ich jetzt noch einen Partner finde, war's immer noch viel billiger als eine Partneragentur.«

Da ich merke, dass Widerrede nicht angebracht ist, nehme ich seine mehr als großzügige Spende an.

»Jetzt verstehe ich auch, warum du das mit der Ausbildung unbedingt durchziehen wolltest. Du hast wirklich ein gutes Händchen für die richtige Frisur. Auch, wenn ich es ungern sage, weil du mir zukünftig unglaublich fehlen wirst, aber du hast alles richtig gemacht, Meike«, offenbart mir Sascha, und ich bin gerührt.

»Du wirst mir auch fehlen. Willst du nicht vielleicht auch Friseur werden?«

»Nä, lass mal. Ich bin schon genau richtig, da wo ich bin. Die Schule ist zwar manchmal eher eine Irren- als eine Bildungsanstalt, aber wer bin ich denn, dass ich mich als normal bezeichnen könnte?«, lacht's und drückt mich noch einmal herzlich an sich.

»Na dann, möge die Bildung mit dir sein!«, verabschiede ich mich und blicke Sascha so lange hinterher, bis er nicht mehr zu sehen ist. Danach räume ich den benutzten Frisierplatz auf. Nachdem die Spuren meines ersten und vorerst wahrscheinlich letzten Haarschnitts hier beseitig sind, teilt mir Feldwebel-Franzi verschiedene Arbeiten zu, mit denen ich für den Rest des Nachmittags beschäftigt bin. Als ich am späten Abend mit Sofie alle Punkte des Putzplans erfüllt habe, mache ich mich erschöpft, aber zufrieden auf den Heimweg.

»Na, wie war dein erster Tag in der Ausbildung?«, quetscht mich Julian direkt aus, als ich in die Küche komme, um mir einen Gute-Nacht-Tee zuzubereiten.

»Gut«, erwidere ich kurz, weil mein Bedürfnis nach Kommunikation für diesen Tag bereits gestillt ist.

»Aha, und was heißt gut? Gut, im Sinne von ›Ich habe keinen Kunden erwürgt, ertränkt, verbrannt oder erstochen‹ oder eher im Sinne von ›Ich durfte mehr machen als Haare zusammenkehren, Zeitschriften austeilen, Kaffee aufbrühen und Handtücher zusammenlegen‹?«, löchert mich meine persönliche Nervensäge.

»Haha, sehr witzig, aber sowas von daneben! Ich hatte heute meinen ersten Kunden, dem ich eine total geile Frisur verpasst habe«, triumphiere ich und weide mich an Julians verstörtem Gesichtsausdruck.

»Hä, wie, die haben dich schon Haare schneiden lassen? Hatte der Typ überhaupt noch Haare auf dem Kopf, als du mit ihm fertig warst?«

»Also, ähm, nicht direkt …«, stammele ich und werde von Julians Lachen vorerst daran gehindert weiterzureden.

»… aber das war so beabsichtigt. Sascha wollte eine Glatze!«, brülle ich gegen sein Lachen an, das urplötzlich verstummt.

»Sascha? Welcher Sascha? Du duzt deinen Kunden?«, bohrt mein Liebster misstrauisch nach.

»Höre ich da etwa Eifersucht aus deiner Stimme?«

»*Ich* und eifersüchtig, nie im Leben!«

»Brauchst du auch nicht zu sein. Mein Schulkollege Sascha hat mich besucht und sich endlich zu einer Typveränderung überreden lassen. Die war längst überfällig.«

»Ach, ist das nicht die Wohlfahrt?«

»Genau!«

»Aso, na dann«, entgegnet er irgendwie erleichtert und fängt daraufhin an, mir sämtliche Details seines »abenteuerlichen« Tages zu berichten. Obwohl es unglaublich lieb ist, dass mein Liebster heute gekocht hat und mir stolz Kartoffel für Kartoffel die Zubereitung seiner Speise erläutert, bin ich spätestens nach Zugabe der Gemüsebeilage eingeschlafen.

Am nächsten Morgen werde ich nicht etwa durch das hämmernde Geräusch meines Weckers wach, sondern durch ein Hämmern in meinem Kopf. Als ich meine schlaftrunkenen Augen einen Spalt weit öffne, muss ich mich zuerst orientieren, denn ich liege eindeutig nicht in meinem Schlafzimmer. Bei einem kurzen Rundumblick wird mir klar, dass ich nicht nur nicht im Schlafzimmer, sondern überhaupt nicht liege. Tatsächlich sitze ich in der Küche und nur mein Kopf liegt auf dem Küchentisch, und zwar in einer kleinen Sabberpfütze. Dabei sabbere ich doch sonst nie. So wie es aussieht, muss ich gestern Abend in eine Art Blitzschlaf verfallen sein, denn ich erinnere mich nur noch daran, dass Julian mir irgendwas erzählt hat. Was das war, weiß ich auch nicht mehr.

Apropos Julian, wo ist der eigentlich, und warum hat der mich nicht ins Bett gebracht? So schwer bin ich nun auch wieder nicht.

Ich will gerade aufstehen, um ins Schlafzimmer zu schlurfen, da entdecke ich einen gelben Zettel auf dem Tisch.

Das Essen steht auf dem Herd, lass es dir kalt *schmecken!*, steht da, und ich ahne, dass Julians Stimmung ebenfalls etwas unterkühlt war, als er das geschrieben hat. Um es wiedergutzumachen, nehme ich mir fest vor, heute Abend ein richtig leckeres Dinner zu zaubern.

Dieses Projekt bleibt jedoch für diesen und die darauffolgenden Tage und Wochen eine theoretisch gute, aber nicht durchführbare Idee. Entweder komme ich so spät heim, dass Julian bereits gegessen hat, oder ich bin zu fertig, um auch nur einen Finger krumm zu machen. Unglücklicherweise trägt das alles nicht gerade zu einem Temperatur- beziehungsweise Stimmungsanstieg in unserer Beziehung bei.

»Beeil dich gefälligst mit deiner Abspachtelei«, mault mich Julian eines Abends vor dem Badezimmerspiegel an.

»Sag mal, was ist eigentlich los mit dir?«, frage ich ihn.

»Nichts! Was soll los sein?«

»Komm schon, ich weiß, dass du was auf der Leber hast«, bohre ich weiter.

»… ›auf dem Herzen‹, sagt man, oder ›dir ist was über die Leber gelaufen‹.«

»Lenk nicht ab, das kann ich besser«, stelle ich klar. »Jetzt mal Butter bei die Fische. Worüber regst du dich so auf?«

»Du hast dich total verändert.«

»Hab ich gar nicht!«, schnaube ich.

»Hast du wohl!«, schnauzt er.

»Wie denn?«, will ich wissen.

»Du trägst jetzt immer so viel Make-up und Schminke, dass ich Angst habe, der Verputz bröckelt ab, wenn ich dich berühre.«

»Das ist der Grund?!«

»Mmh, das ist es nicht allein, auch wenn du schon weitaus besseren Geschmack bewiesen hast. Wenn du es genau wissen willst, wir haben kaum noch Zeit füreinander! Und in der Zeit, die du da bist, bist du nicht wirklich da.«

»Hä, wie meinst du das denn jetzt schon wieder?«

»Na ja, wenn du abends nach Hause kommst, stürzt du dich auf die Couch vors Fernsehen und bewegst dich nicht mehr von der Glotze weg, bis es Zeit zum Schlafengehen ist.«

»Aber das machst du doch nach einem langen Arbeitstag genauso. Ich bin von den Arbeitszeiten im Friseursalon auch nicht gerade begeistert, aber da muss ich, müssen wir jetzt durch, oder?«, becirce ich ihn mit meinem verführerischen Augenaufschlag.

»Lass das, dieses mädchenhafte Wimpernklimpern passt nicht zu dir!«

Gut, so viel zum Becircen, dann doch lieber Klartext.

»Du stehst doch noch zu mir und meinem Berufswechsel?«, frage ich etwas unsicher geworden nach.

»Ja, schon, ...«, stammelt er, und mir wird auf einmal angst und bange.

Er wird doch nicht mit mir Schluss machen wollen! Nach all den Jahren, in denen ich zu ihm gehalten und mich nach seinem engen beruflichen Terminplan gerichtet habe. Das kann er doch nicht machen! Wut kocht in mir hoch. Pah, soll er doch. Ich komme auch alleine klar. Kein Problem, wäre doch gelacht, wenn ich ...

»... aber es wäre schon schön, wenn wir die Zeit, die wir neben unseren Berufen haben, intensiver zusammen nutzen könnten, oder wie siehst du das?«, beendet er seinen Satz.

Gott sei Dank, er will mich nicht verlassen! Nicht, dass ich nicht alleine klargekommen wäre, aber zusammen ist doch viiieeel schöner.

»Das ist eine tolle Idee, dann fangen wir jetzt damit an«, entgegne ich und gebe ihm einen dicken Schmatzer. Zwar würde ich meinen kaputten Körper in diesem Moment lieber ins Bett verfrachten, um dort den Schlaf der Gerechten zu schlafen, aber Julian und unsere Beziehung gehen nun vor.

Ob's ihm auffallen würde, wenn ich während unserer Zweisamkeit gelegentlich die Augen zumache?

Am nächsten Morgen spukt mir das Beziehungsgespräch mit meinem Freund noch im Kopf herum. Um sicherzugehen, dass mir doch nicht bald die Trennung bevorsteht, frage ich auf der Arbeit meine Kollegen um Rat.

»Sagt mal, wie bekommt ihr Beruf und Beziehung unter einen Hut?«

»Gar nicht, ich habe gar keine. Wie soll das auch bei den Arbeitszeiten funktionieren?!«, entgegnet Sofie, und ich fühle auf einmal einen dicken Kloß in meinem Hals.

»Du wirst ganz blass, Meike. Geht's dir nicht gut?«, fragt mich Christoph.

»Nein, nein, geht schon. Daheim gibt's nur dicke Luft, weil ich abends zu kaputt bin, um ›Piep‹ zu sagen.«

»Ach, keine Angst. Der wird sich schon daran gewöhnen. War bei meiner Frau am Anfang auch so, aber mittlerweile ist sie eher genervt, wenn ich ihr an meinem freien Tag oder im Urlaub auf der Pelle hocke«, klärt er mich auf, und ich fühle mich schon etwas besser.

»Entschuldigt bitte, dass ich eure illustre kleine Plauderrunde hier unterbreche, aber ich wollte dich nur daran erinnern, dass einer der apokalyptischen Reiter im Anmarsch ist«, meint Franziska.

»Ach du sch…, die habe ich ganz verdrängt«, flucht Christoph, und Hektik bricht unter den Anwesenden aus.

Irritiert schaue ich dem davoneilenden Friseur hinterher, weil dieser normalerweise nie aus der Ruhe zu bringen ist.

»Ähm, ich muss mich dann mal um die Wäsche kümmern. Du kannst Christoph mit seiner Kundin helfen«, sagt Sofie und verdrückt sich in Windeseile in die Katakomben.

Was ist denn in die gefahren? Jetzt bin ich beunruhigt, denn wenn sie freiwillig die Sklavenarbeit übernimmt, ist irgendetwas faul.

»Wo ist Sofie?«, will Christoph panisch wissen, als er zurückgestürmt kommt.

»Nach unten geflüchtet. Ich soll dir helfen, hat sie gemeint.«

»Na das ist ja mal wieder typisch! Wenn's brenzlig wird, macht sie die Biege, ts!«

»Ähm, … was genau wird denn brenzlig?«, stammele ich unsicher.

»Also, du musst jetzt sehr stark sein und Nerven aus Stahl haben. Du kommst nämlich nun in den Genuss von Frau Lange-Hohenscheids Bekanntschaft. Eigentlich finde ich es zwar noch etwas verfrüht, dich damit zu konfrontieren, aber es geht halt jetzt nicht anders. Ich möchte dir nur vorher noch sagen, dass du den Fortgang deiner Ausbildung nicht von dieser Begegnung abhängig machen darfst. Das musst du mir versprechen.«

»Kein Thema, werd ich nicht«, verspreche ich.

»Na dann, auf in den Kampf!«, sagt er und zeigt in Richtung einer Mittfünfzigerin, die an einem der Frisierplätze sitzt und ungeduldig auf ihrem Smartphone herumhackt. Zielstrebig gehe ich auf sie zu, um Christoph zu zeigen, dass ich ihm zur Seite stehen werde, doch als ich mich nach ihm umdrehe, ist der wie vom Erdboden verschluckt. Verräter, elender!

»Nein, ich möchte ›American Highlights‹!«, kreischt kurz darauf Frau Lange-Hohenscheid, die zuerst meine freundliche Begrüßung hochnäsig ignoriert hat und nun die anschließende Beratung infrage stellt. Mein Magen verkrampft sich und leider nicht nur der. Ich muss mich wirklich beherrschen, um nicht die Contenance zu verlieren, denn diese Diskussion an und für sich ist schon Krampf genug.

»Liebe Frau Lange-Hohenscheid, wenn ich Ihnen die Strähnchen so dicht nebeneinandersetze wie es dieser ›American-Highlight-Look‹ erfordert, wird das bei Ihnen keinen großen Effekt erzielen. Eine globale Behandlung mit Strähnen wird so aussehen, als hätten wir den kompletten Kopf behandelt. Glauben Sie mir, es wäre wirklich sinnvoller, gleich die ganzen Haare einzufärben. Alles andere wäre nicht nur zeit-, sondern auch kostenintensiver«, erkläre ich ihr geduldig.

»Pah, ist mir doch schnuppe, wie viel das Ganze kosten wird! Ich kann's mir schließlich leisten. Abgesehen davon, kann man den Unterschied zwischen einem sehr dicht gesträhnten ›American-Highlight-Look‹ und einem komplett gefärbten Kopf sehr wohl erkennen. Und ich nehme an, dass Ihr Chef das auch so sieht. Sie stehen doch schließlich mit Ihrem Namen für Qualität, und es wäre doch schade, wenn der Ruf nun mit dieser Maßnahme ruiniert würde.«

Unwillkürlich beginnen meine Knie weich zu werden, denn der Pate könnte nicht einschüchternder sein als diese rotgesichtige Matrone, die mich mit einer Mischung aus Abfälligkeit und Überlegenheit fixiert. Trotzdem versuche ich zumindest nach außen hin die Ruhe selbst zu sein.

»Natürlich zählt unser Coiffeurteam nicht umsonst zu den besten der Region. Aber mitunter auch deshalb, weil wir sehr gut in der fachlichen Beratung unserer Kunden sind«, entgegne ich sachlich.

»Das ist ja alles schön und gut, aber wie ich aus meiner langjährigen Erfahrung weiß, ist irren menschlich. Wer sich hier in diesem Falle irrt, ist doch offensichtlich. Fakt ist zudem, dass Ihre Beratung in meinem Fall deutlich schwächelt. Sehen Sie, meine beste Freundin, Frau von Rothenbühl, gehört zusammen mit meiner Wenigkeit zu den mode- und trendbewusstesten Frauen der Stadt. Und das nicht umsonst. Ich halte mich täglich, wenn nicht sogar stündlich via Online-Modemagazinen auf dem Laufenden, und deswegen weiß ich, dass dieser ›American-Highlight-Look‹ schon sehr bald ganz groß rauskommen wird. Und da möchte ich eine von den Ersten, besser noch, die Erste sein, die ihn trägt. Dann werden sowohl meine Bekannten als auch meine Freundin vor Neid erblassen.«

Ihr nun hämisch grinsendes Gesicht, das eindeutig etwas Fratzenartiges an sich hat, schüchtert mich derart ein, dass ich diese Frau weder als Feindin noch als Freundin haben möchte.

»Wie Sie wünschen, Frau Lange-Hohenscheid«, antworte ich daraufhin und eile zum Farbregal.

»Welche Laus ist dir denn über die Leber gelaufen?«, fragt Philipp, als er meine zerknautschte Miene sieht.

»Keine Laus, sondern Frau Lange-Hohenscheid«, stöhne ich.

»Auuuutsch, ich verstehe! Das ist natürlich ein hartes Los. Welchem Trend hechelt sie denn dieses Mal hinterher oder voraus, hahaha?«

»›American Highlights‹!«, seufze ich.

Philipp verdreht die Augen und schüttelt nur den Kopf.

»Lass mich raten, das ist der neueste Hit in der Vogue oder Cosmopolitan?!«

»Woher weißt du das? Hast du gelauscht?«, frage ich überrascht.

»Nee, aber gerade hat Frau von Rothenbühl, die angeblich beste Freundin unserer Frau Lange-Hohenscheid, angerufen. Sie kommt in zwei Stunden vorbei, weil sie unbedingt als Erste den ›American-Highlight-Look‹ haben möchte«, erwidert Philipp mit einem breiten Grinsen im Gesicht.

Kopfschüttelnd schnappe ich mir darauf einen riesigen Stapel mit geschätzten fünfhundert Folien, zwei Farbtöpfchen, einen Farbumhang und zwei hochwertige Modemagazine und gehe zurück zum Platz. Freundlich lächelnd, überreiche ich Frau Lange-Hohenscheid die beiden Zeitschriften, die als Ablenkungsmanöver gedacht sind, damit ich mir nicht weitere verbale Ergüsse mitanhören muss. Die bevorstehende Sisyphusarbeit ist schon Strafe genug, da möchte ich mich nicht noch zusätzlichen Strapazen aussetzen.

Unglücklicherweise geht mein Plan nicht wirklich auf, denn diese Kundin hat einen unbändigen Mitteilungsdrang, der auch durch den Konsum von kosmopolitischen Hochglanzmagazinen nicht zu stoppen ist. Noch während ich die erste abgetrennte Haarpartie Strähne für Strähne einpinsele, werde ich über alle wichtigen persönlichen Details von Frau Lange-Hohenscheid aufgeklärt.

»Ich weiß nicht, wer heute noch Zeitschriften aus Papier liest. Das ist doch total out. Also ich lese nur noch auf meinem neuen Smartphone oder meinem I-Pad, die übrigens beide nicht gerade billig waren. Da ist frau immer auf dem Laufenden. Übrigens ein Manko in Ihrem Salon. Die wirklich modernen Friseure stellen ihrer Kundschaft mittlerweile schon Tablet-PC's zur Verfügung. Mir kann das ja egal sein, ich habe ja mein eigenes, aber Sie sollten an Ihre übrigen Kunden denken, sonst sind Sie ganz schnell out!«

Krampfhaft versuche ich mich in Trance zu strähnen, um wenigstens gedanklich dem Wortschwall meiner Kundin zu entkommen, wenn es akustisch schon nicht möglich ist.

»Meine beste Freundin, Frau von Rothenbühl, gehört in diesem Punkt ja auch noch zu den bemitleidenswert zurückgebliebenen Subjekten. Stellen Sie sich vor, Sie hat immer noch das Vor-Vorgängermodell meines Smartphones. Die Arme, kein Gespür für die wirklich wichtigen Dinge im Leben!«

»Abtrennen, einpinseln, einpacken! Abtrennen, einpinseln, einpacken!«, bete ich leise mein Friseurmantra herunter. Zwischendurch nicke ich hin und wieder zustimmend, um Frau Lange-Hohenscheid zu verstehen zu geben, dass ich sie verstehe, obwohl ich es eigentlich gar nicht will. Im Gegensatz zu ihr definiere ich mich nämlich überhaupt nicht über meine technischen Besitztümer – dabei würde ich auch ehrlicherweise alles andere als gut abschneiden. In diesem Moment muss ich an eine bekannte Fernsehwerbung denken. »Mein Auto, meine Villa, meine Yacht, …« oder so ähnlich hieß es da.

»Tja, aber selbst schuld, wer nicht mit der Zeit geht, der läuft dem Trend eben hinterher. Da kann sich meine liebe Frau von Rothenbühl eine Scheibe von mir abschneiden. Sie wird vor Neid erblassen, wenn sie meine neuen Strähnen sieht, ha!«, klatscht Frau Lange-Hohenscheid sich selbst Beifall.

Wer die zur Freundin hat, braucht keine Feindin mehr: Beste Freindinnen – wo Freundinnen zu Freindinnen werden. *Ha, hört sich an wie ein guter Filmtitel!*, denke ich amüsiert.

Unweigerlich muss ich grinsen, und verschiedene Bilder schießen mir durch den Kopf. Plötzlich spulen sich ganze Filmszenen vor meinem geistigen Auge ab: Frau von Rothenbühl kommt mehr oder weniger durch Zufall in den Besitz des neuesten Smartphones. Ist danach durch einen mysteriösen Unfall, in dem Frau Lange-Hohenscheid eine wichtige Rolle spielt, an den Rollstuhl gefesselt … Blende zum Höhepunkt, in der Frau von Rothenbühl mit der neuesten

Trendfrisur im Rollstuhl an einer Klippe sitzt. Lange Einblendung von Frau Lange-Hohenscheid, die diabolisch grinsend hinter ihr steht, die Haare vom Wind zerzaust. Kurzer Kameraschwenk über die schroffen Klippen in die aufbrausende See, dann zurück und … Schlussszene: Frau Lange-Hohenscheid mit Trendfrisur und Siegesgeste, neuestem Smartphone in ausgestreckter Hand allein auf der Klippe; vom Rollstuhl und Frau von Rothenbühl fehlt jede Spur…

»Meinen Sie nicht, dass die letzten beiden Strähnchen einen halben Zentimeter zu weit auseinandersitzen?«, schnauzt mich meine Kundin auf einmal an.

Ich teile die Meinung zwar nicht, gebe mich aber kampflos geschlagen. Ich bin mir sicher, dass es nur Zeit- vor allem aber Energieverschwendung ist, sich noch zu wehren. Also nehme ich lieber gleich die Folien der letzten beiden Strähnchen wieder herunter, um die Haare in drei Partien abzuteilen. Damit gibt sich Frau Lange-Hohenscheid für den Moment zufrieden, denn sie vertieft sich erneut in ihr Smartphone, sodass ich nun mehr oder weniger konzentriert mit meiner Arbeit fortfahren kann.

Als ich meine verkrampften Hände bemerke, beschließe ich als Regisseurin meiner eigenen Interpretation von »Beste Freindinnnen«, die Besetzung der Hauptdarsteller zu ändern: Ich sehe mich nun selbst in der mörderischen Hauptrolle und Frau Lange-Hohenscheid wehrlos im Rollstuhl sitzen. Das Ende des Krimis bleibt allerdings das Gleiche: eine Siegespose, dieses Mal meine eigene, eine Klippe, die aufbrausende See und ein verschwundener Rollstuhl mit Insassin…

Die Gedanken sind frei, denke ich bei mir, *und Gott sei Dank nicht lesbar.*

»So, Frau Lange-Hohenscheid, ich werde Sie jetzt noch

eine halbe Stunde unter die Wärme setzen, damit die Farbe schneller einzieht, und danach spülen wir das Ganze aus«, erkläre ich ihr.

Die Kundin sieht nur kurz von ihrem Lieblingsspielzeug auf, nickt und widmet sich daraufhin wieder dem Display ihres teuren Smartphones.

Als ich das Wärmegerät über den Kopf von Frau Lange-Hohenscheid schiebe, muss ich bei der Einstellung des Temperaturreglers einen ganz kurzen Moment überlegen.

»Ich könnte ja, ... aber würde eh nichts bringen. Den Teufel kann man nicht schmoren«, nuschele ich mir in meinen nicht vorhandenen Damenflaum und stelle die Temperatur auf die richtige Stufe ein. Danach steige ich hinunter in die Katakomben, wo ich auf die Suche nach Christoph gehe und im hintersten Winkel der Wäschekammer auch fündig werde.

»Ähm, ich habe hier schon mal ein paar Folien für dich gefaltet«, meint der direkt unterwürfig und sieht mich schuldbewusst an.

»So viele Folien kannst du gar nicht falten, um das wiedergutzumachen. Ab jetzt übernimmst du, und ich assistiere dir höchstens«, entgegne ich schroff und mit einem Blick, der keine Widerrede zulässt. Das sieht mein Kollege auch so und nickt nur stumm. Fünfhundert gefaltete Folien später begeben wir uns wieder zurück zur Kundin.

»Gott sei Dank! Das wurde aber auch Zeit. Das wäre doch bestimmt schneller gegangen«, beschwert sich Frau Lange-Hohenscheid umgehend, bevor ich die Wärme entfernen kann.

»Es tut mir leid, aber um eine optimale Wirkung zu erzielen, ist die Wärme unerlässlich. Und Sie wollen doch den perfekten Look, oder etwa nicht?!«, erwidert Christoph ungewohnt ruppig, was die Kundin mit einem unverständlichen Grummeln zur Kenntnis nimmt. Weil ich plötzlich befürchte, dass er die Kundin vorsätzlich ertränken könnte, schlage ich ihm vor, noch die Haarwäsche zu übernehmen und führe Frau Lange-Hohenscheid zum Waschbecken. Nachdem das Wasser wahlweise zu kalt, zu heiß, nicht kalt genug, nicht heiß genug, nur lauwarm … für ihre Ansprüche ist, übergebe ich die Kundin keine zehn Minuten später erleichtert in die Hände meines Kollegen, der sichtlich erschöpft die gesträhnten Haare in Form föhnt. Als diese im trockenen Zustand ein einheitliches Farbergebnis zeigen, befürchte ich schon einen regelrechten Beschwerdeschwall, wozu es überraschenderweise aber nicht kommt.

»Sehen Sie, ich hatte recht. Ein umwerfender Look! Hätten Sie die Haare komplett gefärbt, hätten Sie niemals diese Wirkung erzielt. Da müssen Sie mir doch zustimmen. Die Strähnchen sehen umwerfend aus!«, kreischt Frau Lange-Hohenscheid euphorisch.

Christoph und ich nicken zustimmend, obwohl ich innerlich überhaupt nicht zustimme, denn die eng gesetzten Strähnchen vermitteln eindeutig den Eindruck, als wären die gesamten Haare nur mit einer Farbe bearbeitet worden. Ich bin mir mehr als sicher, dass ein Außenstehender keine Strähnen erkennen würde, und ich sehe meinem Kollegen an, dass er das Gleiche denkt. Der lässt unsere Kundin jedoch in dem Glauben, von dem sie sowieso nicht abzubringen ist, und setzt seine Arbeit unbeirrt fort. Gerade als er in den finalen Zügen des Stylings liegt, betritt eine gepflegte Frau mit auffälligem Goldgeschmeide den Salon.

»Ah, meine liebe Freundin Frau von Rothenbühl. Ha, die wird staunen, wenn sie mich mit diesen trendigen Strähnen sieht. Ganz grün vor Neid wird sie sein!«, flüstert Frau

Lange-Hohenscheid hinter vorgehaltener Hand und lacht sich ins Fäustchen.

Tatsächlich erblasst Frau von Rothenbühl urplötzlich, als sie ihre fertig frisierte Freundin erkennt. Eine Millisekunde später hat sie sich und ihre gelifteten Gesichtszüge jedoch wieder fest im Griff und kommt mit einem breiten Lächeln auf Frau Lange-Hohenscheid zugestürmt. Die besten Freundinnen begrüßen sich mit vielen Küsschen und noch mehr »ernst« gemeinten Komplimenten.

»Meine Liebe, du siehst ja umwerfend aus! Ich bin neidisch. Schon wieder hast du den Trend vor mir erkannt. Wie schaffst du das nur immer?«, will Frau von Rothenbühl begierig wissen.

Frau Lange-Hohenscheid senkt gespielt bescheiden den Kopf und winkt ab, bevor sie weniger bescheiden entgegnet: »Ach, meine Liebste, das ist kein Zauberkunststück. Mit meinem neuen Smartphone und den aktuellsten Apps bin ich immer auf dem Laufenden. Nicht nur mode-, sondern auch frisurtechnisch gesehen. Wenn du möchtest, kann ich dir da gerne ein paar Nachhilfestunden geben.«

Ihre Freundin nickt zustimmend und meint zu Christoph: »Toll, wie Sie diese Farbe so *einheitlich* hinbekommen haben. Genau so hätte ich die Haare auch gerne.«

Danach wendet sie sich wieder Frau Lange-Hohenscheid zu.

»Gott sei Dank hast du dich nicht auf diesen kurzlebigen Strähnchentrend aus Amerika eingelassen, ›American Highlights‹ nennt der sich, glaube ich. Ich muss nämlich zugeben, dass ich mir bis eben noch den ganzen Kopf strähnen lassen wollte. Aber als ich auf meinem neuen I-Pad in ›Hair-Online-Aktuell‹ gelesen habe, dass dieser Trend schon wieder out ist beziehungsweise erst gar nicht richtig in geworden ist, habe ich mich kurzerhand umentschieden. Und als ich dich jetzt gesehen habe, war mir klar, dass eine Komplettfärbung das einzig Wahre ist.«

Ich muss schlucken, um nicht laut loszuprusten, als ich das leicht grünliche Gesicht von Frau Lange-Hohenscheid sehe. Diese schluckt ebenfalls und schaut mehr als geschockt abwechselnd zu dem sehr süffisant lächelnden Christoph und mir. In diesem Moment schaltet sich erneut mein Kopfkino ein, und vor meinem inneren Auge sehe ich den Rollstuhl mit Frau Lange-Hohenscheid im abgesagten »American-Highlight-Look« über die Klippen fahren, während Christoph und ich im Hintergrund nicht nur süffisant lächeln, sondern diabolisch lachen.

Tatsächlich machen wir das im Aufenthaltsraum auch lauthals, nachdem uns die strapaziöse Kundin ein gutes Trink-, besser gesagt Schweigegeld gegeben und fluchtartig das Weite gesucht hat.

»Und die ist immer so schnöselig, sagst du?!«, informiere ich mich.

»Genau das ist Frau Lange-Hohenscheid, wie sie leibt und lebt!«, bestätigt Christoph.

»Aha! Aber das nächste Mal wird sie bestimmt ein bisschen kleinlauter sein, nachdem sie heute so schön ins Fettnäpfchen gestampft ist.«

»Vergiss es! Die ist unverbesserlich. Glaub bloß nicht, dass diese Matrone sich irgendwann ändern wird, no chance! Dafür kenne ich sie schon zu lange.«

»Gut, dass es von der Sorte nicht so viele gibt«, seufze ich und genehmige mir meinen ersten wohlverdienten Schluck Kaffee an diesem Tag.

»Chriiiistoph, die nächste Kundin ist daaaaaa!«, ertönt

Franziskas kräftige Stimme, die selbst mit einem Megaphon nicht durchdringender sein könnte.

»Wenn du willst, kannst du mir wieder zur Hand gehen. Durchs Zuschauen habe ich am Anfang viel lernen können«, schlägt mir Christoph vor, und ich nehme nur unter der Voraussetzung an, dass er dieses Mal vorangeht.

Als wir den Salon betreten, steht eine adrett gekleidete Dame in den besten Jahren und einem Blick für kostbare Details – Swarovski-Halskette, Gucci-Handtasche, Chanel-Kostüm … – mit verschränkten Armen an der Rezeption. Ihre verkniffenen Gesichtszüge lassen darauf schließen, dass das Leben viel zu ernst zum Lachen ist. Trotzdem oder vielleicht gerade deswegen lächelt Christoph seine Kundin besonders freundlich an und begrüßt sie mit den Worten: »Frau Recktenwald, wie schön, dass Sie das Coiffeurteam ›EngelsHaar‹ wieder einmal beehren. Begleiten Sie mich doch bitte zu Ihrem Stammplatz.«

Ich setze ebenfalls mein breitestes Grinsen auf und will mich der Kundin gerade vorstellen, doch die ignoriert mich einfach.

»Wie unangebracht Christoph, Frau *Doktor* Recktenwald, wenn ich bitten darf. Und Stammplatz hört sich auch mehr als unpassend an. Ich besuche hier doch nicht ein gewöhnliches Lokal, in dem jeder Dorftrottel einen Stammplatz besetzt.«

»Natürlich Frau *Doktor* Recktenwald, entschuldigen Sie bitte meine legere Ausdrucksweise«, höre ich Christoph noch sagen, als ich Gott sei Dank von Sofie gerufen werde.

»Sag mir bitte, dass heute der Tag der ungewöhnlich anstrengenden Kunden ist und dass die eine Ausnahme sind«, flüstere ich ihr mit einem Blick auf die Frau Doktor zu und erhalte auch prompt die Antwort.

»Heute ist der Tag der ungewöhnlich anstrengenden Kunden«, bestätigt Sofie allerdings nur den ersten Teil meines Verdachts und lässt offen, ob hier die Ausnahmen nicht die Regel sind.

14

Fuck the Föhnfrisur, mach misch Checker!

Als ich am nächsten Morgen mit Philipp zusammen ein paar Folien falte, habe ich die beiden Begegnungen vom Vortag immer noch nicht ganz verdaut.

»Du hast mich ja im Praktikum bereits gewarnt, dass es seltsame Kunden gibt, aber von *solchen* Exemplaren war nicht ansatzweise die Rede. Die sind ja einzeln schlimmer, als die Chaotentruppe meiner 8a zusammengenommen!«, stelle ich schockiert fest und vermisse meine jugendlichen Freaks auch prompt.

»Ex-8a meinst du wohl! Also, ich würde dir raten …«, will Philipp mir gerade einen Tipp geben, als Franziska uns wie so oft unterbricht.

»Meiiike, was kennst du denn für Chaoten? An der Rezeption erwartet dich jemand, der mehr als dringend eine Stylingberatung bräuchte.«

»Nanu, wer kann das sein?«, frage ich mich noch, als ich hinter dem Empfang einen mir bekannten Trainingsanzug erblicke.

»Hassan! Schön, dass du mich besuchen kommst!«, rufe ich höchst erfreut. Vielleicht etwas zu freudig, denn mein Schüler sieht mich nach meiner emotionalen Erstreaktion etwas verwundert an. Dabei bin ich doch nur glücklich, ein bekanntes Gesicht aus meiner jüngsten Vergangenheit zu sehen und lächle ihn frohgemut an.

»Ey Frau Frei, läuft bei dir?«, fragt er mit hochgezogenen Augenbrauen.

»Geht, Hassan! Und selbst?«

»Könnt besser!«, antwortet der niedergeschlagen.

»Was'n los?«

»Bin ich Opfa!«

»Schon wieder? Von wem dieses Mal?«, bohre ich nach.

»Misch selbst! Jojo hat voll Recht gehabt, bin isch nur Auswechselspieler!«

»Wieso denn das?«

»Hat misch Freundin ausgewechselt gegen andern Checker!«, gesteht er mir.

»Oh, das tut mir leid, Hassan. Ich wusste gar nicht, dass du eine Freundin hattest«, muss ich gestehen.

»Nur eine Woche, dann hat sie ausgecheckt.«

»Mach dir nicht so viel draus. Da kommt bestimmt bald die Richtige«, versuche ich meinen frustrierten Exschüler zu trösten.

»Aber nur, wenn du misch hilfst.«

»Aber Hassan, wie soll ich dir denn dabei helfen?«, frage ich.

»Mach misch Checker! So wie bei dem Wohlfahrt.«

»Hä, was meinst du denn damit schon wieder? Und seit wann sagst du *dem* statt *der* Wohlfahrt?«, wundere ich mich.

»*Der* Wohlfahrt ist voll Macker, seit Sie den aufgepimpt haben! Checkt voll die Chicks ab in der Stadt. Isch schwör, isch hab gesehen. Will isch auch so!«

Ich bin mir nicht sicher, was mich mehr umhaut. Dass Sascha meinen Rat befolgt und anscheinend auch Erfolg damit hat oder dass Hassan meine Hilfe als angehende Stylistin beanspruchen will.

»Du willst, dass ich jetzt eine Typberatung mit dir durchführe?«

»Korreckt! Machstu Haare?!«, antwortet Hassan kurz und knapp und blinzelt mich flehend an.

Irritiert sehe ich zuerst meinen verzweifelten Schüler an und mich dann verzweifelt nach Franziska um. Da Big Sister wie immer alles im Blick und im Gehör hat, nickt sie mir wie zur Bestätigung zu, sodass ich Hassan zu einem der Frisierplätze führen kann.

»Gut, dann wird jetzt aufgebitcht!«, übernehme ich Johannas Wortwahl.

»Yeah, machen Sie misch so testosteronell wie als den Wohlfahrt!«, jubelt Hassan darauf begeistert.

»Du willst 'ne Glatze, um männlicher zu werden?«, frage ich ihn etwas verwundert und mich, wie ich ihm das ausreden kann. Aber wie es das Schicksal – oder sollte ich in diesem Fall besser »Chicsaal« sagen – so will, kommt mir in diesem Moment jemand zur Hilfe, mit dem ich nicht gerechnet hätte.

»Guten Tag Frau Frei!«, begrüßt mich Kimberly mit einem Lächeln im Gesicht.

»Ey, was machstu hier?«, wirft Hassan ein, bevor ich ihre freundliche Begrüßung erwidern kann.

»Das Gleiche könnte ich dich auch fragen«, entgegnet Kimberly lässig.

»Siehstu doch, werd ich gleich maskulinisch gemacht. Mit Glatze und so, wie Dwayne ›The Rock‹ Johnson.«

Für einen Moment ist meine Schülerin sprachlos und zieht nur skeptisch die Augenbrauen hoch, um kurz darauf Hassans Kopf und Gesicht einmal von oben nach unten und umgekehrt abzuscannen. Diesem scheint das etwas peinlich zu sein, denn seine Wangen beginnen auf einmal die Farbe zu wechseln.

»Ich weiß nicht, Frau Frei. Denken Sie nicht, dass der Haarschnitt von Mario Gomez besser wäre?«, schlägt Kimberly vor, deren plötzliches Interesse für Fußballer bestimmt nicht nur sportlicher Natur ist. Bei einem genauen Blick auf Haarstruktur und Kopfform meines erröteten Kunden stelle ich fest, dass der Vorschlag meiner jungen zukünftigen Kollegin äußerst typgerecht ist.

»Hmm, da könntest du tatsächlich recht haben«, stimme ich ihr deshalb zu.

»Fuck the Föhnfrisur! Will isch kein Auswechselspieler sein!«, stellt Hassan sofort klar.

»Also bei mir wärst du damit nicht auf der Ersatzbank«, erwidert Kimberly, was ihrem Mitschüler nun einen Satz heiße Ohren beschert.

Uiuiui, wenn das mal keine gute Vorlage für meinen Checker war. Jetzt nur noch den Pass sicher zurückspielen, und es läuft, denke ich schmunzelnd in Erwartung auf Hassans Reaktion.

»Was is jetzt, Frau Frei? Machst du Haare, oder was?!«, meint der aber nur, lässt Kimberlys Flirtversuch unkommentiert und beachtet sie nicht weiter.

Obwohl Hassan damit seine Mitschülerin vor den Kopf gestoßen hat, stehe ich so neben mir, dass mir absolut kein pädagogischer Kniff einfällt, um die peinliche Situation aufzulockern.

»Ähm, tja, also, dann gehe ich mal wieder und lasse Sie in Ruhe arbeiten, Frau Frei. Ich bin eigentlich sowieso nur vorbeigekommen, um mich bei Ihnen zu bedanken, weil Sie sich vor und nach dem Praktikum so lieb um mich gekümmert haben. Das war nicht selbstverständlich. Also, vielen Dank dafür. Sie sind, ähm, waren eine tolle Lehrerin«, verabschiedet sich Kimberly etwas übereilt und ist im nächsten

Moment auch schon aus dem Salon verschwunden, bevor ich darauf etwas erwidern kann.

Ich bin gerührt, wie reizend mir meine Exschülerin ihre Anerkennung mitgeteilt hat, und gleichzeitig gereizt, dass mein Exschüler von ihr nicht gerührt ist.

»Na toll, die Chance hast du schön verbockt, Auswechselspieler!«, platzt es aus mir heraus, als ich mich wieder Hassan zuwende.

»Was? Hab nix gemacht!«

»Eben, hättest du aber besser! Die steht doch voll auf dich!«, schnauze ich ihn an.

»Ächt? Meinstu isch hab Chancen?«, fragt der doch tatsächlich.

Boah, wie kann man nur so schwer von Begriff sein, denke ich, versuche es aber pädagogisch geschickter auszudrücken und zwei Fliegen mit einer Klappe zu schlagen. Schließlich bin ich heute vor allem als Typberaterin gefragt.

»Na ja, abgesehen von deiner Ausdrucksweise, müsstest du dringend etwas an deiner Kleidung ändern!«

»Wieso? Trainingsanzug is doch porno!«

Nur wenn du Zuhälter in einem heruntergekommenen Puff werden willst, denke ich und sage ganz Expädagogin: »Denk an den extrem männlichen Wohlfahrt!«

»Isch soll Jeans und Pulli anziehen?«, fragt er schockiert.

»Korrekt Hassan! Es wird Zeit, dass du dich von deinem Trainingsanzug verabschiedest.«

An seinem skeptischen Gesichtsausdruck merke ich meinem jugendlichen Kunden an, dass er mit sich am Kämpfen ist. Schließlich ist seine Sportbekleidung schon fast wie eine zweite Haut für ihn geworden – ich bin mir sicher, dass er sogar damit ins Bett geht.

»Du bist hier Babo! Also mach misch jetzt Gomez!«, gibt sich mein ehemaliger Schüler geschlagen.

Nach einer ersten Rundumversorgung mit Wasser statt Cola – Hassan will auf meinen Rat hin auch ein wenig abspecken – und einer Frauenzeitschrift – Hassan will auch lernen, was Frauen wollen –, mache ich mich konzentriert an die Arbeit. Eine halbe Stunde später betrachten wir seine neue Frisur im Spiegel. Ich muss zugeben, dass ich mein Handwerk schon ganz gut beherrsche, von den paar minimalen »Struddelfehlern« einmal abgesehen – die bei Hassan aber momentan nicht ins Gewicht oder Gesicht fallen, hahaha. Aber vor allem bin ich stolz darauf, dass meine Exschülerin bereits nach ihrem Praktikum einen Beruf gefunden hat, in dem ihre Stärken liegen – ihr Rat war Gold wert.

»Danke, Frau Frei! Bin isch dich was schuldig!«, bemerkt er mit einem breiten Grinsen, während er sich über seine gekürzten Haare streicht.

»Das stimmt, genau zwanzig Euro!«

»Isch mein nicht Dollars. Isch mein, brauchstu Hilfe, bin isch da«, erklärt er und gibt mir dreißig Euro in die Hand. Als ich ihm das Restgeld zurückgeben möchte, lehnt er ab.

»Trinkgeld, Frau Frei!«

»Will ich nicht, Hassan!«

»Juckt? Isch Kunde, isch König!«, stellt mein Kunde klar und schlendert in Richtung Ausgang.

»Dann danke, war trotzdem nicht nötig! Guck lieber, dass du deinen Charme bei Kimberly richtig einsetzt. Und grüß mir die Anderen nach den Ferien. Und stellt mir keinen Unsinn hat. Und besucht mich ruhig, wenn ihr Sehnsucht habt!«, rufe ich ihm hinterher.

»Geht klar, Frau Frei!«, meint Hassan und winkt mir noch

einmal zum Abschied zu, was mir einen Stich ins Herz versetzt.

Bestimmt stehe ich kurz vor einem Infarkt, anders ist dieser aufkommende Herzschmerz nicht zu erklären. Oder ein Sonnenstich, wie sonst kann es sein, dass ich wehmütig an diese ganze Chaotentruppe zurückdenke?, frage ich mich und werde im nächsten Moment dem Himmel sei Dank von den anderen Engeln so eingespannt, dass mir keine Zeit für weitere Grübeleien bleibt. Erst beim abendlichen Telefongespräch spricht meine Freundin das Thema wieder indirekt an.

»Erzähl mal, gefällt es dir noch als Friseurin?«, will Nele wissen, und ich erzähle ihr zuerst von der schaurigen Begegnung mit den *Freindinnen* und der Frau Doktor.

»Hahaha, und das ist echt so passiert? Unglaublich, was es für Leute gibt!«, meint sie.

»Ja, ich hätte es auch nicht geglaubt, wenn ich nicht live dabei gewesen wäre.«

»Also, ich weiß nicht, ob ich bei Frau Lange-Hohenscheid oder dieser Frau Doktor so ruhig geblieben wäre.«

»Hmm, ehrlich gesagt, bin ich mir auch nicht mehr sicher, ob ich das auf Dauer kann«, gestehe ich meiner Freundin kleinlaut.

»Was meinst du damit? Bereust du deine berufliche Entscheidung etwa schon?«

»Nein, natürlich nicht!«, entgegne ich vehement, was Nele nicht wirklich überzeugt, denn sie kennt mich besser.

»Nun gut, vielleicht ein ganz klein wenig«, räume ich ein, womit ich mir ein kritisches Räuspern meiner Freundin einfange. »Okay, eventuell die letzten Tage auch mehr als ein bisschen«, gebe ich mich geschlagen.

Nele schweigt daraufhin einen kurzen Moment, bevor sie

fortfährt. »Also, jetzt mal doch nicht gleich den Teufel an die Wand wegen dieser beiden Kundinnen. Die sind doch wohl eher die Ausnahme«, versucht sie mich aufzubauen.

»Hmm, das ist es ja nicht allein«, gestehe ich.

»Was denn dann?«

»Zwei meiner Schüler, Exschüler, haben mich heute im Salon besucht.«

»Und?«

»Ähm, also, …«

»Du willst mir doch jetzt nicht etwa weismachen, dass dir die Schule fehlt?!«, unterbricht mich meine Freundin.

»Und wenn es so wäre?«, entgegne ich ein wenig trotzig.

»Dann könnte ich es verstehen«, meint Nele nur.

»Du kannst es verstehen?«, hake ich nach.

»Klar, ich mag meinen Lehrerjob und gehe einfach gerne in die Schule. Trotzdem würde ich raten, nicht zu schnell die Flinte ins Korn zu werfen. Du hast dich ja aus guten Gründen für den Berufswechsel entschieden. Bestimmt wird dir die Arbeit in der nächsten Woche wieder mehr Spaß machen.«

»Hmm, wahrscheinlich hast du recht«, stimme ich ihr da noch zu, nichtsahnend, was der kommende Arbeitstag bringen wird. Der wird nämlich alles andere als entspannend für mich.

Um wieder einen klaren Kopf zu bekommen beziehungsweise meinen von dummen Gedanken zu entmüllen, falte ich an diesem Morgen ausnahmsweise unaufgefordert noch ein paar Handtücher und wie soll es anders sein, Folien. Langsam aber sicher führe ich meine mir anvertrauten Aufgaben und Tätigkeiten mit einer sicheren Routine aus. Einerseits freut mich diese Tatsache, da ich effektiver und schneller arbeiten kann, andererseits birgt die Routine auch die

Gefahr von Langeweile, was meine Laune gerade jetzt nicht unbedingt besser macht.

Als ich den Stapel an Illustrierten ordne, fällt mein Blick auf die neueste Lovestory eines gammeligen Prominenten. »Dass sich diese alten vermögenden Säcke immer solche jungen Dinger abgreifen müssen!«, wettere ich aufgebracht vor mich hin. »Das ist nicht nur lächerlich, sondern vor allem traurig. Da waren diese Schwerenöter zwanzig oder dreißig Jahre mit ihrer Frau verheiratet, die sie täglich bekocht und ihre dreckige Wäsche gewaschen hat und dann so etwas. Plötzlich steht die arme Frau im Herbst ihres Lebens alleine vor den Trümmern ihrer Ehe und muss mitansehen, wie bei ihr alles nach unten geht und bei ihrem Midlife-geplagten Mann nach oben – im wahrsten Sinne des Wortes. Bäh, das ist einfach nur ungerecht und widerlich. Und außerdem …«

»Meike, halte dich von diesen blöden Klatsch- und Tratschheften fern. Es ist jedes Mal das Gleiche, wenn du diese Illustrierten durchblätterst. Lass es einfach. Lies ein Buch!«, beschwert sich Christoph über meinen emotionalen Ausbruch.

»Wann sollte ich denn noch ein Buch lesen können! Bleibt mir doch keine Zeit mehr dafür. Außerdem hat das doch jetzt mit dieser Zeitschrift überhaupt nichts zu tun. Das passiert ja nicht nur in den Promikreisen. Auch im wahren Leben werden Frauen für ein jüngeres Exemplar verlassen.«

»Mag ja sein, aber bestimmt sind die Frauen nicht immer nur das Opfer. Wer weiß, was da vorher alles falschgelaufen ist«, meint Christoph ganz Expsychologe.

»So ein Quatsch! Die Herren der Schöpfung wollen sich doch nur mit einem jungen Vorzeigeobjekt beweisen, wie jung sie selbst geblieben sind. Das ist alles!«, schnaube ich verächtlich.

»Was regst du dich eigentlich so auf? Man könnte ja meinen, du wärst selbst betroffen«, bemerkt Christoph und sieht mich besorgt an.

»Blödsinn, hat mit mir überhaupt gar nichts zu tun«, entgegne ich nicht ganz wahrheitsgemäß und denke an den gestrigen Abend zurück, an dem mich Julian mit einem Blumenstrauß überraschen wollte. Da er das noch nie gemacht hat, war ich mir sicher, dass er irgendwas ausgefressen hat und habe ihn direkt darauf angesprochen.

»Spinnst du, wieso sollte ich eine Andere haben?«, hat er wütend gemeint.

»Warum schenkst du mir denn sonst Blumen?«, habe ich gereizt gefragt.

»Was ist denn das für eine Schlussfolgerung? Nur, weil ich dir Blumen schenke, muss ich doch nicht fremdgegangen sein!«, hat er sich gerechtfertigt, und ich habe es einfach stehen lassen, weil ich nach dem Telefonat mit Nele sowieso nur noch ins Bett und schlafen wollte.

Trotzdem bin ich wegen der Blumen noch immer skeptisch. Da meine Beziehungsprobleme in meinem Berufsleben aber nichts zu suchen haben, versuche ich, mich wieder halbwegs zu beruhigen. Glücklicherweise werde ich gleich eine gute Ablenkung haben, denn ich darf heute der liebenswerten Frau Lauer persönlich die Haare frisieren. Ungeduldig warte ich am Empfang auf meine Kundin. Anscheinend ist die aber nicht so wild auf mich wie ich auf sie, denn eine Viertelstunde später ist noch immer nichts von ihr zu sehen.

»Hmm, ihr wird doch nichts Schlimmes passiert sein? Nicht, dass sie sich beim Skaten die Haxen oder Schlimmeres gebrochen hat«, frage ich mich noch, als plötzlich das Telefon klingelt.

»Entschuldigen Sie bitte, Frau Meike, aber vor lauter Terminen habe ich diesen total verschwitzt. Dabei wollte ich doch nie so werden, aber die ganzen Kurse …«

Während ich den vielen Entschuldigungen meiner Kundin am Hörer lausche, betritt eine aufgetakelte dunkelhaarige Frau Ende vierzig den Salon, deren extrem zurechtgemachte Erscheinung mich an jemanden erinnert. Mir will nur nicht einfallen, an wen. Lächelnd begrüße ich sie und bemühe mich gleichzeitig, das Gespräch mit Frau Lauer abzukürzen.

»Das kann doch jedem einmal passieren, Frau Lauer. Glauben Sie mir, das ist wirklich überhaupt kein Problem. Ja …, nein …, überhaupt nicht.«

Die dunkelhaarige Frau scheint warten nicht gewohnt zu sein und starrt mich aus zusammengekniffenen Augen an. Da ich ihre nicht vorhandene Geduld nicht überstrapazieren will, versuche ich das Telefonat schnellstmöglich zu beenden.

»Frau Lauer, lassen Sie uns doch einfach einen neuen Termin abmachen. Wie wäre es am kommenden Dienstag um … Ach so, ja, ihr Kletterkurs …«

Demonstrativ hebe ich meine Augen genervt zur Decke und schenke der Wartenden mein nettestes Grinsen. Das zeigt jedoch keinerlei schlichtende Wirkung, denn die Kundin trommelt nun ungeduldig mit ihren künstlich lackierten Fingernägeln, die mich an Johannas »Pornoschippen« – O-Ton von Jakob – erinnern, auf der Rezeption herum. Auch wenn sich ihre Nervosität langsam aber sicher auf mich überträgt, bemühe ich mich zumindest nach außen hin, die Ruhe zu bewahren.

Gefühlte zwanzig Minuten später habe ich mich mit Frau Lauer auf einen Termin geeinigt, sodass ich mich endlich der nicht gerade freundlich dreinblickenden Frau vor mir zuwenden kann.

»Guten Morgen und herzlich willkommen beim Coiffeurteam ›EngelsHaar‹. Mein Name ist Meike. Was kann ich für Sie tun?«

»Schon gut, sparen Sie sich das«, unterbricht sie mich schroff, »ich möchte blonde Strähnchen, und meine Spitzen müssen geschnitten werden!«

Ich nicke und blättere den großen Kalender auf der Suche nach einem freien Termin bei Philipp oder Christoph durch.

»Wann würde es Ihnen denn passen, Frau …?«

»Schlönske! Jetzt, wann denn sonst?! Warum denken Sie, bin ich wohl hier?!«, erwidert sie barsch.

»Da haben Sie heute tatsächlich Glück. Gerade hat meine Kundin abgesagt«, entgegne ich äußerst freundlich.

»Was heißt hier Glück? Das ist doch wohl selbstverständlich, dass ich direkt einen Termin bekomme«, schnauft sie verächtlich.

Ich überlege noch kurz, ob ich sie darauf hinweisen soll, dass sie sich im Ton vergriffen hat, bis mir einfällt, dass ich hier keine Schülerin vor mir habe. Im Dienstleistungsgewerbe steht der Kunde an erster Stelle und ich hoffentlich auch weiterhin über den Dingen. Also lasse ich diesen Satz unkommentiert und weise ihr höflich einen Platz zu. Beim Vorangehen kann ich eindeutig Frau Schlönskes stechenden Blick in meinem Rücken spüren.

»Möchten Sie einen Kaffee und ein Glas Wasser dazu?«, frage ich meine Kundin.

Frau Schlönske nickt nur, und so stehen kurze Zeit später ein frisch gebrühter Kaffee und ein gekühltes Glas des besten Mineralwassers vor ihr.

»Der Kaffee ist zu kalt, und das Wasser ist viel zu warm!«, meckert sie unverhofft los, nachdem sie an beidem genippt hat.

Da ich nur mit einem Dankeschön, nicht aber mit einer Beschwerde gerechnet habe, bin ich im ersten Moment wie vor den Kopf gestoßen.

»Entschuldigung, selbstverständlich werde ich die Getränke noch einmal mit der angemessenen Temperatur zubereiten«, sage ich nun und achte dieses Mal haargenau darauf, dass alles zu ihrer Zufriedenheit ist.

Da Frau Schlönske nach dem zweiten Probieren weder ein Dankeschön noch eine Beschwerde über die Lippen kommen, gehe ich davon aus, dass die Zubereitung in Ordnung ist und gehe meiner eigentlichen Arbeit nach.

»Wie sollen wir die Strähnchen bei Ihnen machen?«

»*Wir* machen hier schon mal gar nichts. Wie bereits gesagt, ich möchte Strähnen, die *Sie* mir machen werden!«, antwortet die Kundin im Befehlston.

»Natürlich!«, antworte ich und denke, *boah ey, gegen diese zickige Stressbombe war Johanna ja ein Waisenkind.*

Professionell wie eine Friseurin von »EngelsHaar« sein sollte, bleibe ich ruhig und frage die äußerst charmante Kundin nach Farbe und Breite der Strähnen. Daraufhin folgt eine mehr als präzise Folge von geschätzten hundert Anordnungen ihrerseits. Ich fühle mich danach nur geringfügig unter Druck gesetzt und beginne mit der Behandlung. Konzentriert setze ich Strähne für Strähne, bis ich plötzlich jäh aus meiner Konzentration gerissen werde.

»Sehen Sie nicht, dass die letzten beiden Strähnen zu dicht nebeneinandersitzen?«, zischt Frau Schlönske megazickig, wie es selbst Johanna in ihrer schlimmsten Pubertätsphase nicht besser hinbekommen hätte.

Irritiert betrachte ich mir die angeblich aus der Reihe tanzenden Haarsträhnen. Wie gerne hätte ich jetzt eine Lupe zur Hand gehabt, denn ohne erweist es sich als enorm schwierig, den Fehler zu erkennen. Wegen des bösen Blickes von Frau Schlönske beschließe ich allerdings, die Haarsträhnen zu ihrem, vor allem aber meinem Seelenheil erneut einzuteilen. Mit leicht zittrigen Händen fahre ich danach mit meiner Arbeit fort, immer damit rechnend, dass bald der nächste Einwand kommt. Der lässt auch nicht allzu lange auf sich warten, denn wenig später ertönt abermals die lieblich-dominante Stimme Frau Schlönskes.

»Sehen Sie nicht, dass diese zwei Strähnen zu weit auseinanderliegen?«, beschwert sie sich und tippt auf besagte Stelle. Ich sehe das Problem allerdings definitiv nicht, setze um des Friedens willen die Strähnchen aber enger zueinander. Danach kehrt für eine Weile Ruhe ein, denn Frau Schlönske scheint vertieft in einen Artikel der Vogue zu sein. In der Zeit, in der sie unter der Wärme sitzt, versuche ich unter tiefem Durchatmen wieder zu Kräften zu kommen. Erst nach einer kurzen Tai-Chi-Einlage für sichtlich Gestresste und geschätzten zweihundert Kraftausdrücken für emotional Erregte – in der Schule waren nie mehr als hundert nötig – fließt mein Chi wieder insoweit durchs Yin und Yang, dass ich mit der Behandlung von Frau Schlönske fortfahren kann.

»Ist das Wasser so …«, will ich gerade fragen, als ich von ihr unterbrochen werde.

»Zu kalt!«, schnauzt sie direkt.

Nachdem ich mich entschuldigt und die Temperatur höhergestellt habe, frage ich erneut: »Ist das Wasser jetzt …«

»Sind Sie wahnsinnig? Zu heiß!«, erfolgt prompt die Antwort.

Ooohm!, denke ich und massiere meiner Kundin mit lauwarmem Wasser die Kopfhaut, obwohl meine mittlerweile pochenden Schläfen es viel nötiger hätten. Langsam aber sicher steigt mir die ganze Situation zu Kopf, und ein alter Bekannter meldet sich zurück. Das mir allzu vertraute schmerzhafte Hämmern, das mir bei jedem noch so leisen Geräusch die Sinne raubt, mich aggressiv und depressiv zugleich werden lässt, obwohl ich doch eigentlich der harmoniesüchtigste Mensch der Welt bin, ergreift wieder Besitz von mir. In diesem Moment würde ich mich zu meinem eigenen und dem Schutz meiner Kunden am liebsten in einen dunklen Raum legen und jedwede Art von Kommunikation vermeiden. Aber das geht nicht, denn ich bin Friseurin, und vor mir sitzt eine Zicke, die meine Migräne eine feuchte Haarsträhne interessiert.

»Zu sanft, fester!«, mault Frau Schlönske, und ich folge brav ihrer Anweisung.

»Zu fest! Wollen Sie mir die Kopfhaut aufreißen?«, schnauzt sie daraufhin.

Für einen Moment bin ich versucht, das wirklich zu tun, lasse es dann aber doch, weil ich mir die anfallenden Anwaltskosten mit meinem Friseurgehalt überhaupt nicht leisten könnte. Gefühlte dreitausend verlorene Nervenzellen später sitzt Frau Schlönske gewaschen, shampooniert und mit einer pflegenden Kurpackung behandelt – eine Kur hätte ich allerdings viel nötiger gebraucht – wieder auf ihrem Platz.

»Die Strähnen sind schön geworden«, begutachte ich begeistert das Resultat.

»Wenn Sie das als schön empfinden…«, erwidert Frau Schlönske und rümpft ihre Nase. Je höher sie diese in der letzten Stunde gehoben hat, desto tiefer ist meine Stimmung in den Keller gesackt. Ich kann mich nicht daran erinnern, jemals so abfällig behandelt worden zu sein. Dabei kann ich mir wirklich nicht zusammenreimen, woran das liegen mag.

Ich war doch von Anfang an freundlich und zuvorkommend zu ihr!

Alles hat ein Ende, versuche ich mich gedanklich auf das bevorstehende zu vertrösten und fange an, die Haare in Form zu föhnen, wenn ich es selbst auch gar nicht mehr bin.

»Auaaaa! Sie pieksen mich im Auge!«, kreischt sie, als ich ihr versehentlich mit dem Stielkamm etwas zu nahe komme.

»*Ins* Auge!«, korrigiere ich schnell. Schließlich kann ich den grammatikalischen Fauxpas als ehemalige Deutschlehrerin nicht so stehen lassen.

»Wie bitte?«, fragt mich Frau Schlönske irritiert pikiert.

»Ach, entschuldigen Sie bitte, wird nicht wieder vorkommen.«

»Das will ich aber meinen! Es ist sicher besser, wenn mich ein professioneller Friseur weiterbedient«, schmettert sie mir an den Kopf, und ich will gerade etwas sagen, was tatsächlich nicht sehr professionell gewesen wäre, als Philipp mir glücklicherweise zu Hilfe kommt.

»Toll sehen Sie aus, Gnädigste! Die blonden Strähnen lassen Ihr Gesicht noch mehr erstrahlen, wenn das überhaupt möglich ist«, schmeichelt er, und ich rechne mit einer bösartigen Reaktion meiner Kundin.

Was sich stattdessen vor meinen Augen abspielt, kann ich trotz meiner ausgeprägten Fantasie nicht fassen. Frau Schlönske sitzt mit entspannten Gesichtszügen da und lächelt, als könnte sie kein Wässerchen trüben.

»Ja, wenn Sie meinen… Sie sind der Experte! Vielleicht könnten Sie mir noch kurz die Haare in Form bringen?«, haucht sie zuckersüß.

Philipp sieht mich fragend an, und ich nicke ihm erleichtert zu. Überrascht verfolge ich daraufhin, wie Frau Schlönske an Philipps Lippen klebt und alles bestätigt, was der von sich gibt. Nicht ein böser Kommentar oder eine Beschwerde verlässt ihren Mund. Stattdessen sprudeln die Komplimente nur so aus ihr heraus, als mein Kollege das Föhnen beendet hat.

»Sieht klasse aus! Das haben Sie ja echt toll hinbekommen. Noch nie haben meine Haare so unglaublich gut ausgesehen«, schleimt sie, und ich bekomme Angst, dass Philipp in der Pfütze ausrutscht.

Dass ich die ganze Vorarbeit geleistet habe, kommt nicht zur Sprache.

»Ah, meine nächste Kundin ist gerade gekommen. Sie müssen mich entschuldigen. Meine Kollegin wird Ihnen das Ganze noch mit Haarwachs strukturieren, und dann sind Sie auch schon erlöst«, entgegnet Philipp, der sich von der Schmeichelei meiner Kundin nicht einlullen lässt.

Frau Schlönske nickt ihm lächelnd zu und blickt mich dann mehr als grimmig an. Unsicher greife ich zum Haarwachs und beginne damit das Haar zu strukturieren.

»Nicht so struppig. Das sieht doch schrecklich aus!«, blökt sie mich an.

Kurz danach: »Nicht so brav, ich will doch nicht wie eine frigide alte Kuh aussehen …«

Ich ergebe mich meinem Schicksal, obwohl ich noch immer nicht die geringste Ahnung habe, was ich verbrochen habe. Nachdem ich mit dem Stylen fertig bin und Frau Schlönske sich noch über den Preis und Gott und die Welt bei mir aufgeregt hat, bin ich mehr als erleichtert, als sie den Salon verlässt.

»Was habe ich nur falsch gemacht?«, frage ich Philipp, der neben mir an der Rezeption wartet, während seine Kundin unter der Wärme sitzt.

Im gleichen Moment betritt ein graumelierter Herr im Anzug mit einer Blondine, die etwas Ähnlichkeit mit mir vor zehn Jahren hat, den Raum.

»Guten Morgen beim Coiffeurteam ›EngelsHaar‹. Was können wir für Sie tun, Herr…?«

»Schlönske, mein Name. Ich möchte meine grauen Haare schwarz einfärben lassen. Man muss ja schließlich mit der Jugend mithalten, nicht wahr?«, entgegnet er, seine junge Begleiterin anlächelnd, und entblößt dabei zwei Reihen gebleichter Zähne.

Philipp und ich sehen uns wohlwissend an. Und während ich den älteren Herrn Schlönske und seine deutlich jüngere Freundin zum Platz führe, flüstert mir Philipp verschwörerisch ins Ohr: »Jetzt weißt du, was du bei Frau Schlönske falsch gemacht hast. Du siehst aus wie die Geliebte ihres Mannes, nur ein bisschen älter … und weiser natürlich!«

Und obwohl ich in diesem Moment eigentlich Mitleid mit der ausgewechselten Ehefrau haben sollte, erinnere ich mich mit Entsetzen und Kopfschmerzen an die letzten zwei Stunden, die ich wegen Frau Schlönske in der Hölle verbracht habe und denke mir: *Vielleicht sind doch nicht immer nur die Männer schuld!*

Am Abend will ich mich nach diesem äußerst nervenaufreibenden Arbeitstag nur noch auf die Couch legen und mich von zweitklassischen Serien berieseln lassen, was mir jedoch nicht vergönnt ist.

»Komm, steh auf, wir müssen gleich los! Wir müssen zur Party, oder hast du das etwa vergessen?«, informiert mich Julian, gerade als ich meinen müden Körper hinbetten will.

»Ähm, nein, natürlich nicht«, erwidere ich und versuche bei dieser klitzekleinen Notlüge nicht rot anzulaufen.

Nach einer extrem kurzen Stylingeinlage – mir fehlt die

Lust und Kraft mich noch einmal professionell aufzuhübschen – befinde ich mich nun erschöpft und auch so aussehend im Auto meines Freundes. Dieser schweigt schon den ganzen Weg zur Party, weil er natürlich sofort gemerkt hat, dass ich ihn eben angeschwindelt habe. Ist aber nicht weiter schlimm, schließlich heißt das, ich habe meine Ruhe, und das kann ruhig noch eine ganze Weile so bleiben. Als wir bei seinem besten Freund ankommen, merke ich direkt, wie meine »Bad Hair Day«-Frisur Blicke auf sich zieht. Gut, es könnte auch die zerrissene Boyfriendjeans sein, die ich mir in der Eile schnell übergezogen habe. Aber, who cares?! Schließlich hat Julian selbst gesagt, dass er die alte ungestylte Meike vermisst, und ich bin froh, außerhalb des Salons auf übertriebenes Styling verzichten zu können.

Meine gute Laune ist wegen Julians schlechter auf jeden Fall im Keller, und so geselle ich mich zu einer mir bereits bekannten Gruppe von Leuten. Als ich zu ihnen stoße, meine ich in eine Zeitkapsel geraten zu sein, denn diese führen fast das gleiche Gespräch, dem ich bereits bei der letzten Party beiwohnen durfte. Sie unterhalten sich sehr angeregt über die interessanten und kreativen Tätigkeiten in ihren jeweiligen Berufen.

»Gerade erst gestern durfte ich die Finca eines weltbekannten Schauspielers einrichten, dessen Namen ich aus Gründen der Verschwiegenheit natürlich nicht nennen kann. Lasst mich nur so viel sagen, er spielte den… in…! Stellt euch vor, er wollte doch tatsächlich das gesamte Interieur in jedem Raum in einer anderen Farbe haben. Das war vielleicht eine Herausforderung, die sich aber letztendlich mehr als gelohnt hat, was Endresultat und Finanzen betrifft«, schwärmt die Innenarchitektin, während ihre beiden Gesprächspartner und ich anerkennend nicken.

»Hätte ich nicht selbst einen solch lukrativen Job, würde

ich dich beneiden. Aber Neid hat sowieso keinen Platz in meinem Leben. Ich bin ja schon froh, wenn ich zwischen all den Veranstaltungen mal drei Wochen auf die Malediven kann«, meint der Eventmanager.

Dem stimmt auch die anwesende Zahnärztin zu, die daraufhin einige Anekdoten aus ihrem letzten Urlaub auf den Seychellen wiedergibt.

Obwohl ich es nicht will, beneide ich die drei insgeheim, denn jeder von ihnen scheint nicht nur eine Menge Urlaub, sondern auch Geld dafür zur Verfügung zu haben. In meinen Gedanken versunken bemerke ich gar nicht, dass auf einmal alle Augen auf mich gerichtet sind.

»Ups sorry, ich habe gerade nicht aufgepasst«, versuche ich meinen kleinen träumerischen Ausrutscher erst gar nicht zu vertuschen.

»Wir haben uns gefragt, wo Sie Ihre Urlaube verbringen?«, fragt der Eventmanager.

»Mit Sicherheit weder auf den Malediven noch auf den Seychellen«, vermutet die Zahnarztfrau nach einem kritischen Blick auf mein legeres Styling.

»Ja, ich denke, da liegst du völlig richtig, meine Liebe«, mutmaßt die adrett gekleidete Promiausstatterin mit einem hämischen Grinsen.

Nacheinander blicke ich in die falsch lächelnden Gesichter der Umstehenden, die mich anscheinend aufgrund meiner veränderten Aufmachung nicht wiedererkannt haben und nicke mit dem Kopf.

»Sie liegen tatsächlich richtig. In meinem Beruf fehlt mir die Zeit für einen längeren Urlaub«, sage ich und denke, *und das Geld!*

»Was machen Sie denn beruflich, wenn ich fragen darf?«, erkundigt sich die Zahnärztin neugierig.

»Ich bin Friseurin!«, erkläre ich.

»Oh!«, ertönt es daraufhin aus allen Mündern, und für einen kurzen Moment tritt eine unangenehme Stille ein.

»Dann fahren Sie wohl sehr gerne nach Mallorca oder Ibiza?!«, meint die Innenarchitektin plötzlich und scannt mich mit einem abschätzigen »Friseuse = doof und ungebildet«-Blick.

»Wieso?«, frage ich, obwohl ich bereits erahne, was sie damit andeuten will.

»Meine Nachbarin ist Friseuse, und die erzählt immer von ihren Pauschalurlauben am Ballermann. Weiß ja wohl jeder, dass Friseusen sich nur diese Art Urlaub gut leisten können!«

Umgehend frage ich mich, wie viel Trinkgeld diese erfolgreiche Innenarchitektin wohl gibt, wenn sie ein Coiffeurteam besucht und offenbar genau weiß, dass der dortige Lohn nicht besonders hoch ist. Und ob sie wirklich denkt, dass die Partymeile das einzig mögliche Wunschziel meiner Berufsgruppe ist? Wie dem auch sei. Wenn ich an den letzten und die vielen anderen stressigen Arbeitstage und die fehlende Freizeit zurückdenke, bin ich mir tatsächlich selbst nicht mehr so sicher, ob ich die richtige Berufswahl getroffen habe. Das habe ich mir schon etwas anders vorgestellt. Aber wer heutzutage Friseurin sein will, muss entweder eine unzerstörbare Leidenschaft für diesen Beruf haben oder verrückt sein, wobei ich mich mittlerweile zu Letzterem zählen würde.

Testen Sie doch selbst einmal mit vorliegendem Fragebogen, ob der Friseurberuf eine Option für Sie wäre. Bei mehr als drei Kreuzchen können Sie sich umgehend für eine Ausbildung bewerben.

- ○ Mein Geduldsfaden kennt kein Ende, gerne drehe ich geschätzte 5000 Wickler in die Haare hinein, um sie kurze Zeit später wieder herauszupfriemeln.
- ○ Eine hohe Misserfolgsrate trotz intensiver Beratung lässt mich kalt.
- ○ Ich freue mich, Intimitäten aus dem Leben meiner Kundschaft zu erfahren, besonders wenn es sich um Pilzinfektionen und Geschlechtskrankheiten handelt.
- ○ Mangelnder Respekt unterlegt mit wiederkehrenden Floskeln (»Von einer Friseuse kann man nicht mehr erwarten!«) stacheln meinen Ehrgeiz erst richtig an.
- ○ Besonders spannend finde ich das ständige Lösen von Konflikten der Kundinnen untereinander (s. Beste Freindinnen).
- ○ Schon im Chemieunterricht habe ich mit Vorliebe an Chemikalien geschnüffelt, sodass ich heute ohne kann.

Gerne würde ich den Ruf des Friseurs in der kleinen vorurteilsfreien Gesprächsrunde ins rechte Licht rücken, kann's aber nicht, weil mir gerade selbst ein Licht aufgegangen ist. Beim Gedanken, welche Folgen dieses auflodernde Feuer mit sich bringt, beginnt sich allerdings das unangenehme Pochen wieder in meinen Schläfen zu melden. Deshalb überlege ich, wie ich mich schnellstmöglich aus dem Staub machen kann.

»Entschuldigen Sie bitte, aber ich muss … , ähm, ein *wirk-*

lich wichtiges Gespräch führen«, nenne ich das Kind beim Namen und eile zu Julian. Ich muss dringend nach Hause. Mittlerweile fühle ich mich nämlich wieder als Lehrer, und zwar mehr als je zuvor.

Die letzten Wochen haben mich aus dem Himmel und zurück auf den Boden der Tatsachen geholt. Zuerst diese adoleszent-pubertierenden Kunden, die verhaltensauffälliger sind als all meine ehemaligen Schüler zusammengenommen. Die wiederum mutieren ihrerseits plötzlich zu wahren Engeln – unabhängig von »EngelsHaar«. Dann diese ständigen Streitigkeiten mit meinem Liebsten wegen der fehlenden gemeinsamen Freizeit und Finanzen und jetzt dieses anstrengende Partygespräch, das mein Fass nun zum Überlaufen gebracht hat. Obwohl ich weder die Innenarchitektin noch die Zahnärztin geschweige denn den aufgeblasenen Eventmanager sympathisch fand, frage ich mich, ob ich nicht doch beruflich gerne mit ihnen oder dem motivierten Wohlfahrt tauschen würde. Sie alle haben es geschafft, aus ihrem Beruf eine Berufung zu machen, während ich mich jetzt dazu berufen fühle, mich aus dem Salon zurück in die Schule aufzumachen.

Als ich Julian auf der Heimfahrt dann den Grund meiner plötzlichen Flucht mitteile, fällt der zuerst einmal aus allen Wolken.

»Du willst *was*?«, stöhnt er und sieht mich fassungslos an.

»Zurück in die Schule«, erkläre ich ruhig.

»Warum willst du denn plötzlich wieder zurück in die Schule? Woher zum Teufel kommt denn jetzt dieser Sinneswandel?«

»Mit dem Teufel hat das überhaupt nichts zu tun, obwohl,

wenn ich es mir recht überlege, gehört Frau Lange-Hohenscheid bestimmt zur höllischen Verwandtschaft. Aber Spaß beiseite, so plötzlich ist es gar nicht. Du hast doch selbst gemerkt, dass die letzten Wochen weder für mich noch dich leicht waren.«

»Das hat aber jetzt nicht nur damit zu tun, dass ich dir in der letzten Zeit öfter Vorwürfe gemacht habe, weil du keine Zeit mehr für mich hast?! Ich will auf keinen Fall dafür verantwortlich sein, dass du deinen Traumberuf nur wegen mir aufgibst.«

»Würde ich nie machen, trotzdem lieb, dass du das sagst. Natürlich hat es mir auch zu schaffen gemacht, dass ich dich vor lauter Arbeit kaum noch sehe …«

»… beziehungsweise du mich nicht mehr siehst, weil dir nach Feierabend vor lauter Müdigkeit die Augen zufallen«, beendet Julian meinen Satz.

»Korrekt. Und auch auf die Gefahr hin, dass du gleich in Lachen ausbrechen wirst …«

»Würde ich doch nie machen«, unterbricht mich mein Liebster mit einem erwartungsvollen Grinsen.

»… muss ich zugeben, dass mir meine Schüler und die Arbeit mit ihnen fehlen. Diese Freaks sind zwar anstrengend, aber definitiv nicht anstrengender als so manche Kundin im Salon. Abgesehen davon, habe ich festgestellt, dass ich den Geruch von Kreide und Tafel dem von Dauerwellenwasser und Farben vorziehe«, witzele ich, obwohl mich jetzt die Traurigkeitswelle hinwegspült, weil mich nicht die gleiche Passion für die Profession des Friseurs ergriffen hat, die meine Coiffeurteam-Kollegen anscheinend besitzen.

Julian scheint das zu merken und verkneift sich vorerst einen bissigen Kommentar, wenngleich ich ihm anmerke, dass es ihm auf den Lippen brennt. »Komm, sag schon, was du sagen willst«, fordere ich ihn deshalb auf, bevor er sich aus lauter Zurückhaltung die Lippen aufbeißt.

»Ich will doch gar nichts sagen.«

»Willste doch, also los!«

»Na gut. Ich hab's gewusst! So, jetzt ist es raus. Mehr muss ich dazu auch nicht mehr sagen«, meint er mit einem überheblichen Lächeln, das ich meinerseits unkommentiert lasse, denn meine Gedanken kreisen bereits um den nächsten Schritt, den ich jetzt gehen muss.

Zu Hause angekommen, stürze ich mich direkt aufs Telefon und wähle die Nummer der einzigen Person, die mir aus meinem jetzigen Dilemma heraushelfen kann. Obwohl ich wenig Hoffnung habe, dass sich meine berufliche Fehlentscheidung rückgängig machen lässt, will ich es zumindest noch versuchen. Meine Nerven sind zum Zerreißen gespannt, als sich jemand am anderen Ende des Telefons meldet.

»Ja, Lehmann hier!«

»Spreche ich mit Herrn Direktor Lehmann?«, frage ich aufgeregt.

»Ja, und mit wem spreche ich?«, fragt der.

»Meike Frei.«

»Hä, kenne ich nicht.«

Einen kurzen Augenblick bin ich baff, dass sich mein ehemaliger Direktor schon nicht mehr an mich erinnert. Vor allem jetzt, wo es drauf ankommt.

»Nur ein Spaß, Frau Frei. Natürlich habe ich Sie gleich erkannt und freue mich, dass Sie sich mal melden. Auch wenn das eine etwas ungewöhnliche Zeit dafür ist.«

»Ups…«, denke ich bei einem Blick auf meine Armbanduhr. Aus lauter Aufregung habe ich gar nicht darauf geachtet, dass es bereits nach elf Uhr ist.

»Oh, entschuldigen Sie bitte die späte Störung, aber es ist ziemlich wichtig.«

»Aha, und was ist so wichtig, dass Sie nicht länger warten können?«

»Ähm, also, ich weiß nicht, wie ich anfangen soll. Also, ich, ähm, mir ist in den letzten Wochen klar geworden, dass ähm, mir …«, stammele ich.

»Ja?«, fragt Herr Lehmann, und es hört sich an, als würde er dabei schmunzeln.

»… mir fehlt die Schule, und ich würde gerne wieder als Lehrerin bei Ihnen arbeiten. So, jetzt ist es raus. Ich weiß, das kommt jetzt sehr überraschend, und wahrscheinlich ist der Zug sowieso schon lange abgefahren, weil ich mich ja selbst entlassen habe, aber vielleicht kennen Sie da noch eine Möglichkeit, das Ganze doch noch rückgängig zu machen«, sage ich erwartungsvoll.

»Oje, wie stellen Sie sich das vor, Frau Frei. Mein Einfluss ist begrenzt, auch wenn ich Sie mit Kusshand wieder zurücknehmen würde«, seufzt er und zerstört damit meine Erwartungen.

»Verstehe! Na dann …«

»Hmm, … aber vielleicht fällt mir ja noch etwas ein«, räumt Herr Lehmann ein, und Hoffnung keimt in mir auf. »Zu dieser späten Stunde allerdings nicht mehr. Aber ich könnte mir durchaus vorstellen, dass mir bei einer kleinen Wellnessbehandlung in Ihrem Salon eine gute Idee kommt. Und wie ich von Herrn Wohlfahrt gehört habe, bewirken Ihre Hände wahre Wunder.«

Wie schnell der schulinterne Informationsfluss sogar in den Ferien ist!, denke ich noch und freue mich gerade darüber, dass ich anscheinend bei der Kopfmassage mittlerweile in Jean-Lucas Fußstapfen getreten bin, da nimmt mir mein ehemaliger Direktor das Wort aus dem Mund, ohne meine Antwort abzuwarten.

»Dann besprechen wir alles Weitere morgen gegen zehn Uhr, würde ich sagen. Gute Nacht, Frau Frei«, wünscht er und hat auch schon aufgelegt.

Die habe ich natürlich nicht, denn meine Synapsen feiern die ganze Nacht Fasching und lassen mich nicht zur Ruhe kommen.

Was ist, wenn …

… Herrn Lehmann keine Lösung einfällt?

… die Entlassung unwiderruflich ist?

… ich nicht die Chance bekomme, eine … ähm, jetzt fällt mir keine berühmte Lehrerin ein, also, eben eine Super-Megapädagogin zu werden?

… ich Friseurin bleiben und nur Kundinnen wie Frau Lange-Hohenscheid, Recktenwald und Schlönske bedienen muss? In diesem Fall kündige ich und sehe lieber wieder einen Klassensaal von innen, wenn auch als Reinigungsfachfrau statt als Lehrerin.

Was ist, wenn …

Keine elf Stunden später halte ich vielleicht bald die Hauptlösung meines Problems in meinen Händen beziehungsweise zuerst einmal nur das Haupt von Herrn Lehmann. Dieser ist tatsächlich pünktlich im Salon erschienen, um sich eingehend von mir beraten zu lassen und mir im Gegenzug einen Ratschlag zu geben. Als ich ihn nach der Begrüßung darauf anspreche, winkt er allerdings nur ab.

»Frau Frei, über diese ganze Sache mit der Entlassung sind mir schon graue Haare gewachsen. Ich denke, da müssen wir zuerst etwas dagegen tun.«

War der nicht schon immer grau?, frage ich mich noch, als ich die Farbkarte hole, um ihm eine passende Coloration mit Grauabdeckung vorzuschlagen. Nachdem wir uns auf einen natürlichen Braunton geeinigt haben, führe ich meinen neuen Kunden zum Waschbecken. Damit er einen kühlen Kopf behält – den braucht er schließlich, um mir zu helfen –, achte ich bei der Haarwäsche genauestens darauf, ihm nicht zu sehr einzuheizen. Jedenfalls, was mein Handwerk und die Wassertemperatur betrifft, denn mein Mundwerk will Direktor Lehmann lieber jetzt als gleich die Haare von den Zähnen beziehungsweise die Wörter aus dem Mund ziehen.

»Während ich bei Ihnen die entspannende Kopfmassage durchführe, könnten Sie mir doch erzählen, ob Sie einen Lösungsweg gefunden haben – und welchen«, schlage ich vor und gebe mir besonders viel Mühe bei den kreisenden Bewegungen auf seiner Kopfhaut.

»Nicht so schnell, junge Frau …«

Verdammt, dabei massiere ich doch langsam und geschmeidig, denke ich und zügele mein Tempo.

Dann spricht er weiter. »›Eine Hand wäscht die andere‹, oder in diesem Fall waschen Ihre zuerst meinen Kopf, und dann spüle ich Ihre Ängste weg«, lacht er und fügt noch hinzu, »Herr Wohlfahrt hat übrigens nicht zu viel versprochen, äußerst wohltuend Ihre Kopfmassage. Vielleicht sollten Sie sich das mit dem Berufswechsel noch einmal überlegen. Warum wollen Sie eigentlich zurück in die Schule?«

Da ich mir diese Frage in der letzten Zeit mehr als einmal gestellt habe, fällt mir die Antwort nicht schwer.

»Ich sehe die Dinge nun klarer, als vor Beginn dieses ganzen Friseurprojektes. Ich dachte immer, dass ich als Lehrerin bei meinen Schülern nicht wirklich etwas bewirken könnte und niemand meine Arbeit zu schätzen wüsste. Tatsache ist aber, dass ich mich in allem getäuscht habe. Meine Schüler brauchen mich, auch wenn sie das nur alle Schaltjahre zeigen und manche überhaupt nie. Und, wenn ich ehrlich bin, brauche ich diese kleinen Quälgeister auch«, gestehe ich und merke, wie mir die Röte ins Gesicht steigt.

»Hmm, und was ist mit Ihren Kunden und Kollegen hier? Brauchen die Sie nicht?«

Gedankenversunken lasse ich meinen Blick durch den Salon schweifen und betrachte mir Philipp, Christoph, Sofie und Franziska – die wie immer alles mit ihren Argusaugen überwacht – bei der Arbeit. Auch wenn ich die Zusammenarbeit mit diesen kreativen Menschen bisher größtenteils genießen konnte, verpuffen in diesem Moment die Zukunftsvisionen einer Uta Walz. Stattdessen sehe ich mich vor meinem inneren Auge als Hauptschullehrerin vor meinen chaotischen Freaks stehen.

»Natürlich mag ich das Coiffeurteam sehr, aber mittlerweile weiß ich, dass mich die Bengel in der Schule mehr brauchen als die Engel im Salon – und umgekehrt.«

»Hmm, hört sich an, als hätten Sie sich das gut überlegt«, erwidert Herr Lehmann, und ich bin mir sicher, dass er jetzt mit seinem Plan herausrückt. »Ach, mir fällt gerade ein, dass Herr Wohlfahrt etwas von einer Ganzkörpermassage erzählt hat. Ob das wohl möglich wäre?!«

Kopfschüttelnd schalte ich den Massagestuhl ein und hege den Verdacht, dass mein gerissener Exdirektor meine Notsituation komplett zu seinen Gunsten ausnutzt. Ich hoffe nur, dass sich die ganze Prozedur wirklich lohnt. Nachdem ich am Ende seine Haare gefärbt, gewaschen, geföhnt und gestylt habe, Herr Lehmann zwar nicht mit Lobeshymnen spart, dafür aber noch immer nicht mit der Sprache herausgerückt ist, bin ich mittlerweile davon überzeugt, dass der Gute nur geblufft hat.

Als wir am Empfang stehen und ich gerade in jeder Hinsicht mit ihm abrechnen will, schiebt er mir auf einmal grinsend ein Kuvert über den Tresen, das ich zu kennen glaube.

»Ist es das, was ich denke?«, frage ich deshalb aufgeregt.

»Denke schon. Ihre Entlassungspapiere haben zufälligerweise noch in meiner Schublade gelegen. Muss ich wohl vergessen haben, an die Behörde weiterzuleiten«, entgegnet er unschuldig.

»Und damit rücken Sie erst jetzt heraus? Sie Fuchs!«

»Langsam, Frau Frei, freuen Sie sich nicht zu früh. Ich nehme Sie nur unter einer Bedingung zurück.«

»Und die wäre?«, frage ich mit Herzrasen.

»Dass Sie die Klassenführung einer bestimmten Achterklasse übernehmen.«

Als ich den Sinn seiner Worte erfasse, springt mein Herz im Dreieck.

»Damit bin ich mehr als einverstanden«, antworte ich noch beherrscht, bis Herr Lehmann plötzlich selbst in Jubel ausbricht.

»Das freut mich sehr, Frau Frei! Dann heiße ich Sie herzlich Willkommen zurück in unserem Team!«

»Juhuuuu!«, jauchze ich dann auch und lasse meinen Gefühlen freien Lauf.

»Da werden sich die Achtklässler aber mächtig freuen«, stellt mein Direktor fest, während mir einfällt, dass ich mit meiner Entscheidung nicht nur Freude auslösen werde. Schließlich muss ich meinen Arbeitskollegen von »Engels-Haar« – die mich gerade aufgrund meines Jubels entgeistert anstarren – und dem Engel höchstpersönlich selbst Bescheid geben. Ich bin zwar noch in der Probezeit, wo es mein gutes

Recht ist zu kündigen, aber gefallen wird das trotzdem keinem. Ich bedanke mich also herzlich bei Herrn Lehmann für die »unproblematische« Wiedereinstellung und verabschiede ihn.

Schon komisch, dass meine Entlassung noch in seiner Schublade lag. Ob er sie absichtlich dort liegen gelassen hat, oder hatte das Schicksal seine Hände im Spiel? Who knows, außer Direktor Lehmann?!, geht es mir noch durch den Kopf, nachdem er gegangen ist.

Bei einem Blick durch den Raum wird mir klar, dass ich dieses rege Treiben in Zukunft schon vermissen werde. In der relativ kurzen Zeit, die ich zum Coiffeurteam gehört habe, sind mir die Leute doch sehr ans Herz gewachsen. Ich fühle mich genauso mies, wie an dem Tag, als ich meinen Schülern und Kollegen gebeichtet habe, dass ich Friseurin werden will. Jetzt liegen die Karten andersrum, aber das macht es keinen Deut leichter.

»Was ist denn mir dir heute los? Gerade eben noch himmelhoch jauchzend und jetzt zu Tode betrübt«, fragt mich Franziska plötzlich, die mich ganz Kühn durchschaut hat.

»Wieso?«

»Du siehst irgendwie verschreddert aus. So, als hätte man dich durch den Fleischwolf gedreht?!«, stellt sie fest und durchbohrt mich mit ihrem durchdringenden Röntgenblick.

»Ähm, … hmmm, ja, da ist schon was, das ich euch sagen muss. Aber ich weiß nicht so recht, wie ich anfangen soll«, stammele ich.

»Ach, komm schon, so schlimm wird's ja nicht sein. Solange du nicht alles hinschmeißt und die Biege machst, ist alles im Lot.«

»Wer schmeißt alles hin?«, fragt Sofie prompt, die gerade um die Ecke gekommen ist.

»Niemand«, erwidert Philipp, der sich aus den Katakomben zu uns gesellt.

Mir hat es die Sprache verschlagen, weil ich in diesem Moment weder die Befürchtungen dementieren noch die Wahrheit sagen kann. Das brauche ich aber auch nicht, denn Franziska kann anscheinend Gedanken lesen.

»Du willst uns schon wieder verlassen?!«, fragt sie ungläubig.

»Wer will uns verlassen?«, will nun auch noch Christoph wissen, der die ganze Zeit mit einer Kundin beschäftigt war.

»Ich will *euch* nicht verlassen, aber ich kann auch nicht hierbleiben«, gebe ich wahrheitsgemäß zu und ernte dafür fragende Blicke.

»Was meinst du damit? Haben wir was falsch gemacht?«, fragt Philipp.

»Nein, eben nicht. Ihr seid wie eine Familie für mich.«

»Was ist es dann?«, bohrt Philipp weiter nach.

»Es hat was mit deiner Frage von letztens zu tun, wie man Beruf und Beziehung unter einen Hut bekommt, stimmt's?«, fragt Christoph.

»Ja, auch, aber nicht nur«, gebe ich zu.

»Du vermisst deine Freizeit, nicht wahr? Dir machen die langen Arbeitszeiten zu schaffen«, meint Sofie, »und die wenigen Urlaubstage, die auch noch durch Urlaubssperren eingeschränkt werden. Der Hungerlohn in der Ausbildung, der einen richtigen Urlaub erst gar nicht ermöglicht. Die nörgelnde Kundschaft, die dich regelmäßig in den Wahnsinn treibt. Die gesundheitsgefährdenden Chemikalien, die dir auf Dauer die Sinne vernebeln, bis du es irgendwann recht gerne schnüffelst. Die Monotonie der Sklavenarbeit, die du am Ende der Nahrungskette verrichten musst. Das …«

»Ist gut, Sofie, du schweifst ab«, unterbricht sie Franziska mit einem wütenden Blick, während wir Anderen uns irritiert ansehen.

»Willst du etwa auch hinschmeißen?«, fragt Philipp sie.

»Nö, wieso sollte ich. Ich liebe meinen Job!«, stellt Sofie direkt klar. »Ich bin leidenschaftlich gerne Friseurin. Du kannst Menschen verschönern. Mit Kreativität und Geschick das Beste aus ihnen herausholen. Einen neuen und glücklicheren Menschen aus ihnen machen. Dankbarkeit und Trinkgelder dafür bekommen. Das …«

»Ist gut, Sofie, du schweifst schon wieder ab«, unterbricht sie Franziska erneut und wendet sich wieder mir zu.

»Willst du zurück in die Schule gehen?«, fragt sie.

»Hätte nie gedacht, dass ich das einmal sagen würde, aber ja, ich vermisse meine Schüler«, sage ich doch tatsächlich.

»Und du meinst, dass es beim zweiten Anlauf besser wird?«, fragt Philipp.

»Ich habe zumindest die Hoffnung, und die stirbt ja bekanntlich zuletzt.«

»Schade, wir hätten dich gerne behalten, aber wenn dein Herz nicht komplett für den Friseurberuf schlägt, wirst du tatsächlich auf Dauer mit den Rahmenbedingungen immer mehr Schwierigkeiten bekommen«, bemerkt Christoph und erhält allgemein zustimmendes Kopfnicken.

»Da hat der weise Mann recht. Wenn ich von meinem Beruf nicht hundert Prozent überzeugt wäre, hätte ich schon längst das Handtuch geworfen«, stimmt Philipp ihm zu.

»Apropos Handtuch werfen, ich muss zurück zu meiner Kundin, die hat noch das feuchte Handtuch auf dem Kopf«, meint Christoph und verabschiedet sich mit einer innigen Umarmung von mir. Dem schließen sich auch Philipp und Sofie an, denen ich versichere, dass dies kein Abschied auf Dauer sei. Auch wenn mich das Coiffeurteam »EngelsHaar«

als Auszubildende verloren hat, so werde ich ihnen in Zukunft als Kundin erhalten bleiben.

»Kommt der Meister diese Woche noch in den Salon?«, frage ich Franziska darauf, weil ich Herrn Engel gerne persönlich meine Kündigung überreichen würde.

»Schön wär's, aber der ist die ganze Woche abwechselnd in den anderen Läden. Hätte selbst noch ein paar Dinge mit ihm zu klären«, grummelt sie und erinnert mich mehr denn je an Kollegin Kühn. Schweren Herzens übergebe ich ihr an meinem letzten Tag meine Kündigung und hoffe inständig, dass Herr Engel meinen Entschluss verstehen und mir nicht übel nehmen wird. Ich für meinen Teil bin erleichtert, dass Christoph, Philipp, Sofie und Franziska mich und meine Entscheidung respektieren und mich auch zukünftig mit offenen Armen empfangen werden. Ob es meinen ehemaligen Schülern und Kollegen auch so geht, wird sich dann in der nächsten Woche zeigen.

15

Lehrkörper 1.0???

»Aufstehen, mein Schatz! Das Frühstück ist fertig. Eigens aufgeschäumter Milchkaffee und ein Glas frisch gepressten Orangensaft für meine Liebste und dazu duftende Croissants von deinem Lieblingsbäcker. Kann ich an diesem wundervollen Sommermorgen noch irgendetwas Gutes für dich tun?«, haucht mir mein fürsorglicher Freund zart ins Ohr. Weiße bodenlange Vorhänge wehen leicht im Wind, während wir leicht bekleidet auf dem Bett sitzen und uns gerade das delikate Frühstück in Ruhe schmecken lassen wollen, als…

… mich ein penetrantes Klingeln aus diesem schönen Traum reißt.

»Meiiike, das Telefon klingelt!«, plärrt mir Julian so gar nicht liebevoll ins Ohr.

»Dann geh doch ran…«, maule ich zurück.

»Das ist garantiert für dich. Mich ruft um diese Uhrzeit niemand an!«

»Mich auch nicht«, sage ich noch, bis mir einfällt, dass heute mein erster Schultag ist, den ich eigentlich erst in zwei Stunden beginnen müsste.

»Ja, Meike Frei hier!«, melde ich mich schlaftrunken und ahne bereits, wer mich stört.

»Guten Morgen, Frau Frei! Tut mir leid, dass ich Sie schon belästigen muss. Aber Kollege Hartmann hat sich gerade krank gemeldet und Sie müssten die Vertretung übernehmen«, informiert mich mein neuer alter Chef.

Na, das fängt ja gut an. Dahin sind mein traumhaftes französisches Frühstück und die ausgiebige Morgenhygiene. Stattdessen darf ich ungewaschen und mit leerem Magen in der Sporthalle antanzen. Und als ob das der Demütigung nicht genug wäre, erwarten mich dort bereits lautstark die hardcore-pubertierenden Mädchen und Jungen aus der Neunten beziehungsweise ehemaligen 8a.

Beim Aufsperren der Mehrzweckhalle werde ich aber eines Besseren belehrt und nicht mit einem »Ey Frau Frei, isch kann heut nicht Sport, ich hab Tage!«, oder einem »Mann, isch schwör, eben war Sportzeug noch da!« begrüßt, sondern mit Freudenschreien und einer herzlichen Massenumarmung der mir ziemlich erwachsen erscheinenden Neuntklässler.

»Was machen Sie denn hier, Frau Frei? Kommen Sie uns besuchen?«, fragt Johanna.

»Nein, das ist kein Besuch, ich komme ganz zurück in die Schule.«

»Wie toll ist das denn!«, freut sich Kimberly.

»Dann werden Sie keine Friseuse?«, will Johanna wissen, während sie Kimberly böse von der Seite anfunkelt und ihr ein »Friseurin!« entgegenzischt.

»Nein, ich werde lieber eure Klassenlehrerin!«, sage ich wahrheitsgemäß.

»Krass korreckt von disch, äh, Ihnen, Frau Frei!«, meint Hassan und erhält zustimmendes Nicken von seinen Mitschülern.

»Und Sie bleiben auch bis zu unserem Abschluss?«, hakt Jakob nach, der mir meinen Weggang, so wie es aussieht, immer noch nicht ganz verziehen hat.

»Ja, ich bleibe!«

»Sicher?«, fragt der doch glatt nach.

»So sicher sich eine Meike Frei sein kann«, antworte ich und bin mir selbst nicht sicher, wie sicher das eigentlich ist.

Jakob gibt sich damit aber vorerst zufrieden, kehrt wieder zu seiner gewohnten Lässigkeit zurück und meint: »Bringen Sie uns jetzt auch bei, wie man Dauerwellen macht? Hefte raus, Dauerwelle, hahaha!«

»Ich werde dir höchstens den Kopf waschen, wenn du dieses Schuljahr so viele Fehltage wie im letzten hast.«

»Wird er nicht. Dafür werde ich schon sorgen«, bemerkt Johanna und wuschelt Jakob durchs Haar.

»Hab ich da etwa was verpasst? Scheint sich ja einiges getan zu haben über die Sommerferien«, sage ich und ahne in diesem Moment noch nicht, wie recht ich mit dieser Feststellung noch haben werde.

»Jakob und ich sind jetzt zusammen. Und bei Hassan und Kimi läuft bestimmt auch bald was«, informiert mich Johanna.

Na dann war meine Typberatung ja nicht umsonst, denke ich zufrieden bei einem Blick auf Hassans neue Beinbekleidung – er trägt tatsächlich Jeans.

»Du bist so eine Laberbacke, JJ! Ich schwöre, Frau Frei, das ist nicht so! Hassan und ich sind nur Best Friends, oder Hassan?«, klärt mich Kimberly auf, anscheinend weil Hassan sie noch nicht über seine Gefühle aufgeklärt hat. Der macht mit hochrotem Kopf auf dem Absatz kehrt und rauscht in die Jungenumkleide davon.

»Habe ich etwas Falsches gesagt?«, will Kimberly wissen, und ich denke nur *Auswechselspieler!,* sage aber erst einmal nichts, weil Johanna das gerade schon übernimmt.

»Dein Freund ist so ein Vollpfosten!«, schnauzt Johanna

ihren an und macht sich mit Kimberly in die Mädchenumkleide davon.

»Ich kapier gar nichts mehr, schon gar nicht die Frauen. Wissen Sie, was die wollen?«, wendet sich Jakob hilfesuchend an mich.

»Ich verrate dir ein Geheimnis: Das wissen wir Frauen selbst nicht«, gestehe ich ihm und schicke ihn mit dieser Erkenntnis zum Umziehen.

Willkommen in der »Schule 1.0 – Da wirst du geholfen«, auf welche Art und Weise auch immer, denke ich mit einem Lächeln auf den Lippen.

Zwei Sportstunden später, in denen wenig Sport, dafür aber umso mehr Beziehungsarbeit geleistet wurde, schlurfe ich gut gelaunt ins Lehrerzimmer, denn ich freue mich auf meine neuen alten Kollegen.

»Hei Meike, was machst du denn hier? Gibt's heute ein Gratisstyling?«, fragt mich Wohlfahrt, in dessen frisch rasierter Glatze ich mich glatt spiegeln könnte.

»Polieren statt frisieren ginge bei dir ja nur noch, tatsächlich ist mein neues Motto aber wieder *studieren statt frisieren.*«

»Du kommst zurück zu uns?«

»Jep, mein Platz ist doch hier, habe ich festgestellt.«

»Das freut mich, und es würde mich noch mehr freuen, wenn du mir sagst, dass du die 8a als Klassenlehrerin übernehmen würdest«, gesteht Sascha mir.

»Mach ich. Ich will dir aber nichts wegnehmen oder dich zu etwas drängen. Du wolltest ja, wenn ich mich recht entsinne, vermeiden, mit der Kühn parallel arbeiten zu müssen.«

»Echt, das habe ich gesagt? Kann ich mich gar nicht erinnern. Da muss ich wohl schlecht drauf gewesen sein. Die

Situation hat sich auf jeden Fall geändert, denn ich würde sehr gerne mit Charlotte zusammenarbeiten.«

»Wer ist denn Charlotte? Hab ich was verpasst? Haben wir etwa eine neue Lehrerin im Kollegium?«, frage ich nach.

»Nein, eigentlich nicht«, erwidert Sascha und grinst mich so seltsam an.

Anscheinend ist Hassans Begriffsstutzigkeit ansteckend, denn ich verstehe den Wink meines Kollegen mit dem Zaunpfahl nicht, bis mir der ganze Zaun vors Gesicht gehalten wird. Im nächsten Augenblick stürmt nämlich die Kühn ins Lehrerzimmer, baut sich vor Sascha auf und … gibt ihm einen Kuss. Danach verschwindet sie wieder so schnell, wie sie gekommen ist. Als ich das mitansehe, wird mir auch schlagartig klar, wer Charlotte ist und warum er plötzlich so gern mit ihr zusammenarbeiten möchte. Ich muss wirklich blöd aussehen mit meinem offen stehenden Mund und den weit aufgerissenen Augen, denn mein Kollege lacht mich aus.

»Bevor du fragst, es ist einfach passiert. Wenn du es ganz genau wissen willst. Eigentlich bist du daran schuld«, klärt er mich auf.

»Ich? Was habe ich damit zu tun, dass du mit Du-weißt-schon-wer knutschst?«

»Charlotte, sie heißt Charlotte! Und wir knutschen nicht nur, wir …«

»Stopp, zu viel Info!«, unterbreche ich ihn, bevor er mir sämtliche intime Details erzählt. Es reicht, dass einige meiner Kunden das gemacht haben.

»Wir knutschen nicht nur, wir sind zusammen, wollte ich dir nur mitteilen. Und du bist schuld, weil du mich zu einem Mann gemacht hast.«

»Ach ja? Wann war das denn? Daran würde ich mich aber erinnern.«

»Haha, so habe ich das nicht gemeint. Durch die Komplettrasur im Salon und deine Umstylingtipps habe ich ein ganz neues Selbstbewusstsein bekommen. Und eines Abends, als ich auf einen Drink in der Stadt war, habe ich Charlotte getroffen, und wir sind ins Gespräch gekommen. Wir haben dann die ganze Nacht geredet, na ja, vielleicht nicht die ganze Nacht. Es gibt da auch noch andere Sachen, die man …«

»Saschahaaa, zu viel Info!«, rufe ich, bevor ich mir das auch noch bildlich vorstellen muss.

»Okay, hab's kapiert, keine Einzelheiten. Nur so viel, sie ist eine bemerkenswerte Frau, und ich bin so glücklich wie noch nie«, gibt er zu.

»Das freut mich für dich! Dann haben diese ganzen Ersatzhandlungen wie zum Beispiel deine stundenlangen Bastelarbeiten ja auch endlich ein Ende. Da bekam man als normal sterblicher Lehrer immer ein schlechtes Gewissen.«

»Nö, im Gegenteil. Charlotte hilft mir in diesem Schuljahr dabei, wir basteln jetzt immer zusammen.«

»Aha, schön, wenn man die gleichen Interessen hat«, kann ich da nur hinzufügen und schnappe mir auf den Schock hin eine Tasse frisch aufgebrühten Kaffee. Diesen muss ich jedoch in Windeseile leer trinken, denn die Schulklingel ertönt just in diesem Moment. Aufgeputscht vom Koffein, begebe ich mich nach dieser aufklärenden großen Pause zu meinen ehemaligen Fünfern und hoffe, dass sich wenigstens dort nicht allzu viel verändert hat. Für diesen Tag habe ich mehr als genug Veränderungen zu verdauen.

»Auaaaa, Frau Freiiiiiii! Das Arsch piekst mich immer ins Bein!«, plärrt mir meine Schülerin entgegen, als ich den Klassenraum betrete.

»Es heißt *der* Arsch, Sandy!«, korrigiere ich schnell und bin irgendwie froh, dass sich manche Dinge nie ändern.

»Boah, isch schwör, war isch nicht! Und diiiieee hat auch angefangen! Die Zicke hat gesagt, isch wär eine Evolutionsbremse!«, dröhnt Alex in schwer aggressivem Tonfall, sodass mein Trommelfell flattert.

»Und weißt du auch, was das Wort bedeutet?«, frage ich meinen aufgebrachten Sechstklässler.

»Klar, weiß isch! Meint die, isch bin langsam, aber bin isch voll schnell … und schneller als die!«

»Is klar, du bremst dich doch selbst aus, bist voll Opfa deiner Blödheit! Evolution heißt weiterentwickeln«, erklärt ihm meine Schülerin richtig.

»Sehr gut, Sandy«, lobe ich sie stolz, »du hast dich wirklich weiterentwickelt.«

»Also bin ich doch schneller oder was?«, bohrt Alex nach, während Sandy nur ungläubig ihren geglätteten Rotschopf schüttelt und gerade etwas erwidern will – ihrem Gesichtsausdruck nach zu urteilen garantiert nichts Nettes –, als aus der vordersten Bankreihe ein mark- beziehungsweise kopferschütternder Schrei ertönt.

Ooohhm, denke ich und massiere mir in kreisförmigen Bewegungen die pochenden Schläfen, *ob die heute im Salon noch einen freien Termin für eine entspannende Kopfmassage hätten*?

Ein herzliches Dankeschön an …

… meinen Freund, dass er trotz allem noch mein Freund ist.

… meine Familie und meine drei besten Freundinnen, die seltsamerweise nicht namentlich mit mir in Verbindung gebracht werden möchten, ts!

… das himmlische Coiffeurteam, das mich so schnell und lieb aufgenommen hat.

… Dennis und Marina, weil sie mich trotz chronischer Haarakiri-Einlagen immer wieder toll frisieren.

… Dirk, dass er mich zum Schreiben überredet hat.

… Daniel Mursa von der Agentur Petra Eggers, der irgendwo Talent bei mir vermutet, und ich es mit seiner Hilfe auch gefunden habe.

… meine Redakteurin Henriette Schimanski, die sich als Erstes durch meinen literarischen »Synapsenfasching« schlagen durfte.

… meinen literarischen Drillsergeant Beatrice Lampe vom

Blanvalet Verlag, die mich mit ihren kritischen Anmerkungen zur Höchstleistung getrieben hat.

... Frau Brumen, die mit ihren klugen Ratschlägen mein persönlicher Yoda ist.

... Caro für Croissants und Latte XXL, die mir das Schreiben versüßt haben.

... meine Flugfreundin Kristina, die meine sämtlichen Höhenflüge unterstützt hat und hoffentlich immer mit mir, aber nie wegen mir in die Luft geht.

... meinen ehemaligen Lehrer Rudi, der seinen Job mehr als gut gemacht hat.

... Kathrin Wolf vom Blanvalet Verlag, weil sie bei meinem Buchprojekt den passenden Schlussakkord gespielt hat.

... alle, die mich auf meinem bisherigen Weg begleitet haben.